유대교와 헬레니즘 ①

기원전 2세기 중반까지 팔레스타인을 중심으로 한
유대교와 헬레니즘의 만남 연구

나남
nanam

나남신서 1621

유대교와 헬레니즘 ①

기원전 2세기 중반까지 팔레스타인을 중심으로 한
유대교와 헬레니즘의 만남 연구

2012년 2월 29일 발행
2025년 11월 5일 3쇄

지은이 마르틴 헹엘
옮긴이 박정수
발행자 趙相浩
발행처 (주) 나남
주소 10881 경기도 파주시 회동길 193
전화 (031) 955-4601 (代)
FAX (031) 955-4555
등록 제 1-71호(1979. 5. 12)
홈페이지 http://www.nanam.net
전자우편 post@nanam.net

ISBN 978-89-300-8621-9
ISBN 978-89-300-8215-0 (세트)

책값은 뒤표지에 있습니다.

유대교와 헬레니즘 ①

기원전 2세기 중반까지 팔레스타인을 중심으로 한
유대교와 헬레니즘의 만남 연구

마르틴 헹엘 지음 | 박정수 옮김

나남
nanam

Judentum und Hellenismus
Studien zu ihrer Begegnung unter besonderer Berücksichtigung Palästinas bis zur Mitte des 2. Jh. v. Chr.

by **Martin Hengel**

고통의 시간을 동행해 주신
신앙의 어머니
성혜(省慧) 이상숙 권사님께
헌정합니다.

한국어판 머리말

마르틴 헹엘(Martin Hengel) 교수에 의해 저작된 이 책은 주전 333~332년 알렉산드로스 대왕의 이집트 원정 중 정복된 팔레스타인의 유대민족이—차례로 프톨레마이오스 왕조와 셀레우코스 왕조의 통치를 받는 동안—주전 2세기 중반까지 헬레니즘과 어떻게 조우하였으며, 유대교에 어떤 변화가 일어났는가를 다룬다. 이 책의 논지는 "대략 주전 3세기 중반부터 모든 유대교는 엄격한 의미에서 '헬레니즘적 유대교'로 특징지어져야 한다"(1권 359를 보라)고 주장하며 그러기에 "'팔레스타인적 유대교'와 '헬레니즘적 유대교'를 근본적으로 구분하는 것은 적절하지 않다"는 것이다(1권 363과 3권 182를 보라).

이 비교적 간단명료한 논지를 증명하기 위하여 마르틴 헹엘 교수는 당시의 정치, 군사, 경제, 사회, 문화, 언어, 교육, 종교 등에 관한 방대한 정보들을 성경과 팔레스타인 지역 및 디아스포라 세계의 유대 자료들은 물론, 그리스·로마시대의 역사, 고전문학, 헬레니즘세계의 자료들을 다루고 있다. 그것도 문서들뿐만 아니라 비문들이나 여타 고고학적 자료들에서 추출하여 자세히 분석하여 그들의 상관성을 밝히면서, 탁월한 역사가적 상상력으로 역사적 과정들을 재구성하는 놀랍도록 광범위한 연구를 실행하였다. 저자는 당시의 비문들이나 이름들에서 당시 팔레스타인 유대인들 가운데서도 코이네 그리스어가 널리 쓰였음을 밝히고, 전도서와 벤 시라서의 지혜사상과 하시딤의 묵시문학, 에센파의 쿰란 문서들, 바리새·랍비 전통에 헬레니즘이 어떻게 반영되어 있는가를 깊이 있게 검토한다. 당시 일부 유대인들은 헬레니즘을 적극적으로 수용하기도 하고, 일부는 그것에 극렬하게 저항하였지만, 후자의 경우도 결국 헬레니즘의 자극을 받으며 자신들의 사상을 펼쳤는데, 이것은 심지어 "토라(율법)에 대한 열성"을 부르짖으며 이방세계로부터의 성별을 강조한 하시딤과 그의 후예들이 발전시킨 "유대교"에 잘 나타나고 있다고 저자는 역설한다.

이러한 방대한 연구를 담고 있는 이 책은 초판부터 신·구약 성경학자들은 물론, 유대교 학자들과 헬레니즘 학자들에 의해서도 하나의 표준서로 인정되었고, 판을 거듭하면서, 또 여러 나라의 언어들로 번역되면서 하나의 고전으로 자리 잡게 되었다. 그리하여 심지어 헹엘 교수의 몇몇 구체적인 결론들에 이의를 제기하는 학자들까지도 이 책의 전반적인 논지는 존중하면서, 유대교의 헬레니즘과의 관계에 대한 자신들의 연구에서 이 책을 토론의 주된 상대로 삼는 경우가 많다. 헹엘 교수는 그의 박사학위 논문(*Die Zeloten*)과 교수자격취득 논문인 이 책으로 1960년대 후반에 유대교 연구의 세계 정상급 학자로 부상하였고, 그후 그의 거의 백과사전적인 지식을 담은 신약성경 분야 또는 유대교 분야의 수많은 책과 논문들을 출판하여 지난 40년 동안 가장 권위 있는 신약학자 가운데 한 분으로서 학계에 지대한 영향력을 발휘하였다.

1974년 가을 필자가 독일 튀빙엔대학에 가서 세 학기 동안 공부하게 되었는데, 그때 헹엘 교수는 자신의 스승이었던 오토 미켈(Otto

Michel) 교수의 뒤를 이어 신약학 교수 겸 "유대교 연구소"(Institutum Iudaicum) 소장으로 부임한 지 2년이 지난 뒤였다. 필자가 1981년 봄에 Humboldt 연구원으로 튀빙엔대학에 다시 갔을 때, 헹엘 교수는 "고대 유대교와 헬레니즘의 종교사 연구소"(Das Institut für Antikes Judentum und Hellenistische Religionsgeschichte)를 새로 만들어 그곳의 소장으로 있었다. 이 연구소는 그 이름에서 나타나듯이 헹엘 교수가 이 책에서 얻은 결론에 더 잘 부합하는 연구소인데, 그는 이 연구소의 소장직과 신약학 교수직을 겸하면서, 헬레니즘과 그 세계 속에 존재한 고대 유대교의 종교사에 비추어 신약성경을 해석하는 일에 몰두하였다. 그의 이러한 연구와 그의 영향을 받아 같은 방법으로 연구하는 많은 제자들과 다른 학자들을 가리켜 그는 가끔 —'학파'라는 말을 좀 너그럽게 써서 —"새 종교사학파"(*die neue religionsgeschichtliche Schule*)라는 말을 쓰기도 하였다. 물론 이 이름은 라이첸슈타인(R. Reitzenstein)과 부세(W. Bousset), 하이트뮐러(W. Heitmüller), 불트만(R. Bultmann) 등에 의해 대표된 19세기 말~20세기 초의 '종교사학파'에 대항하여 지은 것이다.

헹엘 교수는 자주 옛 종교사학파를 신랄히 비판하였다. 그것은 첫째, 그들이 부족한 자료들을, 그것도 엄밀히 비평하지 않고 사용하면서, 헬레니즘과 유대교를 엄격히 구분하고, 또 팔레스타인 유대교와 헬레니즘적 유대교를 엄격히 구분하였다는 것이다. 둘째, 그러한 오류에 근거하여 신약시대의 기독교를 "팔레스타인 (유대) 기독교"와 "헬레니즘적 기독교"로 엄격히 구분되는 두 범주, 또는 그 사이에 "헬레니즘적 유대 기독교"가 끼어 넣어진 삼각구도로 오해했다는 것이다. 그래서 그들은 예수와 그의 제자들이 구성한 유대 지역의 원시교

회는 예수를 "종말의 선지자"나 랍비, 또는 종말에 올 "인자" 메시야 정도로만 인식한 "팔레스타인 유대 기독교"로 규정하고, 바울 서신들이나 요한 문서 등에 나타나는 기독론과 구원론—즉, 예수가 선재하고, 성육신하며, 속죄제사로 자신을 바치고, 하나님 우편으로 승귀하였다가 세상의 구원과 심판을 위하여 재림할 "그리스도", "하나님의 아들", "주"라는 고백—은 헬레니즘 종교들의 영향을 받은 헬레니즘적 유대 그리스도인들과 이방 그리스도인들이 영지주의(특히 그것의 구원자 신화)와 신비종교들의 신화들을 예수에게 적용하여 생성한 것들이라고 주장하여, "역사적 기독교"를 헬레니즘 세계의 한 혼합종교 현상으로 오해했다고 비판하고 있다.

이 책이 출판된 무렵인 1960년대 후반~1970년대 초에 이르러서는 영지주의나 신비종교들의 경향과 신화들이 신약시대 이전부터 이미 존재하며 신약신학 형성에 지대한 영향을 끼쳤다는 옛 종교사학파의 견해들이 종교사적 자료들에 대한 엉성한 역사비평과 오해에서 비롯되었다는 사실이 여러 학자들의 연구에 의하여 밝혀지게 되었다. 이 책은 이들 연구들의 간접적 지원을 받으며 옛 종교사학파의 영향을 효과적으로 차단할 수 있게 된 것이다.

그럼에도 불구하고 당시 불트만학파는 여전히 옛 종교사학파의 가설들을 전제로 놓지, 더 이상 정확한 종교사적 배경을 밝히려는 노력을 등한시하며 신약성경 연구를 오로지 해석학적 과제로만 삼는 경향을 보이고 있었다. 이러한 상황 속에서 헹엘 교수는 이 책의 연구와 헬레니즘 세계의 영지주의나 신비종교들에 대한 자신과 다른 학자들의 연구들에 근거하여—즉, 유대교와 헬레니즘의 종교사에 대한 보다 정확한 이해에 근거하여—신약성경을 해석하는 많은 책들과 논문들을 출판하였다. 헹엘 교수는 이와 같이 역사실증주의와 해석학적 관심을 통합한 신약성경연구를 주창하면서, 철저하지 못한 역사비평에 근거한 옛 종교사학파의 가설을 따르는 불트만학파의 극단적인 역사적 회의주의와 성서비판을—역설적으로—"무비판적"(*unkritisch/uncritial*)이라 비판하고, 그것과 함께 "역사비평방법"을 성경연구에 적용하는 것을 아예 거부하는 근본주의를 "원시적 신학"이라고 배격하였다. 그는 올바른 역사비평을 통하여 신약의 종교사적 배경을 연구하고, 그에 비추어 예수와 초기 기독교를 연구하면 신약성경의 사도적 케뤼그마가 신빙성 있게 변증될 수 있다고 확신한다. 해석학적·신학적 관심 없이 단순히 종교사적으로 신약성경을 연구하는 것도 배격하면서, 동시에 역사실증주의에 입각하지 않고 그때그때 유행하는 철학이나 이데올로기에 따른 신약성경 해석도 배격하였다.

헹엘 교수의 이러한 연구방법은 19세기 말~20세기 초 튀빙엔대학에서 학문적 위업을 이룬 아돌프 슐라터(Adolf Schlatter) 교수의 전통을 잇고, 구약과 (헬레니즘의 영향을 받은) 유대교와 신약 사이의 전승사적 연속성을 강조하는 "성경신학"(*Biblische Theologie*) 운동을 뒷받침하는 것이기도 하다. 이는 1970~1990년대 튀빙엔대학 신학부에서 게제(H. Gese)와 슈툴마커(P. Stuhlmacher), 베츠(O. Betz), 호피우스(O. Hofius) 등 동료 교수들과 함께 신약성경을 전승사적 연구방법(*Traditionsgeschichte*)으로 해석하며 벌인 운동이었다. 헹엘 교수는 신약성경 내에서도 예수와 바울, 또는 예루살렘 교회와 이방교회 사이의 전승사적 연속성을 강조하는데, 이 점을—예루살렘도 아람어와 그리스어가 함께 쓰이는 헬레니즘적 도시였고 그곳의 유대교도 헬레니즘적 유대교였다는—이 책의 주장뿐만 아니라, 특히 예루살렘·

유대지역에 거주하는 “그리스어사용 유대인들”(*die Hellenisten / the Hellenists*. 행 6) 가운데 예수를 추종한 사람들이 그 교량 역할을 하였다는 사실에 중점을 두어 논증하였다.

이 책은 이와 같이 중간기 시대의 유대교 연구와 신약성경의 종교사적 배경연구에 있어 하나의 패러다임 전환을 이루고, 기독교의 기원에 대한 연구와 신약성경 해석에 있어 헹엘 교수를 비롯한 여러 학자들이 이룩한 중요한 공헌의 토대가 되었다. 필자는 20세기의 성서신학 분야에서 출판된 가장 중요한 몇 권의 책들 중 하나로 손색이 없는 이 책이 우리말로 번역되어 나오게 된 것을 기뻐하여 마지않으며, 이 방대하고 어려운 책을 훌륭히 번역하여 한국의 신학과 교회의 발전을 위해 헌신한 박정수 교수와 이 번역작업을 완수하게 한 한국연구재단, 그리고 출판을 담당한 나남출판사의 노고를 크게 치하하고자 한다. 이런 귀중한 책이 출판된 지 40여 년이 넘어서 이제야 우리말로 번역되었다는 것은 그동안 우리나라 신학계의 미숙함을 드러내는 면이 없지 않아 부끄러운 마음도 드는 것이 사실이다. 그러나 이제라도 번역되어 국내에서 출판되었으니 얼마나 다행인가?! 최근 다른 중요한 신학서들도 국내에서 번역 출판되고 있다 하고, 또 높은 수준의 학술서적들이 국내의 신학자들에 의해 저술되고 있다고도 한다. 이러한 출판활동들은 최근에 크게 증가한 한국의 젊은 신학자들의 실력과 학문적 열정을 보여주며 한국 신학계의 전망을 밝게 하는 것이다.

이런 관점에서 필자는 한국의 많은 신학도들이 이 책을 주의 깊게 공부하면서, 우선, 이 책이 제공하는 엄청난 양의 역사적 정보를 얻을 뿐 아니라, 이런 책을 쓸 수 있을 만큼의 학문을 이루기 위해서는 어떠한 언어적 도구들과 기본교육을 갖추어야 하고, 얼마나 방대한 연구를 해야 하며, 얼마나 비판적이고 깊은 사고를 해야 하는가, 그리고 얼마나 정연하고 설득력 있는 논증기술을 습득해야 하는가 등을 생각하며 큰 도전이 되기를 바란다. 그러나 궁극적으로는, 헹엘 교수가 그의 박사학위 논문과 이 책을 시발점으로 하여 평생 지향한바, 철저히 역사적 근거에 입각한 깊은 신학적 사고로 신약성경을 해석하는 운동이 우리나라에서도 크게 일어나기 바란다.

Pasadena, 2012년 정월
신약신학 교수, Fuller Theological Seminary
김 세 윤

옮긴이 머리말

내가 처음 신학을 접하게 된 것은 대학시절, 매우 실존적인 이유에서였던 것 같다. 흔들리는 신앙의 터를 세워보겠다는 야심찬 바람이었다. 하지만 이내 삶이란 신앙의 터에 역사라는 기둥으로 지어지는 '집'이라는 것을 어렴풋이나마 알게 되었다. 역설적이게도 내가 건축학을 접고 본격적으로 신학에 입문한 것은 바로 이 때문이었다. 신앙과 역사에 대하여 고민하던 그 시절, 우연히 루돌프 불트만의 《역사와 종말론》이라는 책을 접하게 되었다. 당시 실존주의적 신앙을 추구하던 내게 이 책은 깊은 인상을 남겼다. 하지만 이 책이 남긴 회의주의적인 문제의식은 극복되어야 할 과제를 남겼다. 학문으로서의 신학에 대한 도전은 여기서 시작되었던 것 같다. 불트만으로 대변되는 20세기 실존주의적 신학은 '역사의 예수'에 대한 회의주의적인 질문에서 시작되었다. 이것이 문제 삼는 것은 예수와 초기기독교의 역사요, 다루는 재료는 성서와 온갖 고대문헌들이다. 그의 문제제기가 20세기 신앙과 신학에 그토록 큰 파문을 일으킨 원인은 기독교 신앙의 터전을 흔드는 것이었고, 게다가 그것은 철학적 신학이나 역사학이 아닌 성서학의 연못 그 한복판에 던져졌기 때문이었다.

나는 본격적으로 성서학에 매진하게 되었다. 먼저 불트만의 고전적인 저서 《공관복음서 전승사》와 씨름하게 되었다. 제대로 문제에 접근하기는 했지만 극복할 수 없는 사상적 빈곤을 느끼면서 당시 유행하던 사회과학적 성서연구방법론에 관심을 가지고 독일로 유학을 가게 되었다. 이 분야를 개척한 대가인 하이델베르크대학의 교수 게르트 타이센(Gerd Theißen)에게 지도를 받았다. 나는 신약성서학 입문서로서 그에게 두 권을 제시받았다. 하나는 요세푸스의 저작이요 다른 하나는 바로 마르틴 헹엘의 이 책이었다. 그에게 성서학의 도구로서 사회학적인 접근이나 지식사회학적인 방향의 학습을 기대하던 나로서는 좀 의외였다. 연구를 계속하면서 나는 왜 이 자료들이 성서학 연구의 출발점이 되는가를 알게 되었다. 그것은 다름 아닌 성서학적 방법론의 근저에 피할 수 없는 과제, '역사'였다.

주지하듯이 성서학 연구에서 요세푸스의 저작은 성서를 제외하면 가장 중요한 일차문헌이기에 그 의의를 재론할 필요는 없을 것이다. 또한 이 책이 가지는 의의는 그에 못지않다. 서문에서 김세윤 박사께서 지적하신 것이나 필자가 해제에서 강조했듯이, 이 책은 어쩌면 지난 20세기 종교사학파적인 전통의 끄트머리에 자리했던 불트만의 명제에 대한 결정적인 반명제로 자리 잡고 있다. 지난 수십 년간 이 책은 신약학연구의 틀을 헬레니즘에서 유대교로 옮겨놓는 데 결정적인 기여를 했다는 것은 결코 과언이 아니다. 물론 이 모든 주제는 초기 기독교 역사와의 연관 속에서 진행되었음은 물론이다.

박사학위과정에서 마태복음을 연구하면서 신약의 진정한 배경이 되는 헬레니즘시대 유대교의 역사와 신학에 눈을 뜨게 되었다. 초기 기독교의 전(前) 역사에 대한 나 자신의 무지에 무척 놀랍고 당혹스러웠다. 더욱이 고전문헌과 성서학의 일차적인 자료에 대한 접근법조차 낯설었던 내게 그 시대를 다루는 원전들은 너무도 큰 산으로 느껴졌다. 그리하여 학위 후 지속적으로 이 부분에 대한 관심을 가지고 연구를 시작하였고, 지난 10년 동안 요세푸스의 《유대전쟁사》와 마르틴 헹엘의 이 책 《유대교와 헬레니즘》을 번역하게 되었다. 이 과정에서 〈신구약 중간기의 역사와 신학〉에 대한 지식을 정립할 수 있었던 것은 지난 10년간의 가장 큰 수확이었다. 외마디 결론만 말하자면, 이 분야의 지식 없이는 진정한 의미의 기독교 성서신학은 불가능하다고 생각한다.

그러므로 이 책을 번역하여 출판하는 역자의 학문적 기대는 고대문화사의 영역보다는 주로 성서학 분야에 있다. 무엇보다 한국의 성서학계에 하나의 신선한 자극이 되기를 바라고 있다. 이 책을 번역하면서 오늘의 성서학 분야가 주석을 위한 주석으로 치우친 감이 없지 않은지, 더구나 그 주석의 역사적 내용을 파악하는 데 소홀하지는 않은지 나 자신부터 돌아보게 되었다. 기독교신학이 참으로 성서의 주석에 근거하고 있다면, 신학적 주석은 역사적 연구에 터해야만 할 것이다. 이는 단지 역사에 대한 실증적 연구를 의미하는 것은 아니다. 우리는 본문에 대한 문헌적, 문학적 연구에 견실히 서되, 동시에 그 본문이 자리했던 광범위한 문화적, 역사적 맥락을 파악하여 진정한 신학적 진술에 도달할 수 있을 것이다.

이러한 연구는 우리의 주석작업을 아마도 기독교의 기원과 역사의 예수탐구의 길로 안내하게 될 것이다. 오늘날 한국 혹은 세계의 성서학계에서 초기기독교를 종종 헬레니즘의 직접적인 영향사로 파악하거나, 혹은 역사적 예수 연구를 헬레니즘적 근원으로 환원시키려는 연구자들은 반드시 마르틴 헹엘이 서 있는 이 방대하고 치밀한 저작을 극복해야만 할 것이다. 모쪼록 이 번역서를 통해서 한국의 성서학 연구의 토대가 될 수 있는 전문적인 유대학 연구서의 집필과, 더 나아가서 헬레니즘시대 유대교의 외경과 위경의 원문을 번역하는 데까지 발전할 수 있기를 기대한다.

이 책을 번역하면서 많은 난관에 봉착했다. 《유대전쟁사》 번역처럼 이번에도 한국연구재단의 명저번역과제의 지원을 받으며 진행되었는데, 2년간 3단계의 전문가의 엄격한 심사를 거쳐야 했다. 첫째 단계에서부터 너무도 많은 시행착오를 겪었다. 왜냐하면 신학적인 맥락은 어느 정도 파악했다고 생각했지만 고대문화사에 관한 지식부족을 절감하고 있었는데, 제 1부와 제 2부가 바로 이 분야였기 때문이었다. 따라서 필자는 가장 중요한 제 3부에서부터 시작하려고 했다. 게다가 전문적인 설명을 담은 각주의 분량만도 거의 절반에 이르는 이 책의 특성상, 각주와 참고문헌을 먼저 정리하고자 했던 것이 화근이었다. 나름대로 이런 순서를 잡은 것은 번역작업에서 고전문헌에 대한 표기법이 가장 큰 난제로 생각되었기 때문이다. 수많은 유대교 문헌이나 그리스 문헌, 외경 위경문헌들에 대한 표기법은 독일어와 영어는 물론 우리말에서는 더욱 큰 문제가 발생했기 때문이다. 하지만 여기서부터 심사자의 브레이크에 걸려 다음 단계로 넘어가지 못하게 되었다. 더 솔직하게 말하면 처음부터 번역작업을 너무 쉽게 생각한 것이 가장 큰 화근이었다.

뿐만 아니라, 정말 이 책은 가면 갈수록 줄기차게 어려워지는 저자의 문체와 고도의 전문적 개념들과 아직 우리말로 정의되지 않은 용어들, 게다가 히브리어와 그리스어는 고사하고 필자로서는 역부족인

라틴어 원문들로 가득했다. 그리하여 영역본을 대조하며 정확한 용어를 사용하되 '과감하게' 그 뜻만을 전달하는 것으로 방향을 잡고 작업했다. 문장을 과감하게 의역하지 않고서는 읽는 독자들에게 거의 그 의미가 전달되기는 어려워 보였기 때문이었다. 하지만 이 때문에 심사위원들과 지면상으로 의역과 직역의 문제로 격한 논쟁을 벌이기도 했다. 또한 과정상 전체를 초벌 번역을 한 후 엄밀한 심사를 받으려는 나의 계획과 각 단계의 완결성을 요구할 수밖에 없는 심사위원들의 요구, 특히 서양고전학과 신학 사이의 개념이나 용어상의 괴리는 너무도 현격한 것이었다. 마침내 각 단계에서 엄정한 심사위원들의 날카로운 지적을 받으며 사실상 번역이 중단되는 지경에까지 이르렀다. 게다가 계속되는 삶의 문제들로 연구역량은 소진되고 잡다한 업무는 계속해서 쌓여가면서 번역에 대한 의지는 날로 식어갔고 작업을 포기하기에 이르렀다. 하지만 정부기관에서 지원하는 프로젝트여서 작업을 완전히 접는 일도 쉽지 않았다. 우여곡절 끝에 이 작업을 완결하려는 한국연구재단의 의지도 있었고, 또한 우호적인 심사위원의 극적인 도움으로 최종작업까지 갈 수 있었으며, 결국 전체를 아우르는 단계에서는 긍정적인 평가와 함께 출판할 수 있게 되었다. 출판까지 꼭 5년이 걸렸던 것이다!

이러한 과정에서 나름대로의 학문적 한계와 자질까지도 자책하였지만, 이 몇 번의 위기에서도 이 번역을 완수할 수 있었던 것은 역시 연구자로서의 자존심이었던 것 같다. 이를테면, 나는 어떤 용어에서는 심사위원들의 지적을 끝내 수용할 수 없었다. 뒤돌아보면 앞으로도 이만한 정열과 자존심을 바쳐 어떤 책을 세상에 내놓을 수 있을까 생각마저 든다. 내가 이 모든 과정을 인내하고 극복할 수 있었던 것은 이 책이 가질 학문적인 의의 때문이었다. 이 책은 정말 용어 하나부터 새로이 정의해야 할 것이 너무도 많았다. 다행히도 심사위원들이 이것을 더 잘 알고 있었다. 그들은 이렇게 엄밀한 심사의 척도를 사용하며 엄격한 요구를 하는 것은 바로 이 책의 중차대성이라고 누차 강조했다. 덕분에 이 책의 질은 검증될 수 있는 단계에까지 이르게 되었다. 이 책은 이렇게 격렬한 간(間) 학문적인 토론의 용광로를 통과한 책이라고 자부하고 싶다.

지면을 통해서 성실한 학문적 심사를 진행해 주신 익명의 심사위원들과 끝까지 이 책이 출판될 수 있도록 물심양면의 후원을 아끼지 않으신 한국연구재단 관계자들과 성실하게 교정작업을 진행하신 나남출판사에 깊은 감사를 드리고 싶다. 특히 기꺼이 한국어판 머리말을 써 주셔서 이 책의 가치를 더해주신 김세윤 교수님과 마지막 번역작업을 할 수 있도록 큰 도움을 주신 차정식 교수님, 그리고 번역을 계속하도록 구체적인 조언을 준 오랜 친구 유욱 변호사에게 감사드린다. 또한 영역본 각주 번역작업을 통해 원본과 용이하게 비교검토를 할 수 있도록 도와주신 강성호 목사님, 그리고 교정과 색인작업에 큰 도움을 준 성결신학대학원의 제자들, 특히 강정규 군과 김승주 양에게 감사드린다. 그리고 색인작업에 큰 도움을 준 사랑하는 딸 은빈과 아들 혜찬에게도 더없는 고마움을 전한다.

이 책은 유학생활에서부터 지난 20여 년간 나의 학문적 여정에 중요한 자리매김을 할 것 같다. 하여 이 지면을 통해 부족하지만 나를 학자로 키워준 분들에게 감사를 드려야겠다. 옛 '두레장학재단'의 김진홍 목사님과 김호열 목사님, 그리고 한국교회의 무명의 성도들에게 감사를 표한다. 무엇보다 내가 신학연구자의 길을 갈 수 있도록 유학기간 동안 우리 가정을 물심양면으로 후원해 준 나와 아내의 영원한 신앙의 벗 공현식·차현정 선생님 부부에게 감사드린다.

마지막으로 나는 이 책을 한 분에게 헌정하고자 한다. 번역작업을 하는 동안 나는 학교는 물론 가정사에 이르기까지 정말 모든 면에서 삶의 실존적·경제적 위기를 뼈저리게 경험했다. 지금도 그 삶의 어두운 터널을 나는 다 이해할 수 없다. 하지만 분명한 것은 그 터널 속에서 하나님께서는 나를 이끌고 계셨다는 사실이다. 한 사람을 통해서 말이다. 그분은 사람의 아픔을 들을 수 있는 분이었다. 어머니를 잃은 내게 그분은 신앙의 어머니가 되어 주셨고, 언제부터인가 나를 엘리야라고 불렀다. 마치 하나님이 엘리야를 회복시켜 주시는 듯, 나는 그 어머니를 통해서 그렇게 서서히 회복되고 있었던 것 같다. 그리고 지금 그분의 기도와 사랑으로 어렴풋이나마 삶의 터널, 그 끝에 와 있다는 자각을 하게 된다. 분명 이 책은 그 끝에서 여러 갈래로 비치는 한 줄기의 빛이리라. 내 삶의 지극히 길고 어두웠던 터널을 동행(同行)해 주셔서, 그것이 '고난'이었음을 깨닫게 해주신 신앙의 어머니 이상숙 권사님께 이 책을 바친다.

2012년 2월

박정수

일러두기

1. 성서와 원문의 본문 및 단어번역은 저자가 제공한 독일어 번역이 있는 경우는 독일어에 의해 번역하고, 없는 경우는 역자가 직접 번역하였다. 이 경우 앞뒤의 문맥을 파악하기 어려운 비문이나 몇 개의 단어들만 나열된 경우 오역의 발생가능성을 줄이기 위하여 번역하지 않고 원문을 그대로 적어두었다.
2. 그리스어는 근본적으로 국립국어원의 외래어와 그리스어 표기법을 따르되, 인명과 지명은 기존의 관용(慣用)이나 성서의 표기를 고려했다(예. 유다스→유다, 마카바이오스→마카베오. 반면 토비아→토비아스. 다른 한편 폴뤼비오스→폴리비오스, 튀로스/두로→티레. 반면, 셀류코스→셀레우코스, 유폴레모스→에우폴레모스).
3. 서양고대사와 간격을 좁히기 위해 무엇보다 현재 신학계에서 매우 빈번하게 사용하는 '헬라(어)'/'헬라주의(적)'이라는 용어를 우리말 공동번역을 기준으로 '그리스(어)' 혹은 '헬레니즘(적)'으로 번역했다(예. '헬라주의적 유대교'→'헬레니즘적 유대교'). 특히 'Hellenist'('Ελληνισταί)는 '헬라주의자'가 아니라 '그리스어 사용 유대인'으로 번역했다.
4. 원본에서 위첨자가 붙은 각주번호는 그 다음 일련번호로 산정하여 표기했다(예: 14[a]→15). 각주의 지시사항은 각부(各部)별로 지시되거나(예. "제 3부 각주 78을 보라"), 해당 부(部) 안에서 지시되는 경우는 각주번호만 표기하였다(예. "각주 78을 보라").
5. 역주는 짧을 경우 용어 바로 뒤 ( ) 안에 '역주.'로, 긴 경우는 미주번호로 분리하여 각부(各部)별로 뒤에 배치해 두었다.
6. 학계의 관용례(慣用例)를 따라서 저자가 사용하는 수많은 인용부호 " "는 인용문장일 경우에만 사용하고, (직간접적인) 인용단어일 경우에는 ' '를 사용했다. 저자가 문장이나 단어를 강조할 때 사용하는 이탤릭체는 고딕체로 표기했다.
7. 고전문헌은 단행본일 경우 《 》로, 전집에 들어있는 단편은 〈 〉로 표기했다. 다만 현재 우리말 성서의 정경(正經)과 외경(外經)에 속한 문헌은 〈 〉 없이 표기하고, 그 외의 위경(僞經)들은 〈 〉로 구분하여 표기했다(단, 〈에녹서〉는 매우 자주 사용되기에 '에녹서'로 표기했다). 본문의 ( ) 안에, 그리고 본문 하단의 각주에 장절표기를 위해 사용될 때는 《 》 혹은 〈 〉 없이 축약어를 사용했다(예. 다니엘서→단 3:5, 마카베오 상(上)권→1마카 3:5, 유대전쟁사 12, 125 등).
8. 참고문헌의 표기법과 약어표기는 저자가 사용하는 방식을 따랐다. 그러나 저자는 출판도시 및 출판사를 표기하지 않고 있어서 영역본과 같이 ( )를 제외하고 출판연도만을 콤마로 구분했다. 또 저자는 책이름을 이탤릭체로 처리하지 않았으나, 역자는 이탤릭체로 구분하여 다음과 같이 기록했다(예. 단행본: H. Bengtson, *Die Strategie in hellenistischer Zeit* 3, 1952, 166, 정기간행물: M. Hengel, *ZNW* 57, 1966, 179f.).
9. 찾아보기는 저자가 정리한 항목과 페이지를 그대로 사용해 번역본의 면수를 적었다. 다만, 면수에 f가 딸린 경우 오차범위(+/-) 1면을 참고해야 함에 주의해야 한다(예. "1권 23f"→"1권 22~24 이하").

유대교와 헬레니즘 ①

기원전 2세기 중반까지 팔레스타인을 중심으로 한 유대교와 헬레니즘의 만남 연구

차례

- 한국어판 머리말 / 김세윤 7
- 옮긴이 머리말 15
- 제 3판 머리말 29
- 제 2판 머리말 37
- 제 1판 머리말 39

서론: 서술의 틀과 목적 41

제 1 부 팔레스타인에서 유대교와 초기 헬레니즘 문명의 만남

제 1 장 팔레스타인의 역사적 틀: 프톨레마이오스와 셀레우코스 왕조의 전략적 요충지 55

제 2 장 그리스-헬레니즘적 군무(軍務)와 유대인 77

제 3 장 헬레니즘적 지배하 팔레스타인의 행정과 세금 97
1. 프톨레마이오스 왕조의 행정과 과세 조직 97
2. 프톨레마이오스 왕조의 행정과 유대 성전국가 113
3. 당시 유대인이 평가하는 국가권력 133

제 4 장 팔레스타인의 무역, 경제, 사회제도에 미친 헬레니즘의 영향 143
1. 헬레니즘 이전시대의 그리스 영향 143
2. 프톨레마이오스 통치영역의 경제적, 사회적 상황 153
3. 프톨레마이오스 통치하 팔레스타인의 경제적 발전 165
4. 팔레스타인의 유대교에 준 영향 191

제 5 장 요약: 팔레스타인의 비종교적 세력으로서의 헬레니즘 문명 211

제 2 부 헬레니즘의 문화적 위력과
팔레스타인의 유대인에게 미친 영향

제 1 장 팔레스타인의 유대교와 그리스어 221
1. 팔레스타인에서 그리스어의 확산 221
2. 그리스식 이름의 확산 230

제 2 장 그리스 교육과 교양교육, 팔레스타인 유대교 243
1. 헬레니즘과 교육의 영향력 243
2. 팔레스타인의 그리스 교육과 교양교육 및
유대교에 준 영향 258
보설(補說) 1. 유대교 학교의 발전에 대하여 279

제 3 장 팔레스타인의 그리스 문학과 철학 293
1. 비유대 팔레스타인과 페니키아에 준
헬레니즘의 정신적 영향 293
2. 그리스어로 기록된 팔레스타인의 유대교 문학 309
보설(補說) 2. 헬레니즘시대 유대·팔레스타인의 역사기술 344

제 4 장 요약: '헬레니즘적 유대교'로서 팔레스타인의 유대교 357

▪ 부록 367

제 2 권 차례 유대교와 헬레니즘 ②

제 3 부 팔레스타인의 유대교와 헬레니즘적 시대정신의 만남과 대결

제 1 장 구약정경의 후기 히브리문학에서 나타난 이른바 그리스 영향

제 2 장 초기 헬레니즘시기 유대 문학의 발전

제 3 장 전도서와 유대 종교 위기의 시작

보설(補說) 3. '전도자'와 솔로몬

제 4 장 벤 시라와 예루살렘의 헬레니즘적 자유사상가의 대결

1. 벤 시라의 생애와 작품형식, 예루살렘의 정치·사회적 상황
2. 벤 시라와 헬레니즘적 자유사상가의 대결

제 5 장 유대·헬레니즘적 사고의 만남: 유대교의 지혜문학적 사변

1. 잠언 8:22f. 와 욥기 28장의 인격화된 지혜
2. 지혜와 창조론의 결합
3. 벤 시라의 '지혜'
4. 잠언 8:22-31의 그리스어 번역
5. 알렉산드리아의 첫 유대교 '철학자' 아리스토불로스의 창조와 지혜사상
6. 바리새·랍비 유대교의 지혜와 토라

제 6 장 하시딤과 유대교 묵시사상의 첫 번째 절정

1. 헬레니즘적 개혁시기의 유대 당파(黨派) 하시딤
2. 유대교 묵시사상의 첫 절정
보설(補說) 4. '계시를 통한 고등지혜' : 후기고대 종교성의 특징

제 7 장 초기 에센주의

1. 초기 에센주의 신학
2. '의의 교사'와 헬레니즘적 개혁으로 일어난 위기
3. 에센파 교의의 새로운 발전과 이방적인 영향
보설(補說) 5. 태고시기에서 유래한 비밀교의
4. 에센파 공동체의 형태와 피타고라스주의의 영향에 관한 문제

제 8 장 요약: 헬레니즘에 대한 수용과 저항 사이의 팔레스타인의 유대교

제 3 권
차례

유대교와 헬레니즘 ③

제 4 부 유대교의 '그리스적 해석'과 예루살렘의 그리스어사용 유대인의 개혁시도

제 1 장 최초의 그리스 증언들: '철학자' 유대인

제 2 장 유대교의 하나님과 그리스적 신 관념의 동일화

제 3 장 예루살렘의 헬레니즘적 개혁시도와 실패

1. 토비아스와 오니아스 가문

보설(補說) 6. 요르단 동쪽의 히르카노스

2. 예루살렘의 헬레니즘적 개혁 : 기원전 167년 초 아크라의 건립까지

3. 종교칙령과 안티오코스 4세, 유대의 변절자들

4. '반율법적 열성'과 새로운 하나님 경배, 배교의 이데올로기

제 4 장 요약: 개혁시도와 좌절, 유대교적 반작용의 방대한 결과

제 5 장 종합적 개관과 결론

제 3판 머리말

필자의 교수자격논문이 출간된 지 19년째가 되었다. 이 책은 필자의 전문연구분야인 신약학의 영역을 훨씬 넘어 구약과 초기기독교회사는 물론, 유대학과 유대고대사에서도 본인도 놀랄 만큼 커다란 반향을 불러일으켰다. 1973년 제 2판이 필요했다. 존 보우덴(John Bowden)이 영어로 번역한 대작(大作), *Judaism and Hellenism*은 슐레겔-티이크 상(Schlegel-Tieck-Pries)을 수여받고 1974년에 출판되었다. 이어 1983년에는 일본어로 번역 출간되었고, 지금은 이탈리아어로 번역중이다. 이 책이 불러일으킨 논쟁은 최근까지 지속되고 있다. 펠트만(Louis H. Feldmann)은 1977년에 이미 이 책에 대해 비평적인 관점으로 서평을 해주었다: "Hengel's Judaism and Hellenism in Retrospect," *JBL* 96(1977), 371-82. 또한 그는 필자가 다룬 주제에 대해 제 2의 논문을 작성하기도 했다: "How much Hellenism in Jewish Palestine," *HUCA* 67(1986), 83-111. 그는 새로운 고고학적 발굴로 이 주제에 대한 관심을 생생하게 유지할 수 있는 터전을 마련해 주었다.

필자가 1964년 가을부터 1966년 대략 2년간 논문을 마감하는 동안 "신약시대", 즉 기원후 1세기까지 연구를 확대하려 했지만, 이 작업은 방대한 자료와 논쟁의 여지가 많은 문제들 때문에 불가능했다. 필자는 이 책의 서문에서 경솔하게, 이 책에서 다루는 시기의 후반부에 대한 연구(즉, 기원전 2세기 중반으로부터 초기기독교의 출현까지)로 연구가 확장될 수 있기를 희망한다고 적어 놓았었다. 그러나 이 기대는 실현될 수 없었는데, 그것은 특히 다음 두 가지 이유 때문이었다.

이 연구 이후, 필자는 본인의 원래 전공분야였던 신약과 초기기독교의 초창기 역사연구에 모든 역량을 집중했다. 다른 한편으로는 약속한 그 거대한 프로젝트를 추진할 수 있는 시기는 점점 더 불리한 상황으로 빠져들었다. 1968년부터 "학생운동"이 시작되었고, 이어 끝날 기미가 보이지 않는 "대학개혁"은 공공기관들의 가하는 제약과 함께 독일 대학들의 연구여건을 더욱 급속히 악화시켰다. 또한 1970년대 후반부터 학생수가 급속히 증가하여 개신교 신학은—최소한 튀빙엔에서는—분명 대중적인 과목(*Massenfach*)이 되었다. 이러한 현상이 가져온 연구에 대한 압박과 연구기회의 제약은 오늘날까지 거의 변화되지 않고 있다. 이 불행한 변화의 여파는 이미 지금 인문학 분야에서 감지되고 있으며, 앞으로도 더욱 심하게 느껴질 것이다. 그래서 필자는 다른 측면에서 더욱 많은 논문들과 소규모 연구들을 통해서 본래 연구하려 했던 주제들에 접근하려고 할 수밖에 없었다. 이에 대해서 언급할 수 있는 주제들은 대략 다음과 같다.

"Proseuche und Synagoge," in: *Tradition und Glaube*, Festgabe für Karl Georg Kuhn zum 65. Geburtstag, Göttingen, 1971, 157-184; "Anonymität, Pseudepigraphie und 'Literarische Fälschung' in der jüdisch-hellenistischen Literatur," in: *Pseudepigrapha* I, Enttretiens sur l'Antiquité Classique XVIII, Vandoeuvres, Genevè, 1971/2,

229-329; *Der Sohn Gottes: Die Entstehung der Christologie und die jüdisch-hellenistische Religionsgeschichte*, 1975, [2]1977; "Zwischen Jesus und Paulus: Die "Hellenisten," die "Sieben" und Stephanus, Apg 6,1-15; 7,54-8,3," *ZThK* 72(1975), 181-206; "Qumran in der Hellenismus," in: M. Delcor(ed.), *Qumran. Sa pieté, sa Théologie et son milieu*, BETL XLVI, Paris/Leuven 1978, 333-372; "Die Hellenisierung des Judentums als praeparatio evangelica," in: *Humanistische Bildung* Heft 4, 1981, 1-30; "Achileus in Jerusalem," *SHAW.PH* 1(1982); "Rabbinische Legende und frühpharisäische Geschichte: Schimeon b. Schetach und die achtig Hexen von Askalon," *AHAW.PH* 2(1984).

단행본 *Juden, Griechen und Barbaren: Aspekte der Hellenisierung des Judentums in vorchristlicher Zeit*. SBS 76, 1976은 대략 《유대교와 헬레니즘》과 동일한 시기를 다루고 있지만, 이 책의 요약이라기보다는 많은 측면을 보완해 한 걸음 더 나아간 연구라고 할 수 있다. 왜냐하면 필자는 여기서 '야만인들'과 그리스인들의 관계와 디아스포라의 발전이라는 주제를 더 깊게 고찰하였기 때문이다. 아직 출판되지 않은 "기원후 1세기 유대·팔레스타인의 헬레니즘화 문제"라는 연구는 분명 이 책의 제2권을 염두에 두고 미리 작업한 것이라 할 수 있다. 이것은 "헬레니즘·로마시대의 고대유대교"에 대한 최초의 논문집으로 내년에 출간될 것이다.

시간적 제약으로 새로운 작업을 지속적으로 할 수는 없었지만, 제

2판과 거의 비슷한 재판(再版)을 출간하자는 데 필자는 동의했다. (왜냐하면 이 책의 연구는 다른 측면에서 상대적으로 소홀하게 되는 시기의 연구에 대한 하나의 표준을 제공하는 작품이 되었기 때문이다.) 그래서 이 3판은 다시 교정을 거쳐 아주 사소한 점만 보완되었다. 이 과정에서 세심한 교정을 해준 리카르트-미트만(Urlike Richert-Mitmann) 양에게 감사드린다.

필자는 연구를 계속하겠다는 계획을 포기하진 않았다. 왜냐하면 얼마 남지 않은 정년퇴임 후, 저술작업에 집중할 수 있을 것으로 생각했기 때문이었다. 또한 필자의 논의를 비평하는 학자들의 논쟁도 그 한 가지 이유가 되었는데, 사실 그들의 반론(反論)에 전체적으로 동의할 수 없기 때문이었다.[1] 그들은 "헬레니즘적 개혁"의 결정적이

1) 여기서는 아주 중요한 서평과 연구들만 열거해 보겠다. J. H. C. Lebram, "Apokalyptik und Hellenismus im Buche Daniel. Bemerkungen und Gedanken zum M. Hengels Buch über 'Judentum und Hellenismus,'" *VT* 20, 20(1970), 503-524; A. Momigliano, "Rez. M. Hengel, Judentum und Hellenismus," *JTS* 21(1970), 149-153; K. Bringmann, Hellenistische Reform und Religionsverfolgung in Judäa. *Eine Untersuchung zur jüdische-hellenistische Geschichte*(*175-163 v. Chr.*), *AAWG.PH* 132, 1883; 이에 대한 비평적인 언급은 Th. Fischer, "Zu einer Untersuchung der jüdische-hellenistischen Geschichete," Klio 67(1985), 350-355〔"하지만 브링만은 유대교의 이데올로기적이고 종교적인 요소들을 과소평가한다. (…) 유대교는 이미 주변 세계에 대항하는 태도를 취해야 했고, 그래서 유대 지역에서조차 야손의 동화주의적 개혁시도를 통해 유대인들은 가장 극단적으로 자극되었고 가장 민감하게 반응했을 것이다. 따라서 필자는 브링만이 하나의 본질적인 역사적 전제를 간과하고 있다고 생각한다." *op. cit.*, 352〕. Sh. Appelbaum, "Rez. K. Bringmann, Hellenistische Reform und Religionsverfolgung," Gnomon 57(1985), 191-193〔"하지만 브링만의 주장에서 유대인의 사례를 이해하려는 의지를 거의 찾아볼 수 없다. (…) 그는 안티오코스 왕이 그랬던

고, 참으로 혁명적인 성격을 과소평가한다. 이 개혁은 예루살렘 귀족들과 타협함으로써 새로 임명된 오니아스 가문의 대제사장 야손이 기원전 175년 유대 지역에서 일으킨 사건이었다. 이 사건은 기원전 3세기까지 소급되어 '전도서', 그리고 상당히 다른 형태지만 시락서 및 〈토비아스 소설〉에서도 그 자취를 찾을 수 있는 일종의 전사(前史)를 가지고 있다. 동시에 필자의 의견을 반박하는 학자는 유대성전국가의 독특한 종교적 특징을 거의 안중에 두지 않았다. 유대성전국가는 고대세계에서는 그 사례를 찾아볼 수 없는 일종의 배타적이고 엄격한 유일신론적인 "신정주의"(神政主義) (아피온 반박 2, 165) 로 간주되었다. 당시 정당화되었던 신정주의적인 위계질서에서 예루살렘 성전이 갖는 의미를 고려하건대, 이곳에서 개혁을 일으켰던 야손의 행보는 다른 곳에서 일어났던 유사한 개혁의 시도보다 더 깊은 개혁의지를 보여주었다고 할 수 있다. 또한 이 극적인 행보의 책임을 단지 사회적 이유나 정치권력자들에게만 돌릴 수도 없다. 그러한 발전의 단계는 개혁의 시작으로부터 "개혁당파"의 와해, 내전과 유대적 종교관습의 철폐, 그리고 이것이 초래한 많은 사건들이 연달아 급속하게 일어나는 단계적 과정이었다. 그 연장선상에서 일어난 마지막 사건은 마카베오 봉기였고, 그 사건으로 옛 사회질서는 완전히 전복되었

것처럼 유대교의 정체성이 윤리와 결합된다는 사실을 근본적으로 이해하지 못하는 것으로 보인다." *op. cit.*, 192]. 최근의 견해에 따르면 E. Will-C. Orrieux, *IOUDAÏSMOS-HELLENISMOS*, Nancy 1986; E. Will, "'Influence': note sur un pseudo-concept," in: *Hellenistica et Hudaica.* Jommage à V. Nikiprowetzky, ed. A. Caquot, M. Hadas-Lebel et J. Riaud, Leuven-Paris, 1986, 499-505.

다. 시대정신을 따르는 많은 역사가들은 특별히 당시의 종교적 현상에 대해 상당부분 이해하지 못했다. 그리하여 그들이 비록 "세속적인" 절대적인 헬레니즘적 군주국 혹은 로마공화제의 영역에서 그 사건을 다루고 싶었겠지만, 기원전 175년과 기원후 135년 사이의 유대 역사의 급속하고도 비극적인 발전에서 그러한 관점은 거의 정당화될 수 없을 것이다. 또한 토비아스 가문의 야손부터 "주범자" 메넬라오스에 이르기까지 "개혁"의 대변자들 역시 유대 귀족정치의 일원으로서 "정치·종교적 이론"에 사로잡혔을 것이다. 그 이론을 통해 그들은 조상들의 전통에 문제를 제기하고, 그리스인들과 마케도니아인들의 우월한 문명에 부분적으로 아니 전적으로까지도 동화해야 한다는 결론에 도달했다. 여기서 페니키아인들은 그러한 문화에 더욱 성공적으로 적응하였지만, 동시에 매우 스스로의 전통을 의식하고 살아가는 민족이었는데, 때문에 이들은 개혁가들의 모델이 되었을 것이다. 페르구스 밀라르(Fergus Millar)는 이러한 과정을 인상적으로 묘사했다.[2] 우리는 마카베오1서의 서론 1:11-13에서 유대 개혁가들의 이러한 "동화 이데올로기"에 대한 하나의 암시를 발견한다. 그것은 비커만(E. Bickermann)의 탁월하고도 아직도 여전히 이 분야의 근간이 되는 연구의 출발점이 된다.[3] 이 동화주의적인 귀족들은 자

---

2) "The Phoenician Cities: A Case-Study of Hellenism," *Proceeding of the Cambridge Philological Society* 209(1983), 55-71; 비교. ibd., "The Background to the Maccabean Revolution: Reflections on M. Hengel's Judaism and Hellenism," *JJS* 29(1978), 1-21.

3) *Der Gott der Makkabäer: Untersuchung über Sinn und Ursprung der Makkabäischen Erhebung*, Berlin 1937; 비교. ibd., *Die Makkabäer. Eine Darstellung ihrer Geschichte von den Anfängen bis zum Untergang des*

신들의 잠재력을 과대평가하였다. 그들은 초기에는 성공했지만 마카베오1서 1:11에서 보듯이 많은 자들의 격렬한 저항을 불러일으켜 몰락했다. 이 사실은 다시금 유대민족의 독특한 종교적 단호함과 결합된다: 이 저항은 현대의 이란과 레바논, 아프가니스탄의 이슬람, 특히 그 중에서도 시아파적인(*schiitisch*) 근본주의 세력에 비견되는 투쟁일 것이다. 결국 이 좌절된 "개혁시도"는 유배지 바빌로니아에서 귀환한 때로부터 제 2성전이 멸망한 약 6백 년 이스라엘의 역사에 유대 신정주의의 토대를 흔드는 가장 심각한 위기를 불러일으켰다.

고대 유대교의 역사를 다루려는 사람은 무엇보다도 유대인이 아닌 사람들에게 — 그가 어떤 세계관을 신봉한다 할지라도 — 이 독특한 민족이 가진 신념의 근본적인 의미를 염두에 두도록 해야 한다. 그렇지 않다면 그는 잘못된 판단에 이르게 될 것이다. 그러한 역사가는 야콥 부르크하르트(Jacob Burckhardt)에게 배워야 한다: "그러므로 유대인은 역사의 모든 변천과정에서 언제나 신정주의를 추구하였음을 알아야 한다. 이는 성전국가시대에 그들의 신정주의가 복고되었던 것에서 가장 분명하게 드러난다. 그들은 자신들의 민족이나 종교가

Hasmonäerhauses, Bücherei des Schoken-Verlages 47, Berlin 1935; ibd., *Foundation of Post-Biblical Judaism*, Schocken Books, New York 1967; *Four Strange Books of the Bible*: *Johna, David, Koheleth, Esther*, Schocken Books, New York, 1967. 필자가 방법론적으로 누구보다도 의존하는 이 훌륭한 학자는 유대교와 초기기독교 역사에 관한 자신의 논문들을 출판할 수 있도록 허락해 주었다. 이에 감사한다. 제 3권은 1981년 8월 31일 그의 사후 유작(遺作)으로, 말하자면 그를 '기념하는 책'으로 출판되었다: E. Bickerman, *Studies in Jewish an Christian History*, AGAJU 9, I, Leiden 1976; II, 1980, III, 1986.

세계를 지배하는 것을 희망하지는 않았다. 모든 민족은 모리아 산으로 경배하러 와야 했다. 유대교 신정주의 역시 때로는 세계를 다스리는 전제주의로 (…) 바뀌기는 했지만, 본질적으로 유대인들은 주기적으로 국가와 세계문화를 혼합하려 했던 모든 것으로부터 등을 돌렸다." "이와는 완전히 반대로, 유대교 신정주의가 융성했던 시기는 그리스와 로마시대의 세계였다. 여기서 종교는 본질적으로 국가와 문화에 의해 규정되었다. 종교란 국가종교와 문화종교여서, 신들은 국가와 문화의 신이었고, 국가는 신의 국가였다(…)." "유대교 신정주의가 가졌던 종교성 역시 그리스인과 로마인들에게는 완전히 세속적인 것과 다를 바 없었다. 그들은 원래 (최소한 유대교 신정주의가 발전한 시기에는) 제사장이 무엇인지를 몰랐다. 그들은 당시에 제의적 예식들을 가지고 있었지만 결코 율법이나 계시된 문서를 가지고 있지는 않았다. 국가와 그 밖의 삶을 넘어서서 유지되었다고 할 계시는 종교에 없었다."[4)]

그럼에도 불구하고 서로에게 다가왔던 다른 두 세계의 충돌이 존재했다. 이 충돌은 유대 팔레스타인에, 그리고 또한 이집트와 시리아 디아스포라에서 4백 년 이상을 존속하면서 더 많고 깊은 위기를 불러왔다. 하지만 그것은 고대세계에서 성공을 거두었고, 오늘날까지 고대세계를 존속시키는 가장 풍요로운 합제(*Synthese*)를 이루었다.

1988년 6월, 튀빙엔

마르틴 헹엘

---

4) *Weltgeschichtliche Betrachtungen*, Albert Oeri(ed.), *Jacob Burckhardt-Gesamtausgabe* 7, Berlin und Leipzig 1929, 82. 85. 104〔=KTA 55, Stuttgart, 1935(1946), 118. 112. 136〕.

제 2판 머리말

초판이 기대했던 것보다 훨씬 더 빨리 매진(賣盡)되었다. 제 2판을 발행하기 위해서 실수한 것과 인쇄오류를 바로잡았고, 약 90개의 문헌목록과 몇몇의 새로운 자료들을 정리하여 각주에 넣었다. 물론 이 작업은 문장을 크게 수정하지 않고도 가능했다. 보완한 참고문헌은 이 책의 맨 마지막에 실었다.

성실하게 교정을 도와준 필자의 조교 뮐러(Klaus W. Müller)와 예비목사 키엔레(H. Kienle)에게 특별히 감사드린다.

1973년, 튀빙엔

마르틴 헹엘

제1판 머리말

이 책은 1966년 튀빙엔대학(Eberhard-Karl-Universität in Tübingen)의 개신교 신학부에 제출된 교수자격논문을 약간만 축소 보완하여 출판한 것이다. 필자는 헬레니즘시대와 거의 일치하는 신구약 중간기 유대교의 발전, 그리고 이와 더불어 초기기독교가 출현한 사회학적이고 종교사적인 배경을 좀더 잘 이해하는 데 도움이 되고자 이 연구를 진행하였다.

필자가 가장 먼저 감사해야 할 곳은 튀빙엔대학 개신교 학부이다. 대학은 4년간 신학으로부터 '떠나 있던'(*opera aliena*) 필자를 1964년 가을부터 연구조교로 일할 수 있도록 해주어, 신학의 소명을 다시 찾을 수 있는 외적인 조건을 제공하였고, 더 나아가 상당한 액수를 지원하여 이 논문을 출판할 수 있었다.

이 논문에 대한 지극하고 변함없는 관심을 보여주신 존경하는 스승 미켈(D. O. Michel) 교수에게 감사드린다. 그는 예레미아스(J. Jeremias) 교수와 함께 이 논문을 WUNT(*Wissenschaftlichen Untersuchungen zum Neuen Testament*) 시리즈에 출판할 수 있도록 해주었다.

더 나아가 필자는 갈링(K. Galling), 게제(H. Gese), 베츠(O. Betz), 슈툴마커(P. Stuhlmacher) 교수와 이 대학의 강사 뤼거(H. P. Rüger)

와 벨텐(P. Welten) 박사의 소중한 격려와 대화에 감사드린다. 튀빙엔대학 도서관은 필자가 여기저기 산재한 문헌들을 입수할 수 있도록 언제나 성실히 도와주었다. 또한 출판사도 면밀하고 성실한 작업을 함께 해주어 이 책을 수월하게 출판할 수 있었다.

교정과 색인을 넣는 작업을 도와준 목사준비생 뮐러(Klaus W. Müller)와 신학도 로렌츠(W. Lorentz)와 크루그만(G. Krugmann), 그리고 조교 키엔레(H. Kienle)에게 감사드린다.

1968년 가을, 튀빙엔
마르틴 헹엘

서론

서술의 틀과 목적

신약에 대한 역사적 연구에 있어 '유대교'와 '헬레니즘'을 전승사적으로 구별하는 작업은 겉으로 보기에는 당연해 보일 수 있는 근본적인 전제에 속한다. 사람들은 '유대교 묵시사상'과 '헬레니즘적 묵시사상'을, '유대 · 랍비 전승'과 '헬레니즘적 · 동방세계적 영지(靈知) 사상'을, '팔레스타인 유대교'와 '헬레니즘적 유대교'를, '팔레스타인' 공동체와 '헬레니즘적' 공동체를 구분한다. 무엇보다도 이 개념들을 연구하는 작업은 그러한 2개의 '전승 노선'들 사이에 대체로 하나의 구분을 초래하는데, 이는 종종 구약과 그리스 고전기까지 소급된다. 이런 불가피한 분리는 예수시대의 팔레스타인이 이미 360여 년간 '헬레니즘'의 지배와 그것이 초래한 문화적 영향하에 있었다는 사실을 너무나 쉽게 간과하고 만다. 헬레니즘 문명이 신약시대에 유대 · 팔레스타인에서 오랫동안 파란 많은 역사를 남겼음에도 불구하고 말이다. 신약을 연구하면서 불가피한 이런 분리의 논점들을 도식적이지 않고 적절하게 구별하려면 반드시 이 역사의 결과를 고찰해야 한다. '신약시대사'라는 불행한 명칭 아래 너무 성급하게 지나치고자 하는 기독교의 이 직접적인 '전사'(前史)는 신약을 진정으로 이해하기 위한 불가결한 토대이다.

이 연구의 목적은 그 360년 역사의 전반부에 해당하는 대략 기원전 2세기 중반까지의 '유대교와 헬레니즘의 만남'을 서술하는 것이다. 여기서 우리는 세부문제들을 구체적으로 다룰 때 이 시기의 경계를 넘어가기도 하며, 또한 의도적으로 팔레스타인 자체에서 일어난 사건들을 서술의 중심에 놓고, 디아스포라에서 일어난 사건들은 부분적으로 다루어야만 한다. 왜냐하면 팔레스타인 지역의 유대교와 예루살렘은 그 당시 이미 동쪽과 서쪽으로 확산된 디아스포라의 중심을 이루었기 때문이다. 필자는 이 연구가 훗날, 저 360년 역사의 후반부로까지 확장될 수 있기를 희망한다.

그토록 당연하게 사용되는 두 가지 근본개념 '유대교'와 '헬레니즘'은 이미 지엽적인 과제설정에서 여러 방면의 어려움이 있을 것임을 암시한다. '유대교'에 해당하는 그리스어 '유다이스모스'(Ἰουδαϊσμός)는 우리가 다루어야 할 시기 한가운데에서 유래한다. 이 용어는 마카베오 2서 또는 그 사료(史料)인 키레네의 야손(Jason von Kyrene)의 작품에서 안티오코스(Antiochos) 4세의 박해를 묘사할 때 처음 나타난다. 그것은 고대세계에서도 놀랄 만한 사실을 묘사하고 있는데, '유대교'는 정치적·혈연적으로 유대민족에 결속되는 것과 하나님에 대한 배타적 신앙, 그리고 그분이 주신 토라를 고수하는 것을 의미한다.[1] 그리하여 연구대상을 적합하게 파악하기 위해서는 우리의 연구를 단지 '종교사적' 문제로 한정하지 않고, 정치·사회적인 내용을 함께 포괄해야 한다는 결론에 이르게 된다.

'헬레니즘'에 해당하는 그리스어 '헬레니스모스'(Ἑλληνισμός)는 지역적으로 변형된 방언이나 그리스어에 들어온 외래어(Barbarismen)와는 달리 범(凡)그리스적인 언어가 지배한다는 의미로 제한되는데, 이는

---

1) 2마카 2:21; 8:1; K. G. Kuhn, *TWNT* 3, 365; M. Hengel, *ZNW* 57, 1966, 179f.

문헌적으로 반박의 여지가 없다.[2] 이러한 관용적 의미로 사용된 것에서 벗어난 매우 드문 사례 하나가 마카베오 2서 4:13에 나오는데, 여기서는 예루살렘의 헬레니즘적 개혁과 연관하여 '헬레니즘화 추구의 절정'(ἀκμή τις Ἑλληνισμοῦ)이라고 언급된다. 두 개념이 대조되어 사용된 이 최초의 사례에서 팔레스타인 '유대교'와 '헬레니즘'은 원칙적으로 대립적인 세력으로 표현된다는 결론을 내릴 수 있다. 하지만 이와는 반대로 유대교 역사가 야손은 헬레니즘적인 장중한 역사기술이 사용하는 화려한 수사학의 옷을 입혀 '유대교'('Ιουδαϊσμός)를 변호하고 있다. 그의 작품은 이를 가장 잘 대변하고 있다(1권 332를 보라).

드로이젠(J. G. Droysen)은 '헬레니즘'이라는 개념에 처음으로 오늘날에 통용되는 의미를 부여했다. 그는 헬레니즘을 동방세계(역주. 'Orient'는 '동방세계'로, 'Osten'은 '동방'으로 번역함. 형용사도 이에 가름함)에서 그리스 세계가 확산되는 시기로 옮겨 놓았는데, 이 시기는 알렉산드로스 대왕과 함께 시작된다.

> 그는 이미 1831년 박사학위논문에서 기독교는 유대교보다 그리스 세계에 더 가까웠다는, 그 자체가 매우 논란거리가 될 수 있는 명제를 주장했고, 이를 그리스 세계가 동방지역으로 확산되었다는 것을 통해 설명했다. 그는 헬레니즘 개념을 이제까지 널리 통용되던 문헌학적인 해석으로부터 도출했는데, 여기서 사도행전 6:1의 "그리스어사용 유대인"(*Hellenisten*)①과 연관하여 신약의 '코이네'(*Koine*) 그리스어를 "헬레니즘적 방언"(*dialectus hellenistica*)이라 칭했다.[3] 그로부

---

2) 테오프라스토스(Theophrast)에서 처음으로 언급되었음. R. Laqueur, *Hellenismus*, 1925, 22 각주 8을 보라. 바빌로니아의 디오게네스(Diogenes), *SVF* 3, 214 각주 24와 비교하라. W. Jaeger, *Das frühe Christentum*, 1963, 3, 81; H. Preisker, *Ntl. Zeitgeschichte*, 1936, 5f. 와 비교하라.

3) R. Laqueur, *op. cit.*, 27f. 각주 9.

터 얼마 후 그는 그렇게 확산된 시기와 문화에 '헬레니즘'이라는 명칭을 부여했고, 그것을 그리스와 동방세계의 유산(*Griechisches und Orientalisches*)의 결합으로 특징지었다[4]: "동방과 서방은 융합되기에 충분했고, 양쪽에서 빠르게 숙성과 변형이 일어났다. 새롭게 각성된 범세계적인 생활은 국가와 경제, 통상과 예술, 종교와 관습에서 더욱 발전되었다. 이 새로운 세계사적 원리를 우리는 '헬레니즘적'(*Hellenistischen*)이라는 명칭으로 표시해도 될 것인가? 그리스 세계는 동방세계의 생활 속에 이식되어 그 자체가 완전히 발효되면서 **아시아와 그리스의 이교(異教), 아니 고대문화 자체가 꽃피게 될 헬레니즘을 발전시켰다.**"[5] 드로이젠에게 헬레니즘시대는 "고대세계의 근대화 시기"[6]에 해당했고, 이 시기의 목적지요 절정은 기독교의 출현이었다: "고대세계와 이방세계의 발전의 지향점은 기독교였고, 이것으로부터 고대와 이방세계의 역사는 파악되어야 한다."[7] 따라서 그는 문헌학과 함께 신학을 "헬레니즘의 역사에 가장 밀접하게 연관된 분과"[8]로 생각했다. 그러나 아쉽게도 신학은 이 시기의 탐구에 대한 자신의 몫을 전반적으로 너무 적게 인식하였다.

이렇게 드로이젠은 그 시대와 문화의 본질적인 기준을 이미 명확하게 인식하고 있었다: '헬레니즘'시대에 그리스 문화가 동방세계와 만남으로써 그리스 고전시대와는 구별되는 본질적으로 어떤 새로운 것

4) *Op. cit.*, 4ff., 21 각주 1; G. Droysen, *Johann Gustav Droysen* I, 1910, 69 각주 1; F. Meinecke, *HZ* 141(1930), 261과 비교하라.

5) *Geschichte des Hellenismus*, 1836, 4f.의 제1권의 서론을 보라(고딕체는 필자의 강조).

6) *Geschichte des Hellenismus*, 1843의 제2권의 서론을 보라. 재간행: ed. E. Bayer, Tübingen 1953, Vol. 3, xxii, 비교. xvii.

7) F. Meinecke, "Johann Gustav Droysen," in: *Staat und Persönlichkeit*, 1933, 110. 비교. *HZ* 141(1930), 262.

8) J. G. Droysen, *Historik*, ed. R. Hübner, 1937, 319(*Grundriss der Historik*의 서언, 1868). 또한 Jaeger, *op. cit.*, 2f., 80 각주 5와 비교하라.

이 출현했으며 — 여기서 우리는 다시금 우리의 주제로 돌아가는데 — 그러한 현상은 마치 유대교가 이 시기의 정치·사회적인 세력과 정신적 세력들과의 만남과 대결을 통해 점진적이고도 심오한 변화를 경험한 것과 마찬가지였다. 그 만남에 터전을 두고 형성된 유대교는 구약 이스라엘 종교의 초기형태와 본질적으로 구별된다.

물론 헬레니즘의 개념을 시기적으로 구분하는 것과 내용적으로 규정하는 것은 논쟁의 여지가 남아있다. 여기서 문제는 무엇보다도 이 개념이 다양하게 사용되어 너무나도 불명확하고 모호하게 되었다는 것, 또한 그 내용이 보는 관점에 따라 변한다는 사실에 있다.[9] 그러므로 헬레니즘시대가 기원전 4세기의 예비과정을 거쳤고,[10] 이미 알렉산드로스의 동방원정에 앞서, 특히 페니키아와 이집트에서 그리스 문화유입이 가시화되었다는 것을 고려해야만 한다.[11] 헬레니즘시기의 하한(下限)을 정하는 문제는 우선은 우리의 주된 관심이 되지는 못한다. 시리아와 팔레스타인 지역의 경우 그 하한선은 그리스의 경우처럼 악티움(Actium) 해전②이 아니라, 콤마게네(Kommagene)③에서 있었던 마지막 '헬레니즘적 성향의' 소국가들의 멸망과 아그리파

---

9) Bousset/Gressmann, 483: "그러나 헬레니즘은 어떤 단일체가 아니라, 모든 가능한 형태와 상호 침투하는 영향들이 결합된 것이다." V. Grönbech, *Der Hellenismus*, 1953, 15: "헬레니즘의 지평은 활짝 열려 있다. 경험을 통째로 갈무리하고 사고를 고정시키는 장벽은 없다." 13~17과 비교하라. 이와 유사한 주장으로는 H. Preisker, *op. cit.*, 11.

10) S. J. Kaerst, *Geschichte des Hellenismus* 1^3, 110ff., 138ff.; 2^2, 272; H. Bengtson, GG^3, 285ff. 벵트손은 헬레니즘시대가 대략 마케도니아 왕 필립 2세가 즉위한 때인 기원전 360년경으로부터 시작된 것으로 간주한다.

11) F. Altheim, *Wetlgeschichte Asiens* 2, 1948, 147과 비교하라: "페니키아에서 유래한 스토아 철학자들의 헬레니즘은 서방 아시아에서 일어난 자발적 헬레니즘화의 직접적 승계의 결과인데, 이것은 이미 알렉산드로스 정복 이전에 발생했었다"(1권 145f.와 230f.를 보라).

(Agrippas) 2세의 왕국, 플라비우스 내지 트라야누스 치하④의 나바테아(Nabatäer) 왕국의 멸망까지로 잡아야 한다. 하지만 이보다 훨씬 더 어려운 것은 내용적으로 헬레니즘의 본질적 특성을 규정하는 점이다. 그 본질적인 내용이란 과연 일차적으로 그리스·마케도니아 출신의 정복자들이 정치와 경제, 문화적으로 동방세계에 침투한 것에 관한 문제일까, 아니면 오스발트 슈펭글러(Oswald Spengler)가 '가정'(假晶, *Pseudomorphose*)⑤이라는 개념으로 특징지었던[12] 동방세계적인 관념과 그리스적 형태의 융합에 관한 문제일까? 초기 헬레니즘 시대에서 기원전 3~2세기의 전환기까지는 앞의 침투라는 관점이 옳을 것으로 사료된다. 즉, 알렉산드로스 대왕이 거둔 위대한 결실은 결국 폴리스의 지역 분권주의적 편협함을 깨고 범(凡)그리스적인 문화의식을 창출한 것이었는데, 이것은 특히 새로운 정복지에서 발전했다. 왜냐하면 그곳에서 그리스인들은 급속히 하나의 단일체로 결속되었기 때문이다(1권 23 이하를 보라). 기원전 2세기가 시작되면서 디아도코이 왕국(역주. 알렉산드로스 대왕의 '후계자들'이 세운 왕국들)의 몰락과 함께 동방세계의 유입이 계속되었고, 결국 종교적인 영역에서 '혼합주의'라는 표제어로 표현된 문화융합과정이 생겨났다.[13]

---

12) 예를 들어, 처음의 견해에 관해서는 W. Schubart, *Verfassung und Verwaltung des Ptolemäerreiches*, AO 35, 1937, Vol. 4, 4를 보라: "헬레니즘은 헬레니즘의 확장을 가져왔고 바로 이 확장이 헬레니즘이다." 그리고 H. Herter, *Das Neue Bild der Antike* 1(1942), 334-55, 336ff.를 비교하라. "고대문화"와 "아랍문화" 간의 가정(假晶)에 대해서는 O. Spengler, *Der Untergang des Abendlandes*, [82]1959, 2, 227ff.을 보라. 또한 H. Jonas, *Gnosis und spätantiker Geist* 1, [2]1954, 73f.와 비교하라. 또한 Preisker, *op. cit.*, 6-12와도 비교하라.

13) 그리스와 동방세계의 영향이 종교적 영역에서 어느 정도의 비율로 융합되었는지에 관해서는 의견이 분분하다. R. Reitzenstein, *Die hellenistischen Mysterienreligionen*, [3]1927, 2f.와 F. Cumont, *Die orientalischen Religionen*,

그래서 헬레니즘은 단지 정치적, 사회·경제적, 정신적 혹은 종교사적 측면만으로 축소될 수 없고, 오히려 이 모든 것을 포괄하는 하나의 복합적인 현상으로 간주되어야 한다. 그 출발점과 지향점은 기원전 4세기부터 형성되어, 알렉산드로스의 정복과 함께 군사적·정치적 확장에서 절정에 이른 그리스 세계의 팽창이었다. 경제적이고 문화적인 침투가 그 뒤를 따랐고, 동방세계는 종교적인 영역에서 수용과 방어, 저항운동으로 그것에 대응했다.

따라서 '유대교와 헬레니즘의 만남'을 묘사하기 위해서는 복합적인 요소를 다루어야만 한다. 이를 서술하기 위해서 역사적 발전에 따라 본서 제 1부에는 기원전 3세기를 중심으로 정치, 군사, 사회·경제적 문제제기로 시작했다. 제 2부에는 그리스 언어의 확장과 그리스화된 이름, 그리스식 교육과 문학의 문제로 넘어가며, 제 3부에는 가장 광범위하게 종교사적·신학적인 문제로 향하고, 마지막 제 4부에서 유대교가 초기 그리스 시대에는 어떻게 서술되었는지 그리고 예루살렘의 헬레니즘적 개혁시도를 다뤘는지에 대해 살펴본다. 또한 각부 마지막에 짧게나마 요약을 첨가했고, 때때로 여기에서 도출될 수 있는 신약학 연구에 의미를 갖는 관점들을 간략하게 전개하려고 한다.

제 1부와 제 2부에서는 문학들과 고고학적인 자료들을 어느 정도 충분히 다루려 했으며, 동시에 프톨레마이오스 내지 셀레우코스 왕국, 그리고 유대교의 영향 밖에 있는 팔레스타인의 정치적·문화적 배경도 꾸준히 포함하려 했다. 실제로 어려웠던 부분은 전도서에서 초기 에센주의에 이르는 제 3부인데, 여기서 이 책은 결정적인 국면

[4] 1959, xiiif. 외 자주. 그 밖의 사람들은 동방세계의 영향을 너무 강조하는 데 반하여 C. Schneider, *ARW* 36(1939), 300-47과 그의 책 *Geistesgeschichte des Antiken Christentums*, 2 vols., 1954는 이를 거의 전적으로 부정한다. 중간 입장을 취하는 M. P. Nilsson, *GGR*² 2, 5ff. 은 모든 변형에서 그리스 종교의 지속적인 몫은 결코 과소평가되어서는 안 된다고 강조한다.

에 접어들게 된다. 이 제3부에서는 처음부터 방법론적인 논의에 주의를 기울였다(3권 10ff. 를 보라). 매 단계에서 이른바 '그리스적 영향'을 입증하는 것이 일차적 과제는 아니었다. 왜냐하면 우선 무엇과의 유비(類比)가 있었다는 사실과 실제적으로 미친 영향이란 종종 구분되지 않았고, 오히려 필자는 유대·팔레스타인적인 사고(思考)의 내적인 경향을 헬레니즘이라는 시대정신의 수용과 방어 사이의 긴장 속에서 설명하려고 했기 때문이었다.

여기서 '연구사'는 생략해도 되는데, 그 이유는 이 주제를 이렇게 복합적이고도 다양하게 다루려는 시도가 처음이기도 하고, 과도한 2차 자료들과 논쟁하는 것은 구체적인 문제점들을 다룰 때에나 가능하기 때문이다. 그렇지만 필자가 많이 의존하는 몇몇의 기본적 저작들을 우선 여기서 언급해야겠다. 먼저, 자료로서는 불충분하고 또 비록 세부적인 것에서는 낙후된 것이기도 하지만 쉬러(E. Schürer)의 저작 《유대 민족의 역사》를 말해야 하는데, 이것은 아쉽게도 기원전 175년부터 시작한다. 아벨(F. M. Abel)의 《팔레스타인의 역사》, 그리고 체리코버(V. Tcherikover)의 《헬레니즘의 문명과 유대인》과 같은 중요한 저작들은[14] 주로 정치사를 다루고 있다. 체리코버는 비록 사회·경제적 관계에도 특별한 관심을 보여주었지만 종교사적 문제를 간과했다. 또한 버커만(E. Bickermann)의 넓고도 고무적인 연구도 언급할 수 있다. 그는 현재로서는 꽤 독특한 방식으로 헬레니즘의 역사와 유대교에 대한 지식을 성공적으로 통합했다. 《마카베오의 하나님》이라는 그의 명저는 제4부의 방향을 제시해 주었다. 부세와 그레스만(Bousset/

14) E. Schürer, *Geschichte des jüdischen Volkes im Zeitalter Jesu Christi*, [3, 4]1901~1909, 3 vols. (*Schürer*로 축약 인용); F. M. Abel, *Histoire de la Palestine*, Tome 1, *De la conquête d'Alexandre jusqu'à la guerre Juive*, 1952(*HP*로 축약 인용됨); V. Tcherikover, *Hellenistic Civilization and the Jews*, tr. S. Applebaum, 1961(*HC*로 축약 인용됨).

Gressmann)의 작품 《후기 헬레니즘시대 유대인의 종교》는 랍비 유대교 이전 시기의 팔레스타인 유대교의 종교적 발전이라는 관점에서 여전히 기초자료이며, 슐라터(A. Schlatter)의 《이스라엘의 역사》도 많은 중요한 관점을 내포하고 있다.15) 헬레니즘적 세계를 소개하는 저술로는, 정치와 경제에 대한 관점에서는 로스토브체프(M. Rostovtzeff)의 저작들이, 그리스 종교와 관련해서는 닐손(M. P. Nilsson)의 저작들이 유용할 것 같다.16)

여기저기에서 흩어져 다양한 형태로 출판된 이러한 자료들은 대부분 필자에게도 곤혹스러울 정도로 놀라운 분량인데, 이로 인해 연구의 양은 불어날 수밖에 없었다. 그러나 개별적 연구들을 이렇게 '분해하여 살피는 것'은 필자로 하여금 어떤 요약적인 통합명제를 만들어서, 어느 정도 분명하고도 의미심장한 결론까지 내려야만 한다는 생각을 갖게 했다. 이 과정에서 간단한 서술과, 판에 박은 듯한 '형편없는 단순화'를 피하고 일목요연하고 세부적인 사항에서만 얻어야 할 입증 사이에 존재하는 이 상반되는 필요성을 만족스러울 만큼 정당하게 평가하지는 못했다.

이 주제는 우리의 연구를 '신구약 중간사'의 영역으로 인도한다. 비록 어느 정도는 더 나아가야 비로소 신약시대에 이르게 되고, 그리하

---

15) Bickermann, *Der Gott der Makkabäer*, 1937(*GM*으로 축약 인용됨). Bousset/Gressmann, *Die Religion des Judentums im späthellenzstischen Zeitalter*, ^{3}1926; A. Schlatter, *Geschichte Israels von Alexander d. Gr, bis Hadrian*, ^{3}1925(*GI*^{3}로 축약 인용됨).

16) M. Rostovtzeff, *Gesellschafts-u. Wirtschaftsgeschichte der Hellenistischen Welt.* übers. v. G. u. E. Bayer, Bd. I~III, 1955 = 이 책은 앞으로 원래의 영어 원본을 사용하게 됨: *The Social and Economic History of the Hellenistic World*, 3 vols., 1941(*HW*로 축약 인용됨); M. P. Nilsson, *Geschichte der Griechischen Religion*, Vol. I^{2}, 1955; Vol. II^{2}, 1961(*GGR*^{2}로 축약 인용됨).

여 연구는 대개 이보다 약 150~180년 이전시기에서 중단되지만 문제 제기는 신약을 향하고 있다고 할 수 있다. 페르시아시기 유대교의 역사로 거슬러 올라가 논의의 기초를 놓는 것은 지면의 부족으로 원했던 것만큼 될 수는 없었다. 그러나 어떤 면에서는 페르시아의 통치와 헬레니즘시대 사이에는 부분적으로 놀라운 연속성이 존재하여, 이미 페르시아시기에 헬레니즘적인 경향이 존재했고, 또한 고대 동방세계와 그리스 전통은 근본적으로 대립되는 것이 아니고, 양측으로부터 흘러나와 결합된 특정한 노선을 형성하고 있다. 유대지역〔*Judäa*, 역주. 앞으로 지역명칭 '유대'와 형용사 '유대(적)'(Jüdisch)를 구별하여 이 용어로 사용함〕에서 그 연합이 실제로 결렬된 것은 헬레니즘적 개혁의 시도가 좌절되었기 때문이다. 이 사건 이후 십여 년 동안 유대민족이 경험했던 깊은 충격은 유대교의 정신적·종교적 전제조건을 만들어 놓았는데, 이는 그 다음에 올 신약시대를 규정한다.

자료상태가 불확실하고 단절되어 있는 경우에는 좀더 다양한 가설을 세우며 작업해야 했다. 그리고 가설이 갖는 다양한 개연성의 등급에 따라 자료들을 표시하려 했다. 이러한 가설적 명제의 불확실성은 다름 아닌 자료의 연대 설정 문제에서 언제나 나타난다. 그럼에도 불구하고—세부사항에서의 잠재적 오류를 모두 유보할 때—우리가 다룰 시기에 팔레스타인에서 일어났던 유대교와 헬레니즘의 만남이라는 역사적 개요를 제공하려는 목적은 유지되었다.

역주

① 제 3권 역자 해제 p. 251 참조.

② 기원전 31년 그리스의 서북부 바다에서 옥타비아누스가 안토니우스와 클레오파트라의 연합군을 격파한 전투, 이 사건 이후 로마는 공화정에서 제정(帝政)으로 바뀌어간다.

③ 시리아에 인접하는 현재의 터키 남동쪽에 있는 지역으로서, 헬레니즘시대에는 아르메니아 왕국에 속해 있었다. 당시 킬리키아 동쪽 카파도키아 지역 동남쪽 경계에 위치해 있었다.

④ 그 연대기를 개관하자면, 아그리파 2세는 기원후 27~100년, 플라비우스 가문은 기원후 70~98년 및 트라야누스는 기원후 98~117년에 통치했다.

⑤ 이 용어는 광물학에서 차용한 개념으로, 원뜻은 어떤 광물에서 "고유의 물질이 점차로 제거되는 동시에 다른 광물에 의해 대치"되는 현상을 묘사하는 데 쓰인다. "pseudomorph," Encyclopaedia Britanica (www. britanica. com).

제1부

팔레스타인에서 유대교와 초기 헬레니즘 문명의 만남

원제목은 "팔레스타인에서 유대교와 초기 헬레니즘 문명의 만남" 이라는 이 표제에 "초기 헬레니즘의 문명"을 수식하는 "기술적으로 규정된 정치·경제적 세력으로서의"(*als technisch bestimmter politischer und wirtschaftlicher Macht*) 라는 말이 더 붙어있으나, 축약된 제목으로 이렇게 표현한다.

제1장

팔레스타인의 역사적 틀: 프톨레마이오스와 셀레우코스 왕조의 전략적 요충지①

기원전 301년 입소스(Ipsos)에서 연합군이 안티고노스(Antigonos)에 대한 승리를 거둔 후 소테르(Soter)는 셀레우코스 1세의 이의제기에도 불구하고 팔레스타인과 함께 코일레·시리아(Coelesyrien)②를 차지했다. 이 라고스(der Lagide, 역주. 프톨레마이오스 가문의 고유이름) 프톨레마이오스 1세 소테르는 기원전 304년 초부터 이집트의 왕이었다. 그는 결정적인 전투의 위험을 연합군에게 떠넘기고 전투에 참여하지 않았다. 도리어 자신은, 시돈(Sidon)의 포위공격에 전념하다가 동료들이 패배했다는 소식을 구실로 점령군을 남겨둔 채 서둘러 그 지역을 떠났다. 그리하여 이제 이 전투의 승자들은 이전에 맺었던 협정을 어기고 코일레·시리아 전체를 셀레우코스의 소유로 선언했다. 그렇지만 프톨레마이오스는 셀레우코스를 앞질러 그 땅을 점령하고, 셀레우코스가 이를 기정사실로 받아들이게 했다. 셀레우코스는 자신이 성공적으로 등극하기 위해 빚을 진 이 동맹군 장수에게 대항하여 무력을 행사하지는 않았지만, 자신도 승자로서 차지해야 할 지역에 대한 권리를 결코 포기하지 않았다. 당시 이렇게 조성된 프톨레마이오스와 셀레우코스 왕국 사이의 대립은 그후 150년간 동방의

헬레니즘 세계의 역사를 규정하였다.[1] ③

입소스 전투 이후에도 안티고노스의 아들 데메트리오스 폴리오르케테스(Demetrios Poliorketes)는 자신의 함대로 바다와 페니키아 연안도시 티레(Tyrus)와 시돈을 장악하고 통치했는데, 이로 인하여 팔레스타인에 불안이 야기되었다. 그가 기원전 296년에 사마리아를 파괴했다고 전해지지만,[2] 그 지역을 항구적으로 지배할 수는 없었다. 같은

---

1) Diod. 20, 113; 21, 5; W. W. Tarn, *CAH* 6, 502; 7, 76ff., 701f.; E. R. Bevan, *History of Egypt*, 1927, 37; P. Jouguet, *L'impérialisme Macédonien*, 1926, 183; Volkmann, *PW* 23, 1623f.; H. H. Schmitt, "Untersuchungen zur Geschichte Antiochos' d. Gr.," *Historia-Einzelschriften* 6, 1964, 35; E. Will, *Histoire politique du monde hellénistique 1*, 1966, 68ff. 등과 비교하라. W. Otto, "Beiträge zur Seleukidengeschichte," *AAM* 34, 1928, 78 각주 2는 프톨레마이오스가 키레네의 소요로 소환되었다고 주장한다. 코일레·시리아가 원래부터 셀레우코스 왕국에 속했다는 가설에 관해서는 J. Beloch, *APF* 2, 1902, 229-237과 Tcherikover, *HC*, 53f.; F. M. Abel, *HP* 1, 42와 B. Niese, *GGMS* 1, 387을 보라. 니이제(Niese)는 셀레우코스 통치가 적어도 기원전 295년까지라고 추측한다. Bouché-Leclerq, *Histoire des Lagides 1*, 154와 E. Meyer, *UAC* 2, 3은 셀레우코스 1세가 살해당한 기원전 281년까지도 내려잡는다. 셀레우코스가 유대인들에게 매년 3백 달란트의 세금을 부과했다는 Sulpicius Severus II, 17, 4f. ed. C. Halm, *CSEL* 1, 73의 기록은 그가 팔레스타인의 프톨레마이오스 통치에 관해 전혀 아는 바가 없으므로 이 자료에서 어떤 것도 증거로 사용될 수는 없다. 이 자료는 아마도 프톨레마이오스의 세금이든지 아니면 후에 셀레우코스 4세가 부과한 세금에 관한 것일 수 있다(1권 129f.를 보라). 뿐만 아니라 기원전 3세기의 코일레·시리아와 팔레스타인에서 셀레우코스 왕조가 도시들을 세웠다는 것은 입증될 수 없다. 그러나 셀레우코스는 결코 자기들의 권리를 굽히지 않았다. Polyb. 5, 67을 보라.

2) Euseb, *Chron.* ed. Helm, *GCS* 7, 127f.: "Samaritarum urbem vastat." 또한 P. Jouguet, *op. cit.*, 188f.와 Tcherikover, *HC*, 424 각주 42; 451, 각주 101과 비교하라. 이 경우에 그 도시는 35년 동안 세 번 파괴된 것 같다. B. Niese, *GGMS* I, 355와 W. W. Tarn, *CAH* 7, 78은 이 사건의 역사성을 의심한다. 286년까지의 데메트리오스(Demetrios)의 역할에 관해

해 그리스에서 우리는 다시금 그를 발견할 수 있다. 늦어도 기원전 286년에 해안도시들도 이집트의 지배하에 들어간다. 프톨레마이오스 1세는 코일레·시리아와 팔레스타인을 지배함에서 파라오의 옛 정책을 접목했다. 이집트에게 이 지역은 북쪽으로부터의 공격을 방어하기 위한 사활이 걸린 앞마당이었고, 다른 한편으로 이 지역에 있는 페니키아 항구와 레바논 숲은 프톨레마이오스가 제해권(制海權)을 유지하기 위한 기반이었다. 게다가 팔레스타인은 메소포타미아와 페르시아만(灣), 아라비아 남쪽으로부터 오는 무역로와 대상로(隊商路)의 연결점이었다. 경제적으로도 이곳은 이집트를 보완할 만한 가치가 있는 지역이었다. 마지막으로 프톨레마이오스는 우선 당분간은 자신의 군대 상당부분을 외국의 용병(傭兵)들에게 의존해야 했는데, 이 지역으로부터 이두매아인(人)과 아라비아인, 유대인 지원군을 고용할 수 있었다.[3] 그러므로 기원전 약 200년경 이 앞마당을 잃게 된 이집트가 지중해 동쪽에서 자신의 정치적 패권도 잃게 된 것은 우연이 아니었다. 이 모든 것으로부터 우리는 왜 프톨레마이오스 왕조가 군사적으로뿐만 아니라 재정적으로나 행정적으로도 그 지방을 확실하게 장악하는 데 역점을 두었는지 납득할 수 있다. 그 지역의 공식적 이름은 '시리아와 페니키아'였지만, 자료들에서는 종종 그저 '시리아'로만 언급되는데, 이 경우에도 팔레스타인과 페니키아 모두를 의미한다.[4]

서는 H. Bengtson, *GG*[3], 374ff. 을 보라.

3) 코일레·시리아가 프톨레마이오스 왕국에게 전략적으로 중요하다는 점에 대해서는 디오도로스(Diodor)가 이미 *Hieronymus v. Kardia*, 18, 43, 1을 근거로 강조했다. 유대인 용병들에 관해서는 제1부 187f. 를 보라.

4) "시리아와 페니키아는" 그 지방을 표기하는 프톨레마이오스 왕국의 공식명칭이었다: W. Otto, *AAM* 34, 1928, 37; U. Wilcken, *APF* 12, 1937, 223; H. Bengtson, *Die Strategie in hellenistischer Zeit* 3, 1952, 166 각주 1과 Tcherikover, *HC*, 423 각주 36; 428 각주 55; *CPJ* 1, 5 각주 13을 보라. 프톨레마이오스 왕조는 이를 통해 전 시리아에 대한 자신의 권리를 표

특히 강력한 세력을 가졌던 프톨레마이오스 2세 필라델포스(Philadelphos, 기원전 282~246년)의 기나긴 통치하에서 이 땅에 대한 강력한 침투가 시작되었다. 제논(Zenon)의 서신왕래는 이에 대한 많은 사례를 제공한다. 제논은 새로이 개간된 파윰(Fajum, 역주. 고대 이집트 중부지방의 도시)에 있는 막대한 토지의 관리자였다. 이곳은 '재무관리' 아폴로니오스(Apollonios)가 왕으로부터 선사받은 땅이었다. 제논은 자신이 주인으로부터 위임을 받아 상세한 서신왕래를 하였는데, 그 내용에는 이집트가 지배하는 지중해 동쪽 거의 전체에 관한 이야기가 담겨있다. 이 서신들은 약 2천 개의 항목들이 들어있는 기록집에 잘 보관되었으며, 이 가운데 약 40개가 시리아와 팔레스타인에 관한 사항을 담고 있다. 제논은 이 땅에 대한 관리를 맡기 전, 그의 주인을 위해 계획했던 것보다 더 긴 여행을 떠났는데, 특히 기원전 259년 팔레스타인 사방을 두루 다녔다.[5] 제논 파피루스가 전하는 정보들은 파피루스 비인(Wiener Papyrus)에 의해 보충되는데, 여기에는 특별히 '시리아와 페니키아' 지역에 관한 왕의 두 가지 칙령이 담겨있다.[6] 이

현하려고 했던 것 같다. 이 명칭은 심지어 셀레우코스 왕조의 문서들에게서도 나타난다. V. H. Landau, *IEJ* 16, 1966, 59 III, 14(Ḥefzibah)를 보라.

5) 1권 166ff.를 보라. 그와 아폴로니오스(Apollonios)의 관계에 관해서는 M. Rostovtzeff, *A Large Estate in Egypt in the Third Century BC*, 1922, 특별히 16-41을 보라. 또한 C. C. Edgar가 *PMichZen*. 5-50에 쓴 서론도 보라. 고고학적인 세부사항들은, 특히 P. Viereck, "Philadelphia," *Morgenland* 16(1928)에 나와 있다. 이집트의 경제개발에 있어 그리스인들의 결정적인 역할에 관해서는 C. Préaux, *Les Grecs d'après les archives de Zénon*, 1947(Lit.)을 보라. 또한 제논의 서신 왕래에서도 드러나는 팔레스타인의 상황에 관해서는 L. H. Vincent, *RB* 29, 1920, 161-202; G. M. Harper, *AJP* 49, 1928, 1-35; V. Tcherikover, "Palestine under the Ptolemies," *Mizraim* 4/5, 1937, 9-90(특별히 제논의 여행에 관해서는 11ff.); 그리고 *HC*, 60-72; M. Rostovtzeff, *HW* 1, 340-350을 보라.

6) P. Rainer, Nr. 24552 Gr., ed. H. Liebesny, "Ein Erlass des Königs

것은 사료의 부족으로 인한 기원전 3세기의 팔레스타인 상황에 대한 지식의 공백을 부분적으로나마 보완해준다. 실제 헬레니즘화 과정은 그러한 행정기술과 경제적 개발로 시작되었을 것이라 추측된다.[7] ④

프톨레마이오스 왕조의 통치로 — 안티오코스 3세(기원전 219/217년)의 침입을 제외한다면 — 대략 100년간 이 분쟁지역에는 어느 정도 평화로운 발전의 시기가 왔다.[8] 최초 세 번의 시리아 전쟁은 이 땅의 북쪽에서만 일어났던 것처럼 보인다.[9] 이 전쟁들은 전체적으로 보아 군사적 후퇴가 몇 번은 있었지만 프톨레마이오스 왕조에게 불리하게 전개되지는 않았다. 셀레우코스 왕조는 1차 및 3차 전쟁에서 성공적인 국면에 진입하기는 했지만, 그것도 고작 다마스쿠스까지밖에 진격할 수 없었다.[10] 그럼에도 불구하고 다니엘서 11:5-9는 "남방의 왕과 북방의 왕" 사이의 대결을 예루살렘에서도 주의 깊게 관찰하였음을 보여준다.[11] 기원전 3세기 내내 두 왕국의 경계는 약간의 변화를 제외하

Ptolemaios II. Philadelphos über die Deklaration von Vieh und Sklaven in Syrien und Phönizien," *Aeg* 16, 1936, 257-88 = SB Nr. 8008. 비교. Rostovtzeff, *op. cit.*, 1, 350ff.

7) 프톨레마이오스시대 팔레스타인의 행정과 경제개발에 관해서는 32ff., 76ff.을 보라. 프톨레마이오스 왕조의 연대기에 관해서는 A. E. Samuel, *Ptolemaic Chronology*, MBPAR 43, 1962를 보라.

8) Tcherikover, *HC*, 59.

9) B. Niese, *GGMS* 2, 127ff., 134f., 151ff.; Bouché-Lederq, *Histoire des Séleucides*, 66ff., 78ff., 104f.; W. W. Tarn, CAH 7, 702ff., 711ff., 718f.; Volkmann, *PW* 23, 1650f., 1654f., 1669f.; H. Bengtson, GG^3, 394-399를 보라. 세 번의 전쟁에 관해서는 단지 단편적인 전승들만 남아있다. 날짜조차도 전혀 확실치 않다. H. Bengtson, *op. cit.*, 395 각주 4에는 연대가 기원전 274-272/71과 260(259)-253(*op. cit.*, 397 각주 4, 246-241라고 언급된다. É. Will, *op. cit.*, 1, 127ff., 208ff., 221ff.와 비교하라.

10) F. M. Abel, *HP* 1, 45, 48f.; W. Otto, *AAM* 34, 1928, 242 각주 1; Volkmann, *PW* 23, 1651. 1671.

11) K. D. Schunk, *VT* 9, 1959, 192ff.는 전 4:13ff.에서 이른바 세 번째 라오

면 비교적 일정했다. 이 국경은 트리폴리스(Tripolis) 북쪽 엘류테로스(Eleutheros)의 샛강에서 시작하여 바알벡(Baalbeck) 방향으로 남동쪽을 지나, 다시 저 분쟁지역 다마스쿠스로 향했다. 바타네아(Batanäa)와 트라고니티스(Trachonitis)를 포함한 요르단 동쪽 지역 역시 프톨레마이오스 왕국에 속했다.[12]

기원전 221년에 이미 비콰(Biqa')라는 국경 요새를 공략하는 데 실패했던 젊은 안티오코스 3세는[13] 네 번째 충돌이 있던 기원전 219년에서야 비로소 코일레·시리아의 대부분을 점령할 수 있었다. 그는 당시 그의 '장군'(*stratēgos*)이었던 테오도토스(Theodotos)가 배신하자, 해안 도시 티레와 아코-프톨레마이스(Akko-Ptolemais)를 수중에 넣고 이어 도르(Dor)를 포위했다. 아직 전투준비를 하지 못했던 프톨레마이오스 4세 필로파토르(Philopator)는 협상을 제안했으나 이루어지지 못했다. 그 다음 해인 기원전 218년에 안티오코스는 페니키아 해안을 따라 갈

디게아 전쟁의 전사(前史)에 대한 암시들을 본다. 그러나 그가 자기주장에 대하여 본문을 대폭 수정해야 했기에 이는 사실과 멀다. H. W. Hertzberg, *Der Prediger*, 1963, 117을 보라. 또한 이 책 제3부 각주 56을 보라.

12) 왕국의 경계선의 진행(*Grenzverlauf*)에 관해서는 W. Otto, *op. cit.*, 37ff.을 보라. 그는 U. Kahrstedt, "Syrische Territorien in hellenistischer Zeit," *AGG* 19, 2, 1927, 14ff.의 가설에 관해 비평적으로 토론하였다. 그의 전제는 H. Seyrig, *Syria* 28, 1951, 212f.에 의해 입증되었다. 제논 파피루스의 정보에 관해서는 Tcherikover, *Mizraim* 4/5, 1937, 32-36; *HC*, 61, 428 각주 56; F. M. Abel, *Géographie* 2, 129를 상세히 보라. 그 경계선의 변동에 관해서는 H. H. Schmidt, *op. cit.*, 35f.를 보라. 그러나 그는 경계를 너무 먼 남쪽으로 설정한다. 다마스쿠스는 대부분 프톨레마이오스 왕국에 속했던 것 같다. Tcherikover, *Mizraim*, 34f.를 보라.

13) Polyb. 5, 45, 10-46, 6; F. M. Abel, *HP* 1, 72. 지리적인 세부사항에 관해서는 F. W. Walbank, *A Historical Commentary on Polyb.* 1, 1957, 577f.를 보라. 내부적인 어려움과 싸웠던 안티오코스 3세의 정치적 상황에 관해서는 É. Will, *REG* 75, 1962, 71-129; id, *Histoire politique* 2, 14ff.을 보라.

릴래아를 향해 진군해 필로테리아(Philoteria), 스키토폴리스(Skytho-polis), 타보르(Tabor) 산 위에 있는 아타비리온(Atabyrion) 요새를 점령했다. 그는 요르단을 넘어 펠라(Pella), 카모운(qāmôn 사 10:5?), 그리고 요르단 동쪽 지역의 (게)에프론(Gephron)을 차지하고, 가다라(Gadara) 요새, 아빌라(Abila)와 라바트 암몬(Rabbath Ammon)을 점령했다. 그리고 일부 대대(大隊)를 사마리아로 파견했다.

여기서는 예루살렘의 운명에 대하여 아무런 언급이 없다. 아마 예루살렘은 이 마지막 사마리아 파견과 연관되어 안티오코스의 부대에 의해 점령되었을 수 있다. 안티오코스 3세가 주력부대의 방향을 요르단 동쪽으로 잡아 팔레스타인의 동쪽 측면으로 돌파하려 했던 것은, 당장 자기편이 되어 전술적 도움을 줄 수 있었던 아라비아인들의 지원을 염두에 두었기 때문이었다(1권 87f, 157f.를 보라). 결국, 많은 프톨레마이오스의 군사령관들이 자기편으로 들어옴으로써 공격은 더욱 용이하고 성공적이었다.[14] 또 필로파토르(기원전 222~205년) 치하에서 프톨레마이오스 왕국은 부실경영과 친인척 등용으로 몰락의 길을 걷게 되었다. 만일 몇몇 프톨레마이오스 관리들이 그렇게 의심을 받고 있었다면, 당시 대중들 대부분이 셀레우코스 왕조 편이었다고 가정할 수도 있겠다. 물론 이와 상반되는 폴리비오스(Polybios)의 주장[15]이

---

14) Polyb. 5, 61-66, 68-71. 또한 F. W. Walbank, *op. cit.*, 1, 587-597; M. Abel, *HP* 1, 5-79; Tcherikover, *HC*, 73f. 와 54; Volkmann, *PW* 23, 1680ff.; É. Will, *op. cit.*, 2, 23ff.를 보라. 테오도토스(Theodotos)의 침입에 관해서는 E. Bevan, *History of Egypt*, 224f.를 보라. 이외에도 호의적인 관료들인 파나이톨로스(Panaitolos)와 일 년 뒤 갈릴래아(?)의 속주지배자, 즉 휘파르코스(Hyparch)였던 케라이아스(Keraias), 테살리아(Thessalia)의 사령관 힙폴로코스(Hippolochos)와 아빌라(Abila)의 사령관 니키아스(Nikias)가 안티오코스 측으로 넘어왔다(5, 70f).

15) 5, 86, 10; 폴리비오스(Polybios)는 로마인의 친구로서 확실히 반(反)셀레우코스 경향이 있었다. 5, 71의 아라비아인들의 침입과 비교하라. 폴리비

있기는 하지만 말이다. 그러나 경제적으로 이집트와 밀접하게 연결된 도시와 지역은 프톨레마이오스 왕조 편에 계속 남아있었는데, 예를 들면 가자와 안티오코스가 장악할 수 없었던 시돈, 그리고 폴리비오스에 의하면 사마리아가 이에 해당되었다. 여기서 '사마리아 지역들'(τοὺς κατὰ Σαμάρειαν τόπους)에는 유대지역도 포함되었을 것이다.[16] 그럼에도 불구하고 안티오코스가 코일레·시리아와 팔레스타인을 정복하는 데 2년의 기간이나 필요했던 것은 프톨레마이오스 왕조가 그들의 이 앞마당을 얼마나 강력하게 방호했는가를 보여 준다.

그 사이에 필로파토르와 그의 장군 소시비오스(Sosibios)는 전쟁준비를 끝마쳤다. 기원전 217년 6월 22일에 그의 군대는 팔레스타인의 남쪽 경계인 라피아(Raphia)에서 적과 마주쳤다. 안티오코스는 초반의 승리에도 불구하고 예기치 않게 패했다. 이러한 결과를 초래하는 데 결정적인 역할을 한 사람들은 마케도니아식으로 교육받은 이집트 태생의 군인들이었다. 이집트의 민족의식은 이렇게 그리스 지배계층에 대항하여 더욱 강화되었고, 몇 년 후 일련의 봉기로 표출되었다.[17] 이 패배로 안티오코스는 지난 2년 동안 전쟁으로 얻은 지역에

오스의 반박에 관해서는 Tcherikover, *Mizraim* 4/5, 1937, 56을 보라. 아라비아인들의 친(親) 셀레우코스적인 경향에 관해서는 Altheim-Stiehl, *Die Araber in der Alten Welt* 1, 1964, 75, 77을 보라. 그들은 여전히 마그네시아(Magnesia)에서 안티오코스 3세를 지지하였다. Appian(*Syr.*), 32.

16) F. M. Abel, *HP* 1, 77, 79 각주 1을 보라. 가자(Gaza)에 대해서는 E. Meyer, *UAC* 2, 122와 Tcherikover, *HC*, 96을 보라. 유대인에게는 토비아스 요셉이 시리아의 징세도급인이었다는 것이 결정적이었다. 52f.를 보라. 인용은 Polyb. 5, 71, 11.

17) Polyb. 5, 79-87. 또한 W. F. Walbank, *op. cit.*, 1, 607-616; 3마카 1, 1-7을 비교하라; P. Jouguet, *op. cit.*, 251-255; F. M. Abel, *RB* 48, 1939, 225-230을 보라. 내부적인 정치문제에 관한 라피아(Raphia)의 여파에 관해서는 W. W. Tarn, *CAH* 7, 731을 보라. 또한 제1부 각주 301과 비교하라.

서 즉시 물러나야 했다.

반면 큰 승리를 거둔 필로파토르와 그의 여동생 아르지노에(Arsinoe)는 반환받은 지역에 약 4개월간을 더 머물렀다. 그들은 그 도시들과 성소들을 찾아다니며 대중들의 충성을 얻고 자신들도 그 땅의 신들을 경배한다는 것을 과시하려 했다.[18] 해안도시 욥바(Joppe)와 이두매아-유대 경계지역의 마리사(Marisa)에서 승리와 명예를 기리는 비문(*Ehreninschriften*)이 나왔는데, 그것은 2명의 통치자가 그곳을 방문했던 것을 암시한다.[19] 이들은 예루살렘도 방문했을 수 있다. 마카베오3서 1:10ff.에서 암시되는 것처럼, 이 지역의 왕이 신비주의에 치우쳐 지나치게 디오니소스를 숭배했기에 유대인들과 갈등이 있었으리라는 것을 아주 배제할 수는 없었다.[20] 아마도 그런 갈등은 존재

---

18) H. Gauthier/H. Sottas, *Un Décret trilingue en l'honneur de Ptolémée IV*, 1925. 가장 잘 보존된 통속적 비문은 특별히 중요하다(35ff., 15-25행). 거의 4개월 동안 필로파토르 왕은 적지(敵地)인 셀레우코스 영토에서 3주를 보낸 것 같다. Polyb. 5, 87, 6은 그의 3개월간의 체류에 대하여 언급하고, 해방된 신민(臣民)들의 환호를 입증해 준다(5, 86, 87). 또한 W. Otto, *AAM* 34, 1928, 80-85를 보라. 분명치 않은 독법에 근거하여, 엘레아자르(Eleazar)라는 어떤 한 인물이 이집트인에 대항하여 봉기했다는 편집자의 추측은(*op. cit.*, 36, 23행, 54ff.의 주석을 보라) 지지를 받을 수 없다. W. Otto, *op. cit.*, 81f.; Tcherikover, *HC*, 434f. 각주 95와 97; 반대의견은 P. Jouguet, *op. cit.*, 253, F. M. Abel, *HP* 1, 83 각주 5를 보라. H.-J. Thissen, *Studien zum Raphiadekret*, 1966, 60ff.을 보라.

19) Joppe-Jaffa: B. Lifshitz, ZDPV 78, 1962, 82f.; Marissa: Bliss/Macalister, *Excavations in Palestine* 1898-1902, 62f.; Clermont-Ganneau의 보충설명 *CRAI*, 1900, 536-541. 또한 티레의 경계로부터 나온 SEG 7, 326 = Polyb. 5, 61, 9와 비교하라.

20) 그 기록은 전설적으로 채색된 것이고 2마카 3장에 나오는 헬리오도로스(Heliodoros)의 전설에 맞춰졌다. 우리는 단 11:12의 "그리고 그의 마음이 교만해졌다"는 필로파토르에 대한 성격묘사를 양자의 불일치에 대한 암시로 볼 수 있을 것인데, 이는 마카베오3서가 의존하고 있는 사항이다. 필로파토르가 디오니소스(Dionysos)를 경배하고 자신과 동일시하고 있다는 사실에

했으리라. 이미 프톨레마이오스 3세 에우에르게테스(Euergetes)도—아마도 제3차 시리아 전쟁을 승리로 끝낸 후에—예루살렘 성전을 방문하여 제사를 올렸다.[21)]

그러나 이 승리에도 불구하고 프톨레마이오스 왕국의 몰락은 멈출 수 없었다. 착취를 당했던 이집트의 대중들은 반역을 일으켰고 왕궁의 재정은 더욱 악화되었다. 반면 안티오코스 3세는 소아시아와 동부 지역에서 놀라운 성공을 거두어 셀레우코스 1세의 왕국을 재건하는 자로 등장했다.[22)]

기원전 205년 필로파토르와 그의 여동생이자 아내였던 아르지노에는 불가사의한 죽음을 맞이했다. 당시 다섯 살 된 프톨레마이오스 5세 에피파네스(Epiphanes)의 후견인은 무능하였고, 이로 인해 이집트의 약점은 완연히 드러났다.[23)] 안티오코스는 마케도니아의 필립(Philipp) 5세와 연맹을 맺고 기원전 201(202?)년 다시금 국경을 넘었다. 그리하여 이 지역은 18년 전보다 더 쉽게 그의 수하에 들어왔다. 아라비아 교역의 종착점으로써 이집트와 특별히 연결되었던 가자(Gaza)만이 좀더 오랜 기간 동안 저항했을 뿐이다.[24)] 그해 가을, 안

관해서는 Volkmann, *PW* 23, 1689f. 그리고 이 책 제4부 각주 43을 보라.

21) 요세푸스는 변증적인 이유에서 이것을 과장하고 있다. 아피온 반박 2, 48.

22) H. H. Schmitt, *op. cit.*, 85; É. Will, *op. cit.*, 2, 34ff.; 제1부 각주 301을 보라.

23) 프톨레마이오스 제국의 몰락과 안티오코스 3세의 승리에 관해서는 H. Bengtson, *GG*^{3}, 406f., 414f.를 보라. Volkmann, *PW* 23, 1684f.와 비교하라. 이집트 왕권의 변화와 그 결과로서 일어나는 혼란에 관해서는 Bouché-Leclerq, *Historie des Lagides* 1, 335-350을 보라. H. W. Hertzberg(*Der Prediger*, 1963, 50ff.)는 전 8:2ff.에서 나타나는 필로파토르 치하의 친 셀레우코스 경향에 관한 언급을 하고 있으며 10:16f.에서는 어린 에피파네스(Ephipanes)에 대해서는 그런 암시를 볼 수 있다. 여기서 지혜라는 주제(*chokmatische Topoi*)가 다루어지기에 충분하다. 그러나 이것으로부터 전도서의 연대를 추정하기는 어렵다(이 책 제3부 각주 56을 보라).

티오코스는 점령군을 남겨 둔 채 팔레스타인을 떠났다. 그 틈을 타 프톨레마이오스의 군사령관 스코파스(Skopas)는 기원전 201/200년 겨울, 반격에 나서 잃었던 지역의 상당부분을 재정복할 수 있었다. 이 사이에 예루살렘에서도 강력한 친(親) 셀레우코스파가 형성되었다. 아마도 다니엘서 11:14의 뚜렷하지 않은 언급은 그들의 저항과 이에 대한 스코파스의 징벌을 암시할 수 있다: "그리고 그때에 여러 사람이 남방 왕에 대항하여 일어설 것이요, 네 백성 중에서도 포악한 자들(פָּרִיצִים)의 아들들이 환상을 이루려 반항하여 일어나겠으나 그들은 넘어지리라." 이 유대지역의 중심도시에서 일어난 파벌싸움은 포르피리오스(Porphyrios)에 의존하고 있는 히에로니무스(Hieronimus, 역주. 영어식 발음으로는 '제롬'이라 불리는 기독교 교부)의 해석을 통해 입증되었다:[25] "Pugnantibus contra se Mango Antiocho et ducibus Ptolemaei in medio Judaea posita in contraria stadia scindebatur, aliis Antiocho aliis ptolemaeo faventibus"(안티오코스 대왕과 프톨레마이오스의 장군들이 서로에 대항하여 싸울 때에, 그 중간에 있던 유대지역은 상반되는 입장으로 나뉘었는데, 어떤 이들은 안티오코스에게 어떤 이들은 프톨레마이오스 왕조에게 기울었다). 또한 요세푸스의 저작에 보존된 폴리비오스의 단편도 유대인들이 무력으로 진압되었다는 것을 암시하는데, 이것은 이 당시에 유대인 다수가 친(親) 셀레우코스적인 성향이

---

24) 다섯 번째 시리아 전쟁에 관해서는 네 번째보다 훨씬 더 정보가 부족하다. Volkmann, *PW* 23, 1694f.; M. Holleaux, *Études d'épigraphie et d'histoire grecques* 3, 1942, 318-335 = *Klio* 8, 1908, 267-281; É. Will, *op. cit.*, 2, 101f. 와 비교하라. 가자의 포위공격에 관해서는 Polyb. 16, 22a를 보라.

25) Hieronymus, *Dan* 11:14, Migne, *PL* 25, 562. E. Täubler, *JQR* 37, 1946/47, 1-30, 125-137은 단 11:14를 해석하고 포르피리오스(Porphyrios)를 인용한다. 그러나 메시아적 봉기라는 그의 이론은 지지하기 어렵다. "pārîṣê"를 하시딤과 바리새인을 가진 "한 조직의 회원들"(Glieder einer Kette. 26)로 보려는 것은 역사적 연관관계를 왜곡하는 것이다.

었음을 의미한다.[26)]

기원전 200년에 스코파스는 요르단 강이 시작되는 파네이온(Paneion)에서 안티오코스에게 완전히 패배했다. 그는 시돈으로 도주하였으나 퇴로를 차단하던 이 셀레우코스 왕에게 항복해야 했다.[27)] 안티오코스 왕은 이제 격전을 치른 이 지역을 손쉽게 얻을 수 있었고, 2년 후인 기원전 199/198년까지 그곳의 점령을 끝냈다. 안티오코스는 이 원정에서 그 지역 대중들에게 호감을 얻는 일에 가장 큰 역점을 두었다. 베트-쉐안-스키토폴리스(BethSchean-Skytopolis) 근처에서 광범위하게 출토된 비문들이 이 사실을 보여준다. 이 비문에는 시리아와 페니키아의 '장군'이었던 트라세아스(Traseas)의 아들 프톨레마이오스가 안티오코스 왕 혹은 이 왕의 아들에게 보낸 2개의 메모, 그리고 기원전 201～195년 사이 왕이 신하에게 보낸 6개의 편지가 포함되어 있다. 거기에는 군인들이 프톨레마이오스 장군 관할하의 마을 주민의 집에서 숙영(宿營)하는 것과 주민들을 집에서 쫓아내는 것을 원칙적으로 금하고 있다. 아마도 안티오코스 왕은 이렇게 자신의 부대가 주민들에게 폭력을 남용하지 않도록 제재했을 것이다. 이 모든 지시사항은 돌에 새겨져 공공적인 장소에 세워졌을 것으로 추측된다.[28)] 우리는 여기서 다시금 많은 유대인들이 셀레우코스의 편에 있었음을

---

26) 유대고대사 12, 135.

27) Polyb. 16, 18; 유대고대사 12, 32; B. Niese, *GGMS* 2, 578f. 시돈의 포위에 관해서는 Hieronymus, *Dan.* 11:15, 16, *PL* 25, 563 = *FGrHist* 260 F 46을 보라.

28) Y. Landau, *RB* 69, 1962, 406의 잠정적인 보고서; 최종 본문에 관해서는 *IEJ* 16, 1966, 54-70(58-60)을 보라. 프톨레마이오스 왕조하의 이집트에서 나온 유사한 법령이 알렉산드리아의 "*dikaiōmata*"(법령) *PHal* 1, 166-85행(98ff.)에서 발견된다. Polyb. 5, 83, 3에 의하면, 프톨레마이오스는 기원전 219년 프톨레마이오스 4세의 군사령관이었다. 그러나 후에 그는 셀레우코스로 군대로 들어간다. H. Volkmann, *PW* 23, 1762 각주 42를 보라.

발견하게 된다. 그들은 성곽에 있는 이집트의 점령군 수비대를 포위하고 있는 군인과 코끼리들이 먹을 식량을 공급함으로써 시리아인들을 지원했다.[29] 그러나 유대인들은 이집트의 왕 프톨레마이오스 편에서도 싸웠던 것으로 보이는데, 이는 히에로니무스-포르피리오스가 "일부 프톨레마이오스 귀족들이"(*optimates Ptolemaei partium*) 이집트로 피신했다고 기록하고 있기 때문이다.[30]

예루살렘과 유대지역은 이 전쟁이 일어나기 한 해 전의 전투에서 심각한 피해를 입었다.[31] 그리하여 안티오코스 3세는 장군 프톨레마이오스를 통해서 내렸던 포고(πρόσταγμα)[32]에서 보여주는 바와 같

---

29) 유대고대사 12, 133. 136. 138; Polyb. 16, 39, 3ff. 와 비교하라.

30) Hieronymus, *Dan* 11:14, *PL* 25, 563 = *FGrHist* 260 F 45. 히에로니무스는 스코파스를 그 장본인으로 거명하고 안티오코스 3세가 유대인의 도움을 받아 예루살렘에서 그를 포위했다고 본다. 그러자 스코파스는 시돈과 예루살렘의 포위를 교란한다.

31) 유대고대사 12, 129f. 139.

32) 유대고대사 12, 138-144: 코일레·시리아의 장군 프톨레마이오스에게 보내는 편지형식. 이 문헌에 대해서는 R. *Marcus*, *Josephus* 7, LCL, 743-761을 보라. 이 문헌의 진정성에 관해서는 이미 E. Meyer, *UAC* 2, 127 각주 21에 의해 토론되었고 E. Bi(c)kerman(n), *REJ* 100, 1935, 4-35에 의해 철저한 조사가 이루어졌다. *Inst.*, 136f., 195와 *GM*, 51-53과 비교하라. K. Galling, *OLZ* 42, 1939, 227의 비평적 논평과 A. Alt, *ZAW* 57, 1939, 283ff. 를 비교하라. 그의 주장에 따르면 여기에서 2개의 칙령들이 선포되었는데, 하나는 예루살렘의 회복과 재정착, 다른 하나는 성전과 제사직 종사자(*Kultpersonal*), 원로회(*gerusia*)의 특권들, 그리고 농민들에 대한 세금 경감에 관한 사항을 담고 있다. 또한 F. M. Abel, *HP* 1, 89ff.; Tcherikover, *HC*, 76ff., 438ff. 을 보라. 전체적으로는 53f., 493ff. 을 보라. 셀레우코스가 니사(Nysa)의 플루토성전(Plutotempel)의 특권을 인정한 것에 관해서는 C. B. Welles, *Royal Correspondence*, 1934, 54ff. 을, 에리트레(Erythrae)를 지지하여 안티오코스 1세가 내린 칙령에 관해서는 *OGIS* 223 = C. B. Welles, *op. cit.*, 78ff. 를, 아미존(Amyzon)에서 안티오코스 3세가 행한 감사예식에 관해서는 *op. cit.*, 165ff. 를 보라(비교.

이, 유대인들에게 도시와 성전 재건을 지원할 뿐만 아니라, 3년 동안 세금을 면제하고 유대인 포로들의 석방까지도 약속했다. 이러한 조치는 유대인들에게 상당한 도움이 되었다. 성전에 고용된 인원과 원로회(*Gerusie*, 역주 ⑥을 참고)의 의원들은 모든 세금에서 면제되었다. 더 나아가 유대인들에게 공동체 내부의 '자치'(*Autonomie*)를 허락했다. 즉, 유대인들에게 자신들의 독자적인 법에 따라 살 수 있는 가능성을 부여했다는 말이다.

안티오코스 '대왕'이 안티오키아에서 유대인 사신들과 맺은 협상은 '왕의 은전(恩典)'(φιλάνθρωπα βασιλικά)[33]을 연상시키는데, 그는 아마도 이를 통해 의도적으로 옛 페르시아시대의 선례들을 따르려 했을 것이다.[34] 이것은 또한 셀레우코스 왕국의 더 큰 '연방적 구조'에도 상응하였다.[35] 게다가 안티오코스 왕은 이미 유대인들의 군사적 능력을 평가하여 알고 있었기에, 그로서는 셀레우코스 왕조의 새로

171f.). "조상의 특권들(3f. 행 τὰ δι]ὰ προγόνων προυπηργ[μένα)"에 관해 일리온(Ilion)에게 보낸 편지에 관해서는 *op. cit.*, 175ff.를; 헬레스폰트(Hellespont)에 세워진 도시를 지지하는 법령에 관해서는 *SEG* 2, 663, 9ff. 행(ἠξίωσεν τὸν βασιλέα ἀποδοθῆναι τούς τε νό//μους καὶ τὴν πάτριον πολιτείαν καὶ τὰ ἱερὰ τεμέ/νη)를 보라. 여기에는 성소를 돌보는 것과 3년간 세금면제가 포함되었다.

33) 2마카 4:11. '왕의 은전'이라는 개념에 관해서는 에스라1서 8:10에 나오는 베트 아나트(Beth-Anath)의 갈릴래아 농부에게 한 약속 PSI 554, 34f.; H. Kortenbeutel, *PW Suppl* 7, 1032ff.을 비교하라. 역주. 에스라1서(1. Esra)는 역대기하 35:1-36:23과 에스라서, 느헤미야 7:38-8:12를 합성한 것으로 《70인경》에 포함되어 있는데, 《70인경》은 에스라서와 느헤미야서를 합성한 〈에스라2서〉도 포함하고 있다. J. C. 판데어캄, 《초기유다이즘 입문》, 113.

34) H. Zucker, *Studien zur jüdischen Selbstverwaltung im Altertum*, 33ff.; R. Marcus, *op. cit.*, 73 각주 b; Tcherikover, *HC*, 49와 422의 각주 29, 30은 알렉산드로스 대왕이 이미 유대인들의 "자치"를 승인했다고 생각하고 있다. 유대고대사 11, 338과 비교하라.

35) H. H. Schmitt, *op. cit.*, 96, 99.

운 통치권에 이들을 더욱 확고히 결합시키는 일이 중요했다.[36] 왜냐하면 그는 무엇보다도 계속하여 새롭고 위협적인 적들과 대결해야 했고, 게다가 자신의 후방의 안전을 도모해야 했기 때문이었다. 로마가 기원전 197년 마케도니아 왕 필립 5세를 제압한 이후, 이제 상황은 로마와 한 판 전쟁이 불가피하게 되었다.[37] 이런 이유로 안티오코스 왕은 기원전 196년에 어린 프톨레마이오스 5세 에피파네스에게 자신의 딸 클레오파트라를 그와 결혼시켜주겠다고 약속했고, 일종의 지참금으로 그에게 코일레·시리아를 반환받을 수 있으리라는 희망을 심어주었다. 결혼은 2년 반 후인 기원전 194/193년에야 비로소 성사될 수 있었다. 하지만 그 뒤에도 안티오코스는 그가 정복한 이 지역을 결코 반환하지 않았다.[38]

기원전 190년 말 마그네시아(Magnesia)에서 안티오코스 3세가 로마에게 패배하고, 기원전 188년 아파메아(Apamea)에서 가혹한 조약이

---

36) 유대인들은 팔레스타인에서만 그를 지지한 것이 아니다. 다른 곳에서도 그의 용병으로 복무하였다. 제 1부 각주 90-92를 보라.

37) M. Holleaux, *CAH* 8, 165를 보라: 시돈이 포위된 지 몇 개월 후 로마의 파견단이 그를 방문한다. 로마는 필립 5세에 대항할 재량권이 필요했기 때문에 처음에는 이집트에 대항하는 안티오코스의 개입이 싫지는 않았다. 그러나 기원전 197년 마케도니아 왕국에 대하여 승리를 거둔 후 로마는 셀레우코스 왕조를 로마의 동쪽에 있는 가장 위험한 적들로 간주하였다. 그후 로마는 이들의 통치권을 파괴하기 위해 무력으로 개입하였다. 팔레스타인 정복 이후 안티오코스 3세의 정책에 관해서는 O. Plöger, *Theokratie und Eschatologie*, 1959, 11f.를 보라.

38) Hieronimus, *Dan.* 11:17, *PL* 25, 564, Appian, *Syr.* 5와 비교하라. 유대고대사 12, 154; Polyb. 18, 51, 10. 또한 B. Niese, *GGMS 2*, 639와 연도설정이 올바른 E. Meyer, *UAC* 2, 124f.를 보라. 시리아의 수입이 두 명의 통치자에 의해 분배되었다는 요세푸스의 기록은(유대고대사 12, 155) 역사적 신빙성이 없다. H. Bengtson, *GG*^{3}, 469 각주 1과 *Die Strategie* 2, 1944, 161 각주 2를 보라.

체결되자 그의 원대한 계획은 수포로 돌아갔다. 뿐만 아니라 이것은 동시에 셀레우코스 왕국의 붕괴를 초래했다.39) 무엇보다도 그는 왕국의 동쪽에서 토지를 돌려받자마자 다시 잃었다. 안티오코스 3세는 그 후 불과 일 년 후, 수지아네(Susiane, 역주. 과거의 엘람 지역)에 있는 벨(Bel) 성전을 약탈할 때 살해되었다.40) 그의 아들 셀레우코스 4세 필로파토르(기원전 187~175년)는 그의 아버지와는 반대로 소극적인 통치자였다. 이 시기에 아파메아(Apamea)에서도 코일레·시리아를 반환받지 못한 것에 실망하고 있던 이집트의 지배자들에게서는 다시금 그 지역을 재정복하려는 열망이 일어났다. 그들의 시리아에 대한 최초의 적대감은 아마도 그 이전에 이미 일어났을 것 같다. 그럼에도 불구하고 시리아 공략이 가로막힌 것은 이집트 내부의 지속적인 소요 발생, 기원전 181년 프톨레마이오스 55세 에피파네스의 갑작스런 죽음 때문으로 추측된다.41) 예루살렘에서도 다시금 이집트에 대한 호감이 싹트는 것 같아 보였다. 셀레우코스하의 신민들은 1만 2천 달란트에 달하는 전쟁 배상금을 로마에 지불해야 했기에, 유대지역 주민들은 이전에 시행된 세금 경감을 많이 체감하지 못했으리라 추측된다.42)

---

39) M. Holleaux, *CAH* 8, 222-34; É. Will, *op. cit.*, 2, 177f.; Polyb. 21, 45; 비교. 단 11:18.

40) Bouché-Leclerq, *Histoire des Séleucides*, 221ff. 그가 죽은 날짜에 대해서는 H. H. Schmitt, *op. cit.*, 1f.를 보라. 단 11:19와 비교하라.

41) Hieronimus, *Dan.* 11:20, *PL* 25, 565, 또한 Bouché-Leclerq, *Histoire des Lagides* 1, 396-399; W. Otto, *AAM NF* 11, 1934, 23f.; Volkmann, *PW* 23, 1697f. 를 보라. 23년의 카이로의 포고령(기원전 182)은 아라도스(Arados) 주변의 시리아 해변 앞에서 아리스토니코스(Aristonikos)의 승리를 언급하고 있다. G. Daressy, "Receuil de Travaux relat," *à la Philol. et l'Archéol. Egypt. et Assyr.* 33, 1911, 6f.를 보라.

42) Rostovtzeff(*HW* 2, 695ff.)는 아파메아 조약과 또 다른 타격에도 불구하고 시리아의 부(富)는 거의 영향을 받지 않았다는 것을 강조하고 있다. 그러나 성전 보물들을 몰수하려는 시도로 보아 셀레우코스 왕조는 엄청난 액수의

예루살렘 성전에 있는 돈을 압수하려 했던 헬리오도로스(Heliodor)의 행동은 아마도 당시 심각했던 재정부족과 관계가 있을 것 같다. 이 사건으로 대제사장 오니아스(Onias) 3세가 안티오키아로 가게 되고 결국 제사장직을 잃고 말았는데, 이는 예루살렘 내부전력 투쟁의 양상을 드러낸다.[43] 기원전 175년 셀레우코스 4세가 살해된 후 야심 많은 그의 형제 안티오코스 4세 에피파네스가 왕위에 올랐을 때, 이전 셀레우코스 왕국의 정책은 되살아나게 되었다(3권 83을 보라).

이집트의 프톨레마이오스 5세와 결혼한 이 두 형제의 누이동생 클레오파트라 1세는 자신의 조국 셀레우코스 왕조에 대항하는 군사정책을 수립하지는 않았다. 그러나 기원전 177/176년 그녀가 죽은 후 이 정책은 변했다. 이전의 시리아 노예 렌나이오스(Lennaios), 그리고 같은 동방세계 출신이었을 환관(宦官) 율라이오스(Eulaios)는 이집트의 나이 어린 프톨레마이오스 6세 필로메토르(Philometor)의 후견인 역을 맡았다.[44] 그들은 대단히 미숙하고 도발적인 정책(2마카

현금을 확보하는 데 어려움이 있었음을 암시한다(1권 129f.와 제 4부 각주 145를 보라).

43) 2마카 3:4ff.; 4:1ff.; 단 11:20. 또한 A. Schwarz, *MGWJ* 63, 1919, 225; E. Meyer, *UAC* 2, 132 각주 a, 136ff.를 보라. E. Bi(c)kerman(n), *AIPHOS* 7, 1939-44, 5-40: 예루살렘 성전 수입 자체는 별로 없었고 재정을 감독한 왕이 지원해줬다는 그의 주장은 의심스럽다. Tcherikover, *HC*, 157ff., 465 각주 12에 그에 대한 비평들이 실려 있다. Rostovtzeff, *HW* 2, 1278ff., 1282와 3, 1630 각주 205, 20은 헬레니즘시대에 틀림없이 성전은 행들이 있었음을 입증하고 있다. 각주 N. Q. *Hamilton*, *JBL* 83, 1964, 365- 372도 이와 유사한 주장을 하고 있다. 총독(*dioikētēs*) 헬리오도로스는 기원전 195년의 헵시바(Ḥefzibah) 비문에서 왕실편지의 수령자로 나타난다. *IEJ* 16, 1966, 61, 34행을 보라.

44) 이 인물들과 그들의 통치에 관해서는 W. Otto, *Die Geschichte der Zeit des 6. Ptolemäus*, AAM NF 11, 1934, 21, 24ff.; O. Mørkholm, *Antiochus IV of Syria*, Classica et Medievalia 22, 1961, 32-43을 보라.

4:21)을 취했는데, 이는 기원전 170년 말, 혹은 169년 초에 안티오코스 4세가 이집트를 공격할 수 있는 빌미를 제공하였다. 이때 그는 놀라우리만큼 쉽게 알렉산드리아까지 차지하고는, 자신에게 이롭도록 어린 필로메토르와 조약을 체결한 뒤 점령군을 남겨두고 철수했다. 아마도 그는 다가올 내전에서도 필로메토르가 자신에게 의존하리라고 믿었던 것 같다. 안티오코스 4세 에피파네스는 기원전 169년 말 귀환 길에 예루살렘을 방문하여 성전 보화를 약탈했다. 이 행동은 분명히 셀레우코스의 정부에 대한 유대인들의 혐오감을 증폭시켰을 것이다. 하지만 프톨레마이오스 6세 필로메토르는 안티오코스 4세가 강요한 협정을 파기하고, 자신의 형제자매들 및 섭정자들과 화친을 맺었다.[45] 안티오코스는 기원전 168년의 2차 이집트 침공 때 키프로스도 정복했는데, 알렉산드리아 근처 엘레우시스(Eleusis)에서 로마의 사신(使臣) 포필리우스 라에나스(C. Popilius Laenas)를 만났다. 포필리우스는 안티오코스에게 그가 승리하여 얻은 수확을 포기하라고 거칠게 요구했다.[46] 안티오코스 왕이 그에게 그렇게 굴욕을 당한 데다가 그가 죽었다는 소문이 돌면서, 전에 프톨레마이오스 왕조의 속지(屬地)였던 팔레스타인과 페니키아에서는 반(反)셀레우코스 세

45) 제 6차 시리아 전쟁에 관해서는 W. Otto, *op. cit.*, 23ff.을 보라. 선전포고는 이집트가 했다: Diod. 30, 15, Liv. 42, 29와 비교하라. *op. cit.*, 42를 보라. 보충설명과 수정된 사항들에 관해서는 Volkmann, *PW* 23, 1705-11을 보라. 연대 설정에 관한 문제에 관해서는 T. C. Skeat, *JEA* 46, 1960, 91-94; 47, 1961, 107-12를 보라. 안티오코스 4세가 세 번의 원정을 했다는 가설을 정당화하기는 거의 어렵다. 그러므로 F. Heichelheim, *PW Suppl* 7, 33f.와 더욱 "상세한 것은" H. Bengtson, *GG*^{3}, 482를 보라. E. Bi(c)kerman(n), *ChrEg* 27, 1952, 396-403을 보라. Tcherikover, *HC*, 473 각주 19; Volkmann, *op. cit.*, 1705와 비교하라. 성전 보물의 약탈에 관해서는 이 책 제4부 각주 144-146. O. Mørkholm, *Antiochus IV*, 1966, 64-101을 비교하라.

46) 고대의 증거에 대해서는 Volkmann, *PW* 23, 1710을 보라.

력이 고개를 들었다. 폐위된 대제사장 야손은 요르단 동쪽으로부터 성공적으로 예루살렘을 기습했다. 이에 안티오코스는 예루살렘을 무력으로 제압하고 보복함으로 그의 힘을 과시했다. 이 당시 야손을 지원했던 암마니티스(Ammanitis)에 있는 토비아스 가문의 히르카노스(Hyrkan)의 영향력도 이때 파괴되었으리라 생각된다.[47] 아마 페니키아의 도시 아라도스(Arados)도 당분간은 쇠퇴했으며, 페니키아의 다른 지역과 같이 철저하게 보복을 받았을 것이다.[48] 이렇게 하여 동방 헬레니즘 군주들의 위대한 시기는 영원히 지나가게 되었다.

마카베오 봉기가 발발하기까지 팔레스타인에서 일어난 정치적인 사건들에 대한 이러한 간략한 개관은 이집트와 시리아라는 양대 세력 사이에 존재하는 이 코일레·시리아라는 '전략적 앞마당'의 역할이 그 땅의 운명에 얼마나 깊은 영향을 주었는가를 보여준다. 그러한 상황은 기원전 8세기와 6세기 사이의 이스라엘과 유다의 정치적 입지와도 많이 유사했다.

그러나 그런 정치적 표적이 되는 이 지정학적 위치가 결코 부정적인 결과만을 초래하는 것은 아니었다. 그러한 면은 우선 제4차와 5

47) 예루살렘의 멸망 관해서는 2마카 5:5-23을 보라. 연대 설정에 관해서는 E. Meyer, *UAC* 2, 155ff.; Bickermann, *GM*, 160-8; Tcherikover, *HC*, 187ff. = 두 번째 원정 후인 기원전 168년 늦은 여름(2마카 5:1을 보라). 이와는 반대로 W. Otto, *op. cit.*, 66 각주 3과 Volkmann, PW 23, 1709는 첫 원정 후인 기원전 169년으로 본다. 히르카노스(Hyrkan)에 대해서는 유대고대사 12, 236을 보라. 더 상세한 것은 3권 69ff., 94f.를 보라. 단 11:28, 30에 의하면 이 왕은 이 원정토벌로 예루살렘에도 왔던 것 같다. Tcherikover, *HC*, 186, 473f. 각주 20과 Abel/Starcky, *Macc.*, 252의 2마카 5:11ff.에 관한 주석; O. Mørkholm, *op. cit.*, 142f.를 보라.

48) Porphyrios, *FGrHist* 260, F 56 = Hieronymus, *Dan.* 11:44f., *PL* 25, 573을 보라. H. Seyrig, *Syria* 28, 1951, 219와 비교하라. 그와 반대되는 견해에 관해서는 O. Mørkholm, *op. cit.*, 122ff.을 보라.

차 시리아 전쟁에서 팔레스타인 지역이 전쟁의 무대가 되었을 때 드러났다. 전적으로 긍정적으로 평가할 수 있는 것은, 양 진영의 힘이 팔레스타인의 정치·군사적, 경제적 발전에 집중되어, 때로는 그 힘은 적어도 그 지역에 유리하게 작용했다는 점이다. 그러나 다른 한편으로 불안할 수 있었던 것은 예루살렘에서의 당파 형성이 특정한 사회, 종교적 배경이 있었음에도 불구하고 쉽게 하나의 정치적 경향을 갖게 된다는 사실이었다. 왜냐하면 각 당파는 언제나 시리아와 이집트 양대 세력 중 한쪽에 대하여 우호냐 대립이냐를 선택해야 했기 때문이다. 양쪽 세력 가운데 어느 쪽에도 속하지 않았던 묵시사상가들조차 유대의 역사는 이러한 대립에 의해 결정되었던 것으로 보았다. 이는 다니엘 11장이 보여주는 것과 같다. 또한 이로 인하여 예루살렘과 디아스포라 사이의 관계도 손상되었다. "정신적으로 디아스포라의 중심이었던 예루살렘이 상호 경쟁적인 세력 가운데 어느 하나에 속하게 되었다는 사실은, 나머지 다른 하나의 세력의 지배 아래 있던 유대인들의 충성심에 대해 의구심을 갖게 하는 것"[49] 이었기 때문이었다. 이러한 긴장은 서로 경쟁적으로 성전들을 설립하기에까지 이르렀는데, 요르단 동쪽에 있는 토비아스 가문 히르카노스, 혹은 레온토폴리스(Leontopolis, 3권 73f. 를 보라)에 있는 오니아스 4세가 설립한 성전들이 그 예이다.

또 다른 한편으로 간과해서 안될 것은, 프톨레마이오스와 셀레우코스 사이에 늘 새롭게 타올랐던 전쟁의 불길에도 불구하고 팔레스타인에 최소한 80년간 평화의 시기가 주어졌다는 점이다. 이때는 그 이후 300년 동안 그 땅에서는 경험할 수 없던, 상대적으로 조용한 발전

---

49) E. Bi(c)kerman(n), *From Ezra to the Last of the Maccabees*, 1962, 73; 예를 들어, 신 26:5에 나오는 이집트에서 바로의 이스라엘인 압제에 관한 《70인경》과 *Jub.* 46,6f. 11. 13f. 의 해석과 비교하라.

이 일어났던 시기였다. 여기서 질문할 수 있는 것은 이러한 호조건(好條件) 하에서 헬레니즘과 유대교가 처음으로 만났던 이 시기가, 과연 팔레스타인의 발전을 위해서 결정적으로 중요한 시기였는가 하는 점이다. 이 시기가 끝나는 지점인 기원전 175년 이후 예루살렘에서 드러난 위기에서, 우리는 에스라와 느헤미야시기에 나타난 유대교의 형태와는 본질적으로 다른 유대교를 만나게 된다. 이러한 변화는 유대교에 준 헬레니즘 문명의 영향과 관련이 있다. 그리고 그 변화의 시작은 그리스 문화와 유대교 사이의 전열(前列)이 아직 굳어지지 않았던 기원전 3세기에 이미 일어났다.[50)]

이러한 오랜 준비기에도 불구하고 기원전 175년 이후 예루살렘의 헬레니즘적인 개혁시도가 좌절되었던 이유는 무엇보다도 다음과 같은 사실로 설명된다: 헬레니즘의 거대한 세력들의 힘은 당시 정점을 넘어갔으며, 로마는 저들의 운신의 폭을 더욱 강하게 조여오고 있었다. 또한 이집트와 이란에서와 같이 동방세계의 민족적 반응은 토착 제사장들의 지휘하에 이제 저 세력에 대한 역공을 할 단계로 넘어가고 있었다.[51)]

---

50) 이 질문에 관해 다양한 견해들이 있음을 보여주는 2개의 주장이 있다: "우리는 이집트가 다스리는 동안 예루살렘에서 헬레니즘에 관한 정보를 얻을 수 없다. 당시 그곳에 헬레니즘의 포괄적이고도 심오한 영향력이 있었던 것 같지는 않다. 헬레니즘은 시리아 통치기간에야 비로소 팔레스타인 유대교에 위협이 되었다"(J. Wellhausen, *Israelitische und jüdische Geschichte*, [8]1921, 227). "특히 알렉산드로스 이후 초기 백 년 동안의 프톨레마이오스 통치하의 … 예루살렘과 유대지역에서 그리스에 대한 우호적 태도는 아주 일반적인 것이었다"(G. Kittel, *Die Religionsgeschichte und das Urchristentum*, 1959, 47). 여기서 키텔의 관점이 역사적 현실에 더 가깝다고 생각된다.

51) 헬레니즘적인 통치계급에 대한 저항에 대해서는 S. K. Eddy, *The King is Dead*, 1961의 여러 곳을 보라. 이란에 관해서는 65-100, 이집트에 관해서는 271-94를 보라.

제 2 장

그리스-헬레니즘적 군무(軍務)와 유대인

알렉산드로스의 원정 이후 초기시대에 유대교와 헬레니즘 문명의 만남은, 사람들이 통상 '헬레니즘'이라는 개념과 결부시키는 그리스 문학과 예술, 철학 혹은 혼합주의적 종교성의 분야에서는 일어나지 않았다. 오히려 그리스 정신은 동방의 민족들에게 우선 그리스의 우월성을 엄정하고도 가장 비종교적인(*säkulare*) 방식으로 구현하였다. 즉, 완전하고 우월한 전쟁기술과[52] — 특히 이집트의 영향권하에서 — 정복된 지역을 가장 적절하게 착취하려 했던 매우 완전하고 엄정한 국가의 행정에서 말이다.

그리스 용병들은 알렉산드로스의 원정 수세기 이전에 팔레스타인 주민들에게 알려졌다. 새로이 발견된 도기 파편에 따르면, 이미 유다 왕조의 마지막 시대인 요시아 치세 때 '킷딤'(kittîm) 사람들은 남쪽 국경의 아라드(Arad)에 자리 잡고 있었는데, 이들은 키프로스나 심지어 에게 해로부터 온 비유대인 용병들이었다.[53] 대략 같은 시기에

52) M. Launey, *Recherches sur les Armées hellénistiques* 1, 1949, 3f. : "Le monde hellénistique est pour une bonne pan demeuré un monde militaire." 이것은 또한 더 후기의 로마시대에도 적용된다.

53) 이것은 텔 아라드(Tell 'Arad)를 발굴한 아하로니(Y. Aharoni) 박사의 개인적인 의견이다. *IEJ* 16, 1966, 2-5와 비교하라. 이것이 같은 기간에 형성된

이집트를 통치했던 사이스 왕조(saïtische Dynastie)는 그리스 용병들을 모집했고, 이들은 그 땅에 거주했다. 그리스인들 역시 일찍이 기원전 7세기 초부터 앗시리아 군대에 소속되어 싸웠다.[54] 에게 해의 레스보스(Lesbos) 섬 출신의 시인 알카이오스(Alkaios)의 형제 안티메니다스(Antimenidas)는 바빌로니아 왕 — 추측하건대 느부갓네살 — 시대에 복무(服務)하며, 기원전 604년 아스칼론(Askalon)을 포위 공격하는 데 참여했으리라 추측된다.[55] 후에 페르시아 서쪽 지방의 '총독들' (*Satrapen*)은 그리스인들을 매우 높게 평가했다. 이들은 마라톤(Marathon)과 플라테아(Platäa, 역주. 그리스의 테베남쪽 남부 보에티아에 위치한 도시)에 투입되어 전쟁에 결정적인 영향을 끼쳤다. 그리하여 기원전 4세기에 장기간 지속되었던 이집트의 독립전쟁은 양측 모두 주로 그리스 용병들에 의해 수행되었는데, 간혹 이 용병들은 팔레스타인으로도 들어왔다. 기원전 380~374년 사이에 아코(Akē = Akko)에는 아테네인 이피크라테스(Iphikrates)의 지휘하에 있던 한 그리스 군대가 있었음을 알 수 있는데, 이들은 이집트를 공격하기 위해 배치되었다. 도르(Dor) 북쪽 10㎞ 지점에 있는 아틀리트('Aṭliṭ)에서 발굴된 자료에 의하면, 당시 그리스 용병들은 이미 해안 평지에 개별적으로 거주했음을 알 수 있다. 또한 이집트인들이 부추겨 발발한 시돈의 봉기는 기원전 350년 이후 그리스 군대의 지원하에서 일어났다. 이

해변가의 그리스 촌락이라는 추측에 관해서는 J. Naveh, *IEJ* 12, 1962, 98f. 를 보라.

54) H. Bengtson, GG^3, 76(특히 각주 2), 98; F. K. Kienitz, *Die politische Geschichte Ägyptens von 7 bis 4 Jahrhunderts vor der Zeitwende*, 1953, 12; 헤로도토스(Herodot 2, 152)에 관해서는 프삼메티코스(Psammetichos) 1세를 섬기는 이오니아인(Ionier)과 카리안인(Karer)을 보라. 또한 Kienitz, *op. cit.*, 144ff. 와 비교하라.

55) J. D. Quinn, *BASOR* 164, 1961, 19f.; Strabo, 13, 2, 2(617), Alcaeus, fr. 50 ed. Diehl를 비교하라.

어진 아르타크세르크세스 3세 오코스(Artaxerxes III. Ochos)의 이집트 정복에서도 마찬가지였다. 이 정복은 아예 그리스 용병들의 동족 간의 전투에 불과했다. 유대지역도 시돈의 봉기에 관련된 전투에서 덩달아 피해를 입은 것으로 보인다.[56)]

그렇지만 이 모든 것은 단지 하나의 전주곡일 뿐이었다. 알렉산드로스는 전례 없는 승리의 행진을 하며 티레와 가자를 성공적으로 함락했고, 사마리아의 반란에 대해서는 신속하고도 잔인한 보복을 가했다.[57)] 이 모든 것은 유대의 산악지역에 사는 민중들이 보기에도,

---

56) H. W. Parke, *Greek Mercenary Soldiers from the Earliest Times*, 1933, 4ff., 59f., 105ff., 165-169; F. K. Kienitz, *op. cit.*, 70ff.: 이집트와 페니키아 해변에 대한 아테네인의 공격; 89ff.: 아코(Akē) 진영과 이피크라테스(Iphikrates)의 원정; 시돈의 반역과 그로 인한 유다의 결과에 관해서는 *op. cit.*, 10 1f., 181ff.를 보라. 또한 G. Hölscher, "Palästina in der persischer und hellenistischer Zeit," *QFAGG* 5, 1903, 35, 46ff.; *Schürer* 3, 6 각주 11과 비교하라. 또한 그때에 유대인들은 카스피 해의 휘르카니아(Hyrkania)로 이주한 것 같다. 아마도 예루살렘뿐만 아니라 여리고도 영향을 받았으리라 추측된다. 고고학적으로 입증할 만한 팔레스타인에 미친 영향에 관해서는 D. Barag, *BASOR* 183, 1966, 6-1을 보라. G. Hölscher에 의하면 후대의 유딧서(*Judith*)에 나오는 전설의 역사적 핵심이 여기에서 발견된다. 아틀리트('Aṯliṯ)에 대해서는 C. N. Johns, *QDAP* 2, 1933, 56; Watzinger, *DP* 2, 9를 보라. 이집트의 정복에 대해서는 F. K. Kienitz, *op. cit.*, 105ff., 115f.를 보라.

57) 알렉산드로스의 군대에 관해서는 W. W. Tarn, *Alexander the Great* 2, 1948/50, 135-169를 보라. 티레와 가자의 포위에 관해서는 Arrian, *Anab.* 2, 16-27과 Curtius Rufus, *Hist, Alex.* 4, 8-29를; F. M. Abel, *RB* 43, 1934, 528ff.; 44, 1935, 34ff.; *HP* 1, 3-10을 보라. 아마도 두 번의 포위로 인한 동요가 슥 9:1-8의 예언에 영향을 끼친 것 같다: K. Elliger, *ZAW* 62, 1949/50, 63-115; M. Delcor, *VT* 1, 1951, 110-124. 사마리아인들의 배신과 처벌에 관해서는 Curt. Ruf, *Hist. Alex.* 4, 34; Euseb *Chron.*, *GCS*, ed. Helm, 7, 123을 보라. 또한 F. M. Abel, *RB* 44, 1935, 56ff.; R. Marcus, *Josephus* 6, LCL, 1958, 523ff.을 보라. 또한 거대한 파피루스에 대한 새로운 발견과 그것에 관한 잠정적인 기록에 관해

그리스·마케도니아 전쟁기술의 엄청난 우월성이 과시되는 사건들이었다. 사마리아에 대한 알렉산드로스의 저 맹렬한 공략은 이 도시를 마케도니아의 식민지로 변화시켜(각주 67을 보라) 사람들이 세겜(Sichem)에 다시 정착할 수 있게 하였다. 그리심 산 위에 성전을 건축하게 되었고, 이것은 결국 유대인과 사마리아인들 사이의 최종적인 분열을 만드는 사건이 되었다.[58] 알렉산드로스는 묵시문학, 유대-알렉산드리아 문학, 그리고 수백 년 후의 랍비 문학에서조차 상세하게 다루었던 몇 안 되는 헬레니즘적 통치자에 속하였다.[59]

이제 마케도니아인들은 세상을 발아래 놓은 승리의 용사들처럼 온갖 거만을 보이며 정복자로 행세했다. 그들의 주된 관심은 피정복민들과—때 이른 알렉산드로스의 죽음 이후 일어난—자신들의 군(軍) 내부에서 출현한 경쟁자들에 대항하여 이 승리의 열매를 지키는 것이었다. 군대와 함대는 이제 막 형성되고 있는 디아도코이(역주. 이른바 알렉산드로스의 '계승자들') 왕국 내지 그 통치자들의 사적인 권력의 토대를 형성하였다. 근위대를 통해 대변되는 군사 의회는, 이를테면 왕위계승자에 환호로 승인하여 왕권계승을 통제할 수 있는 권한(*Recht*

서는 F. M. Cross, *BA* 26, 1963, 110-121을 보라. *HTR* 59, 1966, 201-211과 비교하라. 그리고 '죽음의 동굴'(*Todeshöhle*)에 관한 P. W. Lapp의 새로운 연구에 관해서는 *RB* 72, 1965, 405ff.를 보라.

58) G. E. Wright, *HTR* 55, 1962, 357-366; id., *Shechem*, 1964, 175ff.를 보라. 그리심 산에는 사마리아인이 세운 첫 성전의 흔적이 발견되었다. E. F. Campell, *BA* 28, 1965, 21을 보라. *RB* 72, 1965, 419f.의 기록; R. J. Bull, *BASOR* 180, 1965, 39ff.; Bull/Wright, *HTR* 58, 1965, 234-237.

59) 알렉산드로스에 관한 유대인의 전승에 관해서는 J. Gutman, *EJ* 2, 204ff.; R. Marcus, *op. cit.*, 512-531을 보라. E. Bickerman(n), *RB* 59, 1952, 44; F. Pfister, *Alexander der Grosse in den Offenbarungen*, 1956, 8f., 24ff.를 보라.

der Akklamation, 역주. 군대가 차기 왕으로 소개된 인물에 대해 환호함으로써 왕위를 승인하던 마케도니아 군대의 관행)을 보유한 유일한 기관이었는데, 이는 초기 마케도니아 시대의 유산이었다.[60] 헬레니즘시대의 기술적인 진보는 무엇보다도 놀랄만한 전쟁장비의 제조와 더욱 큰 전함의 구축, 요새의 형태에서 명백히 드러난다.[61] 그리스·마케도니아 군주들의 '비그리스인들'(*Barbaren*)에 대한 우월성은 무엇보다도 그들의 전쟁수행의 기술적 완전성에 있었다. 이는 김나시온(Gymasion, 역주. 군사와 체력 교양을 훈련하는 그리스식 학교로 이 책 제2부에서 상술됨)에서의 예비 군사교육으로부터 전술과 전략, 그리고 그것을 넘어 포위 공격술에까지 이른다.[62] 헬레니즘 왕국의 쇠퇴는 압도적인 군사적 우월성을 독점하는 것이 중단되면서 시작되었다. 헬레니즘시대의 군대는 대부분 용병부대였는데, 이 부대의 핵심전술은 전통적인 '마케도니아식' 창병(槍兵)들이 만들어 내는 '밀집방진대'(*Phalanx*, 역주. 군사들이 긴 창과 밀집된 방패들로 사각형을 이루는 전투대형)였다.[63] 상대적으로 규모가 작고 상비군에 속하지 않았던 군인들은, 평화의 때에는 — 만일 자신들의 고향으로 돌아가고자 하지 않는다면 — 넓게 흩어진 식민지의 '할당지들' 혹은 '군사집락'(κληρουχίαι, κατοικίαι)⑤

---

60) 디아도코이의 군대에 관해서는 M. Rostovtzeff, *HW* 1, 144-149를 보라. 군대의 집결에 관해서는 H. Bengtson, *GG*³, 427 각주 1을 보라.

61) Rostovtzeff, *HW* 2, 1203, 1232-5; 3, 1625 각주 180. 또한 Jax-Thraede, *RAC* 5, 1182ff.를 보라.

62) J. Kromayer/G. Veith, *Heerwesen und Kriegführung der Griechen und Römer*, 1928; 그리스-마케도니아의 전술에 대해서는 79ff., 113ff., 141ff.를 보라. 밀집방진대(*Phalanx*)에 관해서는 132ff., 공성(攻城) 기술에 관해서는 244를 보라. Rostovtzeff, *op. cit.*, 2, 1082-1084와 비교하라.

63) 헬레니즘시기의 용병에 관해서는 G. I. Griffith, *The Mercenaries of the Hellenistic World*, 1935를 보라. 그리고 무엇보다도 M. Launey, *op. cit.*의 여러 곳을 보라.

에 살게 되었다. 그래서 그 지역의 봉기와 습격을 막는 일종의 예비 부대를 형성하였다.[64] 세금이 감면된 상당히 높은 봉급을 받는다거나 왕에게 속한 토지를 지급받는 조건 등은 유복한 직업군인 계급의 발전을 촉진시켰다.[65] 특히 셀레우코스 통치하의 다민족 국가에서 비(非)그리스적 요소들은 시간이 감에 따라 더욱 커졌다. 그리하여 본래 국적에 따라 파견부대를 구성했지만, 민족 간 혼합은 더욱 촉진되었다.[66]

알렉산드로스가 죽은 후 입소스 전투가 일어나기까지의 이 22년간, 팔레스타인은 헬레니즘적 군무에 의해 수행된 전쟁에 대한 두려움을 여실히 느꼈다. 통치자들의 군대는 7회 혹은 8회나 이곳을 점령하거나 지나갔다.[67] 예루살렘 자체도 최소한 한 번은 무력으로 급습을 당했고, 프톨레마이오스 1세는 수많은 유대인 군사들을 이집트로 끌고 갔다.[68] 팔레스타인에서 최초의 마케도니아식 군사식민지가 생겨난

---

64) H. Bengtson, *GG*³, 430f., 435f.; 이집트의 군사집락에 대해서는 J. Lesquier, *Les institutions militaires de l'Égypte sous les Lagides*, 1911, 30-66; M. Launey, *op. cit.*, 1, 41ff.; Rostovtzeff, *op. cit.*, 1, 284-287을 보라. 그들은 그곳에서 부대별로 그룹을 지어 정착하지 않고 마을마다 흩어져 나라 전체에 있었다.

65) M. Launey, *op. cit.*, 2, 724-812, 특히 748ff., 776f., 780ff.; Rostovtzeff, *op. cit.*, 1, 25f.

66) 헬레니즘적 군대의 규모와 구성에 대해서는 M. Launey, *op. cit.*, 1, 7-18을, 셀레우코스의 군대에 관해서는 E. Bi(c)kerman(n), *Inst.*, 51-100을, 원주민 군대에 관해서는 58ff.를; 군사이주에 대해서는 78-83을 보라. 또한 M. Launey, *op. cit.*, 1, 49ff.를 보라.

67) F. M. Abel, *RB* 44, 1935, 559-581; *HP* 1, 22-43.

68) 아피온 반박 1, 209-211 = 유대고대사 12, 3-6(Agatharchides, *FGrHist* 86 F 20)과 Appian(*Syr.*), 50. 연대 설정은 논란이 되고 있다: Euseb *Chron.*, *GCS*, ed. Helm, 7, 125는 정복을 기원전 322년으로 잡고, F. M. Abel, *RB* 44, 1935, 576f.와 *HP*, 21은 기원전 312년으로 추측하고, Tcherikover, *HC*, 55-58은 기원전 302년으로 제시했는데, 이것이 정확한

것도 이 시기였다. 사마리아와 게라사(Gerasa)를 새롭게 건설한 인물로 추측되는 페르디카스(Perdikkas)는 후에 이곳에서 '창건자'(Ktistēs)로 추앙받았다.[69] 펠라(Pella), 디온(Dion), 마케도니아와 북 그리스식 지명을 가진 몇몇 다른 도시들은 안티고노스가 이 도시들을 통해 아라비아인들에 대항하여 요르단 동쪽을 보호하려고 건설했을 것이다.[70] 프톨레마이오스 왕조는 일련의 방어시설들과 수많은 요새를 통해서 그들의 전략적 완충지를 건설했다. 처음에는 해안을 따라서, 더 나아가 레바논(Libanon)과 안테레바논(Antilibanon) 사이에, 그리고 게네사렛 호수 남쪽과 요르단 동쪽에 구축하였다.[71] 헬레니즘시대의 방어시설 종류 가운데 가장 좋은 예가 초기 프톨레마이오스시대

것 같다.

69) Euseb *Chron.*, *op. cit.*, 132, 128. 또한 Tcherikover, *HC*, 103f.를 보라. 게라사(Gerasa)에 관해서는 C. B. Welles in: C. H. Kraeling, *Gerasa*, 1938, 423 각주 137을 보라: 기원후 3세기의 비문. 또한 A. H. M. Jones, *The Cities of the Eastern Roman Provinces*, 1937, 238f., 447; Tcherikover, *HC*, 448 각주 77을 보라. 반대의견에 관해서는 C. H. Kraeling, *op. cit.*, 29를 보라. 셀레우코스 1세는 기원후 2, 3세기 로마의 두라(Dura)에서 숭배되었던 것과 유사하게 "크티스테스"로 추앙받았다. M. Rostovtzeff, *Dura Europos and its Art*, 1938, 10, 58f.; *HW* 1, T. LI를 보라. 그러나 H. Seyrig, *Syria* 42, 1965, 25-28이 발표한 게라사의 동전에 의하면 알렉산드로스 대왕이 "크티스테스"(창건자)였다.

70) J. Beloch, *APF* 2, 1902, 233, 또한 초기의 마케도니아를 기반으로 한 도시들 가운데에는 스키토폴리스(Skytopolis, 그러나 제1부 각주 75를 보라), 가다라와 히포(Hippos) 등이 포함되었다. 아마도 안테돈(Anthedon, Böotia), 해안 평야 지역의 아폴로니아(Apollonia)와 아레투사(Arethusa, Chalikidike)를 더 포함시킬 수도 있다. 그러나 초기 지명들의 헬레니즘화는 동음이의(同音異義) 현상(*Gleichklang*)의 결과로서 일어난 것일 수도 있다: Tcherikover, *HC*, 98: Peḥal-Pella; Apollonia(오늘날 '*Arsuf*'). 왜냐하면 페니키아의 레세프-아폴로(Rešeph-Apollo)가 그곳에서 경배되었다. 이 책 제4부 각주 27을 보라.

71) Rostovtzeff, *HW* 1, 346f.와 A. Schlatter, GI^3, 19f.를 보라.

에 사마리아에 지어진 둥근 망루이다. 사마리아에서 발견된 또 다른 방어시설은 프톨레마이오스에서 셀레우코스로 통치권이 넘어가는 시기인 대략 200년경에 만들어졌다. 프톨레마이오스 시대에 만들어진 망루와 성벽으로 된 방어시설이 게네사렛 호숫가의 필로테리아(Philotheria)에서도 출토되었다.[72] 젤러스(Sellers)가 발견한 베트 추르(Beth Zur)의 내성(內城)과 새로이 발굴된 텔 아라드(Tell 'Arad)에 있는 망루와 엔게디('Engedi)에 있는 일종의 방어시설은 프톨레마이오스 혹은 셀레우코스가 아라비아인들의 약탈에 대비해 팔레스타인 남부를 방어하기 위해 세운 요새들이었을 것이다.[73]

프톨레마이오스 왕조가 건설한 5개 도시나 옛 지명을 변경한 다음 도시들도 군사적 특성이 있음을 우리는 알고 있다. 즉, 팔레스타인 해변의 아코-프톨레마이스, 게네사렛 호수 남쪽 끝에 있는 필로테리아(Philotheria), 요르단 동쪽에 있는 라바트-암몬-필라델피아(Rabath-Ammon-Philadlephia), 요르단 계곡에 있는 펠라-베레니케(Pella-Berenike)와 비콰(Biqa')에 있거나 혹은 다마스쿠스였을 수도 있는 아르지노에(Arsinoē)가 그 예이다. 마지막 도시의 경우, 아마도 아르지노에라는 이름을 가진 서로 다른 두 도시가 있었을 수도 있다.[74] 스

---

72) "헬레니즘시대 팔레스타인의 가장 멋진 기념물"이었던 둥근 망루에 관해서는 J. W. Crowfoot et al., *Samaria-Sebaste, Reports* 1931-1933, Vol. 1, 1942, 24를 보라. 후대의 요새에 관해서는 1, 28ff.를 보라. 필로테리아(Philotheria) 성벽에 관해서는 *RB* 63, 1956, 89; M. Avi-Yonah, *Ten Years of Archaeology in Israel*, 1958, 58을 보라.

73) 베트-추르(*Beth-Zur*)에 대해서는 O. R. Sellers, *The Citadel of Beth Zur*, 1933, 10, 22; Watzinger, *DP* 2, 24ff.를 보라. R. W. Funk, *BASOR* 150, 1958, 8-20은 새로운 발굴에 기초하여 첫 요새를 프톨레마이오스 기간으로 설정한다(14 각주 5, 15)를 보라. 텔 아라드(Tell 'Arad)에 관해서는 *RB* 70, 1964, 566을 보라. 엔게디('Engedi)에 관해서, 제1부 각주 354를 보라.

키토폴리스(Skytopolis. BêT-še'ān)는 보스포로스(Bosphoros)에서 온 그리스 용병들이나 스키토인 궁수들의 군사식민지였을 것으로 추측된다. 존스(A. H. M. Jones)가 '-폴리스'로 끝나는 이집트 도시들의 이름을 비교하며 추론하듯이, 이 도시를 프톨레마이오스가 건설했다는 주장이 가장 개연성이 있는 것 같다.[75] 처음에 군사식민지 자체는 경제적으로나 문화적으로 큰 의미가 없었다. 왜냐하면 그곳에 압도적으로 많았던 마케도니아인들과 트라키아인(Thraker), 북 그리스 출신 용병들 자체가 '반(半)그리스인'(*halbe Barbaren*)이었기 때문이다.[76] 어떤 경우든 그들은 그곳 원주민들인 셈족계열의 주민들과 혼합되는 것이 유리했다. '시리아와 페니키아에 있는 군인들과 다른(그리스-마케도니아) 정착민들'에게 보낸 공문을 기록한 라이너 대공(大公)이 소장한 파피루스(*Rainer Papirus*)는 이 사실을 보여준다. 이 자료는 그들이 가진 원주민 첩들이 당시 노예의 총수(總數)에서 제외되었음을 입증한다. 그러므로 비교적 빈번했던 그런 혼합은 이와 같은 방법으로 정당화되었던 것으로 보인다.[77] 정착 군인들 외에도 수많

---

74) Tcherikover, *Mizraim*, 43f., *HC*, 91f., 99, 100f., 102. 아르시노에(Arsinoe) 대해서는 Tcherikover, "Die hellenistische Städtegründungen," *PhilSuppl* 19, 1, 1927, 66f.; A. H. M. Jones, *op. cit.*, 242를 보라. 텔 아나파(Tell Anafa)에 관해서는 F. M. Abel, *HP* 1, 58. 비교. S. S. Weinberg, *IEJ* 21, 1971, 86ff.를 보라.

75) "스키톤 폴리스"(Σκύθων πόλις)라는 이름이 Polyb. 5, 70에 처음 나타난다. 또한 《70인경》 삿 1:27("베트스안")의 주석과 유딧 3:10과 2마카 12:29와 비교하라. 또한 M. Avi-Yonah, *IEJ* 12, 1962, 123-136을 보라. 그러나 건립연도가 254년이라는 주장은 타당치 않다. 또한 A. H. M. Jones, *op. cit.*, 242를 보라.

76) 마케도니아의 귀족들은 이미 알렉산드로스 시절에 완전히 헬레니즘화되었다. 그러나 농민들에게서는 3세기에 이르러서야 헬레니즘화가 진행되었다. W. W. Tarn, *CAH* 7, 197과 Tarn/Griffith, *Hellenistic Civilization*, 63을 보라.

77) H. Liebesny, *Aeg* 16, 1936, 258f., Col. 12-15행 = SB 8008, 또한 274

은 요새에 머물던 수비대들도 있었다. 폴리비오스(5, 70f)는 4차 시리아 전쟁 보고에서 상당히 많은 지역을 언급했는데, 그 지역들 가운데는 특히 아빌라와 가다라, 라바트-암몬(Rabath-Ammon)이 있다. 제논 파피루스는 셀레우코스 왕국의 국경 근처 트리폴리스에 있는 수비대뿐만 아니라, 요새 사령관과 '기병대장'(*Hipparchen*)과 같은 몇몇 고급 장교 등을 언급했다.[78]

가자에서는 크레타인 주둔군 장교의 무덤 비문이 발견되었는데, 거기에서 그의 아들과 손녀의 비문도 발굴되었다. 같은 장소에서 아이톨리아인 사위도 프톨레마이오스의 한 장교라고 언급되어 있다. 이 유적은 아마도 셀레우코스 4세 필로파토르 시대(기원전 187~175년)에 나온 것으로 생각된다. 이것은 어떻게 그리스인 가족들이 이미 기원전 3세기에 팔레스타인에 정착했고, 또 그 땅에 남게 되었는지를 보여준다. 시돈에서도 일련의 화려한 점령군 묘소가 발견되었다.[79] 이 도시에서 나온 어떤 한 비문은 제논의 고향이었던 카리아(Karia)에서 온 카우니아인(Kaunien)의 '자치체'(*Politeuma*)를 언급했는데, 이는 아마도 카리아 소속 주둔지 파견부대에서 나왔으리라고 추측할 수 있다.[80] 예루살렘에 있는 프톨레마이오스의 주둔군에 대한 증거는 기원전 200년경 스코파스가 도시를 재탈환하기까지는 발견되지 않았다. 그러나 작은 요새가 있었던 것으로 보아 프톨레마이오스 예하 부대가

를 보라. Tcherikover, *HC*, 63; Rostovtzeff, *HW* 1, 340f. 와 비교하라.

78) Tcherikover, *Mizraim*, 36-38; H. Zucker, *Studien zur jüdischen Selbstverwaltung im Altertum*, 1936, 31과 비교하라.

79) 가자에 대세서는 P. Roussel, Aeg 13, 1933, 145-151 = SEG 8, 269. 과 F. M. Abel, *RB* 49, 1940, *HP* 1, 54f. 을 보라. 시돈에 대해서는 E. Bickerman(n), *Inst.*, 88ff. 와 Rostovtzeff, *HW* 3, 1401 각주 137과 T. XIX, 2와 LVII. 을 보라.

80) *OGIS* 2, 592.

지속적으로 그곳에 거주했을 가능성이 있다.[81] 셀레우코스 시기의 주둔군은 키프로스인(人)들과 소아시아인(人)들로 구성되었고 예루살렘에 상설 배치되었다.[82] 가장 의미심장한 것은 그리스·마케도니아와 '페르시아' 그리고 유대인 보병과 기병으로 구성된 군사식민지의 존재이다. 유대인 토착부호 토비아스(Tobias) 치하의 이 군대는 요르단 동편 암마니티스에 있었는데, 그의 조상은 페르시아 국가권력의 대변인으로서 느헤미야시기에 이미 이 지역에 정착했다. 프톨레마이오스 왕조는 여기서 그 지역의 권력관계를 눈치 채고, 당시 경작지를 끊임없이 위협했던 아랍 유목민들과 그들에 대항하는 지역 토착부호의 오랜 적대감을 이용했다. 유대인 사령관하에 있는 이 군사식민지 역시 아라비아인들에 대항하여 그 지역을 방어했을 것이다.[83] 주둔군이 배치되는 그러한 모든 곳에서 그들 상호간의 영향과 혼합은 불가피했다.

여기서 우리는 유대인과 그리스인이 가장 최초로 밀접하게 접촉한 분야인 유대인 용병체계에 접근할 수 있다. 요세푸스에 의하면(Ps. Hekataios) 이미 알렉산드로스 대왕이 유대인 용병들을 고용했다고 한다. 근본적으로 이 사실을 의심해서는 안 될 것이다.[84] 프톨레마

---

81) 유대고대사 12, 131-133과 비교하라. 내성에 대해서는 느 2:8; 7:2; Ps. Aristeas 100ff.; 2마카 4:12를 보라. 이것은 성전의 북쪽에 놓여있다: L. H. Vincent, *Jérusalem de l'Ancien Testament* 1, 1954, 193 각주 1, 215, 232f.; H. Zucker, *op. cit.*, 32는 수비대가 없다고 추측하지만 내성의 문제는 논하지 않았다. 긍정적인 평가에 관해서는 M. Smith, *Hellenismus*, *Fischer-Weltgeschichte 6*, 1965, 266을 보라.

82) 2마카 4:28f., 49; 5:22, 24 그리고 F. M. Abel, *HP* 1, 275. 4권 98f.를 비교하라.

83) PCZ 59003 = *CPJ* 1, 118-120 Nr. 1.; 종족간의 결혼에 관해서는 Tcherikover, *Mizraim*, 52f.를 보라. 1권 235를 보라. 이 현상의 종교적 중요성에 관해서는 C. Schneider, *ARW* 36, 1939, 328ff.를 보라.

84) 아피온 반박 1, 192ff.: 바빌로니아에서 유대인 군대의 명령불복종, 또한 유대인의 전쟁징집에 관해서는 유대고대사 11, 339와 비교하라. 사마리아

이오스 1세와 그의 후예들은 프삼메티코스(Psammetich, 역주. 페르시아 왕 캄비세스시기에 새로이 파라오 왕조로 등극한 왕) 이래 페르시아시기까지 존속했던 이집트 내의 유대인 군사 거주의 전통을 따름으로써 알렉산드로스를 따랐다. 그래서 함마타(J. Hammata)에 의해 새로이 편집된 기원전 310년경의 아람어 파피루스 코울리(P. Cowley) 81에는 이집트 북동쪽 국경의 마기달(Magidāl)과 유대인들이 정착했던 남쪽의 쉬에네(Syene) 사이의 10개의 장소가 언급된다. 또 2명의 제사장도 언급하는데, 이사야서 19:19에서 언급되는 한 사람은 유대인 성전이 자리하고 있었던 남쪽의 티무이스(Thimuis) 출신이었다. 후에 요세푸스의 자료와 몇몇 비문들에서는 이집트와 리비아, 키레나이카(Cyrenaika)⑥에 있는 유대인 주둔군이 언급되고 있다. 특히 비그리스 용병들이 키레나이카를 방어했는데, 이는 국경지대로써 자유를 갈망하던 그리스인들의 거주지였기 때문이었다. 테우케이라(Teucheira, 역주. 키레나이카의 해변에 위치한 도시로 후대에는 '아르지노에'라고도 불림)에서는 초기 제정(帝政)시대 유대인 묘지가 발견되었다. 그러므로 이것은 아마도 프톨레마이오스 왕조의 군사식민지에서 유래했을 것이다. 비슷한 사례는 베레니케(Berenike)에서 광범위하게

군대는 알렉산드로스에 의해 이집트 테바이스(Thebais)에 주둔한 것으로 알려졌다(유대고대사 11, 321-345). 그러나 마케도니아의 시민으로 인정된 유대인 용병들을 알렉산드리아의 유대인들과 연결하려는 시도는 상황을 무마하기 위한 조치였다(아피온 반박 2, 35. 42. 71f.; 유대전쟁사 2, 487ff.). 또한 *CPJ* 1, 14, 특히 각주 38을 보라. 알렉산드로스 치하의 유대인 용병들에 대한 M. Launey, *op. cit.*, 1, 542와 Tcherikover, *HC*, 272f.의 의심은 너무 과도하다. 가자를 점령한 후의 상황에 관해서는 Curtius Rufus, *Hist*, *Alex*. 4, 6, 31과 비교하라: "*namque etiam secundis atterebantur tamen copiae, devictarum gentium militi minor quam domestico fides habebatur.*" 알렉산드로스는—비록 의심스럽기는 하지만—"비(非)그리스인의" 지원군이라고 표현하였다. 더욱이 유대인들은 오래된 용병의 전통을 지니고 있었다.

출토된 비문들이 입증하는 공동체에도 해당된다.[85] 유대인들은 기원전 85년 술라(Lucius Cornelius Sulla Felix, 역주. 기원전 138~78 로마의 장군으로 집정관을 두 번 지냄) 시대 키레네(Kyrene)에서 네 종류의 주민계층 가운데 하나를 이루었다. 또한 보레이온(Boreion)의 유대인 공동체는 그들의 '성전'이 솔로몬시대로 거슬러 올라간다고 주장했다. 아마도 이미 초기 프톨레마이오스시대 이래 키레나이카의 서남부 남단에 유대인 국경 주둔군이 정착하고 있었을 것 같다.[86] 프톨레마이

---

85) 유대고대사 12, 7f.; *Ps. Arist.* 12, 35f. 이에 따르면 프톨레마이오스 1세는 많은 수의 유대인 죄수들을 자신의 군인으로 삼았다. 아피온 반박 2, 44와 비교하라: 이집트와 리비아, 키레네의 다섯 도시에는 유대인 군사집락들이 창설되었다. 이러한 기록들은 파피루스 문서학과 비문연구의 결과로 입증되었다: *Schürer* 3, 40-53을 보라. 가령, 추측할 수 있는 "유대인 진영"의 군대에 관해서는 42f.를 보라. 그리고 인물연구에 관해서는 M. Launey, *op. cit.*, 2, 1232-1235, 1242ff.를 보라. 더 상세한 것은 *CPJ* 1, 11ff., 15, 17과 Nr. 18-32, 147-178을 보라. Nr. 18(기원전 260년)은 완전히 그리스 환경에 있는 유대인 군인 안드로니코스(Andronikos)의 아들 알렉산드로스를 보여준다. 또한 M. Launey, *op. cit.*, 1, 544f.와 비교하라. 좀 더 후에는 유대인 장교들이 나온다: CIJ 2, 370f., Nr. 1443 = *OGIS* 96과 2, 438, Nr. 1531. E. G. Kraeling, *The Brooklyn Museum Aramaic Papyri*, 1953의 서론, 27-48, 76-117 과 RGG^3, 2, 415-418을 보라. 또한 렘 41:16ff.; 43:8ff.; 44:1ff.와 비교하라. 이미 그 시기에 동화의 위험성은 매우 컸다(렘 44:15ff.). 이 시기의 이집트에 살았던 유대인들의 분포를 연구한, 4세기 말에 유래한 대문자 파피루스 P. Cowley 81(A. Cowley, *Aramaic Papyri of the Fifth Century BC*, 1923, 190-99)에 관해서는 J. Harmatta, *Acta Antiqua* 7, 1959, 337-409, 그리고 특히 404ff.의 새로운 판을 보라. J. T. Milik, *Aeg* 40, 1960, 79-81과 비교하라. 엘 히베(el Hibeh)의 한 유대인 장교 예세비야(Ješebîah)에 대해서는 F. Uebel, *Die Kleruchen Ägyptens*, AAB 1968, 3, 색인 420, "'Ιουδαῖος"를 보라.

86) 키레네의 스트라본(Strabo)이 보도하는 키레나이카(Cyrenaika)에 대해서는 유대고대사 14, 114ff.; Procopius, *De aed.* 6, 2, 22, ed. H. B. Dewing, LCL 7, 370(Boreion), S. Applebaum, *ScrHieros* 7, 1961, 39ff., 46ff. (Teucheira) 그리고 *SEG* 16, 931(= CIG 3, 5361)와 17, 823(Berenice)

오스 왕조는 유대인 이외에도 왕국의 동쪽 지방에서 사마리아인과 이두매아인, 아라비아인을 고용했다. 특이하게도 시리아인들은 없었는데, 그것은 이들이 전쟁에 복무하기에 부적합해 보였기 때문이었다.[87] 특히 기원전 2세기에 오니아스 4세가 레온토폴리스(*Leontopolis*, 역주. 이집트의 대규모 유대인 디아스포라 공동체의 정착지) 성전과 성전에 소속된 군사거주지를 지은 후, 유대인의 부대들과 이 부대의 장군들은 정치적으로 중요한 의미를 갖게 되었다.[88] 통계지표는 기원전 2세기 동안에 셈족 계열의 용병의 수가 증가하고 있었음을 분명하게

을 보라. *Schürer* 3, 52ff., 79ff. 와 비교하라. 엄청난 유대인 디아스포라가 프톨레마이오스의 군사식민지로 돌아갔다: M. Hengel in: *Festgabe für K. G. Kuhn*, 1971, 182f. 를 보라.

87) 프톨레마이오스의 용병들은 원래 국제적으로 혼합된 집단이었다: M. Launey, *op. cit.*, 2, 1116-1267을 보라. 사마리아인과 유대인은 성씨가 서로 비슷해 거의 구분할 수 없었다. *op. cit.*, 1, 554. 그러나 파윰(Fayum)에는 사마리아인이 세운 것으로 추정되는 "사마래아"로 불리는 장소가 있었다. 나중에는 유대인, 마케도니아인, 킬리키아인(Cilicier) 등이 섞여 살았다. 또한 한 킬리키아인 관료가 세운 김나시온도 있었다(이 책 제 2부 각주 63을 보라): O. Guéraud, P. *ENTEUXEIS*, 1931, 20ff.; Nr. 8 = SB 7245. 또한 *Schürer* 2, 51 각주 58; F. Heuchelheim, *Die auswärtige Bevölkerung*; Klio Beiheft 18, 1925, 67 각주 10, 70f.; M. Launey, *op. cit.*, 1, 547; 2, 841, 846f., 850f. etc.; Rostovtzeff, *HW* 3, 1394f. 각주 121; 1588 각주 23; *CPJ* 1, 158ff. Nr. 22, 6행을 보라. 이두매아인에 관해서는 M. Launey, *op. cit.*, 1, 556ff.; 2, 9741f., 1235f. 를, 아라비아인에 관해서는 *op. cit.*, 1, 560f.; 2, 124f. 를, 시리아인에 관해서는 1, 536, 539f.; 2, 1231을 보라. 실제로 이집트에는 많은 시리아인들이 살았었다. F. Heichelheim, *op. cit.*, 71을 보라. 그러나 이들은 점차 노예나 사유재산으로 전락하였다. 또한 제 1부 각주 81f. 를 보라.

88) 유대전쟁사 1, 190; 7, 421ff.; 유대고대사 13, 287; 14, 131; 아피온 반박 2, 49: 프톨레마이오스 6세 필로메토르(Philometor) 이래. 레온토폴리스(Leontopolis)의 성전은 기원전 약 160년에 세워졌다. 또한 U. Kahrstedt, *AGG* NF 19, 2, 1927, 132-145; Tcherikover, *HC*, 275-83; *CPJ* 1, 44-46; 4권 73f. 를 보라.

보여준다. 이들은 그리스와 트라키아, 소아시아 출신의 용병이었다.[89] 또한 셀레우코스 왕조는 처음부터 유대인 용병들을 그들의 군대에 복무하게 했던 것으로 보인다.[90] 마카베오 2서 8:16-18에 나오는 이야기는 전해 내려오는 형태 가운데, 전설적이기는 하지만 역사에 실재했던 사건으로까지 소급될 수 있는데, 이 비망록에 따르면 유대인 용병들은 기원전 275년 안티오코스 1세가 갈라디아인들과 벌인 전투에서 결정적인 역할을 했다고 한다.[91] 소아시아의 내륙에 존재했던 강력한 유대인 디아스포라는 바빌로니아 디아스포라에서 온 2천 명의 유대인이 정착한 공동체로서, 이들의 기원은 기원전 200년전 안티오코스 3세가 프뤼기아(Phrygia)에 있는 점령지를 분할받은 '할당지 보유자들'(*Kleruchen*)로 거슬러 올라간다.[92] 대제사장 요나단(Jonathan. 1마카 10:36; 11:43ff.)과 요한 히르카노스(Johannes Hyrkan. 유대고대사 13, 249ff.) 치세하에서 유대지역에 파견된 독립부대들은 셀레우코스의 통치자들을 위해 전투를 수행했다. 그들은 이러한 형태로 이미 마카베오시대 이전에도 투입되었을지도 모른다.[93] 그러므

89) M. Launey, *op. cit.*, 1, 90ff.

90) 유대고대사 12,119 셀레우코스 1세 통치하, 아피온 반박 2,39; 이오니아 도시들에 대한 안티오코스 2세, 유대고대사 12,125와 비교하라. 또한 M. Launey, *op. cit.*, 1, 551f.를 보라. 바빌로니아의 유대인들에 대한 헬레니즘의 영향에 대해서는 J. Neusner, *A History of the Jews in Babylonia* 1, 1965, 10ff.을 보라. 이란의 데메트리오스(Demetrios)의 아들과 사마리아인 에우메네스(Eumenes)에 대해서는 Robert, *CRAI* 1967, 295f.를 보라.

91) 또한 I. Lévy, *Mélanges H. Grégoire*, *AIPHOS* 10, 1950, 681-688을 보라. 유대인 용병들은 안티오코스 1세의 경(輕)무장한 군인들에 속하여 싸웠을 가능성이 높다. E. Meyer, *UAC* 2, 36 각주 1을 보라. 또한 J. Neusner, *op. cit.*, 12f.와 비교하라.

92) 또한 제우크시스(Zeuxis)에게 보내는 편지를 보라. 유대고대사 12, 147-53; 이 책 제4부 각주 45, 150을 보라.

93) E. Bi(c)kerman(n), *Inst.*, 70ff.와 *GM*, 55를 보라.

로 노예들 이외에도 헬레니즘시대 군대의 유대인 군사들은 대부분 그리스어를 사용하는 디아스포라 형성에 기여했으리라고 추측할 수 있다. 이집트에 정착한 유대인 군사이주민들은 매우 빠르게 그리스 언어와 관습을 받아들였다. 왜냐하면 그들은 결코 억압받는 비그리스 원주민에 속하기를 원하지 않았으며, 더욱이 그들은 그리스·마케도니아 군인들과 밀접히 접촉하며 살아갔기 때문이다(아래 p. 117을 보라). 기원전 3세기에 유대인 독립부대가 있었다는 증거는 없다. 이러한 문화동화(同化) 현상은 더욱 진행되어서 유대인들은 '마케도니아인'이라는 칭호를 받아들일 수 있었는데, 이는 그들이나 그들의 조상들이 마케도니아 부대에서 복무했기 때문이다.[94] 아마도 유대인 부대와 장교들이 특별히 이집트에서 점차 중요해지는 것과 아르타파노스(Artapanos)⑦의 허구적인 이야기는 연관성이 있었을 것 같다. 이 기록에는 모세가 이집트 군대의 무기와 전쟁도구를 발견하였으며 최고사령관으로 10만 명의 농민군대를 훈련시켰고, 또한 10년 동안 에티오피아에서 전쟁을 성공적으로 수행했다는 이야기가 담겨있다.[95] 우리는 마카베오시대 이전 유대지역의 헬레니즘적 군주국에서 용병체제로서 운용된, 중세 스위스의 '용병입대'(*Reislaufen*)와 유사한 용병지원을 수용한 제도가 존재했을 것으로 추측할 수 있다. 이러한 제도는 무엇보다도 작고 험한 지역에서 계속 늘어나는 주민들을 부양할 수가 없었기 때문에 시행되었을 것이다. 이미 기원전 4세기 말에 나온 압데라의 헤카타이오스(Hekataios von Abdera)의 보고는 모세가

---

94) *CPJ* 1, 27f.; 그리스 이름들; 30의 그리스어(아래 p. 40ff.)를 보라. 유대 "마케도니아인", *CPJ* 1, 13-15를 보라. 175f. Nr. 30 그리고 *CPJ* 2, 5f. Nr. 142와 비교하라.

95) *FGrHist* 726 F3, 4. 7(=Euseb *Pr. Ev.* 9, 23); 유대고대사 2, 238-253과 비교하라.

군무(軍務)에 몰두하여 유대인 청년들에게 군사훈련을 시켰다고 말하고 있다(ἐποιήσατο ὁ νομοθέτης τῶν τε πολεμικῶν ἔργων πολλὴν πρόνοιαν καὶ τοὺς νέους ἠνάγκαζεν ἀσκεῖν ἀνδρείαν)[96] 역주. 그 율법제정자는 전쟁에 관한 많은 일들을 돌볼 뿐만 아니라, 젊은이들을 용맹스럽게 훈련시켰다). 그의 기록은 아마도 프톨레마이오스 왕조시대 이집트에서 유대인 용병들의 경험에서 나왔을 수 있다.

이러한 군사제도의 발전이 팔레스타인 본토에 영향을 주지 않을 수는 없었다. 이집트 군대에서 복무하는 유대인 모두가 이집트에 영속적으로 주둔하는 것은 아니었다. 최소한 그들 중 일부는 그리스 용병들의 경우와 마찬가지로[97] 다시금 유대로 되돌아갔을 것으로 추측된다. 또한 본토와 알렉산드리아 사이에는 밀접한 연관이 있었다.[98] 이방인들과의 이러한 접촉은 제의중심적인 유대교 공동체를 외부와 단절하려는 에스라와 느헤미야시대부터 나타난 경향을 더 강력하고도 효과적으로 상쇄시켜 균형을 이루게 하였다.

유대인들이 헬레니즘적 전쟁기술을 접하게 되면서 그들의 사고 역시 영향을 받지 않을 수 없었다. 묵시적 그룹은 세계제국 중 네 번째인 그리스인들을 끔찍한 상징들로 묘사했는데, 이는 무엇보다도 그들의 군사적 우월성에 대한 두려움 때문이었다.

"넷째 짐승은 무섭고 끔찍스러우며 또 매우 강하여 쇠로 된 이가 있

---

96) *FGrHist* 264 F6, 6(Diod. 40, 3). 인구과잉에 대해서는 Philo, *Vit. Mos.* 2, 232를 보라.

97) M. Launey, *op. cit.*, 1, 42f. 기원전 1세기부터 기원후 1세기까지 예루살렘 납골비문들(*Ossuarieninschriften*)은 디아스포라에서 예루살렘으로 돌아온 사람들이 상당수였음을 보여준다. 이 문제에 대해서는 또한 E. R. Bevan, *Jerusalem under the High Priests*, 1904, 43을 보라.

98) Tcherikover, *CPJ* 1, 44ff.와 *HTR* 51, 1958, 81.

어 … 잡아먹고 부서뜨리며 그 나머지를 발로 짓밟았다. 또 이 짐승은 이전의 모든 짐승과 다르고 … "[99]

《70인경》의 예레미야서 27(M. 50):16에서 나오는 바빌로니아(Babel)를 무너뜨리는 '강력한 검'(חֶרֶב הַיּוֹנָה)인, 그리스인의 검(μάχαιρα Ἑλληνική)도 마찬가지이다. 이 불경스럽고 엄청난 검의 위력은 초기 이스라엘 전승의 거룩한 전쟁을 떠오르게 한다.

내가 유다를 당긴 활로 삼고 에브라임을 끼운 화살로 삼았으니 … 시온아, 내가 네 자식들을 불러일으켜 야완(Jawan, 역주. 한글 개역성경은 "그리스"로 번역됨) 자식들을 치게 하며 너를 용사의 칼과 같게 하리라. … 만군의 여호와가 그의 무리 곧 유다의 집을 돌아보아 그들을 전쟁의 준마로 만들 것이다. 모퉁잇돌이 그에게서, 말뚝이 그에게서, 싸우는 활이 그에게서, 권세 잡은 자가 다 일제히 그에게서 나오리라. 그들이 싸울 때에 골목의 진흙같이 용사를 밟을 것이니, 이는 여호와가 그들과 함께 하여 말 탄 자들이 부끄럽게 되리라 … .[100]

아마도 알렉산드로스 원정과 그의 후계자들간의 전투는 예언적-묵

---

99) 단 7:7. 번역은 A. Bentzen, *Daniel*, ²1952, 48을 따랐다. 또한 7:19, 23 그리고 2:33, 40과 비교하라. 네 번째 왕국은 철로 이루어졌으며 모든 것이 파괴되었다(8:5ff.의 수양을 물리친 숫염소). 여기에서 다니엘은 적어도 부분적으로는 초기의 전승을 사용한다. A. Bentzen, *op. cit.*, 33과 M. Noth, *Ges. Studien z. A.T.*, ²1960, 248-273을 보라. 또한 K. Koch, *HZ* 193, 1961, 19와 비교하라: 이 묘사는 "외관상으로는 동방세계의 사람들이 그리스 통치자들과 맺은 경험에서 나왔다."

100) 슥 9:13과 10:3-5. 또한 전쟁에 관한 전승들은 제2스가랴서(*Deuterosacharja*)라면 어디에서든지 나온다(12:2-9; 14:1-3, 12-14). 슥 14:2는 프톨레마이오스 1세가 예루살렘을 정복했던 것에 대한 회상인 것 같다. 또한 대하 26:15와 비교하라. 웃시야가 능숙한 전쟁무기들을 "발명"한 것은 유대인의 전쟁기술이 더 고대의 것임을 과시하려했기 때문일 수 있다.

시적 예언에 새로운 활력을 주었으리라고 생각된다(2권 226f.를 보라). 기원전 3세기 유대지역에서의 정치적·군사적 대결을 조심스럽게 관찰해보면, 마카베오 1서 1:1-10과, 특히 다니엘서 11장에서 묘사하는 역사에 대한 개관에서 다양한 시리아 전쟁들이 열거되는 것을 알 수 있다. 헬레니즘적 전쟁기술과 고대 이스라엘식 전쟁전승이 연결되고 있다는 것은 쿰란의 〈전쟁문서〉에서도 매우 두드러지게 나타나는데, 이 문서의 가장 오래된 번역은 헬레니즘시대로 거슬러 올라간다. 여기서 종말의 거룩한 전쟁에 대한 이상화된 관념은 당시의 전술경험과 융합되어, 한편으로는 이상적이고 다른 한편으로는 유토피아적인, 가장 모순적인 형상을 낳았다.101) 헬레니즘적 군대에서 유대인 용병들의 전쟁복무와 저 묵시적 전승들, 그리고 마카베오 봉기로 이룬 유대인의 군사적 승리 사이에는 내적인 연관성이 존재했을 것이다. 과거의 용병들이 마카베오 군대의 핵심부대를 이루었고, 그들이 이 군대 내에서 전투에 익숙하지 않은 인접국 시리아의 비전투요원에 대하여 우월감을 가지는 것은 충분히 가능한 일이었다(3권 77f.를 보라).

---

101) 쿰란의 〈전쟁문서〉에서 기록된 전쟁기술이 로마식인지 아니면 헬레니즘적인지에 관해서는 J. v. d. Ploeg, *Le rouleau de la guerre*, 1959, 7ff.를 보라. 대부분 해석하기 어려운 특별한 히브리어 군사용어들은 아마도 헬레니즘적 군대에 속한 유대인 용병들이나 마카베오 전쟁 때의 경험들로 거슬러 올라갈 수 있다. J. G. Février, *Semitica* 3, 1950, 53-59 그리고 K. M. T. Atkinson, *BJRL* 40, 1957-1958, 272-297을 보라. 그러나 (역주. 이집트의 유대인 디아스포라 공동체) 레온토폴리스와 직접적인 연관성을 가지지는 않았다. M. H. Segal, *ScrHieros* 4, 1958, 138-143; C. H. Hunzinger, *RGG*[3] 4, 944f.를 보라: 기원전 2세기 중반. 어느 경우이든 그 연대기를 로마시대로 잡은 것은 너무 늦은 시기로 잡은 것이라고 생각된다. 1QM의 복잡한 전승사에 관해서는 J. Becker, *Das Heil Gattes*, 1964, 43ff., 74f.; P. v. d. Osten Sacken, *Gott und Belial*, 1969를 보라.

제 3 장

헬레니즘적 지배하 팔레스타인의 행정과 세금

1. 프톨레마이오스 왕조의 행정과 과세조직

확장되는 다민족 국가를 조직하는 데 있어서 페르시아의 분권적 통치체제를 따랐던 셀레우코스 왕조[102]와는 반대로, 프톨레마이오스 왕조는 이집트의 지형적·경제적 구조 때문에 중앙을 중심으로 엄격히 조직화된 행정체제를 필요로 했다.[103] 페르시아에 대항한 이집트의 독립전쟁이 결국 소득 없이 끝남에 따라 오래된 파라오 왕조시대의 구체제는 내부혼란이 지속되어 헤어날 수 없는 무질서에 빠졌다.[104] 기원전 343년 이후 이집트는 페르시아의 아르타크세르크세스

102) E. Bi(c)kerman(n), *Inst.*, 7, 1 1f., 201ff. ; H. Bengtson, *GG*^{3}, 427f.

103) H. Bengtson, *MusHelv* 10, 1953, 170ff.

104) *Op. cit.*, 118-21. 이집트의 경제와 국가행정은 페르시아와 계속된 전쟁상태와 국내에서 발생한 소요로 붕괴되었다. M. Rostovtzeff, *A Large Estate in Egypt*, 1922, 3f. ; *HW* 1, 255ff. ; E. Bevan, *History of Egypt*, 1927, 132f.와 비교하라. 여기서 알렉산드리아의 총독(*Statthalter*)인 클레오메네스(Kleomenes)와 첫 프톨레마이오스 왕조가 옛 규례를 따랐을 가능성을 배제하지 않는다. W. Schur, *Klio* 20, 1925/26, 270-302; F. Heichelheim, *Historia* 2, 1953-1954, 129-135; H. Volkmann, *PW* 23, 1633ff.를 보라. 프톨레마이오스에 1세에 관해서는 J. Vogt, *Chiron* 1, 1971, 153ff.를 보라.

(Qrtaxerxes) 3세에 의해 정복되었고 — 기원전 338~336년의 짧은 시기를 제외하면 — 기원전 332년 알렉산드로스의 침입까지는 페르시아 치하에 있었다.[105] 프톨레마이오스 왕조는 이제 무엇보다도 처음 두 통치자인 프톨레마이오스 1세 소테르(기원전 304~283년, 323년)와 프톨레마이오스 2세 필라델포스(Philadelphos, 기원전 283~246년, 285년) 하에서, 과거의 질서를 이어줄 수 있는 새로운 국가조직을 만들었다. 여기에는 그리스 국가론의 이상과 지식도 일정한 역할을 했다.[106] 하지만 그러한 성과는 마케도니아인과 그리스인들이 거대 왕국을 관리하는 어떤 특정한 경험을 자신들의 전통으로부터 가져온 것은 아니라는 면에서 좀더 높게 평가될 수 있으리라고 생각된다. 유대인에 대해서 기술한 첫 번째 그리스인, 압데라의 헤카타이오스는 역사가이자 이상주의자이며 프톨레마이오스 1세의 철학적·정치적 추종자였는데, 그는 이집트의 국가질서가 철인(哲人)국가 사상에 가장 가까운 것이라고 그리스 세계를 향해 선언할 수 있었다.[107] 이렇게 초창기의 프톨레마이오스 통치자들의 지배하에 왕의 전권은 신적으로 공인된 것이라는 동방세계의 사상이 그리스적 논리를 통하여 철저하게 구현되었다.[108]

---

105) F. K. Kienitz, *op. cit.*, 105ff., 109ff.

106) 철학적이고 종교적인 기초에 관해서는 Rostovtzeff, *CAH* 7, 113f.와 *HW* 1, 267ff.; 3, 1379 각주 83(Lit.)를 보라. 또한 세금징수에 관해서는 W. Schubart, *APF* 12, 1936, 1-26과 중요한 논문인 E. R. Goodenough, "The Political Philosophy of Hellenistic Kingship," *YCS* 1, 1928, 55-104; B. Kötting, *RAC* 6, 851ff. (Lit.)를 보라.

107) C. B. Welles, *JJurPap* 3, 1949, 40-44; 압데라(Abdera)의 헤카타이오스(Hekataios)에 관해서는 또한 Jacoby, *PW* 7, 2761ff.; 이 책 제4부 각주 3을 보라. 그는 '시혜(施惠)를 베푸는 왕'(βασιλεὺς εὐεργέτης)을 "개화된 전제군주"의 이상으로 묘사했다.

108) 이 문제를 다룬 논의에 관해서는 H. Volkmann, *PW* 23, 1632를 보라.

그 출발점은 바로, '온 나라는 왕의 사적 소유'(οἶκος) 라는 사상이었다.[109] 때문에 프톨레마이오스 행정관리들의 직명(職名)은 자주 그리스의 거대한 사유지 관리에서 사용된 용어에서 유래되었다. 왕은 "평범한 마케도니아인이나 그리스인이 자신의 집안을 관리하듯이 … 국가를 관리한다."[110] 국가에서 왕을 제외한 제 1인자는 '디오이케테스' (Dioikētēs), 즉 재상(宰相)이었다. 이미 언급했던 아폴로니오스(Apollonios)는 필라델포스 치하에서 기원전 261년부터 이 직책을 수행하고 있었는데, 이 지역에서 제논의 서신왕래가 있었다. 그는 왕의 모든 소유와 수입, 즉 국가의 재정과 경제, 행정 전반을 책임지고 있었다. 그는 조직가로서의 놀라운 재능을 소유했고, 거대한 통치지역에서 다양한 부를 개발하는 데 심혈을 기울였던 것으로 보인다.[111] 이집트 자체는 오래전부터 통치구획인 '노모이'(νόμοι), 즉 속주(屬州, *Gaue*)로 분할되어 있었고, 이것은 다시금 '토파르키아'(Toparchien), 즉 구역으로 나뉘어 있었다. 여기서 가장 작은 행정단위는 촌락이었다. 속주의 가장 중요한 관리자는 '장군'(*Stratege*)인데, 군사관리로서 재정과 경제관리를 담당하는 말하자면 '재무장관'(*Oikonomos*)이었다.

---

109) 이집트인의 통치와 왕의 특별한 위치에 관해서는 Rostovtzeff, *CAH* 7, 113ff.; *HW* 1, 267ff.; 3, 1378ff.; W. Schubart, *AO* 35, 4, 1937, 19ff., 341f.; H. Bengtson, GG^3, 433; *MusHelv* 10, 1953, 161-177과 *Strategie* 3, 1952, 여러 곳을 보라. 또한 C. B. Welles, *op. cit.*, 21-47(Lit.)를 보라. 그는 옛 파라오 전승들에 대한 접목을 너무 강조하였다. 이에 관한 비평에 관해서는 H. Bengtson, *MusHelv* 10, 1953, 177을 보라. 프톨레마이오스 1세 소테르(Soter)에 관해서는 H. Volkmann, *PW* 23, 1635f.를, 프톨레마이오스 2세 필라델포스에 관해서는 1658, 1662ff.를 보라.

110) Rostovtzeff, *HW* 1, 269.

111) R. Seider, *Beiträge zur ptolemäische Verfassungsgeschichte*, 1938, 43-75를 보라.

아마 그 밖에도 동등한 지위의 일련의 관리직 종사자들이 있었고, 그들 밑에는 서열화된 소속관리들이 존재했을 것이다. 관리의 주요 보직은 그리스인들에게만 수여되었지만, 하부 행정계급에는 많은 비(非)그리스인들도 있었다.[112] 프톨레마이오스 3세 에우에르게테스(기원전 246~222년)는 복잡하게 분화된 행정체계를 군사적 관점에서 단순화하고, 속주의 최고 자리에 '속주장군'(*Gaustratege*)을 임명했다. 이렇게 하여 군사와 민간경제가 분리된 이원(二元) 행정체제는 사라졌다.[113] 그러나 이 중대한 총체적 발전이 개별적인 조치로 중단될 수는 없었다. 왜냐하면 사방으로 분화된 행정체계는 지속적으로 관료주의적인 형식주의를 낳을 수밖에 없었기 때문이었다. 본질적으로 많은 등급의 '서기관'(*Schreiber*)직(職)으로 구축된 그러한 관료주의 자체는 동방세계에 뿌리를 둔 것이었고, 실제로 이것은 폴리스를 배경으로 가지고 있었던 그리스인들에게는 알려지지 않았었다. 그러나 그리스인들은 자신들의 필요에 의해 그런 관료주의를 완전할 정도로까지 구현했다.[114] 거의 대부분의 땅은 왕실 직할토지에 속했고, 이것은 왕의 관리들의 강력한 감독하에 자유 소작농과 왕의 농노에 의

112) 프톨레마이오스 치세하의 국가관직에서 그리스인들과 이집트인들과의 관계에 관해서는 W. Peremans, *Vreemdelingen en Egyptenaaren in vroegptolemaeisch Egypte*, 1943; A. E. Samuel, *Proceedings of the 12th International Congress of Papyrologists*, 1970, 443ff.; C. B. Welles, *op. cit.*, 505ff.를 보라.

113) H. Bengtson, *Strategie* 3, 32ff.; H. Volkmann, *PW* 23, 1677을 보라. 또한 PColZen 2, 120을 보라. 아마도 "시리아와 페니키아"의 총징세도급권(*Generalsteuerpacht*)을 토비아스 요셉에게 위탁한 이유가 여기 있는 것 같다. 1권 128을 보라. 그리고 그 지역의 통치변화에 관한 H. Bengtson, *op. cit.*, 3, 170의 가설을 보라.

114) E. Bevan, *op. cit.*, 137ff.이 인용한 기원전 2세기의 예들을 보라. = U. Wilcken, *UPZ* 1, 150-71, Nr. 14. 또한 H. Bengtson, *MusHelv* 10, 1953, 163f.와 비교하라.

해 경작되었다. 이 '왕령지'(*Königsland*)는 이주 군인들에게 할당되거나 아폴로니오스(Apollonios) 같은 고위관료에게 하사되었다. 그렇지만 이런 경우에도 그 땅이 왕의 소유였기에, 왕이 언제라도 거두어들일 수 있었다. 신전 토지도 국가가 강력하게 통제했다.[115] 왕령지는 그리스식 모델에 따라 민간인들에게 도급으로 주어졌다. 수 배의 세금이 부과되었지만 국가는 세금의 양을 정확하게 계산하여 통제했고, 그들의 세금징수를 엄격히 감독했다. 국가의 또 다른 수입원은 중요한 상품들을 독점하는 것이었다.[116] 프톨레마이오스 왕조는 이러한 엄격한 관리와 재정정책으로 부를 얻었고, 이를 통해 기원전 3세기 지중해 동쪽에서의 정치적 우세를 유지할 수 있었다. 이처럼 왕에게 힘이 집중되는 체제 배후에는, 고대세계에서 그 예를 찾아볼 수 없던 국가 자본주의가 존재했다. 이것은 하층민들, 특별히 이집트 원주민들에게 과도한 부담을 주었고,[117] 약 5백 년 후 디오클레티아누스(Diokletianus)의 행정개혁을 통하여 비로소 "거의 통일된 제국행정"체

---

115) 이집트에서의 땅 분배에 관해서는 C. Préaux, *L'économie royale des Lagides*, 1939, 459-491; Rostovtzeff, *HW* 1, 276-291; 3, 1380-1385를 보라.

116) 과세에 관해서는 C. Préaux, *op. cit.*, 297ff., 302ff., 307ff. 등, 특히 450ff.를 보라. U. Wilcken, *Griechische Ostraka* 1, 1899, 512-630과 Mitteis-Wilcken, *Grundzüge und Chrestomathie der Papyruskunde* I, 1, 1912, 169-185와 I, 2, 231ff., 256ff., 264ff., 280ff., 284(P. Revenue, ed. Grenfell, Col. 36f.)와 296ff. (Col. 1-22)에서 발췌된 본문들을 보라. 더 상세한 것은 Rostovtzeff, *CAH* 7, 136-142 그리고 *HW* 1, 273, 279, 283, 305, 313, 316; 3, 1396 각주 125(Lit.)를 보라. 무역독점에 관해서는 제1부 각주 272를 보라.

117) Rostovtzeff, *op. cit.*, 1, 316-20; P. Viereck, *Philadelphia*, Morgenland 16, 1928, 41ff.의 구체적인 예들과 비교하라. 그러나 이집트의 상황이 어떤지에 대해서는 명확한 결론을 내리지 못했다. H. Volkmann, *PW* 23, 1631(Lit.)과 1665와 비교하라. 또한 1권 163f.를 보라.

제가 다시 창설되었다.118)

우리는 이제 프톨레마이오스 왕조가 이러한 체제를 국외의 소유지에 무엇보다도 팔레스타인에 어느 정도까지 도입했는가를 물어야 한다. 이곳은 이집트의 상황과는 매우 달랐다. 이집트는 균등한 농업인구와 자연적 특성으로 중앙집권적 관리가 쉬웠고, 또 불가피하기도 했다. 반면, '시리아와 페니키아'는 인종과 지형 모두에서 상대적으로 고르지 못했다. 이 지역은 높은 산과 깊은 계곡으로 나뉘어 있었고, 정치적으로도 오르토시아(Orthosia)에서 가자에 이르는 해안에 걸쳐 있는 과거 페니키아의 '도시국가들'로 이루어져 있었다. 또한 유대 '민족'(*Ethnos*)과 예루살렘의 '성전국가', 이두매아와 사마리아의 '민족들'(*Ethnē*), 가나안과 시리아 출신 주민들, 마케도니아 군사식민지가 있는 다양한 도시들과, 마지막으로 요르단 동쪽과 남쪽의 아라비아인들과 나바테아인들로 구성되어 있었다.119) 프톨레마이오스 왕조는 이 국경의 분쟁지역의 특별한 상황을 고려해야 했고, 그 여건에 적응해야 했다. 한편으로는 늘 엄정한 통치를 가능하게 한 고국의 통치체제에 의거하여 그들이 모국에서 검증해 본 행정관료체제를, 바로 맞대고 있는 이 지역에 실행해보려고 했다는 것은 납득할 만하다.

이집트의 속주나 이집트 밖의 프톨레마이오스 점령지역과 유사하게 '시리아와 페니키아'는 최고 행정책임자로서 '장군'과 재무장관이 함께 지배했고 후에는 '장군'이 단독으로 지배했다.120) 그곳의 지정

---

118) H. Bengtson, *MusHelv* 10, 1953, 175.

119) Tcherikover, *Mizraim*, 7ff. 비교. A. Alt, *Kleine Schriften* 2, 402f.

120) H. Zucker, *Studien zur jüdischer Selbstverwaltung*, 1936, 30; H. Bengtson, *Strategie* 3, 168ff. 와 Rostovtzeff, *HW* 1, 344; 이와는 반대로 Tcherikover, *op. cit.*, 38f. 그리고 *HC*, 61f. 또한 P. M. Fraser, *JEA* 46, 1960, 101 각주 37을 보라: 카리아(Karia)의 어떤 '장군'에 대해서는 오랫동안 아무것도 알려지지 않았다. P. Rainer, inv. 24552, ed.

학적 위치나 제논 파피루스에서 빈번하게 언급된 것, 그리고 폴리비오스의 기록 등을 고려해 본다면 행정수도(*Hauptverwaltungssitz*)는 아코(Ako)였을 것이다. 이 이름은 기원전 261년경, 그러니까 제논의 여행 직전에 프톨레마이오스 2세 필라델포스에 의해 프톨레마이스(Ptolemais)로 변경되었을 수 있다. 이때부터 우리는 프톨레마이스에서 프톨레마이오스 2세 때 만들어진 최초의 동전들을 발견하게 된다. 이곳의 중요성은 프톨레마이오스 시대에 빠르고 현저하게 부각되었고, 곧 이런 큰 배후도시를 가질 수 없었던 페니키아의 자매도시들을 능가할 수 있는 상황에 이르렀다.121) 이 지방은 좀더 작은 행정단위

H. Liebesny, *Aeg* 16, 1936, 258ff. (= SB 8008)에서 재무장관이 나타난다. Col. 2.18: "τοῦ διοικοῦντος τὰς κατὰ Συρίαν καὶ Φοινίκην προσόδους"(시리아와 페니키아 지역의 재정수입을 감독하는 자). F. M. Abel, *HP* 1, 60에 의하면 알렉산드리아에서 그의 지위는 총독의 바로 아래였다. Polyb. 5, 40, 1은 데오도투스를 "ὁ τεταγμένος ἐπὶ Κοίλης Συρίας"(코일레・시리아에 배치된 자)로 언급하는데, 이는 그의 직책이 '장군'임을 뜻한다. 5, 87, 6에 의하면 필로파토르는 랍비아의 뒤를 잇는 장군으로 안드로마코스(Andromachos)를 임명한다. 헵시바(Ḥepzipah) 비문을 보라. Y. H. Landau, *IEJ* 16, 1966, 59: 기원전 201년 "시리아와 페니키아"에서 트라세아스(Traseas)의 아들 프톨레마이오스를 "장군"으로, 그의 부하를 "재상"(*Dioiketes*)으로 임명한다(5, 22행).

121) PCZ 59004, 59008, 59698(?); PSI 366, 403, 495, 612, 616; 아직까지 미출간된 P. Lond. inv. 2358B와 1931(inv. 2661). 또한 Polyb. 5, 61, 5: 장군인 테오도토스의 자리는 5, 62, 2; 5, 71, 2와 비교하라. 안티오코스 3세는 아코-프톨레마이스에서 겨울을 보냈다. Ps. Arist. 115에서는 그것이 필라델포스에 의해 세워졌다고 기록되어 있는데, Dig. 65, 1, 3과 비교하라. 무역도시로서 프톨레마이스의 중요성에 대해서는 또한 F. M. Abel, *HP* 1, 53f.; B. Spuler, *PW* 23, 1884를 보라. 프톨레마이스는 제논 파피루스에서 열한 번 언급되어 가장 빈번하게 나타났다. 가자는 아홉 번, 시돈은 여섯 번 언급됨. 프톨레마이스의 화폐주조에 관해서는 B. V. Head, *Historia Numorum*, 1912, 793f. 그 장소의 역사에 대해서는 또한 Tcherikover, *HC*, 92, 443 각주 11을 보라.

로 분할되었다. 이 단위는 페르시아시기에 형성되어 그 명칭이 변화되었을 것인데, '시리아와 페니키아'에서 프톨레마이오스 통치와 관련하여 우리가 보유하고 있는 최초의 공적 문서에서는 '휘파르키아' (*Hyparchia*), 속주⑧라고 불린다.[122] 이 행정단위의 이름은 암마니티스(Ammanitis)나 에스보니티스(Esbonitis), 가울라니티스(Gaulanitis), 갈라디티스(Galaditis) 등과 같이 '-이티스'(- itis)로 끝나는 지명에 보존되어 있을 것이다. 왜냐하면 이집트의 '노모이'(*Nomoi*)가 이와 비슷하게 그리스화되었기 때문이다. 또 다른 그룹은 ' - ia'로 끝나는 유대아(Iudaia), 이두매아(Idumaia), 사마리아(Samareia)와 갈리래아(Galilaia)와 같은 지역들이다.[123] 후에 셀레우코스 왕조 역시 이러한 분할을 유지했다.[124] 비록 앞에서 언급한 문서에는 이 속주(*Hyparchia*)

---

122) H. Liebesny, Aeg 16, 1936, 258ff. (= SB 8008), Col. 1.3-2.1; 통치지역의 명칭변화에 대해서는 E. Bi(c)kerman(n), *Inst.*, 197f.를 보라. 1마카 10:30에 나오는 '노모스'(nomos)라는 명칭 또한 프톨레마이오스 왕조에서 비롯되었다. A. Schalit, *König Herodes*, 1969, 187ff.는 중요한 연구이다.

123) A. H. M. Jones, *The Cities of the Eastern Roman Provinces*, 1937, 241, 448 각주 19; *The Greek City from Alexander to Justinian*, 1940, 20; Rostovtzeff, *HW* 3, 1402 각주 142. 또한 이중의 형태들이 생겨났다: Ps. Arist. 107: "사마레이티스"(Samareitis), 1마카 10:30; 11:28, 34; Eupolemus, *FGrHist* 723 F 33과 비교하라. "유대아"(Judaia)와 "갈릴래아"(Galilaia)에 대해서는 G. Hölscher, *QFAGG* 5, 1903, 76ff.를 보라. 그러나 그는 그 지역이 그리스화된 시기를 너무 늦게 잡는다. 어떤 제논 파피루스(*CPJ* 1, 124, Nr. 2e = PColZen 1,2)는 이미 '갈릴라'(Galila)라는 형태를 알고 있었다. 4세기 말의 헤카타이오스는 '유대아'(Ioudaia)라는 형태를 이미 알고 있었던 것 같다. 1권 104f(*FGrHist* 264 F 6, 2 = Diod. 40, 3)를 보라. 기원전 3세기 전반기 솔리의 클레아르코스(Klearchos von Soli)도 이와 유사하다. 아피온 반박 1, 179를 보라. *Schürer*, 2, 2 각주 2와 비교하라.

124) U. Kahrstedt, "Syrische Territorien," *AGG NF* 19, 2(1927), 52.

의 ‘재무장관들’(*Oikonomoi*) 만 나오지만, 여기에서도 행정체제는 ‘휘파르코스’(*Hyparchos*, 영주) 와 ‘재무장관’이 각각 한 명씩 존재하는, 군사와 재정이 분리된 형태였으리라고 추측할 수 있다. 이것은 소아시아의 프톨레마이오스 점령지에서, 후에는 셀레우코스시대에서 입증된다.[125] 따라서 폴리비오스(5, 70, 10) 에 의해 언급된 케라이아(Keraia) 의 ‘휘파르코스’는 갈릴래아를 소유했을 것이다. 때로 팔레스타인 외부에서는 세 번째 관리로서 왕의 ‘서기관’(*Grammateus*) 이 언급된다.[126] ‘코마르케스’(*Kōmarchēs*, 촌장) 가 관리하는 촌락은 이집트에서와 같이 행정체계의 맨 마지막 단계를 구성한다.[127] 이두매아는

---

125) 명칭들은 어느 정도 교환되었다. *PCZ* 59341을 보라: 칼륀다(Kalynda) 의 ‘장군’과 ‘재무장관.’ 테라(Thera) 의 것도 이와 유사하다: *OGIS* 59, 4. 9행과 110, 1행과 5행; Rostovtzeff, *HW* 3, 1398f. 각주 129와 비교하라. 셀레우코스 왕조시대의 예루살렘과 사마리아에 관해서는 유대고대사 12, 261을 보라: “메리디아르케스”(*M*eridiarchēs) 와 아폴로니오스, 왕의 재정을 담당한 니카노르(*N*ikanor). 장편소설 〈토비아스서〉에 의하면(유대고대사 12, 220) 프톨레마이오스는 히르카노스의 편을 들어 그 지역의 모든 “헤게모노스”(*H*ēgemonos. 정치가) 와 “에피트로포이”(*E*pitropoi. 감독들) 에게 편지했다: 3. *Ezra* 4, 47. 49에는 페르시아 왕국의 모든 “재무장관”과 “토파르카이”(*T*oparchai. 지구장들) 에게뿐만 아니라, 지위가 높은 순으로, “장군들”과 지방총독(*S*atrape) 들에게까지 왕의 편지를 전달하게 했을 것이다. 전체적인 것에 대해서는 R. Seider, *op. cit.*, 67을 보라. 또한 Y. H. Landau, *IEJ* 16, 1966, 59의 14행과 비교하라: “οἰκονόμος와 어떤 한 〔…〕 ου πρ〔ο〕εστηκώς … .”

126) 키프로스(Zypern) 에 관해서는 PCZ 59016을, 크레테(Kreta) 에 관해서는 *OGIS* 102를 보라.

127) H. Liebesny, *op. cit.*, 257 Col. 1. 18을 보라. 헤롯 후기의 코마르키아(κωμαρκία) 의 의미에 관해서는 A. Schalit(n. 122), 214를 보라. 이 시기의 유대지역에서는 이미 “코모그람마테이스”(*kōmogrammateis*. 마을 서기관) 가 있었는데, 이는 프톨레마이오스시기까지 거슬러 올라가는 제도인 것 같다: 유대전쟁사 1, 479 = 유대고대사 16, 203, 또한 A. Schlatter, *GI*³, 391 각주 25를 보라. 또한 기원전 37년 Madeba의 CIS 2, 196 = RES 674

예루살렘 남쪽 약 40㎞ 지점에 있는 행정도시 마리사(Marisa)와 함께 그런 '휘파르키아'를 이루었으리라고 추측할 수 있다.[128]

여기서 제논의 서신왕래는 프톨레마이오스 통치를 개괄적으로 이해할 수 있는 정보를 제공한다. 제논은 기원전 259년 마리사를 통과하는 여행에서 저명한 이두매아인 형제들 2명으로부터 젊은 노예 3명을 샀다. 그런데 그가 이집트로 돌아오자 이들은 도망해서 옛 주인들에게 돌아갔다. 이두매아인들은 이 노예를 돌려보내는 것에 대한 또 다른 대가를 요구했다. 그러자 제논은 그의 종 스트라톤(Straton)에게 다섯 통의 편지를 주어 마리사로 보냈다. 그 편지 가운데 2개는 더 높은 관리들에게 — 이들은 아마 그곳의 '휘파르코스'와 경찰 관리였으리라 — 그리고 세 번째 편지는 제논 자신에게 유리하도록 노예문서와 함께 그들의 실행부서로, 그리고 마지막 2개의 편지는 개인적으로 자신의 친구들에게 보내어 3명의 다른 관리들에게 — 아마도 재정관리였던 것 같다 — 영향력을 행사했다.[129] 마리사에서 스트라톤에게 어떤 강제적인, 이를테면 과세 등과 같은 '특별 업무'가 더 부과되어서

의 나바테아의 "장군들"(*stratēgoi*)과 비교하라. 또한 W. Schottrof, *ZDPV* 82, 1966, 197ff.를 보라. 또한 스키토폴리스의 프톨레마이오스 "장군"의 마을들에 관해서는 Y. H. Landau, *op. cit.*, 58을 보라.

128) 이두매아는 안티고노스(Antigonos)의 통치하, 즉 4세기에서 이미 "에파르키아"〔*eparchia*. 도(道)〕 혹은 "사트라페이아"(*satrapeia*. 총독령)였다(카르디아의 히에로니무스가 따르는 Diod. 19, 95, 2와 98, 1). Tcherikover, *Mizraim*, 40을 보라. 우리는 여기서 그리스가 어떻게 페르시아의 명칭을 인수했는지를 본다. 마리사(Marisa)에 관해서는 또한 이 책 제2부 각주 32를 보라.

129) PCZ 59015 verso. 또한 F. M. Abel, *RB* 33, 1924, 566-74; *HP* 1, 67; G. M. Harper, *AJP* 49, 1928, 23-6; Tcherikover, *Mizraim*, 40-42와 *HC*, 65f.를 보라. 이 서신교환은 제논의 초안에 보존되었다. 두 번째 구매가격의 요구는 아마도 이두매아인이 신 23:16과 유사한 규정을 알고 있었다는 사실로부터 설명될 수 있으리라. F. M. Abel, *HP* 1, 67을 보라. PCZ 59804는 노예들을 성공적으로 다시 얻은 기록인 것 같다.

는 안 되었다. 또한 제논은 바로 이 스트라톤을 통하여—아마도 유대인이며 마을의 '코마르케스'(Kōmmarchēs)였을—옛두스(Jeddūs)라는 사람에게 채무를 추징하려 했다. 그의 상급관리 (알렉산드)로스[(Alexand)ros]는 이 문제를 그의 부하 오리아스(Oryas)에게 위임했다. 그러나 이 사람은 "질병으로 그 일을 하지 못했고"—아마 그가 옛두스와 적대적으로 되는 것을 원치 않았기 때문이었을 것이다.—스트라톤은 알렉산드로스의 노예 한 명과 동행하도록 허락되었다. 옛두스는 이 둘을 그 마을에서 강제로 쫓아냈고, 오리아스는 오늘 우리에게 전해지는 바대로, 그 일을 포기한다는 보고서를 그의 상관에게 전할 수 있을 뿐이었다.[130]

이 두 이야기는 유대와 이두매아 국경에서조차 번창했던 관료주의를 보여주며, 동시에 순수한 그리스인이었던 한 관리가 이른바 비그리스적 환경에서 싸워야 했던 어려움을 보여준다. 이두매아인과 유대인들은 이집트의 농민들처럼 쉽게 다스릴 수 없었고, 막강한 재무장관의 권력으로도 그들에게 존경을 '주입'할 수는 없었다.

결정적으로 중요한 점은 프톨레마이오스 왕조가 이집트 밖의 점령지에 대해서도, 원래 그리스에서 유래한 사용료와 세금징수에 대한 도급(*Verpachtung*)체제를 도입했다는 사실이다. 파피루스 라인(P. Rainer)에 따르면 특별히 '시리아와 페니키아'와 관련된 도급법(νόμος τῆς μισθώσεως)은 비록 더 이상 우리에게 전해 내려오지 않지만, 도급에 관한 모든 사안이 규정되어 있었음을 보여준다.[131] 또한 이 파피

130) *CPJ* 1, 129 Nr. 6 = PCZ 59018. 또한 G. M. Harper, *op. cit.*, 22f.; Tcherikover, *Mizraim*, 42f.; *HC*, 65를 보라.

131) H. Liebesny, *op. cit.*, 259, Col. 2, 21f.: 세금의 도급에 관한 법; 1, 25: 왕의 편지; 1, 3. 8. 33; 2, 1: "프로스타그마"(*Prostagma*. 명령) 그리고 1, 6f. 26. 30f.: "디아그람마"(*Diagramma*. 개요); Tcherikover, *HC* 3, 428 각주 59; Rostovtzeff, *HW* 1, 340과 비교하라.

루스에는 왕의 조례(προστάγματα)와 실행규정(διαγράμματα), 그리고 왕의 특별 포고문에 관한 모든 과정이 언급되어 있다. 이 모든 사항에는 그 지역의 특별한 법적 활동이 반영되어 있다고 생각할 수 있다. 제논 파피루스는—팔레스타인에 대해서는 처음으로—가자와 티레에 있는 무역소 세리들(τελῶναι)의 활동에 대하여 보고한다.[132] 그 밖에도 가축과 노예의 값을 매기라는 프톨레마이오스 2세의 포고령를 담고 있는 파피루스 라인에서 '촌락의 징세도급관'(*Dorfsteuerpächter*, 역주. 신약시대의 '마을의 세리'에 해당)이 '촌장들'(*Kōmmarchai*)과 연합하여 가축 값을 매기고 감독하는 일을 위임받고 있다.[133] 아폴로니오스가 관리하는 갈릴래아의 베트-아나트(Beth-Anath)에서도 값을 매기는 일을 하는 코모미스토테스(κωμομισθώτης, 역주. 촌락에 고용된 관리)가 있었는데, 국가의 토지 — 또는 이 경우는 아마도 왕의 봉토에서 유래하는 '영지'(*Domänenland*)—를 마을의 농부들에게 소작을 주고, 그 공출량을 정확하게 계산했던 것으로 보인다.[134] 이들은 "소작인(*Pächter*)과 왕의 관리가 혼합된 형태로서" 많은 세금을 부과할 권리를 가졌으리라고 생각된다.[135] 이러한 연관성은 토비아스의 이야기를 전

---

132) 가자(Gaza): PColZen 1, 11 Nr. 3. 그리고 부록으로서 PCZ 59804; 티레: PCZ 59093. 또한 Tcherikover, *Mizraim*, 60ff.를 보라.

133) H. Liebesny, *op. cit.*, 257, Col. 1, 17ff. 또한 Rostovtzeff, HW 1, 340ff.를 보라.

134) PSI 554, Col. 1, 14; Tcherikover, *Mizraim*, 46-8이 해석한 구절에 대한 Rostovtzeff, *HW* 3, 1403 각주 149의 비평은 거의 정당화되기 어렵다. 우리는 갈릴래아에서 편지를 기록한 사람에 대하여 '크테마'(κτῆμα, 소유)와 "γῆ ἐν δωρεᾷ"(하사받은 땅) 간의 정확한 법률상의 차이를 구별할 수 있었다고 기대하기는 어렵다. 또 '크테마'(κτῆμα)는 단순히 "포도재배"를 의미할 수 있다(1권 166f를 보라).

135) Rostovtzeff, *HW* 1, 345; 이 표현은 F. Preisigke, *Fachwörterbuch*, 1915, 115나 Tcherikover, *Mizraim*, 46이 추측하는 대로, 국가공무원이

해주는 요세푸스의 보도에 부합한다. 이에 따르면 '시리아와 페니키아의 도시들의' 세금징수는 알렉산드리아에서 자유입찰을 통해서 해마다 관공서들(*Magistrate*)이나 그 도시의 유력자들에게 하도급으로 주어졌다고 한다.136) 세금에 대한 감독은 엄격했다. 허위 세금신고나 납세 거부에는 엄한 벌금이 부과되었다. 제보자는 후하게 보상을 받았고, 세금 연체자는 감옥에 감금되거나 노예로 팔리는 벌을 받았다.137) 이집트에서처럼 '시리아와 페니키아'에서도 국가의 위임을 받은 세무관이 세리들과 함께 종사하며 서로를 감독했을 가능성이 있다.

여기서 중요한 요소는 프톨레마이오스 봉토(封土)로, 왕령지라는 형태 내지는 '왕의 농노'(*Königsbauer*)를 통해 경작되었던 황실 토지였

라는 의미의 "재무장관"에 관한 것일 수는 없다.

136) 유대고대사 12, 155. 169. 175ff. 그러나 여기서 프톨레마이오스 5세 에피파네스와 안티오코스 3세 간의 세금배분은 역사성을 갖지는 않는다. 이 사건들은 프톨레마이오스 3세 에우에르게테스시기에 속한다(제 1부 각주 38과 제 4부 각주 76을 보라). 요세푸스의 설명은 이것이 실질적인 증거임을 보여준다. 제시된 수치 중 첫 번째인 8천 달란트는 결코 과도한 것은 아니다. 제 1부 각주 199-202를 보라. 그러나 두 번째 것은 너무 높게 책정되었다. Rostovtzeff, HW 2, 1152; Tcherikover, *HC*, 460 각주 42를 보라. C. Préaux, *Économie*, 425 각주 1은 신중하다. 전체적인 문제에 관해서는 또한 M. Rostowzew, "Geschichte der Steuerpacht," *Phil. Suppl* 9, 1904, 360ff.; HW 1, 340f.; 3, 1400 각주 132를 보라. 또한 A. H. M. Jones, The Cities, 240, 448 각주 18을 보라. 소아시아의 프톨레마이오스 도시들의 세금들 역시 이와 유사하게 하도급으로 배분되었으리라고 생각된다. PCZ 59036을 보라: 할리카르나스(Halikarnaß); OGIS 1, 55에 나오는 뤼키아(Lykia)의 텔메소스(Telmessos)는 모두, 기원전 200년경의 프톨레마이오스 5세 에피파네스시기에서 나왔다. Rostovtzeff, *HW* 1, 336-8과 3, 1399 각주 131, 131a를 보라. 또한 R. Seider, *op. cit.*, 65를 보라.

137) H. Liebesny, *op. cit.*, 258f., Col. 1, 29와 2, 25; Ps. Arist. 26을 보라. Rostovtzeff, *HW* 1, 321, 350, 411f.; 3, 1392f. 각주 118, 1402f. 각주 146, 1419f. 각주 208을 보라.

다. '시리아와 페니키아' 모든 지역은 이집트처럼 "창으로 얻은 지역"(δορύκτητος χώρα) 이었기에, 이론적으로는 왕에게 예속되었다고 할 수 있었다.[138] 만일 이러한 권리가 실제 정치적 여건으로 심각하게 제한되었다 해도 상당부분의 토지는 여전히 왕의 직접 통제하에 있었다. 군사 농노들의 거주시설과 군사식민지 시설, 그리스식 제도로 새로이 설립된 도시의 소유지의 설비시설을 설치하고, 또 갈릴래아에 있는 총독 아폴로니오스나, 스키토폴리스에서 프톨레마이오스의 장군들과 같이 — 공로가 많은 관리들을 보상하기 위해 황실 토지를 배분하여 지급하였다.[139] 알트(A. Alt)는 갈릴래아에 있는 그런 황실 토지가 므깃도(Meggido) 평야와 요르단 계곡에 존재하였음을 보여 주려고 했다.[140] 이에 더하여 암마니티스에서 토비아스의 통제하에 있었던 '할당지 보유자들'(*Kleruchen*)을 언급할 수 있는데, 이들은 분명 황실 토지에 정착했다. 혹은 이스라엘의 왕조시대와 페르시아시대로 거슬러 올라가는 옛 영지 여리고(Jericho)와 엔게디의 유명한 대규모 발삼나무 농장도 언급할 수 있을 것이다.[141] 야파(Jaffa) 동쪽에서 나

---

138) Diod. 18, 39, 5. 또한 W. Schmitthenner, *Saeculum* 19, 1968, 31ff.를 보라.

139) 왕에게 속한 토지의 법률적이고 경제적인 상황에 관해서는 M. Rostowzew, *Studien zur Geschichte des römischen Kolonats*, *APF*-Bh 1, 1910, 246f.를 보라. 그리고 프톨레마이오스의 재산에 관해서는 278ff.를 보라. 또한 *HW* 1, 269, 277-80, 336, 346을 보라. 팔레스타인에 관해서는 J. Herz, *PJB* 24, 1928, 105f., Tcherikover, *Mizraim*, 47ff.을 보라. Y. H. Landau, *IEJ* 16, 1966, 66 각주 14와 M. Hengel, *ZNW* 59, 1968, 20ff.와 비교하라.

140) A. Alt, *Kleine Schriften* 2, 1953, 390-5. 페르시아시대, 시리아 파르데스(Pardes) 왕의 재산에 관하여는 느 2:8; Xenophon, *Anab.* 1, 4, 10; Diod. 16, 41, 5b: Sidon을 보라. 더 상세한 경우들은 Tcherikover, *HC*, 432 각주 75를 보라. 또한 Posidonius, *FGrHist* 87 F 68 = *Athen.* 1, 28D: 다마스쿠스의 페르시아 포도원과 비교하라.

온 최근의 발굴에서는, 해안 평지에서도 왕령지가 있었으며, 이곳에 군사이주민들이 정착했으리라는 추측을 가능하게 한다.142) 어쨌든 로마시대 팔레스타인에 있는 황실 토지의 수효는 매우 현저했다.143)

그러므로 전체적으로 보면 팔레스타인의 정황은 이집트와 매우 비슷한 것으로 드러난다. 즉, 프톨레마이오스 왕조는 '코일레 · 시리아' 지역에서도 세부적인 곳까지 철저하게 조직된 과세제도와 도급체제를 도입했다. 셀레우코스 왕조 역시 초창기에 세금을 면제한 이후에는 이 체제를 계속 실행하여 그 땅을 더욱 착취하였고, 이런 기본적 특성은 사실 로마시대까지 지속되었다.144) 다른 한편으로, 프톨레마이오스 왕조는 그 지역 상류층을 세금 및 세수증대의 이익과 위험에 참여하게 함으로써 귀족정치를 유지했는데, 이것은 그 지역의 정치적 상황을 결정하는 데 결정적인 역할을 하였다.145) 더욱이 그 지역

141) *CPJ* 1, 118ff., Nr. 1 = PCZ 59003, 또한 Tcherikover, *Mizraim*, 48을 보라. 발삼재배에 대해서는 아래 p. 86ff. 을 보라.

142) 비교. J. Kaplan, *RB* 62, 1955, 92ff. : 이것은 아마도 황실토지에 정착한 군인들에 관한 문제인 것 같다. 농업정착지의 완전히 새로운 기반시설은 초기 프톨레마이오스시대의 경제적 활동에 부합한다. 1권 178ff. 를 보라. 야파(Jaffa) 동쪽 12㎞ 지점에서 발견된 커다란 상점 센터는 그 지역의 중심이었을 것이다. *RB* 69, 1962, 406f. 를 보라. 이것은 느 6:2를 근거로 이 지역을 황실토지로 본 A. Alt, *op. cit.*, 2, 382 각주 4의 주장과 일치한다. 이 지역은 후에는 아마도 안티파트리스(Antipatris)로 불렸고, PSI 40에서 제시된 "페가이"(*Pēgai*)의 경계는 욥바(Joppa)가 시유지에서 황실토지로 변천했음을 보여준다. Tcherikover, *Mizraim*, 40, 86 각주 89와 *HC*, 433 각주 85를 보라.

143) F. M. Heichelheim, in: T. Frank, *An Economical Survey of Ancient Rome* 4, 1940, 145 각주 19(Lit.)를 보라.

144) 셀레우코스 치하의 과세에 대해서는 아래 53f. 를 보라. 또 로마시대의 과세에 대해서는 O. Michel, *TWNT* 8, 92ff. 를 보라. 또한 문헌연구에 대해서는 88을 보라. 또한 M. Hengel, *Die Zeloten*, 1961, 132-145를 보라.

145) Rostovtzeff, *HW* 1, 350; 2, 1116f. ; 비교. E. Bickerman(n), *From*

생산력을 유지하기 위해 일반주민들에 대해 어느 정도의 구호(救護)를 시행했다. 이것은 '시리아와 페니키아'의 자유로운 원주민들이 노예가 되는 것을 금지한 것에서도 나타난다. 그리스·마케도니아의 군사이주민들은 자신들의 땅을 경작했던 셈족 계열의 농민들을 자신들의 노예로 만들려 했을 것이다. 이것은 알렉산드로스 사후 그의 후계자들간의 전쟁 이래 지속되었던 하나의 관습일 수 있었다.[146] 프톨레마이오스 2세가 이집트에서 유대인 노예를 석방한 것도 이러한 정책과 연관이 있었음에 틀림없다.[147]

Ezra to the Last of the Maccabees, 1962, 52f. 이 정책은 토착민 귀족정치에서 헬레니즘화 경향을 촉진시킨다. 아래 p. 96ff. 를 보라.

146) Σώματα λαϊκὰ ἐλεύθερα(마구잡이로 착취당한 노예들)에 대한 자료등록과 판매금지를 보라. H. Liebesny, *op. cit.*, 258f., Col. 1, 34ff. 와 2, 17ff. 또한 유대고대사 12, 7f. 를 보라. Ḥebzibah 비문은 스키토폴리스의 팔레스타인 사람들과 이집트인 모두를 "라오이"(λαοί, 농민들)로 불렀다. Y. H. Landau, *IEJ* 16, 1966, 59의 12, 26행, 그리고 그들의 추방(혹은 납치) 금지를 보라.

147) Ps. Aristeas 12-14, 19-27; 비교. U. Wilcken, *APF* 12, 1937, 221; A. Wilhelm, *APF* 14, 1941, 30-35와 W. L. Westermann, *AJP* 59, 1938, 1-30. 프톨레마이오스 치하의 복지문제에 관해서는 W. L. Westermann, "The Ptolemies and the Welfare of their Subjects," *AHR* 43, 1937/38, 270-87; Rostovtzeff, *HW* 3, 1377f. 의 문헌목록을 보라. 특히 프톨레마이오스 2세에 관해서는 W. Peremans, *RBPH* 12, 1933, 1005-1022를 보라. W. L. Westermann은 원주민 상황을 너무 호의적으로 평가한다. 왕의 "복지"는 인간적 동기에서라기보다는 경제적 고려에 의한 것이었다. 아래 p. 74를 보라.

2. 프톨레마이오스 왕조의 행정과 유대 성전국가

이제 문제가 되는 점은 이러한 행정 및 세금정책이 어떤 제약도 없이 모든 지역에 실현되었는가, 아니면 '반(半)자치' 지역에서는 어느 정도의 예외가 있었는가이다.[148] 먼저 그리스적인 제도를 가진 도시들을 언급할 수 있다.[149] 여기에는 이미 언급한 바, 그 이름에서 마케도니아와 프톨레마이오스 왕조가 세웠다는 것을 알 수 있는 도시들이 있고,[150] 그 밖에도 중요한 해안도시들 모두와, 최소한 하스모니아 왕조에 의해 파괴되었다가 후에 폼페이우스(Pompeius)와 가비니우스(Gabinius)에 의해 재건된 '코일레·시리아의 도시들'이 있다.[151]

---

148) Tcherikover, *Mizraim*, 54f.는 프톨레마이오스 왕조는 이집트보다는 팔레스타인을 더 온건하게 통치하였고, 이것이 도시들과 "민족들"(*ethnē*)에게 독립추구의 여지를 주었다고 추측한다. 다른 한편으로 그는 이들이 여기에서도 마찬가지로 이집트의 통치체제를 도입하기 위한 조직적인 시도를 함으로써 "모호한 그림"이 나오게 된 것으로 보았다. 이와 유사하게 Rostovtzeff, *HW* 1, 340-351 또한 "시리아와 페니키아", 팔레스타인의 지역간 상황의 차이를 구별하려한다. 그러나 그리한 구별은 지리적인 이유로 불가능하다. 왜냐하면 팔레스타인은 이 지역의 중심을 이루었기 때문이었다(274ff.).

149) 팔레스타인의 "도시들"(*poleis*)에 관해서는 *Schürer*, 2, 95-222; A. Schlatter, GI^3, 12ff., 385ff.; A. H. M. Jones, *The Cities*, 1937, 227-295; *The Greek City*, 1940, 14ff., 79ff.; V. T(s)cherikov(w)er, "Die Hellenistischen Städtegrundüngen," *PhilSuppl* 19, 1927, 64-81; *Mizraim*, 43ff.; *HC*, 90-116, 441-443; M. Avi-Yonah, *QDAP* 5, 1936, 139-193(로마시대); F. M. Abel, *HP* 1, 51-60을 보라. 또한 A. Alt, "Hellenistische Städte und Domänen in Galiläa," *op. cit.*, 384-395와 H. Bietenhard, *ZDPV* 79, 1963, 24-58과 비교하라.

150) 1권 83f.와 제1부 각주 70을 보라.

151) 유대고대사 14, 75. 88 = 유대전쟁사 1,156. 166. 또한 A. H. M. Jones, *The Cities*, 258f., 454f.; *Schürer*, 1, 299; 2, 101ff.를 보라.

그렇지만 각각의 경우에서 과연 그 지역에 완전한 도시법이 있었는지, 아니면 '도시와 유사한' 특징이 있었는지는 더 이상 확증할 수 없다. 또 도시가 폴리스로 격상된 것이 프톨레마이오스시기인지, 아니면 셀레우코스시기인지도 마찬가지이다.[152] 일반적인 의미의 폴리스들, 즉 시돈과 티레, 아코-프톨레마이스와 같은 중요한 페니키아 해안 도시들과, 팔레스타인 해안 평지에 있었던 가자, 아스칼론(Askalon), 욥바, 도르 같은 큰 도시들은 분명 매우 이른 시기에 성립되었다. 반면 군사거주지는 완전한 의미에서 아직은 자유로운 폴리스들은 아니었다. 그렇지만 이들은 도시적인 특색을 지니고 있었는데, 이를테면 분명한 도시의 구역과 독립적 시장(市長)이 존재한 점을 들 수 있다. 또한 이들은 왕의 포고령을 통해서 언제나 도시로 격상될 수 있었다. 그러나 고대 그리스적인 의미에서 완전한 '자유' 도시들은 프톨레마이오스의 통치영역에서는 전혀 존재하지 않았다.[153] 개별적인 세부사항에서야 어떠하든, 이집트 모국과는 반대로 팔레스타인에서는 그리

---

152) 필로테리아와 후의 셀레우코스가 안티오키아(Antiocheia)와 게네사렛 호수 북쪽 셀류키아(Seleukeia)를 건립한 것에 관해서는 A. Alt, *op. cit.*, 2, 393ff.와 비교하라. 한편 프톨레마이오스시기의 스키토폴리스는 폴리테우마(*politeuma*. 자치체)였을 뿐만 아니라 실제적인 폴리스였다. 유대고대사 12, 183은 M. Avi-Yonah, IEF 12, 1962, 129의 주장을 반박한다. 프톨레마이오스 왕조가 자신들의 영역에 자유로운 폴리스들을 새롭게 세우지는 않았을 것이라는 주장은 오직 이집트에게만 해당된다. A. H. M. Jones, The Cities, 32ff.를 보라. 무엇보다도 페니키아 해안의 도시들은 초기단계에서 스스로 "폴리스들"로 변모한 것 같다: 또한 Tcherikover, *Mizraim*, 44를 보라.

153) O. Eissfeldt, *PW* 2R. 7, 1895f.와 H. Gressmann, *PW*, 2 R. 2, 2224f.를 보라: 티레는 약 기원전 275년에 그리고 시돈은 필로클레스가 사망한 후, 늦어도 262년에 그리스 형태를 따라 민주주의의 폴리스가 되었다. E. Bi(c)kerman(n), *Mélanges Dussaud* 1, 1939, 97f.와 비교하라.

스식 모델에 기반을 둔 제도를 가진 '자유' 도시 혹은 '반자유' 도시들이 비교적 많이 발견된다. 이 도시들의 행정과 징세는 도시의 시장(市長)과 지역의 징세도급관이 담당한다. 그렇지만 이들은 — 마리사나 프톨레마이오스 지역에 속한 에게 해(海)와 소아시아 지역의 도시들이 보여주듯이 — 프톨레마이오스 관리들에게 지속적으로 강력한 감독을 받았다.[154] 여기서 왕의 '조례'(*Prostagmata*)가 적용되지 않았다고 가정할 근거는 없다.[155]

'반자치' 지역의 두 번째 그룹인 이른바 '민족들'(*Ethnē*)이 문제가 된다. 스트라본은 팔레스타인에 있는 그런 민족들 넷을 언급했다. 이들은 유대인과 이두매아인, 가자인(Gazäer)과 아조토인(Azotäer)으로 "시리아인과 코일레 · 시리아인, 페니키아인들로 혼합되어 살았다"고 보고하는[156] 제논의 서신은 이두매아에 상당한 관료주의적 행정기구

---

154) 기원전 247년 카리아의 칼륀다(karische Kalynda)에는 왕의 관료 2명이 영향을 미치고 있다. Edgar, ad loc., 67을 보라. 한 총독의 편지(PCZ 59341)는 "재무장관"(*oikonomos*)과 "평의회"(*būlē*), "백성"(*dēmos*)에게 보낸 것으로 되어 있다. 그래서 왕의 관료들과 도시 통치자들이 함께 일했다. 또한 Rostovtzeff, *HW* 1, 335; R. Seider, *op. cit.*, 63ff. 그리고 제1부 각주 125와 비교하라.

155) E. Bi(c)kerman(n), *RevPhi* 165, 1939, 337f. 또한 오랫동안 자율적으로 형성된 도시들과 "시리아와 페니키아"에 있는 왕이 "설립한 도시" 사이에는 차이가 있다.

156) 16, 2, 2(C 749: ἔνιοι δὲ τὴν Συρίαν ὅλην εἴς τε Κοιλοσύρους καὶ Σύρους καὶ Φοίνικας διέλοντες τούτοις ἀναμεμῖχθαί φασι τέτταρα ἔθνη· Ἰουδαίους, Ἰδουμαίους, Γαζαίους, Ἀζωτίους.)에 관하여는 Ps. Aristeas 107, 117; 시락 50:25f.와 비교하라. 사마리아인은 포함되지 않았다. 요세푸스는 후대에 가서야 사마리아의 "민족"(*ethnos*)을 말한다(유대고대사 17, 20; 18, 85). 시락 50:25(또한 신 32:21과 비교하라)의 "그들은 민족이 아니다"(אינו עם)는 이들이 알렉산드로스에 반항한 후 사마리아의 새로운 군사식민지로 옮겨졌고 폼페이 이후에 가서야 민족이라는 합법적인 지위를 얻었음을 의미할 수 있다. 또한 안티오코스 4세와 왕래했던 편지를 보면 자

가 존재했음을 보여준다. 그리하여 프톨레마이오스 왕조의 행정은 유대 '민족'157) 을 다스리는 데에서도 근본적으로는 어떤 예외를 두려고 하지 않았고, 그들에게 특별한 관용을 베풀려 하지도 않았다. 유대인들은 자기들의 중심지 유대지역에서 벗어나 갈릴래아(1마카 5:20ff.)와 이두매아, 요르단 동쪽에서 정착했는데, 그들이 식민지의 '할당지 보유자'들과 같은 어떤 특별 신분으로서 정착하지 않는 한(27f. 를 보라) '시리아와 팔레스타인'에 있는 다른 민족들과 같이 "마구잡이로 착취당한 노예들"(σώματα λαϊκα ἐλεύθερα, 1권 88f와 각주 143, 315를 보라) 로 간주되었다. 만일 요세푸스의 불분명한 보고를 제외한다면 지형적으로는 옛 페르시아시대의 예후드(Jehud) 지방과 대체로 일치했을 유대지역 자체도158) "프톨레마이오스 왕국 안에서는" "내정 독

신들을 "민족"으로 부르지 않고 "세겜의 시돈사람"으로 불렀다. 또한 이 책 제4부 각주 233을 보라. 이 견해는 어느 정도는 A. Alt, *op. cit.*, 2, 403f. 각주 8의 주장과 반대된다.

157) "민족"으로서의 유대인에 대해서는 E. Bi(c)kerman(n), *Inst.*, 164f. ; A. Alt, *op. cit.*, 2, 401f. 그리고 Tcherikover, *HC*, 88을 보라.

158) 아피온 반박 2, 43; Ps. Hekataios에 의하면, 알렉산드로스는 "유대아"를 이 "지구(*Bezirk*)에 첨가"시켰다고 한다. 이런 형식의 기록은 거의 역사적 신빙성이 없다. 새로운 지역의 경계는 기원전 145년 데메트리오스 2세하에서 나뉘었으리라고 생각된다. 1마카 10:30, 38; 11:34를 보라. 예후드(Jehud) 지역의 크기에 관해서는 지도 *BHHWB* 2, 1299를 보라. G. Hölscher, QFAGG 5, 1903, 46ff. 와 67ff. 는 아르타크세르크세스(Artaxerxes) 3세 오코스(Ochos)하의 유대인이 여리고 골짜기를 에돔 인(Edomiter)에게 빼앗겼다고 추측하지만, 이는 후대의 의심스러운 자료에 근거하고 있다. 한편으로는 1마카 9:50의 유대 요새에 있는 여리고와 비교하라. *Schürer*, 2, 1ff. 와 A. Alt, *Kleine Schriften* 2, ^{2}1959, 346-362, 347을 보라: "페르시아 통치가 끝난 지 거의 2세기가 지난 후에도 유대와 사마리의 경계는 여전히 느헤미야 당시에 그어진 것과 같았다." K. Galling, *PJB* 36, 1940, 47ff. 의 연구와 비교하라. 북서쪽과 북동쪽의 유대 정착지들은 아마 좀더 협소한 지역경계를 확장시켰을 것 같다.

립적"이지도 않았고, "하찮은 군주"(*petty monarchy*) 인 대제사장과 함께 "정치적 독립을 향한 첫발"을 내딛지도 않았다.[159] 더욱이 유대지역은 단지 한 '민족'의 중심지를 이루었을 뿐만이 아니라, 동시에 '성전국가' (*Tempelstaat*) 로 간주될 수 있었다. 예루살렘이 원래의 어휘와는 반대로 '히에로살뤼마'(Hierosalyma) 로 불렸다는 사실은, 그 이름이 '히에라폴리스'(Hierapolis) 라고 불린 시리아와 소아시아의 신전도시들에서 유추하여 해석되었다는 것을 암시한다.[160] 그러나 셀레우코스 왕조는 마그네시아(Magnesia) 전투에서 패할 때까지는 유대인의 '성전국가'에 어느 정도의 자유를 허락했지만,[161] 부유한 이집트의 신전들은 특별히 재정적 관점에서 왕권에 의해 주도면밀하게 통제했다. 왕이 임명한 '에피스타테스'(*Epistatēs*, 역주. 상급 장군) 는 개별적인 신전들의 재정에 대한 책임을 졌고, 신전 영지 자체는 '국가재정'으로 사용되었다.[162] 총독 아폴로니오스는 신전 통제를 매우 강화

---

159) H. Zucker, *Studien zur jüdischen Selbstverwaltung im Altertum*, 1936, 32; Tcherikover, *HC*, 59. Bo Reicke, *Neutestamentliche Zeitgeschichte*, 1965, 35의 가설은 역사적이지 않다.

160) Hekataios (Diod. 40, 3 = *FGrHist* 264 F 6, 3ff.) 그리고 Ps. Aristeas (이르테면 84ff., 여기에서는 유대인들을 "민족"으로 지칭하지 않는다) 는 둘 다 '유대아'를 성전국가로 묘사한다. 또한 Tarn/Griffith, *Hellenistic Civilization*, 138ff. (140), 210; H. Bengtson, *Strategie* 2, 1944, 7f. 를 보라: 소아시의 성전국가들. 솔리의 클레아르코스 또한 히에로살레멘 '(Ιερουσαλημην) 의 정확한 이름을 알고 있다(아피온 반박 1, 179). 이와 유사하게 Eupolemus, *FGrHist* 723 F 2, 11도 이 둘의 명칭들을 알고 히에론 살로모노스('ιερὸν Σολομῶνος, 솔로몬의 성전) 로부터 그리스 형태를 파생시킨다. Philo, *Spec. leg.* 36; C. *Flacc.* 46 등은 히에로폴리스 ('ιερόπολις, 거룩한 도시) 를 사용한다.

161) Bi(c)kerman(n), *Inst.*, 172ff.; Rostovtzeff, *op. cit.*, 1, 505-507. 그 후의 갈등들은 더 큰 자유와 관련된 것 같다.

162) W. Otto, *Priester und Tempel im hellenistischen Ägypten* 1, 1905/8, 75: 지배관리들은 성전이라는 순수한 제사장의 통치기관에 결코 참여하지 않지

했던 것처럼 보인다.163) 그 결과 이집트의 신전들은 때때로 그리스인들에 저항하는 은신처가 되었다. 예루살렘에서 대제사장은 명목상 유대 '민족'과 성전의 최상의 자리에 있었지만, 만일 그가 독립적인 통치자처럼 일정한 세금을 바치는 것을 무시하고 스스로 지배자처럼 행세한다면, 이것은 프톨레마이오스 통치의 — 특별히 필라델포스 치하의 — 원칙에 위배되었음에 틀림이 없었다. 물론 팔레스타인은 '주변부'가 아니라 전략적으로 매우 중요한 곳이어서, 북쪽으로는 오랜 적대관계에 있었던 셀레우코스가 다스리던 지역들과, 그리고 남쪽과 동쪽으로는 항상 불안정한 종족이었던 아라비아인들의 광야와 직접 국경을 맞대고 있었다.164) 이곳에는 이방인 정부가 권한을 부여한 특별한 유대인 '성전관리'가 대제사장과 함께 유대지역의 재정과 성전을 책임지고 있었을 것이다. 이 관리는 프톨레마이오스 관리들과 함께 일했을 텐데, 이들은 이두매아의 도시 마리사와 마찬가지로 예루살렘에서도 자리를 비울 수 없었을 것 같다. 종교적·정치적 직위에 대제사장을 두고 별도의 재정관리를 두는 이러한 행정의 이원화는 외관상으로는 이미 프톨레마이오스시기 이전, 알렉산드로스 지배시기까지도 거슬러 올라갈 수 있는데, 총독과 대제사장이라는 페르시아의 이원체제165)를 대신했을 것이다.166) 이는 다른 곳에서도 볼 수

만, 성전은 "그들에 의해 매우 철저하게 감독을 받았다." 또한 2, 42ff., 81ff., 287, 289f.; C. Préaux, *op. cit.*, 48, 480; Rostovtzeff, *op. cit.*, 1, 281ff.; 3, 1383f. 각주 90을 보라. "Epistatēs"(감독) 혹은 "Archiereus"(대제사장)에 관해서는 W. Otto, *op. cit.*, 1, 39f., 45, 409f.; Préaux, *op. cit.*, 480과 Rostovtzeff, *op. cit.*, 1, 282를 보라.

163) R. Seider, *op. cit.*, 59-63.

164) 또한 P. W. Lapp, *BASOR* 172, 1963, 22-35, 특히 31ff.를 보라. F. M. Cross, *HTR* 59, 1966, 209가 이를 지지한다.

165) 페르시아시대에는 총독(*Statthalter*), 대제사장, 군주(*Fürst*), 이 세 가지로 분리되었다고 하는 것이 더 좋을 것 같다: K. Galling, *Studien zur*

있는 헬레니즘적 행정(1권 99f. 를 보라) 규정과 일치할 것으로 생각된다. 이에 대한 증거는 셀레우코스시대에서 찾아볼 수 있다. 마카베오 2서 3:4ff. 는 "아고라노미아"(*Agoranomia*) 라는 관직을 놓고 벌어진 "προστάτης τοῦ ἱεροῦ"('성전보호자', 역주. 당시 '왕령보호자'와 같이 하나의 직위였다. 공동번역성경은 "성전관리자"로 번역됨) 시몬과 대제사장 오

Geschichte Israels im persischen Zeitalter, 1964, 162f.

166) 또한 W. F. Albright, *BASOR* 148, 1957, 28-30을 보라: Ps. Hekataios(아피온 반박 1,187-189) 가 언급한 대제사장 히스기야가 그런 성전보물 관리인이었으리라. 이 사람은 66세의 나이로 프톨레마이오스 1세에 의해 이집트로 파견되었는데, 그의 사업경험으로 주목을 받았다. 그의 이름은 또한 예후드의 동전에도 나온다: O. R. Sellers, *The Citadel of Beth Zur*, 1933, 73f. 를 보라. 이 동전의 독법(讀法) 에 관해서는 E. L. Sukenik, *JPOS* 14, 1934, 178-184를 보라. 예후드의 동전은 기원전 323년 알렉산드로스가 죽고 301년 프톨레마이오스 1세가 유대지역을 최종적으로 점령한 그 사이의 공백 기간에 주조되었을 것이다. 이것들은 3세기에는 결코 어울리지 않는다(이는 G. Garbini의 주장과 반대이다. Y. Aharoni, *Excavations at Ramat Raḥel*, Seasons 1959. 1960, 65를 보라). 왜냐하면 프톨레마이오스 왕조가 동전 주조를 엄격하게 독점했기 때문이다: 또한 1권 156f. 와 제 1부 각주 275를 보라. 아비가드(N. Avigad; Y. Yadin, *IEJ* 7, 1957, 146-153) 가 묘사한 "*yhwd* +히브리어" 이중으로 새겨진 2개의 도장은 같은 시기에 속한 것 같다(기원전 333년 이후); Y. Aharoni, *Ramat Raḥel*, Seasons 1961/62, 44의 세 번째 발견과 비교하라: 더욱 훨씬 많은 *phw*'-도장들(*yhwd* 혹은 적절한 히브리어, 아니면 둘 다가 새겨진). 다른 한편 페르시아시대를 가리키는 Y. Aharoni, *loc. cit.*와 P. W. Lapp, *op. cit.*, 33과 비교하라. 아마도 phw'는 예루살렘의 총독인 페흐하(pähāh) 와 동일할 수 있다. Pähāh는 《70인경》에서는 감독(*Epistatēs*) 이나 보호자(*Prostatēs*) 로 번역되지 않고 더욱 정치적이고 군사적인 명칭으로 옮겨졌다. Hatch-Redpath 3, 257c를 보라. "Eparchos"(태수) 처럼 그것과 관련된 개념에 관해서는 스 5:3, 6; 6:6, 13; 8:36; 느 2:7, 9를, "Satrapēs"(총독) 에 관해서는 3. Kge. 10, 15; 21(20), 24; 대하 9:14를 "Toparchēs"(지구장) 는 사 36:9를, "Hēgemon"(지방장관) 는 렘 28(51):23 등을 보라. 또한 K. Galling, *Studien zur Geschichte Israels im persischen Zeitalter*, 1964, 182f. 와 비교하라.

니아스 3세의 심각한 대결을 보고하고 있다. '아고라노미아'(ἀγορα-νομία) 라는 관직 자체는 그리스의 폴리스에서 나온 것인데, 다른 무엇보다도 도시의 치안규정과 연관되었다.[167] 이것은 대제사장과는 독립되어 있었음이 분명하다. 왜냐하면 대제사장이 시몬보다 우위에 있거나 그를 관직에서 박탈시키는 자리에 있지는 않기 때문이다. 오히려 시몬은 재정을 관할하고 있었을 것인데, 코일레·시리아에 있는 셀레우코스의 '장군'(*Stratege*) 에게 가서 오니아스가 부당한 방법으로 성전의 돈을 은닉하고 있다고 고소했다.

> 후에 요세푸스와 사도행전 4:1; 5:24, 26, 그리고 《미쉬나》에서 입증되는 대제사장의 대변자라는 관직인 "성전 수비대장"(στρατηγὸς τοῦ ἱεροῦ, *sᵉgān hakkohᵃnîm*, 역주. 한글 개역개정은 "성전 맡은 자" 혹은 "성전 경비대장"으로 번역됨) 은 '성전보호자'보다 더 초기의 관직에서 파생되어 나왔다. 이 관직 아래에는 3명의 성전금고 관리자가 있었다.[168]

---

167) 또한 Tcherikover, *HC*, 465 각주 11; F. M. Abel, *Macc.*, 317; A. Mannzmann, KP 1, 142를 보라. 또한 *SEG* 16, 801, 대제사장과 비블리오스(Byblos) 의 '왕령보호자'(*Agoranomos*. 역주. 치안유지를 위한 관직) 를 비교하라. 기원전 129/8년 욥바에서 같은 직위를 언급하는 것에 관해서는 Y. H. Landau, *'Atiqot* 2, 1959, 186f. 를 보라.

168) "프로스타테스"(*Prostatēs*) 라는 직함은 특별히 이집트의 제사장직에서 나타난다. W. Otto, *op. cit.*, 1, 45, 362; 2, 81-111; E. Bi(c)kerman(n), *AIPHOS* 7, 1939-1944, 7ff.; F. M. Abel, *HP* 1, 116; Abel, *Macc*, 316f. ad loc. 를 보라. 대하 24:11의 대제사장의 재정 관료인 "pāqid"는 《70인경》에서는 "Prostatēs"로 번역되었다. Tcherikover, *HC*, 464f. 각주 10은 이 직함을 느 11:11 "하나님의 전을 맡은 자"에서 이끌어내었다. 그러나 거기에서는 대제사장을 가리킨다. W. Rudolph, *Esra und Nehemiah*, 1949, 185를 보라. 또한 이집트 회당의 관리자(προστάτες) CIJ 2, 1441, 1447과 비교하라. 이 직함은 대제사장을 지칭하는 '백성의 수장'(προστασία τοῦ λαοῦ) 과는 구별되어야 한다. A. Momigliano, *AttiAcc. Torino* 67,

또한 대제사장의 권한은 무엇보다도 '자신의 권력 여하'(*Stärke seiner Persönlichkeit*)에 따라 달랐다. 가령 오니아스 2세는 징세도급관 요셉에게 정치적 권력의 상당부분을 빼앗긴 반면, 힘 있는 시몬 2세는 안티오코스 3세의 예루살렘 정복 당시 대제사장의 강력한 지위를 구축했다. 반면 그의 아들 오니아스 3세는 다시금 나약한 모습을 보였다.

랩(P. W. Lapp)이 연구한 고대 히브리어 자음 jhd(와 부호 ø)와 jršlm(5개의 뾰족 모서리의 별을 가진)이 새겨진 도기는 프톨레마이오스의 세금체제와 연관되어 있을 것이다. 그에 따르면 이 부호는 황실세와 신전세를 구별하기 위해 사용되었다고 한다.[169] 다만 의문이 생기는 것은, 이렇게 표시한 이 큰 도기의 각인이 현물세 이외에도 유대지역에 있는 왕령지에서 거둔 세금에도 들어있지 않았을까 하는 점이다.[170] 물론 그와 같은 'mṣh-각인'도 유대지역에 있는 페르시아의

1931/32, 188ff.의 주장과 반대되는 제1부 각주 183을 보라. 후대의 주요 성전 관료들에 대해서는 J. Jeremias, [3]*Jerusalem*, 181-197을 보라.

169) P. W. Lapp, *op. cit.*, 23ff.; 연대 설정에 관해서는 25를 보라: 기원전 3세기의 제3분기. 그리고 세금징수에 관해서는 30과 34를 보라(비교. 가령 느 13:12). 그러나 랩(Lapp)이 가정하듯이, 대제사장의 상징으로 별이 그렇게 널리 알려진 것은 아니다. 여기에 대해서는 F. M. Cross, *The Ancient Library of Qumran*, 1958, 112를 보라. *CD* 7.19와 *T. Levi* 18,3과 같은 본문들은 전형적인 쿰란의 보기들이다. 그리고 민 24:17에 근거한 훨씬 더 많은 메시아 구절들 역시 인용되었다. 예를 들어, Bill. 1, 76f.와 M. Hengel, *op. cit.*, 245f.를 보라. 별은 그리스 모델로 거슬러 올라갈 수 있다. F. M. Cross, *HTR* 59, 1966, 209 각주 29를 보라.

170) A. Alt, *op. cit.*, 2, 401은 유대(그리고 사마리아) 지역에는 한 "민족"의 거주지인 황실 토지는 없다고 추정한다. 그러나 포로기 이전 왕의 직할지에 무슨 일이 일어났는지 알 수 없다. 또한 K. Galling, *BRL*, 339를 보라. 페르시아·헬레니즘시대의 라마트 라헬(Ramat Raḥel)의 요새 같은 토지(*RB* 69, 1962, 403; *RB* 70, 1963, 573)나 발삼나무 숲이 있는 엔게디의 땅(*RB* 70, 1963, 575f.; 1권 181ff.를 보라)들은 그런 토지들을 가리

황실토지와 연관되었다.[171] 이집트의 상황에서 보면 왕과 신전을 위해 공동으로 세금을 거두어들이는 것은 흔한 일이었다. 이렇게 하여 자연히 성전재정은 효과적으로 통제되었다. 왜냐하면 이방인 통치자는 동시에 성전의 후원자이기도 했기 때문이다. 고대의 전승에 의하면, 예루살렘에서도 황실 자금의 최소한 일부는 성전 비용으로 사용되었다고 한다.[172] 다만 jršlm-각인에 '민족적' 경향이 있다고 할 수 있을지는 의문이다.[173]

프톨레마이오스 통치 동안 대제사장의 자리를 견제하는 또 다른 중요한 기관이 발달할 수밖에 없었다. '원로회'(*Gerusia*)⑨가 바로 그것이다. 이 단체의 기원은 페르시아시대로 거슬러 올라가는데, 여기에는 영향력 있는 집단, 즉 유력인사들과 대가족의 가부장들, 최고 연장자들이 속해 있었다. 그러나 이것은 분명하게 구분된 '협의체'

킨다. 심지어 성전 땅(이를테면, 선물로 받은 땅)도 제외될 수 없다. 기원후 1세기 아바 사울('Abbā Ša'ūl)의 *Pes. 57a-Bar.*는 여리고를 암시하는 언급을 하는 것 같다.

171) N. Avigad, *IEJ* 8, 1958, 118f.

172) E. Préaux, *op. cit.*, 49: "lorsque les rois absorbent les domaines sacrés, il leur faut payer le culte"(왕이 거룩한 구역을 받아들인다면 그들은 제의를 바쳐야 한다). 성전의 비용을 외국의 통치자가 지불한 것에 대해서는 스 6:4f., 8f.; 7:20ff.을 보라. 대하 31:3ff.; 2마카 2:13과 비교하라: 희생제사(ἀναθήματα)에 관한(페르시아) 왕들의 편지가 있는 느헤미야의 도서관; 유대고대사 12, 140ff.: 안티오코스 3세; 2마카 3:2f.: 셀레우코스 4세; 1마카 10:44: 데메트리오스 1세; Philo, *Leg. ad. C.* 157: 아우구스투스. 또한 다음을 보라: E. Bi(c)kerman(n), *AIPHOS* 7, 1939-44, 6ff.; K. Galling, *ZDPV* 68, 1949-51, 134-142: 당시 후원자들이었던 왕들을 보라. 그러나 당시 통치자들이 성소의 건축비용 전체를 부담했으며, 성전에 그 외의 수입원은 존재하지 않았다는 비커만의 주장이 설득력이 있지는 않다. 왕의 통제는 필수적이었으리라. 제1부 각주 43을 보라.

173) L. Koole, *OTS* 14, 1965, 395.

(*Gremium*)로 형성된 것이 아니었고, 명칭의 변화에서 볼 수 있듯이 구성원의 신분적 경계 역시 불확정적이었다.[174] 엘레판티네(Elephantine, 역주. 고대 이집트 남쪽 끝에 위치한 나일 강에 있는 섬)의 유대인들의 저작에서 대제사장과 함께 언급되는 주요 제사장들[175]은 '원로회' 체제 안에 함께 존재하였을 것이다. '원로회'는 안티오코스 3세가 예루살렘을 장악한 이후 내린 칙령에서 처음으로 분명한 기관의 형태로 나타난다. 그 땅을 정복할 때 왕을 지원한 것에 대한 대가로 '원로회'와 제사장들, 성전 서기관들, 성전 악사들(ἡ γερουσία καὶ οἱ ἱερεῖς καὶ οἱ γραμματεῖς τοῦ ἱεροῦ καὶ οἱ ἱεροψάλται)에게 세금면제가 공인되었다. 그로부터 얼마 후인 기원전 2세기 초에 벤 시라는 '원로회'가 존재했다는 암시를 언급하는 것 같다.[176] '원로회'는 주요 제사장 가문과 부유한 평신도 귀족들, 대토지 소유자들, 씨족장을 대변했던 기

---

174) 페르시아시대의 게루지아의 좀더 이른 단계에 대해서는 E. Meyer, *Die Entstehung des Judentums*, 1896, 1 32ff.: "후기 산헤드린이라 할 수 있는 게루지아의 이전 형식"; E. *Schürer* 2, 238ff.; Poland, *PW* 2R. 4, 1346ff.; E. Lohse, *TWNT* 7, 859ff.를 보라. 다음의 구절들과 비교하라: 느 2:16; 4:8, 13; 5:7; 7:5(הַחֹרִים וְהַסְּגָנִים) 에 5:5, 9; 6:7f., 14(שָׂבֵי יְהוּדָיֵא) 10:8(הַזְּקֵנִים הַשָּׂרִים); 비교. 10:14, 16(רָאשֵׁי הָאָבוֹת) 비교. 느 8:13. 게루지아에 관한 더 일반적인 논평들에 대해서는 H. Zucker, *op. cit.*, 29, 32ff. (그러나 그는 그것의 연대를 너무 이르게 설정한다) 그리고 H. Mantel, *Studies in the History of the Sanhedrin*, 1961, 49ff.를 보라. 만텔(Mantel)은 바리새인이 "산헤드린"을 장악한 시기를 너무 이르게 잡아, 기원전 160년 이전의 요세 벤 요에제르(Jose b. Joezer)시대로 설정하려고 한다.

175) A. Cowley, *Aramaic Papyri of the Fifth Century*, 1923, 112, Nr. 30, 18행.

176) 유대고대사 12, 142. 138과 비교하라: 원로회와 백성들이 왕을 영접하러 나간다: "κατὰ τῆς γερουσία ἀπαντησάντων." 또한 E. Bi(c)kerman(n), *REJ* 100, 1935, 8f.와 비교하라. 시락 33(G. 30):27에서 게루지아는 קהל מושלי를 뜻하며 7:14에서는 עדת שרים를 의미한다.

관이었다고 간주할 수 있다. 또 토비아스 가문이 마카베오 봉기가 일어나기 전까지 이 회의에서 결정적인 역할을 했다고 추측할 수 있다.

> 원로회에는 분명히 재판하는 기능도 있었기에, 벤 시라와 같은(2권 85f.를 보라) 몇몇의 '율법학자'(*Schriftgelehrte*)⑩도 원로회에 참여했을 것 같다. 여기서 선지자들과 '의인 시몬'(Simon der Gerechte) 사이의 시기에 《미쉬나》를 전수했다고 하는 "위대한 회당의 사람들"(Ab. 1, 1a) 이야기가 어떻게 나왔는지, 그 역사적 뿌리를 찾을 수 있다. 그렇지만 안티오코스 3세의 포고에 의하면 원로회와 함께 특별집단인 '성전 서기관들'이 거론되었기에, 율법학자들의 자리는 원로회에서 — 아마도 제 2성전기 말까지는 — 소수였을 것이다. 바리새파 지식인들은 '야브네의 산헤드린'(Sanhedrium von Jabne)에서야 비로소 절대권력을 얻게 되었다.[177]

우리는 원로회가 귀족층으로 이루어졌고 결코 민주적으로 선출되어 형성된 단체가 아니라고 생각하여, 이것이 페르시아시대 동안에도 이미 확고한 기관으로 자리 잡아왔다고 생각해서는 안 된다. 그리스 체제하에서도 귀족정치 기관과 함께 상당히 많은 의회들이 존재했는데, 이는 무엇보다 스파르타에서 가장 잘 나타난다. 스파르타는 특별히 그리스어사용 유대인에게 매력적이어서 이들은 이미 일찍이 유대인들과 스파르타인들 사이에 원래 친족관계가 있었다는 관념을 만들어 냈다.[178] 야손의 헬레니즘적 개혁프로그램과 예루살렘에 새로운

---

177) 또한 J. L. Koole, *OTS* 14, 1965, 391; K. Schubert, *Die Religion des nachbiblischen Judentums*, 1955, 210 각주 7을 보라. Gerusia와 그 권력자들이 내린 법적 결정과 헬레니즘시대의 성전 서기관들의 전승에서 《미쉬나》의 맹아는 자라났다. J. Baer, Zion 27, 1962, 117-155와 비교하라.

178) E. Lohse, *TWNT* 7, 860의 반대 주장; *E. Schürer* 2, 238과 비교하라: "예루살렘의 귀족 원로원(*Senat*)은 … 그리스시대에 가서야 비로소 명확하

도시 안티오키아(Antiochia) 건설안은 원로회의 다수 의원들에 의해 승인된 것으로 보인다. 그래서 원로회는 아마도 새로이 건설될 이 폴리스에서도 최고의 권력을 형성할 수 있었을 것이다. 야손에 대한 원로회 의원들의 공개적 저항은 메넬라오스(Menelaos)가 야손(Jason)을 숙청한 후에야 비로소 일어났다.[179] 예루살렘을 그리스식 폴리스로 바꾸려는 이 시도는 중차대한 것이기는 했지만 짧은 에피소드였을 뿐이었다.[180] 마카베오시대에도 원로회는 중요한 의미가 있었다. 비록 그들이 분명히 다른 구성원들과 그 자리를 공유했을지라도 말이다. 스파르타인에게 보낸 요나단의 편지의 도입부는 이 사실을 보여 준다. "대제사장 요나단과 백성들의 원로회와 제사장들과 유대인의 남은 백성들은 스파르타 형제들에게 문안하노라"[181] (Ιωναθαν ἀρχιερεὺς

게 입증되었다." A. Alt, *Kleine Schriften* 2, 1953, 402의 주장이 옳다: 총독은 기원전 4세기에는 원래 토착귀족에서 나왔을 것인데, 대왕이 임명한 이 총독직이 사라짐에 따라(또한 다음을 보라: K. Galling, *Studien zur Geschichte Israels im persischen Zeitalter*, 1964, 느 11:24에 관한 182) 귀족들은 더욱 그 영향력을 확대하여 원로회를 넘어 국가권력의 일정부분을 담담했다. 그리스 국가들, 특히 스파르타의 게루지아에 대해서는 V. Tcherikover, *HC*, 466 각주 22; M. Hadas, *HGu*, 272f.; J. Miller, *PW* 7, 1264-1268을, 그 유사성에 대해서는 1권 264ff.를 보라. 또한 에게해(海) 남동쪽에 있는 로도스(Rhodes) 섬에서는 귀족정치가 구성되었다. Strabo 14, 25(652/3); Rostovtzeff, *GAH* 8, 633f.; *HW* 2, 684f.를 보라. 시리아 북쪽 해변에 위치한 라오디케아(Laodikea)의 마케도니아 정착지에는 기원전 175년 원로들로 구성된 귀족의회가 있었다는 증거가 있다. Roussel, *Syria* 22, 1942/3, 29ff. = IGLS 1261을 보라.

179) 2마카 4:44에는 3명이 "원로회에 의해"(ὑπο' τῆς γερουσία) 왕에게 파견됐다고 기록되어 있다. Tcherikover, *HC*, 162와 비교하라.

180) 3권 83f.를 보라. 예루살렘은 나중에도 결코 그리스적 의미의 "폴리스"가 되지는 못했다는 주장에 대하여는 V. A. Tcherikover, *IEJ* 14, 1964, 61-78을 보라.

181) 1마카 12:6 = 유대고대사 13, 166. 또한 다음을 비교하라: 2마카 1:10에는

καὶ ἡ γερουσία τοῦ ἔθνους καὶ οἱ ἱερεῖς καὶ ὁ λοιπὸς δῆμος τῶν 'Ιουδαίων Σπαρτιάταις τοῖς ἀδελφοῖς χαίρειν). 여기서 유대인은 그 정치적인 지위가 '민족'이었다는 점뿐만 아니라, 그들의 최고 수장(守長)에게 대제사장(ἀρχιερεύς)이라는 명칭이 부여되었음을 고려할 때, 유대인 국가의 정치적 형태는 '성전국가'의 형태라고 해야 한다. 제사장들보다 먼저 원로회가 언급되었다는 것은, 원로회가 대제사장 다음의 제 2의 통치기관이었음을 보여준다. 또 원로회가 순전히 평신도 단체라고 추론해서도 안 된다. 오히려 유력한 제사장들과 성전관리들이 원로회에 속해 있었다. 원로회는 그 뒤의 유대 역사에서 — 헤롯 이후로는 '산헤드린'(Synhedrion)이라는 이름으로[182] — 여러 가지 정치적 상황의 변화와 함께 유대 국가체제의 중요한 기관으로 남게 되었다. 이 기관이 최종적으로 구성되어 정치적 영향력을 갖게 된 것은 멀리 프톨레마이오스 시대로 거슬러 올라간다. 여기서 이 기관이 그리스에서 영향을 받았을 것이라는 가설은 개연성이 높다.[183] 프톨레마이오스 왕조와 그 후의 셀레우코스 왕조는 '분할하여 통치하라!'(*divide et impera*)라는 구호처럼 서로를 견제하는 다양한 조직체를 운영하여 통치했을 가능성이 있다. 이미 기원전 3세기에 불거져 나온 예루살렘의 당파투쟁의 주된 이유가 여기에 있었다.

당시 알렉산드리아로 보낸 성전봉헌에 관한 허구적인 편지를 기록하며 "ἡ γερουσία καὶ 'Ιούδας …"(원로회와 유다인들은 …), 또 2마카 11:27에는 안티오코스 5세의 편지: "τῇ γερουσίᾳ τῶν 'Ιουδαίων καὶ τοῖς ἄλλοις 'Ιουδαίοις"(유대인들의 원로회와 다른 유대인들에게); 유딧 4, 8; 11, 14; 15, 8; 2마카 14:37; 1마카 11:23; 12:35; 13:36; 14:20에는 "πρεσβύτεροι"(장로들)라는 표현이 나온다.

182) *E. Schürer* 2, 242ff.; E. Lohse, *op. cit.*, 860ff.

183) J. Baer, *Israel among the Nations*, 1955, 63. M. Hadas, *HGu*, 75, 또한 276의 "그리스 패턴을 모델로 한"과 비교하라.

프톨레마이오스 3세(3권 58f.를 보라)의 통치하에서 대제사장 오니아스 2세가 갑자기 납세를 거부한 것은 〈토비아스서〉(*Tobiadenroman*)의 저자가 보도하듯이 — 그가 나이가 들어 완고하고 탐욕스러워졌기 때문이 아니었을 것이다. 그 이유는 아마도, 프톨레마이오스의 행정을 통하여 이루어진 지속적인 감독에 염증을 느꼈고, 제3차 시리아 전쟁이 끝날 무렵 셀레우코스 2세 칼리니코스(Kallinikos)가 일시적으로 성공하자 그 영향으로 지배권력의 교체를 희망했기 때문이었을 것이다.[184] 하여간 프톨레마이오스 3세는 즉시 유대 땅을 몰수하고, 군사이주민들을 정착시키겠다고 위협했다. 그 사이에 토비아스 요셉이 출현하여 이러한 위협은 사라졌다. 그는 '왕령보호자'(*Prostasia*)라는 관직을 차지했다. 즉, 프톨레마이오스 왕국의 행정에 대하여 유대 '민족'을 대변하는 직임이 그에게 위임되었다는 말이다.[185] 게다가

---

184) 유대고대사 12, 158ff.: 이 이야기는 토비아스 가문을 위하여 재구성되었다. 12달란트라는 작은 총액수은 오니아스(Onias)의 야망이 어떤 것인지를 강조한다. 왕이 파견한 대사는 요셉과 프톨레마이오스 사이를 중재하는 역할을 하였다. 갈등의 심화와 대제사장과의 대화, 백성들의 의회, 그리고 멤피스에서 왕의 영접 등에 관한 이 모든 묘사는 지어낸 장면들이다. 그러나 위협 자체(1마카 3:36; Rostovtzeff, *HW* 1, 348을 비교)와 과세의 증액들은 사실적이다. 또한 유대전쟁사 2, 405를 보라.

185) 유대고대사 12, 161에서 요세푸스는 대제사장으로 하여금 "백성의 수장"(προστασία τοῦ λαοῦ)과 연관된 의무들을 지적하게 하였다. 오니아스는 그 상황에서 자기가 왕권에 대하여 백성을 대변할 위치가 아니라고 대답한다. 그 후에 곧 요세푸스는 대중의회를 소집하고 무리들의 대표〔προστάτης (τοῦ πλήθους)〕로서 왕에게 나아갔다. 그 이후 요세푸스의 설명에 따르면 "Prostasia"는 대제사장의 직무와 밀접히 연관되어 있다(유대고대사 20, 238, 244, 251을 보라). 그러나 악티움(Aktium) 해전 후에 헤롯은 대중의 결의에 따라 그 직위를 자기가 맡았다(유대전쟁사 1, 395 = 유대고대사 15, 160). 또한 Diod. 40 fr. 2(Reinach 76)와 비교하라: 하스모니아 왕조는 지금까지 로마의 원로원으로부터 자유로웠던 유대 백성들에 대한 "보호자"라는 직위를 받았다. 요한 히르카노스의 동전 위에

그는 높은 소작료를 제시함으로 전 '시리아와 페니키아'의 '총징세도급권'(*Generalsteuerpacht*)을 얻었다. 그는 이미 광범위하게 헬레니즘화된 아스칼론(Askalon)이나 스키토폴리스(제 1부 각주 73을 보라)와 같은 몇몇 도시들의 저항을 성공적으로 막을 수 있었고, 22년간 이 '총징세도급관'이라는 관직을 향유했다.[186] 에우에르게테스가 "전 시리아를 점령한 이후 자신의 승리에 대해 이집트에 있는 신들에게 감사제를 드리는 대신, 예루살렘으로 가서 우리의 관습에 따라 거기서 많은 제물을 하나님께 드렸다"라는 요세푸스의 기록은 예루살렘 상황이 재조정되었음을 말하는 것 같다.[187] 에우에르게테스가 볼 때 자신의 선왕과 그의 재상(宰相)에 의해 설립된 행정기구는 아마도 너무 복잡했을 것이다. 그는 장군의 손에 군사적·정치적 책임을 집중시켰다(1권 p. 104f.를 보라). 부분적으로는 '재무장관'이라는 관직을 없애고, 팔레스타인 전체의 징세를 토비아스 요셉에게 이전했다. 또한 국가 관료들을 해고하고 세수를 늘렸다.[188] 그러나 그가 이 일에 성공했

새겨진 히브리어(*Schürer* 1, 269)는 ראש חבר היהודים의 직함과 일치한다. 또한 제 1부 각주 168과 제 4부 각주 84를 보라. "Prostasia"가 항상 제사장 귀족들에게 주어졌다는 헤카타이오스(Hekataios)의 기록(*FGrHist* III A 264, fr. 6. 5f. = Diod. 40, 3, 6) 역시 유대인을 이상적으로 묘사한 결과이며(3권 12를 보라), 이 기록의 역사적인 가치는 제한적이다. 실제로 'Prostasia' 세습되었다. 유대 제사장의 상태에 관한 Ps. Aristeas의 기록도 마찬가지이다. H. Zucker, *Studien zur jüdischen Selbstoertoaltung*, 1936, 32 각주 1의 견해와는 반대로 말이다. B. Mazar, *IEJ* 7, 1957, 138과 S. Gandz, *JQR* 31, 1941, 383-404의 주장은 옳다.

186) 유대고대사 12, 175ff. 182f. 224; H. Volkmann, *PW* 23, 1677과 비교하라.

187) 아피온 반박 2, 48과 3권 58f.를 보라.

188) 에우에르게테스(Euergetes)는 리키아(Lykia)의 텔메소스(Telmessos)에서 아버지로부터 받은 유산을 일부는 선물로 주고, 일부는 자기가 사들인 뤼키아 왕령지를 "일종의 왕조(*Dynasteia*)나 봉신왕국(*Vasallenkönigtum*)

는지는 확신할 수 없다. 타고난 재무가(財務家) 아폴로니오스를 해고한 것은 부정적인 영향을 미쳤을 것이다. 왕은 재정적 어려움에 봉착했고 최후의 수단으로 주화가치를 하락시켜야 했다.[189] 이렇게 상당히 높아진 재정적 부담은—최소한 부분적으로나마—이 시기 팔레스타인에서 프톨레마이오스 3세와 4세의 초상이 들어있는 주화의 출토량이 급격하게 떨어지는 이유일 수 있다(1권 178f.를 보라). 왜냐하면 세금을 추가적으로 거두어야 할 때마다 현금유통을 축소시켜야 했기 때문이다. 한편으로 토비아스 요셉이 막강한 지위에 오른 것이 유대인들에게 불리할 것은 없었다. 왜냐하면 당시까지만 해도 그렇게 중요시되지 않고, 또 낡은 도시이기도 했던 예루살렘이 이제 경제적, 정치적 중요성과 아울러 내부적 독립까지 얻을 수 있었기 때문이다. 더욱이 요셉은 과도한 착취에서 자기 백성을 보호할 수도 있었을 것이다.[190]

셀레우코스시기에 나온 2개의 문서는 유대지역에서 거둔 세금의 종류와 액수에 대해 알려 준다. 안티오코스 3세의 칙령은 유대인에게 유리하도록 시행되었는데, '성전관료들'과 원로회의 구성원들에게는 세 가지 종류의 황실세를 면제해 주었다. 그것은 국가가 소금을 독점하는 대가로 받는 소금세와 황실의 축일에 바쳐야 했을 '화환세'(花環稅), 그리고 인두세였다.[191] 이 중 소금세와 화환세는 프톨레마이오

으로 바꾸어" 친척에게 넘겨주었다. 그가 취한 첫 번째 조치는 실질적인 세금감면이었다(Rostovtzeff, *HW* 1, 336f.). 다른 한편 그의 부친의 신하였던 "재상" 아폴로니오스(Apollonios)는 필라델포스가 죽은 후 눈 밖에 나, 재산을 몰수당했다: M. Rostovtzeff, *A Large Estate in Egypt*, 1962, 20; P. Viereck, "Philadelphia," *Morgenland* 16, 1928, 67; 그러나 R. Seider, *op. cit.*, 45를 보라.

189) H. Volkmann, *PW* 23, 1673f.를 보라.

190) 유대고대사 12, 224. 또한 H. Zucker, *op. cit.*, 32를 보라. 또한 J. L. Koole, *OTS* 14, 1965, 394를 보라.

스 왕조 때부터 부과되기 시작했다. 또한 안티오코스는 예루살렘의 모든 주민들에게 3년간의 세금면제와 아울러 이제까지 프톨레마이오스에게 바쳤던 조세의 1/3을 면제해 주었다.[192] 그후 셀레우코스 4세는 그들에게 매년 로마와 페르가몬(Pergamon)에 내야 할 전쟁배상금의 압박으로 아마도 3백 달란트를 과세했을 것이다.[193] 여기에 야손은 안티오코스 4세의 즉위시에 이 금액을 360으로 올렸을 것이다.[194] 그리고 안티오코스 왕은 대제사장직을 메넬라오스에게 팔고 거의 배가 되는 660달란트를—이는 그가 로마에 체납하고 있는 연간 지불 액수의 1/3이었다[195]—거두어들였다. 성전과 제사장의 수입에 대해서도 다시 세금을 부과했다.[196] 유대인의 봉기 이후에 그

---

191) 세금의 종류에 관해서는 E. Bi(c)kerman(n), Inst., 111ff.; Rostovtzeff, HW 1, 464ff.를 보라.

192) 유대고대사 12, 142f.; 그 다음의 것에 대해서는 A. Mittwoch, *Bibl* 36, 1955, 352-361을 보라. 세금면제에 대해서는 다음을 보라: 유대고대사 12,151〔안티오코스3세에서 제우크시스(Zeuxis)〕; 1마카 10:29f. = 유대고대사 13,52(데메트리오스 1세); 유대고대사 15,303; 17,25(헤롯)를 보라. 안티오코스 1세, *OGIS* 223; 안티오코스 3세, *SEG* 2, 663(이 책 제1부 각주 32를 보라)과 비교하라.

193) A. Mittwoch, *op. cit.*, 360은 그 중에서도 특히 단 11:20의 "압제자"(*nôgēš*)가 과세의 증가를 언급한다고 추측한다. 셀레우코스 니카토르(Seleukos Nikator)가 유대인들에게 부과한 3백 달란트의 세금에 관한 술피키우스 세베루스(Sulpicius Severus, 제1부 각주 1을 보라)의 기록 또한 셀레우코스 4세 필로파토르를 언급한다. 또한 Bickermann, *GM*, 55; *Inst.*, 108; Tcherikover, *HC*, 459 각주 39와 비교하라.

194) 2마카 4:8f.; 최종적인 80달란트 지불과 예루살렘을 도시로 변형시키는 비용 150달란트, 3백 달란트에 대해서는 1마카 2:28; A. Mittwoch, *op. cit.*, 353을 보라.

195) 전쟁배상금에 대해서는 B. Niese, *GGMS* 2, 758을 보라. 보상금의 지연에 대해서는 2마카 8:10, 36; Liv. 42, 6, 6; Sulpicius Severus 2, 19, 6, CSEL 1, 75, ed. Halm을 보라. 또한 E. Bickermann, *GM*, 67을 보라.

196) 2마카 4:24, 27ff. 39와 비교하라. 성전에 대해서는 1마카 10:42와 J.

들의 반란에 대한 보복으로, 유대지역은 외관적으로 왕의 영토로 편입되었다. 그리하여 황실세 이외에도—데메트리오스 1세의 편지에서(1마카 10:29f.) 언급된 것처럼—곡물수확량의 1/3과 과실수 수확량의 절반에 달하는 액수를 세금을 바쳐야 했다.[197] 이러한 과도한 세금부과는 마카베오 독립운동을 도와준 격이 되었고, 유다 마카베오 사후(死後) 이 봉기의 불길을 부채질하는 실제적인 원인이 되었다.[198] 자료에서 여러 번 언급된 3백 달란트의 금액은 당시의 경제적인 수확능력을 고려해 보건대, 프톨레마이오스 왕조가 유대지역에 요구한 액수였다는 것은 납득할 만하다. 이 액수에 더하여 위에서 언급한 특별세들과 관세가 추가되었을 것이다.[199] 요세푸스가 《유대고대사》 12, 175에서 '시리아와 페니키아'에 대한 조세 금액으로 언급한 총액 8천 달란트는 너무 과장된 것이지만, "진실에서 그렇게 멀다"고는 할 수 없다.[200] 토비아스 요셉이 이 액수를 두 배로 잡은 것이 과장이었다 해도 말이다. 포르피리오스(Porphyrios)⑪는 프톨레마이오스 2세가 이집트에서만 거둔 세수(稅收)는 1만 4천 8백 달란트와 곡물 백 5십만 아르타보이(*Artaboi*)라고 진술했다. 여기서 수출무역을 독점하는 것에서 나온 수입은 포함되지 않았을 것이다(1권 158f.를 보라).[201] 그리스인들과 마케도니아인들이 어떤 방법으로 점령지를 재

Pirenne, *RIDA* 1, 1954, 225를 보라.

197) A. Mittwoch, *op. cit.*, 354; 이와 유사한 Bi(c)kerman(n), *Inst.*, 131ff.; Rostovtzeff, *HW* 1, 468은 이런 수준의 세금이 "유대의 전통적인 것"이었다고 주장한다.

198) A. Mittwoch, *op. cit.*, 360f.; 1마카 8:18과 비교하라.

199) 프톨레마이오스의 세금에 대해서는 C. Préaux, *Économie*, 371-379를 보라. 수입된 물건들에 매겨진 세금은 원래 가치의 50%에 달하였다.

200) Rostovtzeff, *HW* 2, 1152; 제 1부 각주 136을 보라.

201) *FGrHist* 260 F 42 = Hieronymus, *Dan.* 11:5, PL 25, 560. 또한 Rostovtzeff, *HW* 2, 1150ff., 특히 1155를 보라: 알렉산드로스의 총수입

정적으로 유지하고 착취했는가는 이 액수를 페르시아시대의 세금수입과 비교해 보면 이해할 수 있다. 다리우스(Darius) 1세하에서 페니키아와 팔레스타인, 키프로스의 조공은 350(바빌로니아) 달란트에 달했다. 만일 프톨레마이오스나 셀레우코스가 이 지역을 통치하던 2백~3백 년 동안 경제구조의 본질적인 변화가 있었다고 생각하여—특히 1차산업 중심의 경제에서 화폐경제로 이전되어 귀금속 값이 변했다고 가정해야 한다 할지라도—그 양은 유대지역에서 거두어들인 세금수입이 얼마나 괄목할 만큼 증가했는가를 보여준다. 이러한 세수증가는 오직 더욱 강력한 통제와 그것으로 말미암은 그 지역의 생산력 증대가 있었기에 가능한 것이었다.[202] 그러나 후대로 갈수록 생산력은 더 이상 발전하지 않았다. 헤롯 아켈라오스(Archelaos)는 유대와 사마리아에서 4백(《유대전쟁사》 2, 97) 내지 6백(《유대고대사》 17, 320) 달란트를, 헤롯 1세와 아그리파 1세는 훨씬 더 넓은 지역에서 대략 천2백 달란트를 거두었다.[203] 그것은 헬레니즘시대에 얻을 수 있는 최고 한도였다.

은 3만 달란트이며, 안티고누스는 1만 천 달란트인 것으로 알려졌다. 프톨레마이오스 당국의 착취가 가장 효과적이었던 것 같다.

202) Herodot 3, 91: 이집트는 7백 달란트와 곡식 12만 아르타벤(*Artaben*)을 지불하였다. K Galling, *Studien zur Geschichte Israels im persischen Zeitalter*, 1964, 172를 보라: 안티고노스 왕가 치하의 마케도니아의 기본적인 세금수입은 고작 2백 달란트를 조금 넘었다. Tarn/Griffith, *Hellenistic Civilization*, 62를 보라. 전체의 문제에 대해서는 Rostovtzeff, *HW* 2, 1143-59를 보라. 통화가치의 하락과 수입의 증가에 대해서는 Tarn/Griffith, *op. cit.*, 112f., 120f.; Rostovtzeff, *HW* 1, 165f.를 보라. "부의 새로운 원천"에 대하여는 2, 712f.와 2, 1159ff.와 비교하라.

203) M. Hengel, *Die Zeloten*, 329 각주 4를 보라. A. Schalit(제1부 각주 122), 256ff.와 비교하라.

3. 당시 유대인이 평가하는 국가권력

주목할 만한 것은 초기 헬레니즘시대에 이 이방인 국가와 그 통치자들을 평가하는 유대인의 관점은 매우 긍정적이라는 사실이다. 아르타파노스(Artapanos)에게 이집트의 국가질서는 매우 인상적으로 보여서, 그것의 원천을 요셉과 모세에게서 찾고자 할 정도였다. 요셉은 온 나라의 첫째 재상(διοικήτης τῆς ὅλης γενέσθαι χώρας)이어서 그 땅을 측량하고 나누어주었으며(비교. 창 47:20ff.), 신전 영토를 분리했고 필라델포스가 파윰(Fajum)에서 했던 것처럼 많은 황무지를 경작했다고 한다. 무엇보다도 모세가 36개의 '속주들'(*Nomoi*)을 분할했고, 관개시설과 절대군주체제를 시작한 장본인이었다고 한다.[204] 여기서 '문명개척자'라는 모티브가 분명 일정한 역할을 했다. 하지만 이방문화는 그것의 모범이 되었다. 프톨레마이오스 1세와 2세에 대한 아주 이상적인 모습이 〈아리스테아스의 편지〉(*Aristeasbrief*)에 나타나는데,⑫ 이는 프톨레마이오스 1세와 그의 유대인에 대한 태도를 보도하는 아가타르키데스(Agatharchides)의 보고와는 어느 정도 대립된다.[205] 무엇보다도 프톨레마이오스 2세 필라델포스는 군주의 귀감에 완전히 부응하여, 이 모습에 일치하는 참된 박애주의자로 나타나는데, 이는 왕이 72명의 원로들과 함께 질문하고 대답하는 것을 묘사함에서 드러난다.[206] 그의 관리들과 조언자들도 왕과 같이 이상적

---

204) *FGrHist* III C 726 fr. 2, 2; 3, 4(Euseb *Pr. Ev.* 9, 23과 27).

205) 아가타르키데스(Agatharchides)에 대해서는 제1부 각주 67을 보라. 또한 H. Willrich, *Judaica*, 1900, 99f.; B. Schaller, *ZNW* 54, 1963, 30 각주 70과 비교하라. 다른 한편 F. M. Abel, *RB* 44, 1935, 575ff.; *HP* 1, 31f.는 프톨레마이오스가 유대인에 대한 자신의 태도를 바꿨다는 올바른 추정을 하였다. 헤카타이오스는 그것을 아주 긍정적으로 평가한다. 제1부 각주 84를 보라.

으로 묘사된다. 이 일군(一群)의 프톨레마이오스 통치자들의 온정과 자비는 소설 〈토비아스서〉(*Tobiadenroman*)의 중심에 자리 잡고 있다. 이 소설은 요셉과 그의 아들 히르카노스가 왕과 왕비, 그의 벗들로부터 한량없는 호의를 얻는 데 성공했음을 보여 주려는 목적을 가지고 있다.[207)]

이에 대하여, 이러한 이야기들이 이집트에 있는 유대인 디아스포라라는 환경에서 나왔다는 반론이 가능하다. 무엇보다도 기원전 2세기 이집트에서는 프톨레마이오스 왕조와 유대인 사이에 긴밀한 협력 관계가 이루어졌고, 장군에서 징세도급관에 이르기까지 적지 않은

---

206) 그 작품은 알렉산드리아에서 나왔다. 그것의 연대는 확실치 않다. E. Bickermann, *ZNW* 29, 1930, 280-298은 프톨레마이오스의 관청의 문체와 다른 세부적인 것의 형식 때문에 그것의 연대를 기원전 145년에서 127년(100년)으로 설정한다. W. W. Tarn, *The Greeks in Bactria and India*, 1938, 424f. (기원전 100년); M. Hadas, *Aristeas*, 1951, 54 등과 비교하라. 다른 한편 *Schürer* 3, 612f.; S. Jellicoe, *JThS*. 12, 1961, 266 각주 5(기원전 168년 전); A. Pelletier, *Lettre d'Aristée*, 1962, 57f.를 보라. 여전히 이 편지에는 마카베오 봉기로 더욱 조장된 헬레니즘 문화에 대한 더욱 비평적인 태도나, 기원전 2세기에 일어난 알렉산드리아의 반(反)셈족주의에 대한 흔적들은 없다. 다른 한편 그 이름들은 마카베오 봉기를 전제하는 것 같다. 1마카 2:2에 언급된 마타티아(Mattathias)와 그의 5명의 아들들의 이름은 특별히 자주 나타난다. A. Pelletier, *op. cit.*, 318f.의 색인을 보라. 따라서 이 편지는 아마도 기원전 150년과 130년간에 쓰인 것 같다. 그리스어를 구사하는 유대인을 대상으로 한 이 작품에 대해서는 M. Hadas, *Aristeas to Philocrates*, 1951, 20, 60; V. Tcherikover, *HTR* 51, 1958, 59-85를 보라. 군주의 귀감(*Fürstenspiegel*)은 기원전 3세기에 쓰인 철학적인 글 〈왕권에 관하여〉(*Peri Basileias*)로 거슬러 올라간다. W. W. Tarn, *op. cit.*, 414-436(425ff.)을 보라. 이런 유형의 문헌에 대해서는 E. R. Goodenough, *YCS* 1, 1928, 58ff.; Rostovtzeff, *HW* 3, 1346; M. Hadas, *HGu*, 25, 293 각주 7; P. Hadot, *RAC* 8, 555-632를 보라.

207) 유대고대사 12, 171ff., 176ff., 185, 207, 214ff.

유대인 관리들이 등용되었다.[208] 그렇지만 팔레스타인 유대교에서 발굴된 '궁정 이야기들' 역시 — 비록 바빌로니아와 페르시아시대의 궁정으로 거슬러 올라가기는 하지만 — 모두 이방인의 왕권에 대해 매우 긍정적인 태도를 보여준다. 다니엘은 모든 유혹과 박해를 받았음에도 불구하고 하나님의 도움으로 여러 이방 왕들의 호의를 얻는 데 성공했다. 그는 단지 느부갓네살(Nebukadnezar)의 조언자가 되었을 뿐만 아니라, 자신의 동료들과 함께 이방 나라를 관리하는 가장 높은 요직(要職)에 오른다. 다니엘은 그곳의 어느 원주민보다 그 땅의 지혜를 더 잘 배웠다.[209]

다니엘서의 이야기와 연결된 〈나보니도스의 기도〉에서도 이방 왕은 긍정적으로 묘사된다. 여기서 나보니도스(Nabonidos, 역주. 신바빌로니아 제국의 마지막 왕. 기원전 556~536년)는 유대인 기적술사를 통해 치유를 받고 참되신 하나님을 고백하게 되는데, 이는 다니엘서 4장에 나오는 느부갓네살 왕과 유사하다.[210] 다니엘서에 관한 난해한 문학적인 문제를 여기서 자세히 논하지 않는다면, 다니엘 1-6장과 이런 종류의 다른 이야기들이 비록 아직 단순한 형태이기는 하지만 기원전 3세기 유대·팔레스타인에서 유포되었고, 당시 이미 수집되었을 것이라고 말할 수 있다.[211] 이를테면, 자신의 영광을 구하는

---

208) 또한 *CPJ* 1, 17-19, 194ff., 244f.를 보라.

209) 단 1:17; 2:48ff.; 3:30; 6:2ff., 29. "궁정 이야기"라는 용어에 대해서는 W. Baumgartner, *TR* NF 11, 1939, 131f.를 보라.

210) R. Meyer, "Das Gebet des Nabonid," *BAL* 107, 3, 1962, 13-52와 107을 보라. 거기서 저자는 "이방인 통치자에 대한 그렇게 특별히 긍정적이고 동정적인 묘사"는 에센파의 호전적인 태도와는 거의 맞지 않음을 강조한다.

211) A. Bentzen, *Daniel*, ^{2}1952, 6, 29ff., 37f., 39를 보라. 그 전설들은 "헬레니즘시대에 생겨났으며 아마도 구전으로 전달되었으리라고 추측할 수 있다"(6). 이 견해 역시 언어적 연구로 확인되었다. W. Baumgartner, *Zum AT und seiner Umwelt*, 1959, 104ff., 107, 110; 이 책 제3부 각

신적인 왕권에 대한 비판과 같은, 헬레니즘적 군주들의 통치자 제의에 대한 반론을 암시하는 모든 비판에도 불구하고, 이 궁정 이야기들은 안티오코스 4세 이후나 민족의 마카베오 가문에 의해 독립을 획득한 이후에는 거의 불가능할 만큼 이방 왕들에 대하여 개방적인 태도를 내포하고 있다.[212)]

우리는 비슷한 도식에 따라 구성된 또 다른 궁정 이야기들을 소설 〈아히카르서〉(*Achicharroman*)에서 영향을 받은[213)] 토비트서의 첫 부분과, 에스더서에서 각인된 형태[214)]속에서 발견한다. 이 두 소설은 마카베오 봉기 이전의 헬레니즘시대에서 유래한 것으로 후대 히브리 문학의 새로운 발전단계를 암시해 주는데, 이는 아마도 헬레니즘적 소설과 덕론(德論, *Aretalogie*)⑬이 출현하는 과정과 어느 정도는 유사성이 있을 것 같다.[215)] 마지막으로 스룹바벨(Serubabel)이 그의 지혜

주 460과 508을 보라.

212) A. Bentzen, *op. cit.*, 45, 47: 3.31-4.34 전체는 "개종한" 대왕의 선언이다. 또한 W. Baumgartner, *RGG*³ 2, 28 그리고 R. Meyer, *op. cit.*, 109ff. 와 비교하라.

213) 토빗 1:10-22(비교 1:8-20). 〈토비트서〉에서 "궁정 이야기"는 단지 골격에 불과하다. 그것과 소설 〈아히카르서〉의 관련성에 관해서는 토빗 2:10; 11:19; 14:10ff., 그리고 Altheim/Stiehl, *Die aramäische Sprache unter den Achaemeniden*, 192ff. 를 보라. 이 작품의 생성시기를 2백 년 후, 그러나 마카베오 봉기 전으로 보는 것에 대해서는 R. H. Pfeiffer, *History of NT Times*, 1949, 265, 274f. 그리고 O. Eissfeldt, *Einl.*³, 793을 보라. 자료들이 동방에서 나왔을지라도, 그 작품 자체는 아마도 팔레스타인에서 나왔을 것 같다.

214) 그것이 생성된 시기와 장소에 대해서는 H. Bardtke, *Das Buch Esther*, 1963, 252-255를 보라: 기원전 3세기 말 팔레스타인.

215) 에스더와 "헬레니즘적 소설"에 대해서는 R. Stiehl, *WZKM* 53, 1957, 6-9; Altbeim/Stiehl, *op. cit.*, 195-201. 또한 Eissfeldt, *Einl.*³, 687. 그리고 H. Bardtke, *op. cit.*, 253을 보라. 그도 다니엘을 "헬레니즘적 소설의 장르"에 포함시키려 한다. 그러나 단 1-6장과 《70인경》의 첨가된 부분

를 통해 페르시아 대왕과 관리들 앞에서 명예와 존경을 받게 된다는 3명의 사환에 대한 이야기(에스라3서 3:1-5:6) 역시 이런 연관성을 갖고 있다. 이러한 이야기는 동방세계의 동화적인 특성과 원시적이고 셈어화되어 가는 그리스어 사용으로 보건대, 알렉산드리아·유대 문학에는 어울리지 않고, 아람어로 쓰인 자료들에서 나왔을 것 같다. 또 다니엘서나 에스더서와 그러한 이야기의 유사성은 문학적 의존성에서 유래되었다기보다는, 이야기의 동일한 방식에서 나왔다고 해야 할 것이다. 또한 그 이야기가 종교적인 경향을 갖지 않은 것으로 볼 때 그것의 형성시기를 결코 마카베오시대 후기로 잡을 수 없을 것이다.[216] 여기서 의미심장한 것은 예를 들면, 예루살렘을 재건하라는 왕의 명령을 폴리스를 설립하는 것과 유사하게 묘사되고 있다는 점이다.[217]

〈요셉 이야기〉(*Josepherzählung*)나 〈아히카르서〉에 나오는 이 모든 '궁정 이야기들'은 공통된 모델을 갖는데, 이것은 헬레니즘 이전 동방세계의 모티브로 거슬러 올라간다.[218] 다른 한편으로, 이방인 대왕

은 "덕론(德論)적인 단편소설"(*Novelle*)에 더 적합하다(1권 158ff.를 보라). 〈토비트서〉에 대해서는 M. Hadas, *HGu*, 206을 보라: 이것은 "〈아히카르서〉라는 동방세계의 이야기에 근거하지만, 형식은 헬레니즘적 관습에 영향을 받은 소설이다." 전체적으로는 2권 pp. 19-33을 보라.

216) 3:7; 4:42; 4:60과 비교하라. 이야기의 기원에 대해서는 논란이 많다. W. Rudolph(*Esra und Nehemia*, 1949, v-x)는 라퀴에르(R. Laqueur)를 따라 그리스 기원을 지지한다. 그러나 R. H. Pfeiffer(*op. cit.*, 250-257)는 토레이(C. Torrey)의 연구를 토대로 아람어·페르시아적 근원을 갖는다고 추측한다. 본질적으로는 파이퍼가 입증한 대로 아히카르 전승과 지혜적 배경의 연관성이 존재한다. A. Schalit, *BJPES* 13, 1946/7, 119-128은 여기서 또한 동방세계(페르시아·인도)의 기원을 추측하였다. F. Zimmermann, *JQR* 54, 1963, 1 82ff.는 원래가 아람어 형태라는 주장을 강화한다.

217) 4:53; 여기서 나타나는 그리스화 경향은 아마도 번역가의 몫으로 돌아가는 것 같다.

아래에서 권력과 지위를 얻었던 유대인에 대한 단편소설 형식의 이야기는 바로 초기 헬레니즘시대의 유대인 청중과 독자들의 관심을 얻었다. 위에 열거된 많은 동시대 문학에서 그 예를 찾아볼 수 있다. 만일 유대인들이 원칙적으로 낯선 이방인의 왕권을 거절해야 했다면, 페르시아 왕들이 유대인들에게 우호적인 태도를 보이고 있는 이러한 이야기들은 아마 더 이상 전승되거나, 수집 혹은 저술되지 않았을 것 같다. 놀라운 것은 기원전 2세기 이후부터는 유대교 문학에서 유대인이 권력에 등극하는 모티브와 '궁정 이야기'라는 양식 자체가 더 이상 나오지 않는다. 또한 전승된 이야기들에서도 그런 모티브는 다루어지기가 어렵다는 점을 발견하게 되는데, 이는 에스더서의 그리스어 번역에 첨가된 이방인에 대한 적대적인 성격을 갖는 〈에스더서 부록〉에서도 나타난다.[219] 마카베오 시대의 〈유딧서〉나 기원후 1세기의

---

218) 요셉 이야기와 에스더와 다니엘의 관계에 대해서는 A. Rosenthal, *ZAW* 15, 1895, 278-290과 *ZAW* 17, 1897, 125-128을 보라. 또한 H. Bardtke, *op. cit.*, 302f., 323f., 373; M. Gan, *Tarbiz* 31, 1961, 144-149와 비교하라. 〈요셉 이야기〉와 토비아스 가문의 관계에 대해서는 H. Willrich, *Die Juden und Griechen vor der makkabäischen Erhebung*, 1895, 94와 100을 보라. 예를 들어, 창 41:43과 유대고대사 12, 172, 혹은 대립하는 형제들의 주제인 유대고대사 12, 202와 비교하라. 이런 "궁정 이야기들"은 유대인과 페르시아 군주들의 좋은 관계에서 시작되었다. 〈요셉 이야기〉는 별도로 하고 포로기 이전의 전승은 이런 장르를 알지 못했다. 동방세계의 기본 모티브에 대해서는 E. Meyer, *UAG* 2, 39 각주 1과 전 4:13f.를 보라.

219) 이 번역서의 연대 설정에 대해서는 E. Bickerman(n), *JBL* 63, 1944, 346ff.: 기원전 78/77; Altheim/Stiehl, *Aramäische Sprache*, 210-213(기원전 약 130년). 다른 한편으로 에스더서에 대한 그의 연대 설정은 너무 늦다. *op. cit.*, 201ff., R. Stiehl, *WZKM* 53, 1957, 18ff., E. Bickerman(n), *op. cit.*, 355를 보라. 이 책은 마카베오 봉기와 그 후의 시기라고 하기에는 너무 세속적이다. 예루살렘에서 이루어진 이 번역〔(E. Bickerman(n), *op. cit.*, 355f., 361ff.; *PAAJR* 20, 1951, 101-133과 114ff.를 보라)〕은 종교적이고 논쟁적인 방향으로 풍성해졌다. 1권 p. 349

디아스포라에서 나온 마카베오 3서와 4서와 같은 더 후대의 유대문학에 나오는 단편소설은 헬레니즘적 형식을 가지고 있음에도 불구하고 헬레니즘적 국가체제에 대한 적대적 태도를 분명히 표현하고 있다. 이러한 태도에서 전형적인 것은 마지막 하스모니아와 헤롯 왕조시대의 바리새인 학교장이었던 쉐마야(Šᵉmaʻjā)의 금언이다: "통치자의 위엄을 미워하고 권세를 가까이 하지 말라"(Ab 1, 10b). 더 후대 랍비 시대에는 근본적으로 "통치권에 가까이 하는 것"[220]이 의심을 받았다. 그리고 회당에서는 "사악한 통치권"이 신속히 멸망하도록 기도했다.[221] 이집트에 있는 유대교 회당 비문의 상당부분은 프톨레마이오스 1세와 2세에게 헌정된 반면, 로마시대의 회당에서 그렇게 이방인 왕에게 헌정된 비문은 극소수에 불과했다.[222] 그러므로 유대인들이 헬레니즘시대 초기에 '궁정 이야기들'을 선호했다는 사실로 미루어보건대, 그것을 유대민족이 세계를 향한 개방성을 표현한 산물로 평가할 수 있을 것 같다. 궁정 이야기의 저자들은 이방인의 세계가 신속히

를 보라. 다른 한편 〈다니엘서 부록〉에 있는 '벨과 용'(Bel und d. Drachen)은 우상숭배에 대항하는 논쟁적·합리적인 경향만을 보여준다. (Ps. Hekataios, 아피온 반박 1, 192, 201ff.와 비교). 그는 이방 왕에게 충성을 다하고 있다.

220) *B. Sanh.* 43a: 예수에 대하여; *Sota* 49b; *Gittin* 14b와 비교하라.

221) M. Hengel, *Die Zeloten*, 1961, 309 각주 1을 보라.

222) 프톨레마이오스의 이집트에 대해서는 *CIJ* 2, Nr. 1432, 1440-1444, 1449 그리고 *CPJ* 3, 164, Nr. 1532a를 보라. 로마-비잔틴시대의 그 훨씬 더 많은 회당의 비문들이 통치자에게 헌정된 사례는 단지 두 번만 발견된다. *CIJ*, Nr. 927과 오스티아(Ostia)에서 새롭게 발견된 회당비문은 F. M. Squarciapino, *Archaeology* 16, 1963, 203을 보라. 둘 다 모두 비교적 유대인에게 우호적인 셉티미우스 세베루스(Septimius Severus. 역주. 세베루스는 마르쿠스 아울렐리우스의 사위로 193~211년에 로마의 황제로 즉위하였다. 그는 북아프리카의 로마 영토에서 최초로 황제가 되었다) 시대의 비문이다.

멸망하기를 고대하는 그런 묵시적 역사관에 반대했던 사람들이었을 것이다(2권 277ff.를 보라). 그런 유의 세계관을 통해서 유대인 귀족층 젊은이들은 자신들의 조국의 협소함에서 벗어나, 군인이나 관리로서 헬레니즘의 왕을 섬기며 관직에서 출세하고자 하는 희망을 싹틔웠다는 것은 납득이 간다. 그렇다고 이것이 반드시 조상들의 신앙을 버리는 것을 의미하지는 않았다. 느헤미야는 틀림없이 페르시아의 고관이었다. 헬레니즘시대의 역사가 헤카타이오스(Ps. Haekataios)는 유대인들이 알렉산드로스와 프톨레마이오스 1세 때에 봉직하며 조상들의 신앙을 신실하게 지켰음을 보여주고자 노력했다.[223] 이방국가에서 관직을 갖기 위해 신앙을 버렸던 몇몇의 배교자들도 있겠지만 이는 예외라고 해야 한다. 아마도 기원전 3세기에 형성되었을 전도서(*Qohelet*, 2권 35ff.를 보라. 역주. '*Qohelet*'이 저자일 때는 '전도자,' 저서일 때는 전도서로 번역함)에서 우리는 왕들에 대한 태도를 다루는 상당히 많은 '잠언들'을 발견한다. '궁정 이야기'는 전체적으로 지혜전승에서 그 근원을 찾을 수 있는데, 전도서의 잠언들은 지혜전승의 전통적인 주제를 다루고 있지만, 이 '지혜의 말들'은 허공을 향해 이론적으로 말한 것이 아니었고 프톨레마이오스의 관직에 나아가려고 하는 예루살렘의 젊은 상류층들을 대상으로 했다. 아마도 '전도자'는 예루살렘을 어느 정도 경험했을 것 같다.[224] 벤 시라가 이방인 왕조였던 셀레

223) 아피온 반박 1, 192. 201ff.

224) 그래서 유에르게테스(Euergetes)와 필로파토르(Philopator) 치하의 드리뮐로스(Drimylos)의 아들 도시테오스(Dositheos)에 대하여는 3마카 1,3과 *CPJ* 3, 230ff., Nr. 127과 비교하라. 그는 기원전 244년에 왕의 "회고록 저자"(*hypomnēmatographos*)였고, 222년에는 알렉산드로스 및 신격화된 프톨레마이오스 왕의 제사장이었다. 217년에 그는 랍피아(Raphia) 앞에서 왕의 생명을 구했다고 한다. A. Fuks, *JJurPap* 7/8, 1953/54, 205-9를 보라. 로마시대에는 그것은 랍비 엘리사 아부야〔Elisha b. Abuya ('Aḥēr)〕와 필로의 조카인 유명한 티베리우스 율리우스 알렉산드로스

우코스 가문의 통치에 대해 이미 비판적인 태도를 취하며[225] 왕의 관리들에게 경고할 수 있었지만, 이 모든 것에도 불구하고 그는 자신의 과거에 대한 관점에서 군주를 섬기는 것이 현자들에게는 적절한 행동이라고 보았다:[226]

> 그는 높은 자들 가운데서 섬기고
> 군주들 앞에 나선다.
> 그는 낯선 민족들의 땅을 두루 다니면서
> 사람들 사이에서 선과 악을 경험한다(시락 7:4f).[227]

이방 왕에 대한 태도가 이렇게 현저하게 긍정적인 이유가 무엇이냐고 묻는다면, 그레스만(H. Gressmann)처럼 대답할 수 있을 것이다: 유대인들이 "그리스인들에게 가졌던 두려움은 이제 그들의 성과와 추진력에 대한 놀라움으로 발전했다."[228] 그렇지만 그러한 태도는 유대인 귀족들에게나 해당되는 것이었다. 이방인에 대한 거부감은 하층민들에게 더욱 강력했을 수 있다. 이들은 묵시적 사색으로 그러한 거부감을 표현했는데, 이는 대체로 다니엘서 7장에 이미 나왔던 묵시들(7:8, 20, 23)과는 전혀 다른 것으로써 흉측한 동물들에 대한 묵시적인 표현과 유사하다. 이것은 알렉산드로스 대왕 이후 안티오코스 4세에 이르는 디아도코이 왕조들에 대한 아주 일반적인 판단과 일치한

(Tib. Julius Alexander)였다. 프톨레마이오스에 대한 더 상세한 예는 O. Mørkholm, *Classica et Medievalia* 22, 1961, 39f.를 보라.

225) 전 5:7f.; 8:2ff.; 9:17; 10:4f.; 10:16-20.

226) 시락 36(G. 33):1-22; 10:8ff., 14ff.; 2권 134f.를 보라.

227) 시락 39:4; 34(G. 31):9ff.와 비교하라. 또한 E. Bickerman(n), *From Ezra to the Last of the Maccabees*, 1962, 62를 보라.

228) H. Gressmann, *Vorträge der Bibliothek Warburg* 1922/23, 1926, 173f.

다. "그리고 그들은 땅에서 많은 부정을 일으켰다"는 마카베오 1서 1:9는 그러한 인상을 반영하고 있다. 긍정적 평가가 디아스포라에 한정되지는 않았던 것과 마찬가지로, 이 부정적 평가도 팔레스타인에 한정되지는 않았다. 이는 기원전 2세기 후반에 이집트에서 이사야 9:10f.를 당대에 현실화하여 번역한 것에서 알 수 있다: "καὶ ῥάξει ὁ θεὸς τοὺς ἐπανισταμένους ἐπ' ὄρος Σιὼν ἐπ' αὐτοὺς καὶ τοὺς ἐχθροὺς αὐτῶν διασκεδάσει. Συρίαν ἀφ' ἡλίου ἀνατολῶν καὶ τοὺς Ἕλληνας (פְּלִשְׁתִּים) ἀφ' ἡλίου δυσμῶν τοὺς κατεσθίοντας τὸν Ἰσραὴλ ὅλῳ τῷ στόματι"(그러므로 하나님께서 진노하시어 시온 산에 오른 자들과 그의 원수들로 그를 대적하게 하시어 해가 떠오르는 곳에서는 시리아가, 해가 저무는 곳에서는 그리스인들이 입을 벌려 이스라엘을 잡아먹으리라). 이 본문은 분명 파르티아인들(Parther)이 셀레우코스 왕조를 패배시킨 사건과 로마인들이 마케도니아인들을 완전히 멸망시킨 사건과 연관된다. 다만 이방인의 통치에 대한 이 모든 부정적인 진술들은 본질적으로 마카베오 봉기시대, 혹은 그후 그들의 영향을 받아 기록되었다.[229]

229) J. L. Seeligmann, *The Septuagint Version of Isaiah*, 1948, 81을 보라.

제4장

팔레스타인의 무역, 경제, 사회제도에 미친 헬레니즘의 영향

1. 헬레니즘 이전시대의 그리스 영향

해안지대였던 팔레스타인은 이미 2천 년 동안 이집트와 메소포타미아, 시리아 북쪽, 아라비아뿐만 아니라, 바다 넘어 키프로스와 에게해의 섬들과도 무역을 했다. 기원전 7세기 이래 그리스 용병들이 팔레스타인에 들어왔다는 사실을 입증할 수 있는데, 이들과 함께 그리스 상인, 그리스의 상품, 그리고 6세기 이후에는 그리스 주화도 들어왔다. 기원전 5세기 초기의 수입통계인 Hes. 27, 11-25a에는 티레(Tyrus)가 타르테소스(Tartessos)와 이오니아-그리스(Ionien-Griechenland), 소아시아, 로도스(Rohdos)와 교역을 하였다는 정보가 있다. 대략 기원전 460년경 아테네인들은 소아시아의 에우뤼메돈(Eurymedon) 전투에서 페르시아 제국과 싸워 승리한 후, 약 10년 동안 팔레스타인 연안의 항구도시 도르에 정착했다. 이 도시는 아테네 해양동맹에 조공을 바쳤다.[230] 이사이오스(Isaios)[231]뿐만 아니라, 그의 제자 데모스테네스

230) *Schürer* 2, 139 각주 182와 F. M. Heichelheim, *ZRGG* 3, 1951,

(Demosthenes)[232] 역시 그 후로 몇십 년 후에 그리스 상인이 항구도시 아코에 정착한 것에 대해 언급했다. 팔레스타인 연안의 다른 항구에도 그리스에서 온 상인과 용병이 거주했을 가능성은 충분하다.[233] 거꾸로 아테네 근방의 피레우스(Piräus)에 있는 시돈인(sidonisch) 공동체의 존재에 대해서는 4세기부터 입증가능하다. 그리고 아테네인들은 이미 대략 기원전 370년경부터 시돈 왕 스트라톤에게 — 그는 도르 남쪽 해안의 스트라톤 망대를 건설했을 것이다 — 프록세니아(*Proxenia*, 역주. 국빈, 즉 한 국가를 대표해 다른 도시에 온 사람에게 부여된 지위)라는 지위를 부여했다. 무역중심지 델로스(Delos)에서 나온 2개 언어로 기록된 4세기경의 비문에 따르면 티레의 '히에로나우타이'(Hieronautai)는 델로스에서 아폴로 신전에 봉헌했음을 알 수 있다.[234]

251-253을 보라. 에스겔 27장에 따른 페니키아와 서양의 무역에 관해서는 P. Rüger, *Das Tyrusorakel Ez 27*, Diss. Tübingen, 60ff., 66ff., 74f.를 보라. 수입통계에 대해서는 22f.를 그리고 연대 설정에 대해서는 118ff.를 보라. 그러나 그 목록들은 페니키아에서 유래된 것으로 보인다. 왜냐하면 이 시기에 유대지역의 무역은 발달되지 못했고, 페니키아인이 해안지역을 장악했기 때문이다(제 1부 각주 252를 보라).

231) *Orat*. 4, 7. 이사이오스(Isaios)는 기원전 약 420~350년 아테네에 살았다. *Schürer* 2, 141 각주 195; F. M. Abel, *HP* 1, 19와 비교하라. 그리스 용병들에 대해서는 1권 77ff.를 보라.

232) *Orat*. 52, 20〔하르포크라티온(Harpokration)를 근거로 함〕, ed. Dindorf, 1853, 1, 19와 2, 23에서 Θράκην 대신 "Ἄκην이 삽입되어 읽혀야 한다: *Schürer*, *loc. cit.*를 보라.

233) 그래서 예를 들면, 이미 기원전 7세기 말에 아스돗(Asdod)와 야파(Jaffa) 사이의 메사드 하샤브야후(Mesad Hashavyahu)에서 거주한 용병들과 J. Naveh, *IEJ* 12, 1962, 98-113을 보라. 또한 'Aṭliṭ에도 정착지가 있었다. C. N. Johns, *QDAP* 2, 1933, 41ff.를 보라. 또한 Watzinger, *DP* 2, 8f.를 보라. 시리아 북쪽의 그리스 정착지 알-미나(Al-Mina)에 대해서는 Rostovtzeff, *HW* 1, 85-88과 3, 1326 각주 19를 보라.

234) *Schürer* 3, 98-100; *KAI*, 53-66; Dittenberger, *Syll.*^{3} 1, Nr. 185; CIS

이 모든 것은 헬레니즘시대 이전에 팔레스타인과 그리스 문화를 중재했던 사람들이 페니키아인들이었다는 사실을 암시한다. 그들은 오랫동안 키프로스에 살았고 지중해 서쪽에서 경제적, 문화적으로 그리스인들과 매우 밀접하게 접촉하여 점점 더 영향을 받았다. 그리스인들, 그 중에서도 주로 아테네인들은 페니키아인들을 통해 값비싼 도기와 사치품을 수출했고 이것과 곡물을 교환했다.235) 도르(Dor)에서 나온 아티카 도기 유품들에는 소유주인 페니키아인 이름이, 또 다른 것에는 그리스 문자가 새겨져 있었다. 이로 보건대, 짧은 '아테네' 시대가 끝난 후 그리스인들이 그곳에 정착했으리라.236) 그리스인들이 동방으로 도기를 수출한 것은 그리스 용병들의 '수출'만큼이나 오래되었다. 이 도기들 — 무엇보다도 아티카의 검은 칠기(漆器)와 붉은색 모양의 도기들 — 은 이르면 기원전 7세기 말부터 팔레스타인의 많은 매장지에서 발견할 수 있는데, 대략 기원전 475년부터 알렉산드로스 원정까지 티레와 시돈의 영토로 있던 문화적으로 매우 발전한 해안 평지뿐만 아니라,237) 유대지역을 포함한 해안 배후지역에서도

I, 1, 114를 보라. 좀더 이른 시기에 대해서는 T. J. Dunbabin, *The Greeks and their Eastern Neighbours*, 1957, 24ff., 35ff.를 보라. 또한 1권 180f와 각주를 보라.

235) *Schürer* 2, 68f. 또한 p. 72, 81f.를 보라. 아테네의 희극 시인 헤르밉포스(Hermippos, 약 기원전 425년)는 특히 그 중에서도 페니키아에서 들여온 고운 밀가루로 만든 음식과 대추야자, 그리고 시리아에서 들여온 향료 등의 수입품을 언급한다: Athen. 1, 27f/28a; H. Bengtson, GG^3, 200을 보라. 또한 Herondas 2. 16(3세기 초): 코스(Kos)의 기근을 구호하기 위해 아코(Ako)에서 곡물을 수입한 것과 비교하라.

236) *British School of Archaeology in Jerusalem Bulletin* 4, 1924, 42f.

237) 에쉬르누나자르(Eshrnunazar) 비문(특별히 시돈에 대한)에 따르면, *CIS* I, 1, 13 1. 19 = *KAI* 14와 Ps. Skylax: K. Galling, *Studien*, 196-204를 보라. 그 당시의 팔레스타인 해안은 많은 새로운 항구를 가지고 있었다: K. Galling, *BRL*, 264를 보라. Plinius 5, 69는 여전히 "욥바 페니키움"

나타난다.[238] 다시 말해, "팔레스타인 지역에서 그리스 도기들이 발견된 자리는 예외적이라기보다는 규칙적이었다."[239]

아티카 도기와 함께 아티카의 화폐도 들어왔다. 이것은 주로 페르시아나 페니키아에서 복역하는 그리스 용병들의 급료지급에 사용되었다. 팔레스타인에서 발견된 가장 오래된 주화는 기원전 555년과 546년 사이에 페이시스트라토스(*Peisistratos*, 역주. 기원전 546~527/8년 아테네의 독재자 집정관)가 주조한 것이었다. 이 주화는 예루살렘

(Jope Phoenicum)을 말한다. 그리고 Strabo 16, 2, 21(756)에 따르면 오르토시아(Orthosia)에서 펠루시움(Pelusium)에 이르는 전 해안은 포이니켄(Φοινίκην)으로 불렸다. 또한 2, 33(760)과 비교하라.

238) 좀더 초기에 발견된 자료에 대해서는 J. H. Iliffe, *QDAP* 2, 1933, 15-26을 보라. 더 새로이 발견된 자료들(완전하다고는 볼 수 없다)에 대해서는 (a) 해안 평야: *IEJ* 1, 1950/51, 212f. : 야르곤 시내 어귀에 있는 텔 콰실레(Tell Qasilé) ; *IEJ* 6, 1956, 259 = *RB* 64, 1957, 242: 야파; *IEJ* 8, 1958, 97: 히르벳 알-무캄마(Hirbet al-Muqamma) = 에크론(Ekron) ; *op. cit.*, 133f. : 텔 아부-차이툰(Tell Abu-Zeitun), 야르곤 골짜기; *IEJ* 9, 1959, 110f. : 도르(Dor)의 남서쪽에 위치한 체파트(Zephat) ; *RB* 62, 1955, 90: 야파 남쪽의 밧-얌(Bat-Yam), 이전의 *AJA* 51, 1952, 142와 비교하라; *RB* 70, 1963, 584: 스트라톤의 망대; *QDAP* 2, 1933, 47: 아틀릿('Aṯliṯ) ; *QDAP* 4, 1935, 5, 16f. : 텔 아부-하밤(Tell Abu Ḥawam), 하이파(Haifa) 근처. (b) 내륙: O. Sellers, *The Citadel of Beth Zur*, 1933, 41; O. Tufnell, *Lachish* III, 1953, 58f., 131; *IEJ* 14, 1964, 125f. : "엔게디"('Engedi) ; *IEJ* 6, 1956, 137; 라맛 라헬(Ramat Raḥel, 예루살렘 근방) ; *BASOR* 83, 1941, 24f. ; 텔 엔 나스베(Tell en Naṣbeh) = 미즈바(Mizpah) ; *BASOR* 161, 1961, 52와 169, 1963, 38: 발라타(Balātah) = 세겜; J. W. Crowfoot, *Samaria-Sebaste* 3, 1957, 21Off. ; *BASOR* 173, 1964, 43f. : 기원전 5세기 중반 텔 타안네크(Tell Ta'annek)의 2개의 레퀴토이(Lekythoi). 일반적으로는 C. Clairmont, *Berytus* 11, 1954/55, 85-139, 그리고 12, 1956/58, 1-34를 보라. 그러나 팔레스타인은 다소 인색하게 취급했다. J. M. Myers, *ZAW* 74, 1962, 178-185는 또한 특별히 토기에 관련된 그리스와 팔레스타인의 무역관계를 조사하였다.

239) D. von Bothrner, *BASOR* 83, 1941, 26.

근교에서 발견되었다. 또 기원전 500년경에 북 그리스에서 나온 주화도 옛 세겜 지역에서 발굴되었다.240) 아티카식으로 주조된 은화는 시리아와 팔레스타인에서 거의 국제적으로 통용되었는데, 페르시아에서 거의 역할을 하지 못했던 페르시아 금화 다레이케(*Dareike*)보다 훨씬 더 넓게 확산되었다. 기원전 404년 이후 아티카의 드라크마가 유입되지 않자, 페르시아 동쪽의 통치자들은 그 은화를 모방하여 주조했다. 페르시아 '예후드'(Jehud) 지방의 지배자 역시 아티카 형태를 따라 그 지방 이름을 새긴 주화를 주조했는데, 이들 가운데 몇 개의 표본은 아직도 남아 있다. 그리스어 드라크마의 소유격 복수인 드라크몬(δραχμῶν)이 히브리어화된 단어 '다르케모님'(דַּרְכְּמוֹנִים) 역시 구약의 몇 가지 그리스 외래어에 속한다.241) 올브라이트(W. F. Albright)는 여기에 더하여 이렇게 강조했다. "사실상 페르시아시대 이후 팔레

---

240) J. Meshorer, *'Atiqot* 3, 1961, 185 T. xxviii, 6; G. E. Wright, *BASOR* 144, 1956, 19f.

241) 아티카 동전의 배포와 시리아와 팔레스타인에서 나온 모조품에 대해서는 Rostovtzeff, *HW* 1, 88f., 그리고 3, 1324 각주 16을 보라. 그리고 좀더 이른 문헌은 W. Schwabacher, "Geldumlauf und Münzprägung in Syrien von 6 u. 5 Jahrhunderten v. Chr," *Opuscula Archaeologica* 6, 1960, 139-149; R. Loewe, *PEQ* 87, 1955, 141-150; B. Kanael, *BHHWB* 2, 1250f.를 보라. 팔레스타인의 이른바 필리스토·아라비아적인(*philistoarabianisch*) 모조품에 대해서는 G. F. Hill, *Catalogue of the Greek Coins of Palestine*, 1914, lxxxiiff., 176ff., T. xix를 보라. 예후드의 동전에 대해서는 E. L. Sukenik, JPOS 14, 1934, 178-187, 그리고 15, 1935, 341-343; A. Reifenberg, *Ancient Jewish Coins*, ²1947, 5-9를 보라. 모두 6개의 보기들이 알려졌다. 백합들과 독수리가 새겨진 새로운 것은 J. Meshorer, *IEJ* 16, 1966, 217-219가 발표했다. 히브리어 차용어인 '다르케모님'(darkemônîm)에 대해서는 스 2:69; 느 7:69ff.를 보라. 문맥상 그것은 금 드라크마, 즉 다레이케(Dareike)를 의미하는 것이 틀림없다. R. de Vaux, *Das A.T. und seine Lebensordnungen*, 1960, 1, 334.를 보라.

스타인에서 발굴된 모든 주화는 아티카 드라크마이거나 그 모조품이었다." 이는 시리아와 팔레스타인에서 나온 페르시아시대의 주화 매장의 보고(寶庫)를 조사하는 쉴룸베르거(D. Schlumberger)에 의해 입증된다. 그는 1950년까지 알려진 보고 가운데 어느 것도 페르시아의 금화 다레이케를 포함하는 것은 없다고 한다.[242] 그리스의 '통용되는 주화'(*monnaie vivant*)와 이것을 모방했던 것들과는 대조적으로 페르시아의 화폐는 '거의 통용되지 않는 주화'(*monnaie quasi immobile*)였다.[243] ⑭

페니키아의 중개무역은 그리스 스타일의 예술 가공품들에 대한 관심을 증가시켰다. 가자 지역의 남쪽으로 대략 30㎞ 지점의 텔 엘-파레(Tell el-Fare')에 있는 페르시아시대의 무덤에서는 그리스에서 유래한 것으로 추정되는 3개의 청동으로 만든 통과 '거의 순수한 아티카 양식'의 우아한 침대와 의자 세트가 발견되었다.[244] 그 밖에도 "페르시아와 시리아 스타일이 혼합"되어 만들어진 은그릇이 발견되었다.[245] 이렇듯 팔레스타인은 가장 다양한 영향권들의 충돌지점이요, 이미 페르시아시기에 일종의 국제무역이 존재했기 때문에 가능했던 하나의 '점이지대'(漸移地帶, *Vorgang*)가 되었다. 팔레스타인의 매우

---

242) *Alexander Marx Jubilee Vol.*, E. S., 1950, 65; 이와 유사한 K. Galling, *Studien*, 101; D. Schlumberger, *L'Argent Grec dans l'empire Achéménide*, Paris 1953, 9ff.: 이집트 발견물의 상황도 비슷하다.

243) *Op. cit.*, 25.

244) Rostovtzeff, *HW* 3, 1325 각주 17; J. H. Iliffe, *QDAP* 4, 1934, 182-186; Watzinger, *DP* 2, 5. 10. 발굴자 Fl. Petrie, *Beth Pelet* I, 1930, 14(Nr. 42, pll. xliv-vi)는 이 침대의 연대를 기원전 약 850년으로 설정한다. 또한 처음에는 Watzinger, *DP* 1, 110도 그러했다. 그러나 2, 10에서 수정된 연대를 보라. 청동그릇들에 대해서는 Petrie, *op. cit.* (Nr. 43, T. xlvii); Watzinger, *DP* 2, 5를 보라.

245) Watzinger, *loc. cit.*

많은 곳, 특히 해안 평지와 쉐펠라(Schepella)에서 발견된 테라코타와 작은 조각품들은 한편으로는 이집트와 페르시아 형태들을 보여주지만, 그리스의 영향이 점증하는 것을 간과할 수는 없다. 그것들 중 일부는 그리스에서 수입되었을 수 있지만, 대부분은 그 지역에서 모방된 것이거나 페니키아 수공업자들 제품으로 추정할 수 있다.[246] 이 소품들은 시돈(Sidon) 부근의 카라옙(Kharayeb)에서 발견되었고, 그 시기는 기원후 4세기로부터 멀리는 헬레니즘시기까지 거슬러 올라간다. 여기서 간과할 수 없는 것이 그리스 테라코타 제조의 요새 타나그라(Tanagra)이다.[247] 카라옙 지역의 영향은 이번에는 팔레스타인 연안 지역에서 입증된다.[248] 아스칼론에서 발견되고 특히 이집트의 신들을 표현하고 있는 4세기 청동기 수집물 역시 강한 이집트 양식 이외에 그리스 양식도 보여준다.[249] 그러므로 당시 팔레스타인 지역

246) A. Ciasca, *OA* 2, 1963, 63의 수집물을 보라. 발굴장소에 관한 문헌에 대해서는 51-8을 보라. 그 장소들은 텔 에드 두베이르(Tell ed-Duwēir, Lachisch); 텔 산다 한나(Tell Sandaḥ Ḥannah, Marisa); 텔 에스 사피(Tell eṣ Ṣāfi); 텔 가트(Tell Gat); 아흐십(Achsib) 등이다: 이런 모든 장소들은 쉐펠라(Schepelah); 막미쉬(Makmish, 샤론 평야); 텔 아부 하밤(Tell Abu Ḥawam), 하이파(Haifa); 텔 에트 티유르(Tell et Tiyur, 아직 발표되지 않음); 베트 쉐안(Beth-Sh^{e}an); 카라옙(Kharayeb, 시돈 근처). 이에 대하여는 Watzinger, *DP* 2, 5f. 와 O. Negbi, *IEJ* 14, 1964, 187-189와 비교하라. 그는 서방·그리스와 동방세계의 시리아·팔레스타인 타입의 테라코타 사이의 차이를 구분한다. 그는 한 실례로(T. 42a) 로도스의 수입품을 입증했다. 강한 그리스 영향은 텔 시포르(Tell Ṣippor)에서 기원전 4세기의 20개의 작은 조상들과 2백 개의 테라 코타의 발견으로 확인되었다: O. Negbi, *'Atiqot* 6, 1966, 1-27.

247) M. H. Chéhab, *Les Terres cuites de Harayeb*, BMB 10, 1951/52, 여러 곳, 특히 156ff.

248) N. Avigad, *IEJ* 10, 1960, 90-96(95 각주 12); A. Ciasca, *op. cit.*, 53ff. 와 63.

249) J. H. Iliffe, *QDAP* 5, 1936, 61-68 T. xxix-xxxiv; 무엇보다도 호루스

이 속했던 페니키아 전역은 실제적으로는 이집트와 페르시아와 점증하는 그리스 영향력이 서로 만나는 하나의 '혼합문화' 영향권이었다고 말할 수 있으리라. 기원전 5~4세기에 팔레스타인의 해안도시 하이파(Haifa)와 도르 사이의 아틀리트('Aṯliṯ)의 무덤 터는 그 전형적 사례이다. 발굴자 존스(C. N. Johns)는 그 특징을 다음과 같이 묘사했다: "그들의 문화는 복합적이어서 아티카의 꽃병과 이집트의 부적, 혼합된 양식의 스카라베(*scarabs*, 역주. 부적으로 쓴 신성시된 풍뎅이)와 같은 그리스와 이집트, 동방세계의 절충적 조합을 이루었다."[250]

팔레스타인에서 페니키아인이 행했던 경제적이고 문화적인 중개활동은 페르시아시기와 그후 헬레니즘시기까지 영향을 주었다. 페니키아의 영향력은 또 다른 곳에서는 마리사에 있는 시돈의 식민지와 세겜, 기원전 3세기와 2세기 동안에 전성기를 구가했던 라바트-암몬-필라델피아(Rabath-Ammon-Philadelphia)에 있는 티레의 식민지에서도 입증된다. 원래 이 지역들은 상인들의 정착지였던 것으로 추측된다.[251] 느헤미야 13:16에 따르면 예루살렘에서도 이미 기원전 5세기

하르포크라테스(Horus-Harpokrates)의 조상(T. xxxiii)과 2명의 제사장.

250) C. N. Johns, *QDAP* 2, 1933, 41-104(인용. 41); Watzinger, *DP* 2, 7-9와 비교하라. 기원전 470/60년 이후 이미 그리스 조각가들은 시돈에서 활동했다. 그들은 새로운 유형의 그리스 모델을 따라 사람모양의 석관을 발달시켰다. K. Galling, *ZDPV* 79, 1963, 142ff., 145 각주 2를 보라. 그리고 세부적인 것은 E. Kukahn, *Anthropoide Sarkophage in Beyrouth*, 1955, 15-22를 보라: 석관들은 북쪽 페니키아의 테라 코타의 "혼합된 스타일"과 "가장 밀접한 관계"가 있었다(16). 그리스·페니키아 예술의 절정은 332년 알렉산드로스에 의해 시돈의 왕으로 임명된 압달로니모스(Abdalonymos)의 알렉산드로스 석관이다: M. Hadas, *HCu*, 225f.; M. Bieber, *The Sculpter of the Hellenistic Age*, 1961, 272ff. (Lit.)를 보라.

251) 마리사는 *OGIS*, 593과 1권 106f.를, 세겜은 유대고대사 11, 344와 12, 257ff.를 보라. 또한 Rostovtzeff, *CAH* 7, 191과 *HW* 3, 1401 각주 137과 M. Delcor, *ZDPV* 78, 1962, 36ff.를 비교하라. 또한 3권 131f.와 각

에 "물고기와 각양 물건"을 거래했던, 그 땅에 정착한 페니키아의 상인들이 있었다. 이는 해안지역과 교역이 성행했음을 말한다.[252] 이들은 아마도 좁은 유대의 국경을 넘어 이루어졌던 경제적인 사업들에 손을 댔을 수 있다. 팔레스타인의 유대인들은 기독교시대로 내려오기까지 대부분 농업과 목축업에 종사하며 살았다.[253] 이 상황은 상당부분 알렉산드리아 이외의 유대인 디아스포라에도 해당하는 것이었다. 그러나 파피루스 코울리(Cowley) 81에 나오는 기원전 310년 이전 시기의 광범위한 채무자 목록의 소유자였던 2명의 유대인 상인 아비하이와 요나단('Abîhaj, Jonathan)은 분명 모두 예외에 해당한다.[254] "상인"과 "가나안인"은 고대 이스라엘과 포로기 이후의 유대교에서는 동일시되었다.[255] 엄격한 신앙을 가졌던 경건한 자들은 사치품을 수입하고, 이방적인 종교제의(祭儀)로 유혹하며 부정한 것들을 그 땅으로 들여오는 페니키아·가나안 상인들을 극단적으로 불신하며 그들을 대했다. 바로 여기서 초기 헬레니즘시기의 예언의 말씀은 종말론적 구원의 표징을 보았다: "그날에는 만군의 야웨의 집에 어떠한 상인도(כְּנַעֲנִי) 더 이상 있지 않으리라."[256] 특별히 보스트룀(G.

주 233을 보라. 라바트 암몬(Rabbath-Ammon)에 대해서는 1권 106을 보라.

252) 또한 K. Galling, *Die Bücher der Chronik, Esra, Nehemiah,* ATD 12, 1954, 16을 보라. 그는 이 구절을 약 기원전 200년의 "제 2역대기 사가"(2.*Chroniste*)의 것으로 돌린다.

253) 농업의 이상(*Ackerbauideal*)에 대해서는 제 1부 각주 413을 보라. Ps. Aristeas 107f., 112f.; 아피온 반박 1,60 그리고 G. Boström, *Prooerbiastudien,* LUA, 1935, 59-69, 79-82; G. Hölscher, SAH Ph. h. Klasse 34, 1944/48, 3, 17f.; R. de Vaux, *Ancient Israel,* 1961, 72ff.와 비교하라. 2권 99를 보라. Cicero, *De Officiis* 1, 150f.와 비교하라.

254) Tcherikover, *CPJ* 1, 15f.; J. Harmatta, *Acta antiqua* 7, 1959, 337-409(378ff.).

255) 호 12:8; 겔 16:29; 17:4; 욥 40:30; 잠 31:24; 습 1:11 그리고 사 23:11들은 아마도 이미 페니키아 상인을 반대하는 쪽으로 향하는 것 같다.

Boström) 은 유대교의 지혜문학을 통해 '이방' 상인들과 이들을 중개하는 유대인들에 대한 보수적인 유대인들의 뿌리 깊은 혐오감을 보여주었다.[257] 이러한 태도는 유대지역이 경제적, 지리적 사각지대에 놓였기에 더욱 촉진되었다. 또한 거대한 무역로가 이 지역을 지나고 있었다. 페니키아인들은 해상무역과 해안평지 북쪽으로 향하는 연결망을 장악했고, 남동쪽의 아라비아인들(나바테아인) 은 아라비아 남쪽과 페르시아 만(灣) 과의 대상(隊商) 무역을 장악했다.[258] 더욱이, 값비싼 그리스 도기와 같은 수입 사치품들은 단지 소수의 상류층들이나 관심을 가질 수 있었다. 유대 산악지대의 하층농민들은 소박한 삶을 살았고 생활필수품을 자급자족했다. 그럼에도 불구하고 아티카의 도기는 예루살렘과 유대의 다른 지역에서도 발견되었고,[259] 예루살렘 안에서도 이집트와 헬레니즘적 유형의 테라코타로 만든 두상(頭像) 들이 발굴되었다.[260] 그러나 무엇보다도 열성적 종교공동체의 이방인

256) 슥 14:21. 이 구절을 가장 잘 이해하려면 느 13:16ff. 과 유대고대사 12, 145f. 의 외국 상인들을 반대하는 칙령을 고려해야 한다. 이것이 추가적인 사마리아인의 언급을 배제하는 것은 아니다. (K. Elliger, *Kleine Propheten* II, ATD 1950, 175를 보라). 스스로를 "세겜에서 온 시돈 사람"이라고 묘사하는 이 책 제4부 각주 233을 보라.

257) G. Boström, *op. cit.*, 51-98: "무역은 이방문화와 분명 이방종교가 그 뒤를 따랐던 계약체결이다"(92). 또한 그것을 받아들이지 않음은 "가나안주의(*Kanaanismus*) 에 대한 반동이다"(95) 와 비교하라.

258) "아라비아인"의 대상무역을 보는 유대인의 관점에 대해서는 창 37:25; 사 21:13; 겔 27:20ff.; 38:13; 욥 6:19; 바룩 3:23; *Ps. Aristeas* 114를 보라. 유대의 위치에 대해서는 E. Täubler, *Tyche*, 1926, 121-124와 K. Galling, *BRL*, 262를 보라.

259) 제1부 각주 239를 보라: 베트 추르(Beth Zur), 라마트 라헬(Ramath Raḥel), 베트 케렘(Beth Kerem?); 미즈파(Mizpah). 예루살렘에 대해서는 Macalister-Duncan, "Excavations on the Hill of Ophel," *PEFA* 4, 1926, 187f. 를 보라.

260) *Loc. cit.*, fig. 197/8과 201.

적대감 때문에, 유대지역은 사마리아와 비교하여 볼 때 경제적으로 낙후되었다. 이러한 사실은 풍부한 문학작품들을 통해서 입증되는 팔레스타인 유대인들의 왕성한 정신적인 삶과는 잘 어울리지 않는다 (2권 28ff. 를 보라). 우리는 이러한 대립되는 상황으로부터 비록 대중들 다수가 그들과 대립되는 태도를 취했음에도 불구하고 소수의 자유정신을 가진 유대 귀족들이 북쪽의 인접국과 끈질기게 접촉하려 했던 이유를 해명할 수 있다.[261]

2. 프톨레마이오스 통치영역의 경제적, 사회적 상황

마케도니아인들의 정복은 그전까지의 그리스 영향을 여러 방면에서 강화했다. 인도에서 '땅끝'(*Säulen des Herakules*)에 이르는 그리스·마케도니아의 통일된 세계 제국의 비전은 매우 단시간 안에 그들의 정치적 지평을 확대했으므로, 정복당한 동방의 민족들은 그 비전을 거의 알아차리지도 못했다. 알렉산드로스의 제국이 디아도코이 왕국간의 경쟁으로 분할되었지만 페르시아시대에 이미 있었던 무역의 국제화 추세는 더욱 증가했다. 그리스어는 국제어(*lingua franca*)가 되었고, 그리스의 척도와 무게, 주화, 셈 방식, 교역관습은 일반적 규범이 되었다. 전쟁이 지속되기는 했지만 그것이 경제적인 네트워크가 확대발전하는 것을 막을 수는 없었다. 이러한 발전은 로마의 동진(東進)을 통해서야 비로소 쇠퇴의 길로 접어들었다.[262]

---

261) 느 3:5; 4:3; 6:10-19; 13:28; 유대고대사 11, 302f. 306ff.; 12, 168. "진보적" 그룹에 대해서는 K. Galling, *Studien,* 157, 164f.; M. Smith, *Fischer Weltgeschichte,* Vol. 5, ed. H. Bengtson, 1965, 362ff., 366ff. 를 보라.

결정적으로 중요한 것은 팔레스타인이 100년 동안 프톨레마이오스 왕국의 소유가 되었다는 점이다. 이 왕국은 프톨레마이오스 초기부터 변함없이 목표지향적인 국가경제발전을 통해서 강력한 행정을 시행하였는데, 이는 동방의 어떤 국가에서도 실행되지 않았던 새로운 형태였다.[263] 이집트는 왕국의 영토나 인구에서 훨씬 컸던 셀레우코스 왕국에 대한 경쟁의식 때문에, 효과적으로 왕국을 통제하기 위해 가용한 모든 자원을 동원했다. 이러한 생각은 3세기 프톨레마이오스 경제정책의 주요 노선을 결정했다. 타른(W. W. Tarn)의 표현에 따르면 이집트는 "돈 버는 기계"[264]였다. 그 출발점은 이미 언급한 바, 왕국 전체가 왕의 사유재산이 된 궁정과도 같았다. 이것은 왕이 그 땅과 천연자원뿐만 아니라, 최소한 이론적으로는 그곳 주민에 대한 통제권을 장악하는 것을 의미했다.[265] 이런 종류의 관념이 그리스인들에게는 모국의 '폴리스들'(*Poleis*)과 비교하여 낯설었다. 이 새로운 국가는 그들을 협력자로 얻게 되었는데, 왜냐하면 프톨레마이오스식 국가경제의 건설에서 그리스인들은 결정적인 역할을 할 수 있을 뿐만 아니라, 여기에서 나오는 이익에도 참여할 수 있기 때문이었다. 이와

---

262) Rostovtzeff, *HW* 2, 1018ff., 1026ff., 1238ff.; Tarn/Griffith, *Hellenistic Civilization,* 239ff.

263) 또한 F. K. Kienitz, *op. cit.*, 144f. 와 비교하라. 이집트 왕 타코스(Tachos)는 자신의 팔레스타인의 원정 비용에 대하여 이미 아테네 출신 장군 카브리아스(Chabrias)의 자문을 허락하였다. *op. cit.*, 96f., 119f., 175ff. 와 비교하라. 아래의 묘사는 근본적인 사항에서는 Rostovtzeff, *HW* 1, 255-422를 따랐다. 물론 Préaux, *L'économie royale des Lagides,* 1939를 원용하면서 말이다.

264) Tarn/Griffith, *Hellenistic Civilization,* 179.

265) 이 주장은 사유재산을 배제한다는 것이 아니다: Rostovtzeff, *HW 1,* 273; 3, 1380 각주 84; C. Préaux, *op. cit.*, 459ff. 를 보라. 그러나 그것은 실질적으로 제한되었다. *op. cit.*, 533-557.

같이 동방세계의 왕 사상의 기초 위에서, 최초의 프톨레마이오스 왕조와 그리스인 협력자들은 기원전 3세기 전반에 이집트를 헬레니즘 세계의 주도적인 국가로 발전시킬 수 있었다. 여기서 그들은 두 가지 체제, 즉 "이집트의 아주 오래된 실무와 그리스적인 국가 및 개인 가정(*Privathaushalte*)의 운영방식"을 매우 밀접하게 결합시켰다.[266]

기원전 323년에 이집트를 지배하여 기원전 305/4년에 왕의 칭호를 부여받았던 프톨레마이오스 1세 소테르 치하에서, 이 새로운 질서가 얼마만큼 도입되었는가는 분명하지 않다.[267] 아람어 파피루스 코울리(Cowly) 81에 의하면, 더 후대, 대략 기원전 310년경에도 이집트의 독점은 아직 알려지지 않았다.[268] 수도를 멤피스에서 신생 '그리스식' 도시 알렉산드리아로 이전한 것은 멀리 내다보는 결정이었다. 이 도시는 점점 더 그리스와 동방세계를 연결하는 경제・문화적 다리가 되었고,[269] 그리하여 이집트와 팔레스타인에서 유대교가 발전하는 데 깊은 영향을 주었다. 이에 대한 자료는 프톨레마이오스 2세 필라델포스 치하에서야 비로소 풍부하게 나오기 시작했는데, 일차적으로는 제논을 들 수 있다. 그 이전에 발생한 자료는 전체적으로 명확하지 않다. 프톨레마이오스 가문이 축적했던 부의 기초는 농업이었는데, 그 중에서도 페르시아시대에 이집트로 도입된 밀 재배가 주를

---

266) Rostovtzeff, *HW* 1, 272. 또한 C. B. Welles, *JJurPap* 3, 1949, 23과 비교하라.

267) H. Bengtson, *MusHelv* 10, 1953, 162를 보라: 기원전 323년과 가령, 제논 파피루스에 기록된 초기 260년 어간은 프톨레마이오스 통치조직의 중요한 기간이지만, 거의 알려지지 않았다.

268) P. Cowley 81에 관해서는 J. Harmatta, *Acta Antiqua* 7, 1959, 394ff., 397f.를 보라.

269) 시리아와 아라비아와의 무역에 관해서는 E. Leider, *Der Handel von Alexandria,* Diss. 1934, 17ff.와 W. Schubart, *RAC* 1, 271ff., 278ff.를 보라.

이루었을 것이다. 제논은 임대와 경작, 감독, 과세로 정교하게 고안된 체제를 통해 왕의 수입을 이전보다 몇 배 증대하는 일에 성공했다.[270] 왕과 재상은 그 땅을 강력하게 착취하는 것뿐만 아니라, 습지대 간척, 향상된 관개(灌漑), 신작물의 도입, 품종개량과 경작방법을 증진함으로써 생산력을 실질적으로 증가시키는 데 관심을 기울였다. 파윰(Fayum)에 있는 필라델피아의 토지는 왕의 '하사품'(*Dorēa*)으로써 아폴로니오스에게 이양되어 제논이 이를 위탁관리했는데, 이 땅은 당시 농업경제를 위한 일종의 실험적 체제를 가동했다.[271] 황실의 또 다른 수입원은 식물성 기름과 아마(亞麻) 의류, 금속, 소금, 향신료(香辛料)와 그 밖의 중요한 재화와 상품을 왕이 "독점"하는 데에서 나왔다.[272] 제조업은 왕의 '작업소'(*Ergastēria*)에서 생산되는 것만을 제외하고는 모두 국가의 감독을 받았고, 필요하다면 국가는 직

---

270) *HW* 2, 1164ff.; 제1부 각주 201과 202를 보라.

271) 이집트의 농업에 대해서는 M. Schnebel, *Die Landwirtschaft im hellenistischen Agypten,* 1927, 1과 *Der Betrieb des Landes,* 1925 여러 곳, 또 특별히 요약 355ff.; C. Préaux, *op. cit.*, 117-152(특히 곡식재배에 관하여); Rostovtzeff, *HW* 1, 274-287; *HW* 3, 1380-1389(Lit.)를 보라. 밀의 재배에 대해서는 J. Harmatta, *op. cit.*, 396과 *HW* 1, 359-362; 1404f.를 보라. 헬레니즘시대의 기술과 경제의 발전에 대해서는 *HW* 2, 1180-1200; 3, 1615-20을 보라. PCZ 59195와 19430과 비교하라. 밀레투스인과 아라비아인의 배에 대한 시험: "농업부장관"인 아폴로니오스(Apollonios) 대해서는 R. Seider, *op. cit.*, 47ff.를 보라.

272) 독점의 정도는 자료들이 제한되어 명확히 규정할 수 없다. 다음의 근거들을 보라: P. Revenue, ed. Grenfell, Col. 38-72, ed. J. Bingen, SB Bh 1, 1952와 P. Tebt. 703. 서론은 Mitteis/Wilcken, *Grundzüge und Chrestomathie der Papyruskunde,* 1912, I, 1, 239-258에서 발견되며 정선된 본문들은 II, 2, 348ff.에 있다. 그들의 유래에 대해서는 A. Andreades, *Mélanges Maspero* 2, 1934-1937, 289-295; C. Préaux, *op. cit.*, 615의 색인 "독점"과 429ff.의 요약을 보라. Rostovtzeff, *HW* 1, 302-313 그리고 3, 1388-1391을 보라.

접 그것을 관리할 수 있었다. 물류수송에서도 마찬가지였다. 운송업자는 국가면허를 받아야 했고, 이자는 상한선이 있었으며, 생활필수품은 가격규제를 받았다.[273] 국가는 이렇게 실질적으로 이집트 경제 전반을 통제했다. 여기서 개개의 기업에 대한 사적 경영권을 배제하는 것이 아니라, 소작이라는 정제된 체제와 국가재정의 상호감독을 통해 사적 경영이 가능한 곳에서는 사용하도록 했다.[274] 프톨레마이오스가 유지한 상업경제의 요소 중 또 다른 하나는 주화독점을 엄격하게 유지하는 것이었다. 이것은 통일된 제국화폐를 계획했던 알렉산드로스의 생각을 발전시킨 것이었다. 프톨레마이오스 1세는 다른 헬레니즘 국가와는 반대로, 알렉산드로스 이전에 이미 널리 퍼져 사용되었던(1권 147f.를 보라) 표준 주화를 아티카 주화에서 페니키아 주화로 변경했다. 또한 그의 아들은 이 완고한 정책을 계속 추진했다. 그리하여 국내로 유입되는 외국 주화를 회수하여 다시 주조했고, 최소한 키프로스와 페니키아, 팔레스타인에서는 자치도시의 주화나 영주들의 주화사용을 중지시키고, 황실에서 주조한 금화와 은화, 구리주화를 충분히 유통시켰다. 구리주화는 혁신적인 것이었는데, 이는 주화가 더 낮은 계층의 사람들에게서 대중적으로 유통될 수 있게 했고, 그만큼 물물교환의 범위를 축소시켰다. 이러한 주화정책은 왕립은행과 왕이 통치하는 지역 전체에 흩어진 지점들을 통해 보완되었는데, 이를 통해 주화가 현금 없이 지로로 유통될 수 있게 되었고 개인이 은행구좌를 설립하는 것이 가능하게 되었다.[275] 또한 '시리아와

273) Rostovtzeff, *HW* 1, 313ff.

274) M. Rostovtzeff, *A Large Estate,* 1922, 140을 보라: "경제생활의 거의 어떤 분야도 이런 소득이 있는 농부들과 특허권 소유자들에게 닫혀있지 않았다."

275) 은행의 독점에 대해서는 P. Revenue, Kol. 73-78을 보라. 또한 Mitteis/Wilcken, *op. cit.*, I, 2, 212ff.를 보라. 화폐주조와 은행업에 관해서는 C. Préaux, *op. cit.*, 267-297; Rostovtzeff, *HW* 1, 398-407; 2,

페니키아' 지역에서도 통일된 제국주화를 주조했다. 그리하여 필라델포스가 새겨진 주화가 스키토폴리스에서 발견되었는데, 이 주화는 욥바와 프톨레마이스, 티레, 시돈에서 사용되었다.[276]

이집트 내의 부족한 물건의 상당량을 공급하던 프톨레마이오스 통치지역 밖의 지방과의 강력한 무역관계는 이집트 내 상업정책을 보완해 주었다.[277] 또한 수출 그 자체도 발전했다. 프톨레마이오스 왕조는 팔레스타인 항구를 소유함으로써 아라비아의 펠릭스(Felix)와 페르시아 만의 게르하(Gerrha)에 사는 미네아인들(Minäer)과 맺었던 오랜 흑자무역기지를 획득하게 되었다. 제논의 서신은 팔레스타인에 있는 가장 중요한 무역소로 가자(Gaza)를 언급하는데, 이곳에서는 향과 염료, 그리고 다른 향료품과 조미료, 사치품이 모두 거래되었다.[278] 무역에 대한 감독권은 특별관리들에게 맡겼는데, 이는 왕이

1292f.; 3, 1416-1418을 보라. PCZ 59021은 화폐주조의 독점에 관한 점에서 특히 중요하다. *op. cit.*, 1416f. (Lit.)을 보라. 알렉산드로스의 통화정책에 대해서는 D. Schlumberger, *op. cit.*, 27ff.를 보라.

276) A. Rowe, *The Topography and History of Beth Shean*, 1930, 45; G. M. Fitzgerald, *Beth-Shean*, *Excavations* 1921-23, 1931, 51ff., T. 41. 또한 F. M. Abel, *HP* 1, 53, 56, 57; O. R. Sellers, *BA* 25, 1962, 89f.를 보라.

277) Rostovtzeff, *HW* 1, 249-398; 특히 시리아와 팔레스타인과의 무역에 관해서는 Tcherikover, *Mizraim* 15-24; 1권 175f.를 보라. 겔 27장에 따른 옛 페니키아와 남부 아라비아의 무역에 관해서는 Rüger, *op. cit.*, 82ff., 86ff., 96-103을 보라. "향료길"(*Weihrauchstraße*)에 관해서는 108ff.를 보라.

278) PCZ 59536; 59009 그리고 부록 Vol. 4, 285; 59011, Col. 1. 15(1. 10에서는 욥바가, 1. 8에는 베트-아나트의 아폴로니오스의 재산이 언급되었다. 1권 166f.를 보라); PSI 628과 678; 다음을 비교하라: Strabo 16, 3, 2(766); 16, 4, 19(778); Diod. 2, 49, 1-33, 46; Plin. *Hist. Nat. sat.* 12, 52ff. 이집트의 특권적 지위에서 향료무역의 중요성은 필라델포스의 폼페이(pompē)에서 향료가 차지하는 비중으로 나타난다: Athen. 5, 201a. 또한 다음을 보라: H. Kortenbeutel, *Der aegyptische Süd-und*

향료품의 재가공을 독점하고 있었기 때문이었다.[279] 교역의 경우, 나바테아인들과 그들과 친족관계에 있는 주민들이 관할했다. 예를 들면, 제논의 서신은 게르하에서 온 대상과 재상 사이의 중개인으로 추정되는 모압 사람 말리코스(Malichos)를 언급했다.[280] 기원후 4세기 말에 카르디아의 히에로니무스(Hieronymus)는 나바테아인들을 거친 유목민으로 소개했는데, 그들은 안티고노스와 그의 아들 데메트리오스 폴리오르케테스가 공격해왔을 때 이를 성공적으로 막아냈다고 한다.[281] 하지만 그들은 프톨레마이오스 왕들에게는 굴복하고 말았는데, 프톨레마이오스 1세는 팔레스타인에 있는 대상로의 종착지들을 장악했고, 프톨레마이오스 2세 필라델포스는 그들을 향해 함대를 파견했을 뿐만 아니라, 홍해의 해안부두에 정박하여 그들을 고립시켰다.[282] 그렇지만 안티오코스 3세가 처음으로 팔레스타인을 침공

Osthandel, 1931, 16ff. ; E. Leider, *op. cit.*, 4, 51ff. ; Tcherikover, *Mizraim,* 25-29; C. Préaux, *op. cit.*, 362-366; Tarn/Griffith, *Hellenistic Civilization,* 244-9; Rostovtzeff, *HW 1,* 387f. ; 2, 1243ff. ; 3, 1414 각주 185 Lit. ; G. W. v. Beek, *BA* 23, 1960, 70-95 그리고 게르하(Gerrha)에 관해서는 특히 F. Altheim, *Weltgeschichte Asiens* 2, 1948, 43f.를 보라.

279) "Διοδώρου τοῦ ἐπὶ τῆς λιβανωτικῆς"(향료에 관한 디오도로스의) : PSI 628(PCZ 59009의 부록과 Vol. 4, 285의 첨가) ; U. Wilcken, *APF* 8, 1927, 277; A. Willrich, *APF* 10, 1932, 239와 C. Préaux, *op. cit.*, 363 각주 6을 보라.

280) PCZ Vol. 4, 285(59009에 관하여) ; Tcherikover, *Mizraim,* 78 각주 35와 비교하라. 나바테아인 역시 언급되었다: PSI 406.

281) F. M. Abel, *RB* 46, 1937, 373-91과 *HP* 1, 34-7; Diod. 2, 48, 1-6; 19, 94-100을 보라.

282) W. W. Tarn, *JEA* 15, 1929, 9-25; M. Rostovtzeff, *Caravan Cities,* 1932, 24-28, 56-61; F. Altheim, *Weltgeschichte Asiens* I, 158f. ; Altheim/Stiehl, *Die Araber in der Alten Welt* I, 1964, 65-79. Diod. 3, 43, 4-5를 보라.

했을 때, "아라비아 주민들"은 곧바로 라피아(Raphia)에서 그의 편이 되어 싸웠다.[283] 후에 마카베오 가문은 이들과 우호적인 관계에 있었고, 셀레우코스 왕조에 대항한 독립투쟁에서는 이들로부터 지원을 받았을 수 있다.[284] 이 아라비아인들은 비록 독립하고 있었지만, 특별히 이집트인들과의 밀접한 무역관계를 통해서 알렉산드리아·헬레니즘 문화의 영향 속으로 깊이 들어가게 되었다. 그리하여 기원전 1세기 말경 스트라본(Strabo)은 그들을 안정되고 높은 문화를 향유하는 민족이라고 묘사했다.[285]

또한 프톨레마이오스의 무역정책은 인구가 과다한 그리스 본토에 대한 압력으로도 사용되었다. 그리스 도시들은 프톨레마이오스 제국의 곡물수출에 상당부분 의존했다.[286] 이 진취적인 그리스인들은 프톨레마이오스가 지배하는 이집트와 그 식민지들을 쉽게 돈을 벌 수 있는 축복의 땅으로 여겼다. 일찍이 테오크리토스(Theokrit, 역주. 기원전 3세기에 유행하던 고대 그리스의 목가적인 시의 창시자)는 "프톨레마이오스는 자유민들을 위한 최고의 물주(*Zahlmeister*)"라 했다.[287] 그리고 대략 그와 동시대(기원전 3세기 초)에 헤론다스(Herondas)는 한 무언극에서 이 "신세계"가 지닌 이점을 찬양했다.

---

283) Polyb. 5, 71; 1, 4; 79, 8; 82, 12; 85, 4; 제1부 각주 15를 보라.

284) 1마카 5:25; 9:35; 2마카 5:8.

285) Strabo 16, 4, 21, 26(779, 783f.). 나바테아인에 대해서는 J. Starcky, *BA* 18, 1955, 84-106을; R. Dussaud, *La pénétration des Arabes en Syrie avant l'Islam*, 1955, 21-61을 보라. 나바테아의 왕들은 대략 기원전 170년부터 확인된다. 이를테면 2마카 5:8: 아레타스(Aretas) 1세. 약 기원전 87~62년의 아레타스 3세는 자신을 필헬레네(Philhellene)로 불렀다(*op. cit.*, 54).

286) Rostovtzeff, *HW 1*, 359f.; 2, 1249; H. Bengtson, *GG*^{3}, *437*.

287) Theokrit 14, 58ff. Ps. Aristeas 124와 비교하라.

존재하는 것과 존재하게 될 모든 것이 이집트에는 있다.
부(富), 경기장, 권력, 좋은 날씨,
명예, 연극, 철학자, 금, 젊은이
여신들의 신전, 왕,
의로운 것, 음악(*Museion*), 포도주, 당신이 언제나 원하는 모든 좋은 것, 그리고 여자….[288)]

프톨레마이오스의 부(富)에 대한 이 찬가는 가자에서 유래한 크레아티아 혹은 아이톨리아(ätolischer) 출신의 2명의 관리들이 가족묘비에 "이집트의 왕들은 부를 누린다"(παλαίπλουτοι βασιλῆες Αἰγύπτου)라고 찬양하는 것과 일맥상통한다.[289)] 플라톤이 그리스인이 가진 특징을 지식욕(知識慾)으로, 페니키아인과 이집트인의 특징을 금전욕(金錢慾)으로 보았다면(공화국 435e/436a), 헬레니즘시대에 와서 이 특징은 서로 뒤바뀌었다: "그리스인들은 부자가 되기 위해 이집트로 왔다."[290)] 프톨레마이오스 1세는 그리스 군사들과 관리들, 기술자들, 수공업자들, 전문가들을 절실히 필요로 했기에 이들의 이민을 우대했다. 알렉산드로스 이후 그리스 본토에서조차 의문시되어 가는 폴리스의 정치적 자유는 이제 상류층이 향유하는 경제적 이익과, 그리스인들이 비그리스적 환경에서도 그리스적 삶을 유지할 수 있도록 하는 '동향인(同鄕人)들의 자치체들'(*landsmannschaftlichen Politeumata*)에 참여할 수 있는 가능성으로 대체되었다.[291)] 유대인들은 바로 이

288) Herondas, *Mim. 1,* 26-32; Athen. 5, 203 c/d; Teles, ed. Hense, 1889, P. 29, 6과 비교하라. Rostovtzeff, *HW 1,* 407ff.를 보라.

289) 제1부 각주 79를 보라 = Peek, *Griechische Grabgedichte,* 1960, *Nr.* 162의 9f. 행.

290) Tarn/Griffith, *Hellenistic Civilization,* 201. Hauck/Kasch, *TWNT 6,* 319ff. 이 논문은 몇몇의 견유주의 · 스토아주의 철학자들의 부에 대한 비평의 목소리를 인용함으로 이 문제를 놓쳤다.

점에서 그리스어를 사용하는 디아스포라 지역에서 그러한 그리스인들을 영리하게 모방하는 자들이었다. 유대인들은 자신들의 공동의 삶의 중심에 경기장(1권 244ff. 를 보라)을 대신하여 회당을 세우면서, 자신들 역시 자치체 안에서 서로 연대할 수 있게 되었다.[292)]

이와 같이 프톨레마이오스 정책의 기초는 무엇보다도 순수한 정치권력보다 경제적 고려를 우선하는 것이었다. 프톨레마이오스 가문은 왕조의 창건자를 제외하면, 대다수의 셀레우코스 통치자들과는 대조적으로 더 이상 탁월한 장수들이 아니었다. 그들이 이집트에 정착한 그리스인들에게 끼친 영향은 다음과 같다. "그리스 본토에서 아직도 여전히 살아 있던 정치적 인간(*homo politicus*)은 이집트에서는 경제적 인간(*homo oeconomicus*)과 기술적 인간(*homo technicus*)으로 대치되었다."[293)] 경제적 영역의 전문화는 그 중에서도 좀더 오래된 그리스 모델에 기초하는 문학들 가운데에서, 특별히 알렉산드리아에서 꽃핀 특별한 전원문학 '게오르기카'(Geōrgika)와 '케푸르기카'(Kēpurgika) 등에서 표현된다.[294)] 여기서 특히 두드러지게 표현된 것이 "그리스

---

291) F. Heichelheim, *Die auswärtige Bevölkerung im Ptolemäerreich,* Klio Bh 18, 1925, 36ff. ; 이주는 특히 아테네와 그 주변, 그리고 에게 해 군도로부터 거세게 유입되었다(ibd., 47ff., 55ff.). 또한 E. R. Bevan, *A History of Egypt,* 1927, 83ff. : W. Schubart, *BhAO* 10, 1927, 10-21; W. Peremans, *Vreemdelingen,* 1943, 21ff. (그리스인의 정치적 위치), 74f. (그리스인과 이집트인과의 통치관계), 86ff., 171f. (사회적 지위), 135ff. (직업의 분포) ; Rostovtzeff, *HW* 1, 323f., 407ff. ; *HW* 2, 1077-1095; *HW* 3, 1394f. 각주 121(Lit.)을 보라. A. Swiderek, *JJurPap* 9/10, 1955/56, 365-400. 그는 제논 파피루스에 나타난 그리스인의 개인적인 경제활동을 상세히 기술한다.

292) *Schürer* 3, 70f. 를 보라.

293) Rostovtzeff, *HW 1,* 421f. ; 2, 1076과 비교하라.

294) *Op. cit.*, 2, 1181, 1183f., 1193f. 멘데스의 볼로스(Bolos von Mendes)의 전원문학이 가장 잘 알려졌다. *op. cit.*, 2, 1183과 3, 1616 각주 136

문화의 합리적·기술적 특징"295) 인데, 이것은 마케도니아·그리스 이주민들 대부분은 경제적인 성공에 전적으로 관심을 기울이고 있음을 의미한다. 제논 파피루스가 보여 주듯, 그들은 프톨레마이오스의 '개국 시기'에 열정적으로 활동했고, 자신들과 함께할 원주민들을 필요로 했다. 아폴로니오스가 제논에게 "밤낮으로 일하라"(νύκτα ... ἡμέραν ποιούμενος)라 명하고, 이를 가장 신속하게 실행할 것을 요구했던 것은 필라델피아 지역의 노동환경을 보여준다. 그 결과 노동자들과 노예들은 때때로 그곳을 탈출했다.296) 그리하여 "파업에 파업이, 그리고 불평과 요구, 재판이 날마다 줄을 이었다."297) 왕과 왕의 주요 관리들은 원주민 노동력을 유지하기 위해 '은전'(恩典, *Philanthrōpia*)

(또한 이 책 제3부 각주 848을 보라); 다음과 비교하라: F. Susemihl, *Geschichte der griechischen Literatur in der Alexandrinerzeit* 1, 1891f., 829ff.; F. Heichelheim, *Wirtschaftsgeschichte des Altertums 2,* 1938, 1108ff. 각주 49(Lit.); Varro, *De re rust.* I, 1, 8은 농경에 종사하는 그리스 작가의 숫자가 50명이라고 했다. 헬레니즘시대는 고대의 경험적 "학문"이 절정을 이룬 시기이다. O. Neugebauer, *The Exact Sciences in Antiquity,* ²1957, 1ff.를 보라.

295) J. Kaerst, *Geschichte des Hellenismus* 2, ²1926, 146-167에서 3장의 제목: 분명한 전환점은 "분업(分業)이라는 조직적인 사고(思考)"(157)에서 시작되었다. 하지만 고대의 세계에서 그것을 "주도권의 독립과 자유와" 통일할 수는 없었다(167).

296) PCZ 59329 15ff. 행; PSI 421, 514, 602, 637, 667과 비교하라. 또한 C. C. Edgar, *Introduction to PMichZen,* 26ff., 43ff.를 보라. 예를 들면, 제논은 아폴로니오스를 위해 일했을 뿐만 아니라, 동시에 포도원과 목욕시설의 주인으로 징세도급인이나 사채업자(*Geldverleiher*)처럼 자신의 재산을 증식시켰다. 다음을 비교하라: C. Préaux, *Les Grecs en Égypte d'aprês les archives de Zénon,* 1947, 59ff., 65ff., 81ff. 또한 A. Swiderek, *op. cit.*, 370ff.; W. Peremans, "Ptolemée II Pbiladelphe et les Indigènes égyptiens," *RBPH* 12, 1933, 1005-22: J. Bingen, *Proceedings of the 12th International Congress of Papyrologists,* 1970, 35ff.

297) M. Rostovtzeff, *A Large Estate,* 1922, 85, 또한 72ff., 77ff. 등을 보라.

에 대한 요구를 어느 정도는 실제적으로 고려해야 했다. 하지만 '부유하게 되는 것의 압박'(*pressés de s'enrichir*)에 처한 발전하는 상류층 그리스인들이 그들 밑에 있던 이집트와 셈족 계열의 '비(非) 그리스인들'을 사회적으로 배려했다는 흔적을 거의 찾을 수 없다.[298] 제논에게 간청하는 — 아마도 팔레스타인 사람이었을 — 한 하급관리는 자신의 임금이 계속해서 몇 번이나 체불되었다고 통렬히 탄원하고 있다. 왜냐하면 "그들은 내가 비(非) 그리스인이라는 것"과, "내가 어떻게 그리스식으로 살아가야 하는지를 이해하지 못한다는 것"(ὅτι οὐκ ἐπίσταμαι ἑλληνίζειν)을 알았기 때문이었다.[299] 이집트의 멤피스에 있는 세라페이온(Serapeion)에서 나온 자료는 그 이후 100년 동안 그러한 상황이 얼마나 변했는지 보여주는데, 이는 기원전 2세기 중반의 "카토코스"(Katochos)가 프톨레마이오스에게 올린 탄원서이다. 그는 이집트인에게 습격을 당했는데, 그 이유는 "내가 그리스인이었기 때문이었다"[300]고 한다. 3세기 말부터 터져 나오는 이집트의 민족적인 반란들은 이런 내부문제에 대한 프톨레마이오스의 정책실패의 결과였다.[301] 사회적 곤궁으로 더 심화된 이러한 상황의 변화는, 팔레스

---

298) C. Préaux, *op. cit.*, 83. Laoi(농민들)를 대하는 왕과 그의 관료들의 태도에 관해서는 Rostovtzeff, *HW 1*, 1098ff.; W. L. Westermann, *AHR* 43, 1936, 2811f.를 보라. "사면"에 대해서는 W. Schubart, *APF* II, 1935, 9ff.를 보라. 또한 왕의 모델, Ps. Aristeas 208, 265, 290과 다음의 첨가된 부분, H. Bolkestein, *Wohltätigkeit und Armenpflege im vorchristlichen Altertum,* 1939, 391f.와 비교하라. 그는 프톨레마이오스 왕조가 자기들의 신하들을 "돌봄"에 있어 이 '은전'(*philanthropia*)의 전형적인 예를 본다.

299) PColZen 2, 16ff., Nr. 66, 18, 21.

300) U. Wilcken, *APF* 14, 1941, 1 54f., 다음에 계속되는 UPZ 1,7,13; 8,14; 15, 17f.

301) 또한 P. Jouguet, "Les Lagides et les Indigenes," *RBPH* 2, 1923, 419-445; *L'histoire politique et la papyrologie,* 1934, 93ff.; C. Préaux,

타인과 셀레우코스 왕국의 동쪽 지방에서도 유사하게, 아니 더욱 첨예하게 드러났을 것이며, 마카베오 봉기의 원인 가운데 하나가 되었을 수 있다.

이러한 상황에서 이집트에서 계속 불어나는 디아스포라 유대인들은 이집트 농노의 일부가 되든가, 아니면 헬레니즘화되어(ἑλληνίζειν) 그리스인 상류계층으로 편입되든가, 그것도 아니면 최소한 그들에게 동화된 지위에 오르든가 하는 선택의 기로에 서게 되었다.[302] 《70인경》과 회당 문서들, 알렉산드리아의 유대교 문학들은 이집트의 유대인들 다수가 자신들의 특수성을 포기하지 않고도 이 세 번째 길을 가게 되었다는 것을 보여주고 있는데, 이는 전 세계적이고 또한 역사적인 의의를 갖게 될 중차대한 결정이었다.

3. 프톨레마이오스 통치하 팔레스타인의 경제적 발전

프톨레마이오스 왕국의 변방지역 가운데에서 '시리아와 페니키아'는 단지 전략적인 면에서뿐만 아니라 경제적인 면에서도 특별히 중요했다. 향료무역의 '반환점'이었던 팔레스타인 항구의 역할은 이미 언급했다. 페니키아 도시들과 레바논의 숲은 프톨레마이오스가 장악한 해상권의 토대가 되었다. 그러나 그 배후지역도 더 나은 경제적 개발

ChrEg 11, 1936, 522-552, 그리고 기원전 약 175년과 145년 사이 테바이스(Thebais)의 이집트인들의 봉기(ταραχὴ Αἰγυπτίων)에 관해 기록하고 있는 파피루스 단편에 관한 F. Uebel, *APF* 17, 1960, 147-162를 보라.

302) 이 두 가능성에 대해서는 Tcherikover, *CPJ* 1, 43f.를 보라. 또한 알렉산드리아 유대인의 "준시민권"(*Isopoliteia*)에 대한 요세푸스의 주장 아피온 반박 2, 35와 유대고대사 12, 8을 비교하라. 안티오키아와 소아시아에 관해서는 제 1부 각주 90을 보라.

목적을 가진 그리스 기업가들의 마음을 끌었다. 팔레스타인을 두루 다녔던 '재상'의 대리인 제논의 긴 여행은 그러한 과업과 연관이 있었다. 이미 기원전 261/260년의 한 파피루스에는 상당히 많은 곡물을 팔레스타인에서 수입했던 한 재상이 언급되어 있다.[303] 그는 갈릴래아의 베트-아나트(Beth-Anath)에서, 왕이 증여한 토지를 소유하고[304] 이곳에서 포도주를 재배하고 있었다.

> 파피루스 런던(Londoner Papyrus)은 이에 대해 우리에게 흥미롭고 상세한 내용을 전해 준다. 그것은 검역을 하기 위해 재상에게 파견되어 떠난 글라우키아스(Glaukias)라는 사람의 편지에 들어 있는 내용이다. 그는 수행했던 일에 만족한 것으로 보인다. 여기서는 그가 8만 그루의 포도나무와 물탱크, 노동자들을 위한 충분한 거주공간을 세운 일이 언급되고 있다. 포도주의 품질은 상당히 뛰어난 것이어서 팔레스타인으로 엄청난 양이 수입되었던 에게 해 지역의 키오스(Chios)의 포도주와도 큰 차이가 없었다. 이로부터 우리는, 파윰(Fajum)의 필라델피아에 있는 토지에서 실험된 것과 유사한 진보적이고 체계적인 방법이 갈릴래아에 있는 토지에도 사용되었음을 알 수 있다. 아마도 아폴로니오스는 포도주를 수입하지 않고 자급하기 위해 키오스에서 포도나무를 들여와 심었을지도 모른다.[305]

---

303) PSI 324, 325.

304) P. Lond 1948(inv. 2661) 기원전 257년 크산티코스(Xanthikos) 달 6일(8월 5일). 이 편지는 토비아스 가문의 편지보다 4일 전에, 그리고 제논의 여행 2년 후에 기록되었다. 알렉산드리아와 팔레스타인 사이에 서신왕래는 활발했던 것 같다.

305) PSI 594, Col. 3.17. 또한 554; PCZ 59004, Col. 1.4; 59011 Col. 1.8과 비교하라. Tcherikover, *Mizraim,* 45-8; *HC,* 67과 431 각주 73을 비교하라. 장소에 관해서는 A. Ait, *PJB* 22, 1926, 55-59; F. M. Abel, *Géographie* 2, 265를 보라. 트라세아스(Traseas)의 아들 장군 프톨레마이오스는 스키토폴리스에 왕이 선물로 준 영지를 소유하고 있었다. 거기에는

그러나 제논은 이 토지를 감독하는 것에만 관심을 두지 않고, 기원전 260년 말에서 258년 최소한 3월까지 대략 13~14개월을 팔레스타인과 페니키아에서 머물렀다. 또한 그가 되돌아간 이유는 뜻밖에도 아폴로니오스가 갑작스럽게 호출했기 때문이었다. 그는 필라델피아를 이끌어갈 책임을 맡아야 했다. 우리에게 전해 내려오는 소득법(*Revenue leges*, 기원전 259년 말)과 '시리아와 팔레스타인'에 대해 기록된 파피루스 라인(1권 104f.를 보라)도 대략 이 시기에 해당한다. 또한 이 시기는 팔레스타인을 위해 필요했던 특별 재정정책과 경제활동이 시행된 해이기도 했다. 우리는 제논의 여행에 대해 부분적으로 더 추적해 볼 수 있다. 그는 첫 번째 여행에서 기원전 259년 말 해안의 스트라톤의 망대에서 예루살렘과 여리고와 아벨라(Abella. 'ābel haššiṭṭîm 민 33:49)를 넘어 요르단 동편으로 들어가, 암마니티스(Ammanitis)의 토비아스의 산(βιρτα 혹은 Σουραβιττοις)으로 갔다. 그는 기원전 259년 디스트로스(Dystros) 달 29일(4월 25일)에 이곳에 도착하여 며칠을 머물렀을 것이다. 그는 북쪽 방향으로 여행을 계속했고, 여기서 다마스쿠스 남쪽 지대로 짧은 유람을 했으며, 아폴로니오스의 토지를 넘어 갈릴래아의 베트-아나트에 이르러 마침내 5월 말에 다시 해안에 위치한 프톨레마이스에 이르렀다.[306] 그는 5/6월 말에

수많은 마을이 포함되었다. Y. H. Landau, *IEJ* 16, 1966, 581f., 66ff.; M. Hengel, *ZNW* 59, 1968, 20f.를 보라.

306) 체류기간에 대해서는 Tcherikover, *Mizraim,* 11-13; 곧 출판될 PLond 1930의 서론을 보라. 또한 여행경로와 상세한 지리에 대해서는 571f., 84 각주 80, 87 각주 97 그리고 *HC,* 430 각주 70을 보라. 보급품의 목록들은 중요하다: PCZ 59004, Col. 1; 비교. *CPJ* 1, 121f., Nr. 2a; PCZ 59005 = *CPJ* 1, 122, Nr. 2b; PLond 1930(inv. 2358 A); 부분적으로는 *CPJ* 1, 123f. Nr. 2d. 또한 토비아스의 "비르타"(Birta)에 대해서는 PCZ 59003(SB 6709) = *CPJ* 1, 118ff., Nr. 1을 보라. 개별적인 장소의 확인에 대해서는 F. M. Abel, *RB* 32, 1923, 409ff.; 33, 1924, 566ff.; 36,

팔레스타인 항구에서 펠루시움(Pelusium)으로 상품들을 보냈다.[307] 그는 아마도 페니키아에 있는 몇몇 도시들에서도 짧은 유람을 했을 것이다. 게다가 남쪽 가자와 유대지역과 경계를 맞대고 있는 이두매아 도시들인 마리사와 아도라(Adora)에서도 그의 행적을 찾을 수 있다.[308] 그는 대상 한 명과 함께 자신의 대리인을 하우란(Hauran)으로 보냈다. 또 다른 대리인 한 명은 티레에서 베뤼토스(Berytos)로 가는 선불비용을 요구했는데, 이 사람은 키프로스에서 이제까지 '서기관'으로 봉직했고, 아마 제논이 페니키아로 불러들였던 인물이었을 수 있다.[309] 결국, 제논은 아폴로니오스의 특별한 요청으로 갑작스럽게 가자로 떠나기 직전 상당량의 곡물을 받게 되었다.[310]

제논은 요르단 동쪽과 갈릴래아를 향해 갔던 긴 유람 길에 유대지역을 지나면서 예루살렘을 방문했는데 — 예루살렘에서 나온 그에 관한 영수증이 발견되었다[311] — 이것은 자신의 주인 아폴로니오스처럼 광범위한 참모진과 함께 이집트를 감독하기 위한 여행이었다. 발견된 리스트에는 제논을 포함하여 78명이 나열되어 있었는데, 이 중 12

1927, 145ff., 474ff.; A. Alt, im Urkunderefarat와 U. Wilcken, *APF* 7, 1924, 293을 보라. 그리고 J. Herz, *PJB* 24, 1928, 107f. 각주 4를 보라. 그는 아벨의 가설을 비평적으로 검토한다. 참고문헌에 대해서는 PSI 322를 보라. 전체에 대해서는 이 책 부록 7을 보라. S. Mittmann, in: *Archäologie und Altes Testament*(Festschrift K. Galling), 1970, 199-210과 비교하라.

307) PCZ 59012. 펠루시움 상품의 징세에 관한 기록; 출판되지 않은 PLond inv. 2358b에 의하면 제논은 프톨레마이오스의 "선물"을 펠루시움에 보냈다. Tcherikover, *HC*, 432 각주 80을 보라.

308) PCZ 59016; 59006, 59015; 59537; PSI 322.

309) PCZ 59008 Col. 3; 59016.

310) PLond 1931(inv. 2326). 기원전 258년 아우데나이오스(Audenaios) 달 25일(10월 2일).

311) *CPJ* 1, 122, Nr. 2b = PCZ 59005와 Nr. 2a = PCZ 59004를 비교하라.

명만이 셈족 계열의 이름이었고, 나머지는 그리스 이름이었다. 이 중에는 왕의 특별위임을 받아 온—'왕으로부터 온 자들'(τῶν παρὰ τοῦ βασιλέως)—아펠레스(Apelles)와 같은 고위관리도 있었을 것이다. 또 추측하건대, 프톨레마이오스 2세의 해군제독 칼리크라테스(Kallikrates)와 총독의 회계관리의 감독자가 있었으며, 또 많은 관리들과 아테네, 아스펜도스(Aspendos), 밀레토스(Millet), 콜로폰(Kollophon) 출신의 많은 그리스인들도 있었을 것이다. 또한 제논의 형제 아리스톤(Ariston)도 이 여행그룹에 있었다.[312]

이 화려한 수행원들만을 고려해 보더라도 제논은 주인의 사적 업무를 수행했다기보다는[313] 이른바 그 대리인으로서 공적인 업무를 위임받아 수행했다고 할 수 있다. 그에게 부과된 과업이 많았기에 장기간의 여행은 불가피했다. 그의 과업은 자세한 지역상황과 무역관계의 연관성 연구, 이미 실행되고 있던 재정업무의 감독, 대리인들의 연계망을 허물고 새로운 조직을 세우는 것—그래서 그의 참모들에 속한 많은 사람들은 그가 돌아온 이후에도 그 지역에 남았다—팔레스타인의 생산력을 높이는 데 사용되는 모든 대책수립 등이었다. 아마도 제

312) 그것에 이어지는 사항은 Tcherikover, *Mizraim*, 57-67을 보라. 아펠레스(Apelles): PCZ 59006, 26; 59004, 27. 또한 U. Wilcken, *APF* 8, 1927, 276을 보라. 칼리크라테스(Kallikrates): CZ 59006, 22, 39: 그의 측근 중 2명의 그리스인, 또한 U. Wilcken, *loc. cit.*; W. Otto, AAM 11, 1934, 25 각주 3을 보라. *OGIS* 1,26 그리고 PZenMich 147f. Nr. 100과 비교하라. 디오니소도로스(Dionysodoros): 59006, 38, 65; 59093, 8; PCom 1, 7, 40, 59 등. PCZ 59263. 아리스톤(Ariston): PCZ 59006, 46; 59052, 9 PLond inv. 2358b 그리고 PCZ 59029의 에드가르(Edgar)의 서론.

313) Rostovtzeff, *A Large Estate*, 1922, 26f.는 그것이 주로 사적인 임무라고 가정한다. 또한 *GAH* 7, 120, 135와 비교하라. 다른 한편 제논이 여행에서 비록 몇 가지의 사적인 업무도 착수하였지만, 이 여행의 공적인 성격을 강조하는 Tcherikover, *HC*, 63의 견해는 정당하다.

논은 나바테아인들을 배제하고 직접 향료무역에 참여할 수 있는 가능성을 조사하기도 했을 것이다. 그가 요르단 동쪽과 하우란으로 긴 탐험을 한 이유는, 모압인 말리코스(Malichos) 그리고 유대인 '토착부호'(*Scheikh*) 토비아스와 상업관계를 맺어야 했고, 또 팔레스타인의 대상무역에 아폴로니오스가 개입했기 때문이었을 수도 있다.[314] 이미 언급했던 토비아스의 통제하에서 암마니티스에 군사식민지를 건설한 것이나, 라바트-암몬(Rabath-Ammon)이 '필라델피아'라는 폴리스로 격상된 것 역시 나바테아인들에 대한 프톨레마이오스 왕조의 정책과 연관이 있으리라고 추측할 수 있다.[315] 제논의 여행을 통해 맺어진 이 관계가 잘 유지되었다는 것은, 토비아스가 좀더 후기에 아폴로니오스와 왕에게 보낸 서신과 제논의 대리인이 팔레스타인에 관한 소소한 사건들을 보고하는 다양한 문서에서 드러난다.[316] 당시 그곳에서는 아폴로니오스가 신뢰했던 관리들뿐만 아니라, 비양심적인 상인들도 상당수가 일하고 있었을 것이다. 특히 노예무역은 이익이 남는 장사로 보였다. 왜냐하면 이집트에서는 왕의 법을 통해서 잉여노동력을 노예로 만드는 것을 금하고 있었기 때문이다.[317]

---

314) 하우란(Hauran)에 대해서는 제 1부 각주 309를, 향료무역에 대해서는 1권 159를, 대상무역에 대해서는 PColZen 1, 3-10, Nr. 2를 보라. 아폴로니우스의 대상(隊商)들은 가자와 시돈 그리고 시돈과 갈릴래아 사이를 오갔다. 만약 PCZ 59015가 좀더 잘 보존되었다면, 아폴로니오스가 향료무역에 개입한 것을 더 자세히 알 수 있었을 것 같다.

315) 1권 61, 84f., 150을 보라. Polyb. 5, 71, 1-10의 기록은 "필라델피아의 라바트 암몬"이 아라비아인을 막기 위해 강력한 요새로 건설되었음을 보여준다. 또한 M. Rostovtzeff, *Caravan Cities*, 1932, 58-62와 비교하라.

316) 토비아스 가문의 편지들에 대해서는 PCZ 59075/6 = *CPJ* 1, 125-129, Nr. 4와 5를 보라. 팔레스타인과 페니키아 대리인의 나중의 활동에 대해서는 PCZ 59057, 59077, 59093, 59292; 59537, 59804; PSI 406, 444, 494, 495, 594, 616, 628; PCom 1, 224f.를 보라. 또한 Tcherikover, *Mizraim* 15, 67을 보라.

제논조차 팔레스타인에 있는 노예를 사들였다. 비록 그들이 문제를 일으켰지만 말이다. 후에 토비아스는 가정교사였던 한 명의 환관(宦官)과 함께 3명의 노예를 총독에게 선사했다.[318] 좀 의심스럽기는 하지만, 그의 대리인 가운데 한 명이 자신의 힘으로 팔레스타인에서 노예들을 사서 수출면허도 없이 외국에 팔려고 해서, 티레의 세관과 갈등을 일으켰다는 이야기가 전해진다.[319] 우리는 더 나아가 아폴로니오스 밑에서 안내원으로 일하다가, 후에 특수한 형태의 처녀 무역을 하였던 2명의 그리스인들도 발견했다. 그들은 하우란과 암몬, 나바테아 지역을 두루 여행했고, 여자 노예들을 데리고 다니며 여기저기서 사고팔았다. 또 그 가운데서 4명을 '여제사장들'로—즉, 아마 성전 매춘부로—욥바(Joppe)에 팔았다. 그리고 또 다른 여자들을 '페가이'(Pēgai)에 있는 '호로퓔락스'(*Horophylax*, 역주. 여관 관리자)로 일하게 했다.[320]

---

317) 팔레스타인과 이집트의 무역 일반에 대해서는 Rostovtzeff, *HW 1*, 346, 384f.; 3, 1413f. 각주 184(Lit.)를 보라. 특별히 노예무역에 대해서는 Tcherikover, *Mizraim*, 16ff.; *HC*, 68f.를 보라. 이집트에서 노예제도를 제한한 것에 대해서는 Rostovtzeff, *HW* 1, 321f.; 3, 1393f. 각주 119를 보라. 프톨레마이오스 이집트의 일반적인 노예제도에 대해서는 W. L. Westermann, *The Slave Systems of Greek and Roman Antiquity*, 1955, 28, 30f.를 보라.

318) PCZ 59015(1권 p.106f.를 보라) 그리고 아마도 59804; PCZ 59076a와 b = *CPJ* 1, 125f., Nr. 4. 또한 PCZ 59003 = *CPJ* 1, 118f., Nr. 1과 비교하라.

319) PCZ 59292, 그리고 이것의 세부적인 것에 관해서는 Tcherikover, *Mizraim*, 68ff.를 보라.

320) PSI 406, 또한 *op. cit.*, 17f.와 74 각주 10을 보라. 또한 티레에서 코스(Kos)로 창녀를 수출한 것을 언급하는 Herondas 2, 16과 비교하라. Pēgai의 상황에 대해서는 유대고대사 13, 261; A. Alt, *ZDPV* 45, 1922, 220-3; Tcherikover, *HC*, 433 각주 85를 보라.

우리는 이집트로 압송되었던 팔레스타인의 노예들이 도주했다는 것을 여러 번 듣게 된다. 그들은 더욱 가부장적 질서에 편입된 동방세계의 가노(家奴)와 순전히 경제적 목적의 그리스적인 노예 사이의 신분차이를 느꼈을 것이다.[321] 후대에 벤 시라는 노예를 다룸에서 가혹한 그리스식 방법과 더 완화된 가부장적 방법 사이에서 독특한 중용적 태도를 취했다.[322] 이집트에 있는 그리스 상류층에게 가족을 위한 '시리아인' 노예는 매우 긴요한 것이었다. 농업과 수공업에서 시리아 노예들은 값싼 '자유' 노동력에 거의 비교가 될 수 없을 만큼 뛰어났다. 제논의 서신왕래에서 여러 번 언급된 이 '시리아 출신 노예들'(σώματα ἀπὸ Συρίας)에는 분명히 유대인도 존재했다. 추측컨대, 유대인 이름 요한나(Johanna)와 한나(Hanna)에서 유래한 이름을 가진 2명의 여자 노예들인 '요아나이'〔'Ιωανα(ι)〕와 '아나스'('Ανας)는 아폴로니오스의 가정에서 일했으리라. 〈아리스테아스의 편지〉(*Ps. Aristeas*)에서도 상당수의 유대인 노예들이 언급되는데, 이들은 프톨레마이오스 1세의 전쟁을 통해서 이집트에 왔을 것이다.[323] 그 밖에

---

321) PCZ 59015, 59537(4행): 마리사(Marisa)의 수취인들(제논?)이 노예들을 학대하자 그들은 도주했다. 59804(=PColZen Nr.3과 PSI 602). 또한 시락 33(G.30):40과 비교하라.

322) 노예의 학대에 관해서는 시락 23:10; 33(G.30):33f.; 42:5, 이에 대한 긍정적 견해는 4:30(G.); 7:20f.; 10:25; 33(G.30):39ff.에 나타난다. 노예제도에 대한 그리스인들의 태도에 대해서는 J. Vogt, *Skläverei und Humananität*, 1965, 37ff., 68ff., 83ff.를 보라.

323) 팔레스타인이나 "시리아"에서 온 노예들에 대해서는 PCZ 59011, 22; 59077; PSI 648; PColZen 2, 92ff. Nr.87; PCorn. 1, 223ff.를 보라. 시리아인이 큰 목록에 있는지, PCZ 59292, 52. 464. 472, PCol Zen 2.109ff. Nr. 93, 그리고 PZenMich 49들이 노예인지 아니면 임금을 받는 노동자들인지 말하기가 어렵다. PCZ 59145에 의하면 제논이 암마니티스(Ammanitis)에서 데려온 노예 소녀 스파라기스(Sphragis)는 아마도 파윰(Fayum)에서 양털실을 짜는 일을 한 것 같다. *CPJ* 1, 121 5행을 보

도 이집트에는 유대인 자유노동자들도 존재했다. 제논의 서신들에는 2명의 포도원 농부들과 목자, 개 기르는 사람, 벽돌공이 언급되는데, 이들은 아폴로니오스 재상을 위해 종사하면서 안식일을 준수하기까지 했다. 부분적으로 유대인들이 거주했던 수많은 '시리아 마을들'은 지방에 흩어져 있었다.[324] 이 모든 것은 팔레스타인으로부터 시리아로 지속적인 이주가 있었음을 암시한다. '시리아와 페니키아'에 있는 노예의 가격고시에 대한 법령을 담고 있는 파피루스 라인(*Rainer Papirus*)은 '마구잡이로 착취당한 노예들'(σώματα λαϊκὰ ἐλεύθερα), 즉 반자유인들이 광범위하게 노예화되는 것을 종식시킬 수 있었다고 전해준다.[325] 유대인 노예들이 이미 상당히 이른 시기에 그리스에까지 팔렸고 그곳에서 완전히 동화되었다는 사실은, 기원전 3세기 초 그리스 중동부 아티카・보이오티아(attisch-böotische) 국경에 있는 오로포스(Oropos)에서 나온 비문에 나타난다. 이 비문에는 모스키온(Moschion)의 아들 유대인 모스코스(Moschos)가 자신이 품었던 꿈으로 인해 노예에서 해방된다는 내용을 담고 있다.[326] 이것은 요엘 3:4-8에 나오

라. 유대인 노예 소녀에 대해서는 PCom 1, 160ff. = *CPJ* 1, 132f. Nr. 7; PCom 1, 198(서론 p. 1)을 보라. Ps. Aristeas 12-14, 23과 비교하라. 물론 10만이라는 숫자는 과장된 것이다. W. L. Westermann, *op. cit.*, 28을 보라.

324) PCZ 59241, 59292, 611, 59367, 59710, 41, 66; PSI 393 그리고 Vol. 6, p. xiii = *CPJ* 1, 134-145, 9-14행. 시리아의 마을에 대해서는 PCZ 59404, 59497; Tcherikover, *CPJ* 1, 400. 12와 14를 보라. 쉬로스(Σύρος)는 가장 좋은 노예 이름이었다: Liddell/Scott, 1732.

325) 제1부 각주 146을 보라.

326) M. Mitsos, *Archaiologike Ephemeris 1952*, ed. 1955, 194-196; D. M. Lewis, *JSS* 2, 1957, 264-266. 또한 F. Bomer, *Untersuchungen über die Religion der Sklaven* II, AAMz 1960, 24ff.를 보라. 기원전 136~132년에 시리아의 노예 에우누스(Eunus)는 시리아 여신의 계시를 받아 자신의 동료들을 이끌고 반란을 일으켰다. J. Vogt, *Sklavenkriege*, AAMz 1957,

는 티레와 시돈, '블레셋 지역'을 꾸짖는 것을 묘사한 것인데, 예루살렘의 약탈로 인해 그들에게 보복하겠다고 위협하며 이렇게 이어진다.

> 너희가 유다의 아들들과 예루살렘의 아들들을 그리스인들에게(לִבְנֵי הַיְּוָנִים) 팔아서 그들의 영토에서 멀어지게 하였음이니라. 보라 내가 그들을 너희가 팔아 이르게 한 곳에서 일으켜 나오게 하고 … 너희 아들과 딸들을 유다 자손의 손에 팔리니 그들을 다시 먼 나라 스바 사람에게 팔리라 … .

남쪽 아라비아인들과의 노예무역은 마인(Ma'in)의 신전노예의 비문(*Hieroduleinschriften*)에 의해 입증되는데, 이것은 가자(Gaza) 출신의 28명의 여자 노예와 이집트 출신 8명의 노예만을 언급하고 있다. 요엘서 본문의 연대 설정은 불분명하다. 이것은 아마도 프톨레마이오스 1세가 예루살렘을 정복한 사건과 연관되거나, 아니면 우리에게 알려지지 않은 기원전 323~301년 디아도코이의 권력투쟁 동안 있었던 사건들과 관계가 있으리라고 추측할 수 있다. 이 '심판의 말'은 프톨레마이오스가 통치하던 평화의 시기와는 맞지 않는다. 그리고 마카베오 시대로 잡기에는 너무 늦다.327) 마카베오 2서 8:11 역시 이 시대 동안에 페니키아인들을 노예무역의 중개인으로 언급하고 있다. 같은 시기에 그리스에서 유대인 노예해방에 대한 보도는 점점 더 빈번히 언급된다. 그리하여 기원전 163/162년 무명의 한 유대인 노예

27ff. 를 보라.

327) 욜 4:4-8은 산문형태로 보아, 종종 후에 삽입된 것으로 간주된다. A. Weiser, *Das Buch der 12 kleinen Propheten* 1, ATD 24, 1949, 107; Robinson-Horst, *Die 12 kleinen Propheten,* [3]1964, 67을 보라. 그것의 연대를, 미어스가 시도했듯이(J. M. Myers, *ZAW* 74, 1962, 190, 195) 알렉산드로스 이전인 약 기원전 520년으로 설정하는 것은 다소 불확실하다. 마인(Ma'ïn)의 비문에 대해서는 Altheim/Stiehl, *Araber* 1, 75를 보라.

는 델피(Delphi)에서 해방되었고, 그 뒤를 이어 기원전 158/157년에는 유대인 여자 안티고네(Antigone)가 자신의 딸 테오도라(Theodora)와 도로테아(Dorothea)와 함께 해방되었다.[328] 유명한 견유학자 메닙포스(Menippos)는 3세기 초에 요르단 동쪽에 있는 자신의 고향 가다라(Gadara)에서 노예로 팔려 흑해에 있는 시노페(Sinope)로 갔다.[329] 팔레스타인에서 노예무역은 의심할 여지없이 경제적으로 중요한 의미가 있었다.

팔레스타인 역시 최소한 풍작일 때는 곡물수출국이었다. 따라서 이집트는 수확이 좋지 않을 때면 부족분을 팔레스타인에서 수입해야 했다. '시리아의 밀'은 이집트에서 매우 높게 평가되었고, 빠른 숙성기간 때문에 아폴로니오스는 이집트에서도 시리아의 밀을 경작했다.[330] 그 밖의 수출품으로 그리스인들에게 필수적인 올리브 기름이 있었는데, 이집트인들은 거의 식물성 기름만을 생산했다. 국가는 곡물과 기름의 경우 개인이 수출거래를 하도록 허락하기는 했지만, 독점 때문에 엄격하게 감독했다.[331] 갈릴래아에 있는 아폴로니오스의

328) CIJ 1, 512ff., Nr. 710 과 709; 비교. 711: 자유케 된 한 유대인, 기원전 119년.

329) R. Helm, *PW* 16, 888; M. Hadas, *HGu, 110*f.; 1권 p. 259f. 를 보라.

330) PSI 324, 325; Tcherikover, *Mizraim,* 20f.; *HC,* 69f., 434 각주 88(Lit.)와 비교하라. 또한 *OGIS* 56. 17을 보라: 에우에르게테스 치하에서 기근이 들었을 때, "시리아와 페니키아" 그리고 키프로스에서 곡물을 수입하였다. 시리아의 밀에 대해서는 A. Thompson, *APF* 9, 1930, 207-213(PCZ 59155)을 보라. PLond 1931(inv. 2326)에 의하면, 제논이 프톨레마이스로 돌아가지 직전에 그가 배달한 대량의 밀과 보리가, 이집트 혹은 팔레스타인 내륙지역에서 수입한 곡물인지는 여전히 확실치 않다. 또한 프톨레마이스가 이집트 통치의 중심이었으므로 틀림없이 거대한 곡창지대가 그곳에 있었다.

331) PCZ 59/12; 59015 recto; 59077. 또한 Tcherikover, *Mizraim, 22;* C. Préaux, *Économie,* 85ff. 를 보라. 세법(Col. 52, 25ff. = Mitteis/ Wilcken,

포도밭에서 이집트로 공급된 제품으로 보아, 포도주 역시 이집트로 수출되었을 것 같다.[332] 게다가 제논 파피루스는 그 밖의 다양한 종류의 상품목록을 보여준다.[333] 대체로 팔레스타인은 대부분의 수입을 이집트에서 했다고 할 수 있다. 이집트의 수출품은 대다수가 파피루스와 유리, 도기, 섬세한 직물과 같은 공업제품이었다. 팔레스타인이 구매할 만큼이기는 하지만 사치품인 공예품도 있었다. 이는 그리스의 유산이 알렉산드리아에 들어갔음을 의미한다.[334] 하지만 이곳에서 국내 생산활동 역시 활발했다.

페니키아와 팔레스타인은 지형적인 위치로 인해 이미 오래전부터 통관무역을 했다. 무엇보다도 두 지역은 이집트와 아라비아, 메소포타미아, 그 밖의 지중해 지역 사이를 연결하는 역할을 했다. 상선(商船)해운은 상당부분이 해안해운으로 구성되어 있었다. 펠루시움(Pelusium)은 가자에서 이틀거리밖에 떨어져 있지 않았는데, 펠루시움의 세관을 통과한 '시리아' 수입품들의 목록에는 소아시아와 그리스에서 온 많은 제품들이 들어 있었다.[335] 여기서 가구류를 실제로 국

Grundz, 1, 2, 256f.)은 벌써 "시리아"와 외국 기름을 구분하고 있다.

332) PSI 594 비교. 554; Tcherikover, *Mizraim, 23.*

333) PCZ 59012, 59013, 59014; PSI 594; PColZen 1,3ff., Nr.2; Tcherikover, *Mizraim,* 23f., 또한 제논이 프톨레마이스에게 남긴 "제논의 선물들"의 목록이 담겨있는 아직 미 출판된 PLond inv. 2358B과 비교하라. 거기에는 키안(chiischen)의 포도주에서 시리아의 꿀에 이르는 풍부한 음식의 목록이 나온다.

334) Rostovtzeff, *HW* 1, 366ff., 263f.; Tarn/Griffith, *Hellenistic Civilization,* 252, 257; K. Galling, *BRL,* 199, 360, 또한 R. Giveon, *IEJ* 13, 1963, 20-29; E. Leider, *Der Handel von Alexandria,* 14ff., 49ff.를 보라. 유리 등의 지방 생산에 대해서는 텔 아나파(Tell Anafa)를 보라: S. S. Weinberg(제1부 각주 74), 99ff.

335) PCZ 59012. 또한 Tcherikover, *Mizraim,* 24f.를 보라. 아폴로니오스는 자신의 상선을 지원해 나일 강에서 팔레스타인으로 운송하였다. 선장 헤라

제무역을 통해 거래한 내용의 보도는 시사하는 바가 많다. 방석과 덮개, 매트리스와 침대보를 밀레토스(Milet)에서, 그리고 제논의 고향 카리아(Karien)에 있는 카우노스(Kaunos), 할리카르나스(Hallikarnass), 가자, 라바트-암몬과 프톨레마이스-악코 등에서 사고팔았다. 또 아폴로니오스의 대리인이었던 한 기업가의 아내는 밀레토스에서 모직물을 사기로 했다가 그럭저럭 알렉산드리아에서 사업을 준비하기로 한다.[336] 이것은 동시에 팔레스타인이 — 이미 알렉산드로스 이전 시기로 거슬러 올라가는 — 에게 해와 특히 로도스(Rhodos), 후기의 델로스(Delos) 같은 거대한 무역중심지와 밀접한 무역관계를 지속했음을 보여준다. 페니키아뿐만 아니라 이 지역에서 나온 팔레스타인 상인들에 대한 수많은 기록이 존재한다. 델로스와 로도스의 유대인 공동체에 대한 매우 초기의 자료들 역시 무역관계에서 나온 것으로 설명할 수 있다.[337] 전체적으로 보아 제논의 서신왕래는 — 팔레스타인

클레이데스(Herakleides)는 그를 위해 거기까지 여행했다: PCZ 59012; 59013; 59804. 또한 59002와 PSI 322, 594를 비교하라: 조그마한 배들은 쉽게 나일 강으로 들어가 멤피스까지 이르렀다. Tcherikover, *HC*, 432 각주 79를 보라.

336) PSI 616.

337) 3세기 프톨레마이오스 왕국과의 무역에서 로도스(Rhodos)의 역할에 대해서는 Rostovtzeff, *HW* 1, 225ff. 와 3, 1370ff. 를 보라. 특히, 그 중에서도 시돈의 저명한 조공품은 로도스의 무역중개인을 통하여 알렉산드리아의 총독으로 보내졌다. PRyl 554 = C. C. Edgar, *BJRL* 18, 1934, 111f. 각주 1과 *PMichZen*. 3을 보라. 기원전 3세기의 로도스, 델로스(Delos), 아테네 등지에서 온 이스라엘의 아스칼론 상인들에 대해서는 *Schürer* 2, 124f. 를 보라. 디아스포라의 한 유대인이 기록한 가장 초기의 보고는 기원전 139년의 로마 원로원의 글을 포함하고 있는데, 여기에서는 로도스와 델로스와 함께 일련의 도시들과 에게 해의 많은 섬들을 열거하고 있다: 1마카 15:16-24. 그러므로 이 지역에 사는 유대인 숫자는 비교적 많았음에 틀림없다. 델로스에 대해서는 다음을 보라: Rostovtzeff, *HW* 1, 230ff. ; P. Roussel, *Délos Colonie Athénienne,* 1916, 86ff. 의 아스칼론과 티레, 시

에 관한 것이라 할지라도—매우 활동적이고 정신없이 분주한 경제생활의 모습을 보여준다. 이러한 삶을 처음으로 이루어 낸 사람들은 많은 그리스 관리들과 대리인들, 상인들이었다. 이들은 말 그대로 이 땅에서 넘쳐났고 "그 지역의 가장 작은 마을까지 파고들었다."[338)]

더 나아가 프톨레마이오스 2세 필라델포스 통치하의 팔레스타인에서도 이러한 활동이 넘쳐났음을 다양한 방면에서 입증할 수 있다. 제논이 팔레스타인을 여행하던 바로 그해에 시돈인들은 이두매아의 행정중심지였던 마리사에 무역소(貿易所)를 설치했을 것으로 추측된다. 그것은 가자에서 예루살렘, 아스칼론에서 헤브론, 페트라에서 욥바로 가는 교차로에 있었다. 그들은 이곳에서 향료와 조미료 중개무역을 운영했을 것이다. 그들은 또한 마리사에 독자적인 자치체(*Politeuma*)를 형성하여 빠르게 번영했으며, 거대한 암석무덤에 있는 무덤벽화가 보여주는 바와 같이 이두매아 귀족들과 교류했고, 이들과 함께 상류

돈, 다마스쿠스에 있는 그들의 거주지에 대한 언급과 청소년과정 학생들의 명단(*Ephebienliste*). 기원전 2세기에는 게르하앤인(Gerrhäer), 미네아인(Minnäer)과 나바테아인(Nabatäer)들이 나타난다. 또한 아스칼론과 얌니아의 신들의 신전에 대하여는 A. Plassart, *Exploration archéologique de Délos,* Vol. 11, 1928, 278ff., 285ff.를 보라. 유대인에 대해서는 P. Roussel, *op. cit.*, 94f., 유대인 회당으로 알려진 가장 초기의 발견(기원전 1세기), 또한 M. Hengel, *ZNW* 57, 1966, 151 각주 53을 보라. 그리고 약 기원전 100년, 유대인과 이웃한 레네이아(Rheneia)에 대한 복수를 청원하는 기도에 관해서는 A. Deissmann, *Lichten von Osten*[4], 351-362. 델로스에 대한 셈어적인 명칭은 O. Masson, in: Hommages A. Dupont-Sommer, 1971, 61-73. 에게 해에 거주한 유대인에 관해서는 *Schürer* 3, 56f.; Juster 1, 188f.를 보라. 코스(Kos) 섬에 대하여는 기원전 약 200년경 게라사(Gerasa) 출신의 압다이오스(Abdaios)가 헬리오스에게 헌정한 비문(*Weihinschrift*)과 기원전 68년의 나바테아어와 그리스어로 기록된 비문을 발견한다. 1마카 15:23에 의하면 여기에도 유대인 공동체가 있었다: O. Eisfeldt, *Kleine Schriften* 2, 1963, 309-312를 보라.

338) M. Smith, in: *Fischer Weltgeschichte* 6, 1965, ed. P. Grimal, 255.

층 봉건영주들의 삶을 이끌었다. 이로 인해 그들은 강력한 헬레니즘적·알렉산드리아적인 문화유입과 그리스어를 수용했다.[339] 대략 같은 시기에 티레인들(Tyrier)도 요르단 동쪽의 라바트-암몬(Rabbath-Ammon)에 무역소를 설치할 수 있었고, 거기에 그들 도시의 신 헤라클레스-멜카르트(Herakles-Melkart)와 그의 모친 아스테리아-아슈토르테(Asteria-'Aštorte)의 종교제의를 들여왔다. 이 도시는—동시에 매우 중요한 요새이기도 했고—프톨레마이오스 2세의 통치하에 여전히 필라델피아라는 이름을 가지고 있었는데, 대상무역의 환적항(換積航)으로써 페르시아 만과 아라비아 남부에 중요한 의미를 가지고 있었다.[340]

기원전 3세기가 지나면서 로도스와 에게 해의 반대편에서 온—부

---

339) J. P. Peters 그리고 H. Thiersch, *Painted Tombs in the Necropolis of Marisa,* 1905, 9ff. 중요한 것은 무덤에서 나온 비문인데, *op. cit.*, 12, 36, 38 = *OGIS* 593 그리고 *Schürer* 2, 4f. 각주 8은 중요하다: "'Απολλοφάνης Σεσμαίου, ἄρξας τῶν ἐν Μαρίσηι Σιδωνίων ἔτη τριάκοντα καὶ τρία καὶ νομισθεὶς/πάντων τῶν καθ αὑτὸν χρηστότατος καὶ φιλοκαιότατος, ἀπέθνεν δὲ βιώσας ἔτη/ἑβδομήκοντα καὶ τέσσαρα ἐν …." 아폴로파네스(Apollophanes)는 시돈의 자치체(*politeuma*)의 "의장"(*archōn*)이었다. 필로티온(Philothion)이라는 사람은 자신을 "시도니아(Sidōnia)라고 불렀고"(Peters/Thiersch, 66) 또한 아이코니온(Eikonion)이라는 사람도 그러했다(F. M. Abel, *RB* 34, 1925, 275). 이름의 문제에 대해서는 1권 p. 230f. 를 보라. 봉건적인 삶의 방식은, 특히 다른 것 중에서도 Rostovtzeff, *HW* 1, T. lviii(Peters/Thiersch, T. vi)가 묘사한 사냥 장면에서 나타난다. 표범사냥을 한 "휘파르코스" 아나노스(Ananus?)는 아마도 수비대의 유대인(?) 관료인 것 같다. 그 이름에 대해서는 *Josephus,* ed. B. Niese, 1955, 7, 9의 색인을, 그 그림에 대해서는 각주 11, 235를 보라.

340) Tcherikover, *HC,* 100. 멜카르트-헤라클레스(Melkart-Herakles)와 아스테리아(Asteria)의 종교제의에 대해서는 Clermont-Ganneau, *RAO* 7, 1906, 147-155; F. M. Abel, *RB* NS 5, 1908, 568-577. 또한 1권 p. 84와 각주 79를 보라.

분적으로는 그 시기를 확정할 수 있는—많은 무늬가 새겨진 항아리들로부터 우리는 대외무역이 증가했음을 알 수 있다. 이 항아리들은 유대지역과 사마리아, 갈릴래아를 포함한 요르단 서쪽 팔레스타인 전역에서 발견된다. 요르단 동편 지역에도 몇몇의 발굴처가 있다. 아마도 점령군과 그리스 관리들, 상인들뿐만 아니라 원주민 귀족들의 가족들도 그곳 원산지 상품보다, 로도스와 코스(Kos)에서 선적되어 모든 나라로 수출되었던 에게 해의 섬과 이오니아 연안의 포도주와 기름을 더 선호했을 것이다. 여기에서 우리는 아폴로니오스가 갈릴래아 포도주를 이오니아 포도주의 품질로 개선하려고 했던 이유를 알 수 있다.[341] 율법에 엄격했던 유대인들은 제의적 부정(不淨)으로 인해

---

341) 로도스의 항아리들은 해안 평야의 모든 초기 헬레니즘 유적지에서 발견되는데, 이에 대해서는 다음을 보라: J. H. Iliffe, *QDAP* 2, 1933, 155; 좀 더 초기의 문헌은 C. A. Johns, *QDAP* 3, 1934, 151('Aṭliṭ); *IEJ* 9, 1959, 274(프톨레마이스 아코); *RB* 70, 1963, 584(스트라톤의 망루); *RB* 69, 1962, 406f.〔티랏 예후다(Tirat Yehuda)〕; *RB* 67, 1960, 397〔텔 모르(Tell Mor)〕; M. Dothan, *IEJ* 14, 1964, 88〔아스돗(Asdod)〕; *QDAP* 9, 1942, 131ff.〔페트라(Petra)〕; O. R. Sellers, *op. cit.*, 41ff., 52〔베트 추르(Beth Zur)〕; Bliss-Macalister, *op. cit.*, 131f.〔마리사〕; R. A. S. Macalister, *op. cit.*, 2, 251ff.; *QDAP* 4, 1934/35, 200〔게제르(Gezer)〕; Macalister-Duncan, *PEFA* 4, 1926, 191ff., 203; 그리고 약 300~400년 예루살렘-오펠(Jerusalem-Ophel) 항아리들은 아마도 아이라(Aera)의 수비대에서 나온 것 같다. 또한 Crowfoot-Fitzgerald, *PEFA* 5, 1927, 86ff.〔튀로포에온(Tyropoeon) 골짜기, 예루살렘〕; Toombs-Wright, *op. cit.*, 45(세겜); Reisner-Fischer, *op. cit.*, 1, 310ff.; J. W. Crowfoot, *Samaria Sebaste* 3, 380; *RB* 63, 1956, 79 = *ADAJ* 3, 1956, 79ff.〔텔 도탄(Tell Dothan)〕; G. M. Fitzgerald, *op. cit.*, 44ff.(스키토폴리스); B. Maisler, etc., *IEJ* 2, 1952, 166, 22f.(필로테리아); *IEJ* 5, 1955, 211〔베트 쉐아림(Beth Shearim)〕. 또한 요단강 동편에 관해서는 E. Olavarri, *RB* 71, 1965, 93〔아로에르('Arô'er)〕를 보라. 이런 열거는 물론 불완전하다. 로도스의 무역에 관해서, 특히 포도주와 기름의 거래에 대해서는 Rostovtzeff, *HW 1*, 225ff.; 2, 676ff.; 3, 1485 각

이미 오래전부터 이방인의 포도주를 즐기지는 않았지만 말이다.[342]

필라델포스와 그의 재상이 농업발전과 수확량 증가에 쏟은 관심으로 보건대, 우리는 그들이 팔레스타인과 갈릴래아에 있는 아폴로니오스가 '하사받은 땅'(*Dōrea*)에 있는 거대한 황실 토지에서 새로운 식물과 동물, 작물 재배법을 도입했다고 추측할 수 있다.[343] 자료의 부족으로 이를 상세히 증명하기는 어렵지만, 추론할 수 있는 몇몇의 암시들이 있다. 이미 아리스토텔레스의 제자 테오프라스토스(Theophastos)는⑮ 기원전 4세기 말에 2개의 '파라데이소이'(Paradeisoi), 즉 "시리아에 있는 어떤 계곡"에 있는 페르시아 왕의 2개의 농원에 대해 말했다. 여기서 이 계곡은 앞뒤의 문맥으로 볼 때 요르단 계곡을 말하는데, 이곳에서 값비싼 발삼을 얻을 수 있었다.[344] 이와 유사한 더 후대의 보고는 디오도로스(Diodor)와 스트라본, 폼페이우스 트로구스(Pompeius Trogus), 요세푸스의 언급인데, 이들은 여리고와 엔게디('Engedi)를 직접적으로 암시하고 있다.[345]

주 93, 1486 각주 97, 1488 각주 109를 보라.

342) 단 1:8; S. Lieberman, *Hellenism*, 150; E. Bickerman(n), *RIDA* 5, 1958, 140을 비교하라.

343) 이를테면, 후기 성서시대의 탈무드 전승이 구약보다 더 많은 약초를 언급하고 있다: G. Dalman, *Arbeit und Sitte in Palästina* 2, 1932, 264-302를 보라. 또한 *Schürer* 2, 78f.; K. Galling, *BRL*, 84와 비교하라. 이는 헬레니즘시대에 적어도 새로운 식물들이 도입되었기 때문일 수 있다. 또한 다음에 인용한 보기들을 보라: Rostovtzeff, *RW* 2, 1163-8; F. Heichelheim in: T. Frank, *An Economic Survey of the Roman Empire*, 4, 130ff.

344) Theophrast, *Hist. Plant.* 9, 6, 1; 2, 6, 8; 9, 7, 1과 비교하라: 약 3백 스타디온 가량 되는 호숫가에서 향료의 원료인 갈대가 자란다. 이 호수는 비록 크기로 보면 사해와 더 가깝지만 아마도 게네사렛 호수인 것 같다. Strabo 16, 12, 16(755)와 비교하라.

345) Diod. 2, 48, 9=19, 98; Strabo 16, 2, 41(763): "낙원"과 "큰 수익"이라

테오프라스토스와 동시대인이었던 카르디아의 히에로니무스로 거슬러 올라가는 디오도로스의 보고에 의하면 작은 발삼나무(*Balsamstaude*)를 경작하는 것은 큰 이익을 가져올 수 있는(ἐξ οὗ πρόσοδον ἁδρὰν λαμβάνουσιν) 진정한 의미의 독점(οὐδαμοῦ μὲν τῆς ἄλλης οἰκουμένη εὑρισκομένου)이었다. 폼페이우스 트로구스는 유대인들이 부를 축적할 수 있는 원인을 이 독점으로 돌렸다. 호라티우스(Horaz)는 여기서 헤롯(Herodes)이 생산한 발삼나무를 특별히 가치 있는 것으로 여겼다.[346] 스트라본에 의하면 유대인은 독점을 통해 이윤을 최대한 높이기 위해 농작물 재배를 줄였다고 한다.[347] 이 모든 것에서 우리는 안토니아(Marc Anton)가 왜 이 발삼농원을 클레오파트라 7세에게 ― 아마도 오래된 요구를 들어주어야 했기 때문에 ― 선사했고, 헤롯은 그 산출물을 높은 소작료를 지불하고 되사야 했는가를 이해할 수 있게 된다.[348] 그러나 최소한 발삼을 완전히 독점하는 것은 불가능해 보였다. 자료들은 이 발삼을 재배했던 장소로 사해의 남쪽 초아르(Zoar)와 스키토폴리스, 게네사렛 호수 주위를, 또 어떤 경우에는 발삼나무의 원산지인 아라비아의 펠릭스(Felix)를, 또 직접 언급하지는

는 용어가 여기에서 나타난다. Justin, *Epit.* 36, 3(Reinach 225)에서 폼페이우스 트로구스(Pompeius Trogus); 유대고대사 4, 100; 14, 54; 유대전쟁사 1,138; 4, 469. 여리고에 대해서는 *Schürer* 1, 380-2 각주 37을, 엔게디에 대해서는 유대고대사 9, 7을 보라. Plin. *Hist. Nat.* 5, 73; *Shab.26a*(렘 52:16); B. Mazar et al., '*Atiqot* 5, 1966, 8f.와 비교하라.

346) Justin, *op. cit.*: "Opes genti ex uectigalibus opobalsami creuere"; Horace, Epp. 2, 184(Reinach 247)와 비교하라. 탈무드 전승에서 אפובלסמון는 자주 사용되는 차용어이다. S. Krauss, Talmudische Archäologie 1, 1910, 234ff.; Griechische und Lateinische Lehnwörter 2, 1898f., 99; I. Löw, Die Flora der Juden I, 1, 1926, 299-304를 보라.

347) Strabo 17, 1, 15(800).

348) 유대전쟁사 1, 361; 유대고대사 15, 96; Plutarch, *Antonius* 36(Reinach 148)와 비교하라.

않지만 이집트에 있는 한 곳을 묘사한다.349) 플리니우스(Plinius)도 테오프라스토스와 연관된 내용을 보도했는데, 알렉산드로스 당시 이 두 '파라데이소이'의 수확은 상당히 적었지만, 로마시대의 산물은 당시의 몇 배에 달하게 되었다고 한다. 이것은 5년간 도합 7~8천만 세스테르티우스(*Sesterzen*, 역주. 로마의 화폐단위로 은화 1/4에 해당함)에 달하는 것이었다.350)

더욱 놀라운 것은 사해와 이곳의 역청(*Asphalt*) 수확과 함께, 유대지역 혹은 여리고의 발삼은 고대의 문필가들에게 높은 관심을 유발시켰고, 이는 예루살렘에 있는 성전에 대한 관심보다도 더 높았다는 사실이다. 이를 가장 잘 설명해 줄 수 있는 것은 발삼독점이 그토록 중요했다는 점이다.351) 기원전 4세기에서 1세기 사이의 사료에 차이가 생기는데, 초기 로마제정(帝政)시대의 역사가들 대부분이 소실된 헬레니즘 자료들에 의존한다는 것을 고려한다면,352) 발삼독점의 중요성은 로마시대에 이르러서야 비로소 발견되는 것이 아니라, 이미 프톨레마이오스 1세까지 거슬러 올라간다고 볼 수 있다. 이들은 다른

---

349) 조아르(Zoar): I. Löw, *op. cit.*, 1, 1, 301; 스키토폴리스: Aristides, *Or.* 48 = 2, 470. Dindorf = 36 Keil, p. 82; 게네사렛 호수: Strabo 16, 2, 16(755), 또한 비교. S. Krauss, Archäologie 1, 688 각주 254; Ber. 43a(Bar.); 이집트: Dioscorides, Mat. med. 1, 18(Reinach 134f.), 여기서 디오스코리데스(Dioscorides)는 플리니우스와 같이 테오프라스토스(Theophrast)로 거슬러 올라간다; 아라비아: Diod. 3, 46, 2; Strabo 16, 419(778); Pausanias 9, 28, 3, et al.

350) Plin. *Hist. Nat.* 12, 111-123.

351) 알렉산드로스 당시의 발삼은 이미 은보다 두 배의 가치가 높았고 종종 가짜도 있었다: Theophrast 9, 6, 4 = Plinius 12, 117.

352) K. Reinhardt, "Poseidonios über Ursprung und Entartung," *Orient und Antike* 6, 1928, 60-75에 의하면, 스트라본의 사해에 대한 묘사는 포세이도니오스에게 거슬러 올라가지만, 발삼농장 이야기는 알려지지 않은 자료에서 나왔다.

지역과 마찬가지로, 페르시아로부터 넘겨받은 여리고와 엔게디 지역을 가능한 한 자신들에게 이익이 되는 방향으로 개발했다. 그리하여 경작면적을 확대하고, 갈릴래아와 이집트로 재배를 이전하여 성공을 거두었다.

또한 엔게디는 기원전 5세기 페르시아 통치하에서 꽃피웠다가 그 후 유목민의 침입으로 무너진 후기 대왕시대에도 발삼을 생산하는 지역이었는데, 이곳에서 프톨레마이오스 왕조시기에 나온 주화와 더불어 아라비아인들에 대항하여 황실 토지를 지키려 했던 강력한 요새터가 발견되었다. 그러므로 로마시대에 인공수로 시설을 갖춘 계단식 농장을 통해 번창한 발삼과 올리브 재배는 이미 프톨레마이오스시기에 시작되었을 것으로 추측된다.[353] 아가서 5:13; 6:2; 8:14는 이미 여리고의 발삼재배를 여러 가지 향료와 연관하여 언급했다. 마카베오 봉기 이후 황실 토지는 하스모니아 왕조 제사장의 소유로, 그 후에는 헤롯 왕실의 소유로 넘어갔다. 플리니우스와 솔린(Solin), 탈무드 전승은 이것이 로마시대에 황제의 영토였음을 보여준다.[354]

---

353) B. Mazar et. al, "Bin Gedi," *Archaeological Excavations 1961/62*, 1963, 6ff., 11ff., 62ff. 영역본: '*Atiqot* 5, 1966, 39-44, 51f. 세 번째 층과 동전들, 또한 세 번째 계절, B. Mazar/I. Dunayewsky, *IEJ* 14, 1964, 123ff.와 비교하라.

354) 높은 가격을 유지하기 위해 발삼재배를 제한했던 것은 아마도 유대인이 통치하던 시기로부터 시작된 것 같다. 또한 발삼은 종교적으로 중요하였다. 유대고대사 14, 54를 보라: 주스는 새벽에 예루살렘 쪽을 향하여 짜냈다. 새벽에 나무껍질을 벗기는 데 돌칼을 사용했다는 사실(좀더 이른 테오프라스토스의 기록에 대립되는 Plinius 12, 115와 Tacitus, *Hist.* 5, 6을 보라) 역시 종교적인 용어로 이해될 수 있을 것 같다. *Taan.* 27a *Bar.*는 여리고에 사는 24명의 제사장 경비원 가운데 12명을 언급한다. 이는 그들이 하스모니아 왕의 땅에 정착한 것을 의미한다. *Shab.* 26a(*Ber.*)과 43a은 둘 다 왕이 진행사항을 감독하고 있음을 가리킨다. 이외에도 "랍비의 집에서 나온" 발삼도 있는데, 이는 갈릴래아의 족장의 영토에서 나온 것이며 그것은 황

사해(死海) 역시 수면 위에 떠오르는 역청으로 고대 역사가들과 지리학자들의 관심을 불러일으켰다. 사해 주변에 기거하는 아라비아인들은 역청을 낚시질로 거두어 올렸다. 이에 대해 우리는 카르디아의 히에로니무스의 증언을 들을 수 있다: 그는 기원전 4세기 말경 안티고노스 시대에 사해 근처에서 아라비아인들에 대항하여 역청을 획득한 후 그리스 통치자들에게 넘기는 모험을 수행했지만, 결국 실패로 끝났다고 한다. 아마도 당국에서는 역청을 이집트로 수출하는 것을 막으려고도 했을 텐데, 이는 역청이 프톨레마이오스시대의 개막으로 시체의 방부처리를 위해 매우 중요했기 때문이다. 또한 포르베스(R. J. Forbes)가 지적한 대로, 필라델포스가 나바테아인들을 제압하는 과정에서 역청으로 거둔 수익을 자신의 통제하에 두려했다는 것에 대해서는 의심의 여지가 있을 수 없을 것이다.[355)]

슐라터(A. Schlatter)는 헬레니즘시기에 팔레스타인에서 파피루스도 재배되었음을 보여주었다. 그 위치는 테오프라스토스에 의하면 게네사렛 호수이고, 요세푸스의 보고에 의하면 요르단 계곡이다.[356)] 해

제에게 바치는 상납품이었으리라. 또한 Solin 35, 5(Reinach 339)와 비교하라: 로마인은 농장을 상당히 확장했으며 엔게디의 인공 관개시설로 언덕 또한 사용할 수 있었다. 이것은 이미 프톨레마이오스시대로 거슬러 올라간다.

355) Diod. 2, 48, 6-8 = 19, 98-100, 3; 100, 1에서 히에로니무스(Hieronymus)는 실패한 수장(首長)으로, 후에는 역사가로 분명히 언급되었다. 사해에 관한 더 상세한 기록들은 다음에서 발견된다: Aristotle, *Meteorola* 3, 39(Reinach 6f.); 포시니도니우스에 따른 Strabo 16, 2, 42(763f.); 폼파 트로구스(Pompa Trogus)에 관해서는 Justin, *Epit.* 36, 3(Reinach 256); Plin. *Hist. Nat.* 12, 72f. 등. Reinach 색인 366〔아스팔티데(Asphaltide)〕을 보라. 프톨레마이오스 왕조가 획득한 역청의 경제적 중요성에 대해서는 R. J. Forbes, *Studies in Ancient Technology* 1, 1955, 27-30, 98ff.; P. C. Hammond, *BA* 22, 1959, 40-48을 보라. 쿰란의 에센파도 역시 후대에 역청을 획득한 것 같다. R. de Vaux, *L'Archéologie et les manuscrits,* 1961, 68f.를 보라.

안평지에서는 많은 고고학적 발굴로 생생했던 농업활동이 입증되었다. 즉, 야파(Jaffa) 근처에서는 기원전 3세기 중반에 이제까지 개발되지 않았던 지역에 새로운 농업이주민이 정착하게 되었다.[357] 야파 동쪽 20㎞ 부근에서는 기름 짜는 기계, 엄청난 염료제조와 이를 위한 작업실, 또 이와 함께 요새 같은 창고가 발견되었는데, 이곳은 황실 토지의 중심이었던 것 같다.[358] 아스돗(Asdod) 항구인 텔 모르(Tell Mor)에서는 뿔고둥 달팽이(*Murex-Schnecken*)에서 자색 염료를 얻기 위해 작업했던 염색공장이 발견되었다. 도르(Dor)에서도 페니키아인들이 자주색 염료를 얻었다고 한다. 헬레니즘시대의 게제르(Gezer)에는 모직용 염색공장을 운영하는 '대기업'이 있었다.[359] 또 다른 염색공장은 기원전 2세기 예루살렘 북쪽의 텔 엘 풀(Tell el Fûl)과 베트추르(Beth-Zur)에서 발견되는데, 이곳에는 모직산업 센터도 발견된다.[360] 헬레니즘시대 염색공장의 존재는 양치기와 직조업(織造業)이 확대되었다는 암시이기도 하다.[361]

356) A. Schlatter, *GI*[3] 23. 393 각주 31; Theophrast, *Hist. plant*, 4, 8, 4; 유대전쟁사 1, 130 = 유대고대사 14, 33: 여리고 근처의 한 곳으로 "파피로스"(*Papyros*).

357) A. Kaplan, *RB* 62, 1933, 90f., 98.

358) *RB* 69, 1962, 406f.; 제1부 각주 142를 보라.

359) M. Dothan, *RB* 67, 1960, 397과 *BIES* 24, 1960, 120ff.; 도르에 대해서는 Claudius Iolaus, *FGrHist* 788 F. 2; 게제르에 대해서는 Macalister, *Gezer* 1, 223f.; Watzinger, *DP* 1, 101과 K. Galling, *BRL*, 154의 해석을 보라.

360) P. W. Lapp, *BA* 28, 1965, 8; O. R. Sellers, *op. cit.*, 16ff.; *RB 72*, 1963, 399를 비교하라.

361) 양치기와 양털 짜기 역시 프톨레마이오스시대의 이집트에서는 급증하였다. 예를 들면, 군대에서 사용된 특별한 시리아의 σиρίαι(양모 옷)이 있었다. 팔레스타인에서 양모산업은 중요했다. 왜냐하면 원래 이집트에서는 거의 면(棉)만을 생산했기 때문이다. Rostovtzeff, *HW* 1, 308과 3, 1390 각주

또한 인공관개(人工灌漑)도 당시 팔레스타인에 도입되었다. 이것에 대한 최초의 분명한 증거는 전도서(2:6)와 시락서(24:30f.)에 나온다. 디오도로스는 여리고의 대추야자 재배를 위한 관개수로에 대해 언급했으며, 다마스쿠스의 국화재배(*Chrysorrhoas*)는 거의 완전히 수로를 통해 이루어지고 있어서 넓은 지역에 물을 대고 있었다.[362] 또 유대 지역에 있는 산맥의 서쪽 끝자락에 있는 아둘람(Adullam)[363] 곁에는 헬레니즘시대의 인공 계단식 밭(*Terasse*)과 연못, 수로가 많이 있었는데, 아마도 경작을 쉽게 하고 물을 대는 데 이를 사용했을 것 같다. 쿰란의 〈공동체 찬양집〉(*Hodajot*)과 고고학적 발굴에 따르면 에인 페쉬카('Ein Feschka)의 살았던 에센파 사람들과 그들의 농업 거주지에, 그리고 로마시대에는 여리고와 게네사렛 호숫가, 그 밖에도 갈릴래아뿐만 아니라 하우란에도 정교한 관개시설이 설치되어 있었다고 한다. 유대·탈무드 전승에도 그러한 시설의 존재는 당연시되었다.[364] 관

108을 보라. 또한 V. Edgar, PMichZen 37과 74 Nr. 13; PColZen 1, 55ff., 61ff., Nr. 15와 17; PSI 854와 PCZ 39484를 비교하라. 또한 C. Préaux, *Économie*, 106ff. 와 비교하라.

362) 엔게디에 대해서는 B. Mazar, "'En-Gedi," 12ff. 를 보라. 제 1부 각주 354를 보라. 다마스쿠스에 대해서는 Strabo 16, 2, 16(755)를 보라. 또한 H. Bietenhard, *ZDPV 79*, 1963, 47f 를 보라. 그는 게라사(Gerasa)를 암시한다. 여리고에 대해서는 Diod. 2, 48, 4(Reinach 72)를 보라.

363) L. V. Rachmani, *RB* 67, 1960, 403 그리고 Z. Ron, *IEJ* 16, 1966, 33-49, 111-122; 연대에 대해서는 113을 보라.

364) 1QH 8.21-26와 R. de Vaux, *RB* 66, 1959, 230-7; *L'Archéologie* …, 61ff., 67ff. 에는 고도의 기술력이 들어간 치밀한 관개체계가 발견된다. 그것은 부분적으로는 염색이나 물고기 양식업과 같은 목적을 위해 사용된다. 원예의 가능성에 대해서는 *RB* 66, 1959, 254, 그리고 특히 연도가 표시된 *L'Archéologie*, 48, 59, 67ff. 을 보라. Plin. *Hist. Nat.* 5, 73과 13, 44; Reinach 372의 색인 "팔미에르"(Palmiers)와 비교하라. 여기에서는 프톨레마이오스 2세의 동전조차 발견된다. *RB* 66, 1959, 248f.; 갈릴래아와 여리고, 하우란에 대해서는 K. Galling, *BRL* 4, 84, 535f.; S. Krauss,

개시설의 도움으로 예를 들면, 요르단의 열곡(裂谷, *Jordangraben*)과 같이 기후에 적합한 영역에서는 한해 두 번 수확을 얻을 수 있었다. 게네사렛 호수의 남단에 있는 타리케아이(Taricheae)에는 그 이름 자체만으로도 헬레니즘시대에 —아마도 황실 토지로서— 어류산업의 기초가 갈릴래아에 설립되었음을 암시한다.[365] 랍비문헌들의 증거에 따르면 전체적으로 당시의 농업과 직조업, 무역업은 구약시대보다도 훨씬 더 집약적이었다.[366] 아쉽게도 자료들은 그러한 산업들의 역사적 발전을 설명해 줄 수는 없지만, 예를 들면 베트 추르의 발굴은 초기 헬레니즘시대의 소도시와 점령지 도시들의 경제생활에 대해 생생하고도 깊은 인상을 주며, 키르벳 쿰란(Chirbet Qumran)과 에인 페쉬카('Ein Feschka)의 발굴은 그로부터 대략 100년 후의 에센파 사람들조차 다양한 경제활동을 했음을 보여준다.[367] 이 시기의 기술개량에 대해서도 몇 가지 암시가 발견되는데, 당시 기름과 포도주 즙을 짜는 기술이 개선되었고,[368] 나귀방아와[369] 수차(水車),[370] 그리고 씨 뿌

Talmudische Archäologie 2, 1911, 164ff.를 보라. 탈무드 전승은 인공관개(灌漑)를 자연적인 시설로 언급한다. G. Dalman, *Arbeit und Sitte in Palästina* 2, 1932, 230ff.; R. J. Forbes, *Studies in Ancient Technology* 2, 1955, 9, 37과 비교하라.

365) F. M. Abel, *Géographie de la Palestine* II, 476f., 373: 아마도 "물고기 탑"(*migdal nûnajjā*)과 동일한 것 같다 = 막달라(Magdala).

366) M. Avi-Yonah, *Geschichte der Juden im Zeitalter der Talmud,* 1962, 20ff,

367) O. R. Sellers, *op. cit.*, 18-20; R. de Vaux, *L'Archéologie,* 12f., 22, 63ff., 68, 98; W. R. Farmer, *TZ* 11, 1955, 295-308; *TZ* 12, 1956, 56-58과 비교하라.

368) K. Galling, *BRL,* 403: 우선 빔프레스(Balenpresse), 그리고 후대의 헬레니즘시대에는 나사(*Skraube*)의 발명(기원전 394년 Archytas v. Tarentum)에 힘입은 나선형 추진기(*Schraubenpresse*); Rostovtzeff, *HW* 1, 364ff.; 2, 1190; J. Forbes, *op. cit.*, 2, 38, 133ff.와 비교하라.

369) K. Galling, *BRL,* 387(마 18:6); R. J. Forbes, *op. cit.*, 2, 144와 비교

리는 쟁기가 새로이 도입된 것으로 보인다. 쟁기의 보급을 살펴보면 고대 바빌로니아에서는 이미 알려졌지만, 팔레스타인에서는 희년서 11:23에서야 비로소 아브라함이 그것을 발명했다고 언급되고, 이집트에서는 헬레니즘시대에 가서야 비로소 볼 수 있다.[371] 마지막으로 어쩌면 당시에 크게 발전했을 건축기술을 언급할 수 있다. 그 흔적은 팔레스타인에서도 그대로 나타나는데, 히포다모스(*Hippodamos*, 역주. 밀레도 태생의 그리스 건축가로 도시계획의 아버지로 유명하다. 기원전 498~408년)의 — 기본적으로 동방으로부터 유입된 — 정확히 정방형으로 싸인 가옥형태로 된 도시에서부터, 축성기술과 일반적 가옥건축에 이르기까지 다양하다. 또한 헬레니즘 도시들에 세워진 장엄한 공공건물들도 있다. 아쉽게도 초기 헬레니즘시대의 것으로 우리에게 전해지는 것은 겨우 중요한 건축활동의 잔재들뿐이다. 흥미로운 사실 하나는, 그리스어에서 온 《미쉬나》에 사용된 차용어(借用語)들이 특별히 건축분야에서도 나타난다는 점이다.[372]

하라. 기원전 300년경 그리스에서는 이미 그것을 알고 있었다.

370) Dalman, *op. cit.*, 2, 230; S. Krauss, *op. cit.*, 2, 166; R. J. Forbes, *op. cit.*, 2, 37ff.

371) K. Galling, *BRL*, 428; Rostovtzeff, 1, 364와 비교하라.

372) 히포다모스(Hippodamos)의 도시계획에 대해서는 K. Galling, *BRL*, 499; H. Bengtson, *GG*[3], 444(Lit.)를 보라. 팔레스타인에 대해서는 다음을 보라: Watzinger, *DP* 2, 11f.(마리사), 26(사마리아). 더욱이 다마스쿠스(J. Sauvaget, *Syria* 26, 1949, 339ff., 355ff.를 보라)와 필로테리아에서도 발견된다. B. Maisler, etc., *IEJ* 2, 1952, 166ff.을 보라. 벽 쌓는 기술과 가옥건축에 대해서는 K. Galling, *BRL*, 373f.와 271f.; Watzinger, *DP* 2, 25ff.를 보라. 다음을 비교하라: J. Kaplan, *RB* 70, 1963, 578(욥바). 또한 G. E. Wright, *BASOR* 148, 1957, 24(세겜); B. Maisler, *loc. cit.*(필로테리아, 비교. *RB* 62, 1955, 87). 전체에 관해서는 Rostovtzeff, *HW* 2, 1051; *HW* 3, 1587 각주 19, 20(Lit.)를 보라. 차용어에 대해서는 1권 p. 228f.를 보라.

전체적으로 이집트에서와 같이 팔레스타인에서도 농업과 상업생산물이 눈에 띄게 증가했고, 이를 통해 세금수입이 근본적으로 증가할 뿐만 아니라 인구 자체도 증가했다고 가정할 수 있는데, 이는 무엇보다도 기원전 3세기의 오랜 평화의 시기를 통해 촉진되었다.[373] 인공관개(灌漑) 시설의 이용이나 수확량 증가를 쉽게 이룰 수 없었던 유대의 산악지역에서 일어난 인구과잉은 인구의 이동을 촉진했을 것인데, 특별히 흉년에는 주민들이 팔레스타인의 비유대지역과 이집트로 이주했다.

지중해 동쪽의 세계 전체가 그랬듯이 기원전 2세기부터 경제적 상황이 악화되기 시작했다. 안티오코스 3세의 팔레스타인 정복이 초래한 전쟁의 혼란, 이로 인해 셀레우코스 왕조가 로마에 지불해야 할 전쟁보상금으로 인한 세금부담의 가증, 그리고 마지막으로 마카베오의 독립투쟁과 이어진 하스모니아 왕조의 정복전쟁은 팔레스타인 지역의 지속적이고 순조로운 경제적 발전에 도움이 될 수 없었다. 중요한 거주지들이 때로는 많이 파괴되어서, 때로는 빈곤과 인구가 이탈되어 황폐화되었다. 그 예로 게제르나 베트 추르, 라키쉬(Lachisch), 세겜(Sichem), 그리고 아마도 베델(Bethel)과 도단(Dothan), 실로(Silo) 등과 같은 지역들도 언급할 수 있을 것이다.[374] 기원전 2세기에서 1세기로의 전환기에 새로이 탄생한 유대국가는 지속적인 영토확장전쟁과 내전에 빠져들어 정치적이고 경제적으로 고립되었고, 그 결과 경제적 악화의 길로 갈 수밖에 없었다.

---

373) 이집트에 대해서는 R. J. Forbes, *op. cit.*, 2, 27을 보라. 이집트의 인구 증가에 대해서는 Rostovtzeff, *HW* 2, 1136ff.를 보라.

374) J. P. W. Lapp, *Palestinian Ceramic Chronology*, 1961, 230.

4. 팔레스타인의 유대교에 준 영향

제논은 여행 도중 유대인들과도 밀접하게 접촉했는데, 그 가운데는 제일 먼저 유대의 토착부호 토비아스를 언급할 수 있을 것 같다. 그는 암마니티스에 있는 프톨레마이오스의 군사식민지의 사령관이었고, 요세푸스에 의하면 대제사장 오니아스 2세의 매형이었다.[375] 요르단 건너편에 있던 그의 성은 요르단 동쪽에 있던 제논의 긴 여행 행렬의 가장 중요한 목적지였을 뿐더러, 토비아스 역시 제논에게 나귀와 말 세필과 동물 조련사들을 제공하고 후하게 지원했다.[376] 이러한 호혜관계는 제논이 암마니티스를 방문한 이후에 비로소 형성된 것이 아니라, 여행시작 이전부터 두 사람 서로가 선린관계를 유지하는 데 관심을 기울이고 있었다. 아마도 제논은 아라비아인들의 세력을 제한하여 힘의 균형을 이룰 수 있는 영향력 있는 유대인들의 지원이 필요했을 것 같다. 유대인 토비아스는 제논의 서신에서 상세하게 나타나는, 팔레스타인에 있는 유일한 비(非)그리스인이었다. 그 밖의 다른 곳에서도 유대인들이 언급된다. 마을의 장로 옛두스(Jeddus)는 제논에게 돈을 빌려 주었지만 돌려받는 데 어려움을 겪는다.[377]

---

375) 유대고대사 12, 160, 164. 또한 3권 p. 53f. 를 보라.

376) *CPJ* 1, 122ff., Nr. 2b(=PCZ 59005); 2c(=PCZ 59802, 2, 18): 2d(=PLond 1930, 49행과 175행). 이 긴 목록에서 토비아스의 마부는 암마니티스(Ammanitis)를 방문하기 6주 전에 그 여행공동체의 일원으로 나온다. 그래서 토비아스는 처음부터 그 원정을 후원한다. 토비아스는 아직 출판되지 않은 Plond. inv. 2378 fr. 1 verso에서 더 상세히 언급된다. 체리코버(Tcherikover)가 *CPJ* 1, 146 Nr. 17의 단편을 발표하면서 강조하였듯이, 이것이 비록 이집트의 목록에 관한 것일지라도 유대인 토착부호(*Scheikh*)에 대한 암시, 이를테면 그로부터 온 노예들에 대한 암시가 있을 가능성을 배제할 수 없다.

377) 제1부 각주 127을 보라.

또 시몬이라고 하는 사람은 갈릴래아에서 시돈으로 가는 곡물상인을 인도한다. 서신의 편집자가 추측하는 대로, 그가 아폴로니오스에게 고등어를 채운 단지를 보냈던 바로 그 사람인지는 명확하지 않다.[378] 그 밖에도 그렇게 긴 여행 행렬을 이끄는 사람들로서 호사이오스(ʽΟσαῖος = הוֹשֵׁעַ)와 한나이오스(ʽΑνναῖος = חָנָן)와 같은 아주 낮은 지위의 유대인들도 나타난다.[379] 마지막으로 제논에게 고용된 유대인 노예들도 언급할 수 있다(1권 172f.를 보라). 여기서 암시적으로 드러나는 사회적 이분화는 결코 우연이 아니다. 프톨레마이오스 왕조는 셈족 계열의 상류층과 접촉하는 데에 깊은 관심을 기울였는데, 이는 이집트와는 다른 상황에서 자신들의 통치권을 유지하기 위해 이들을 필요로 했기 때문이다. 만일 셈족 계열의 상류층이 그리스의 언어와 삶의 방식을 받아들일 준비가 된다면—예를 들면 마리사에서 볼 수 있던 것처럼(1권 p. 230f.를 보라)—그들은 그리스인들과 동등하게 될 가능성이 있었다. 셈족 계열의 상류층은 원래부터 헬레니즘의 확장에 적극적인 옹호자가 되었다. 그런가 하면 시골의 하층민들과 "마구잡이로 착취당한 노예들"(σώματα λαϊκα ἐλεύθερα)은 일차적인 착취의 대상으로 나타난다. 하지만 이 역시 그들의 경제적 생산성이 제약되지 않는 한에서만 허용되었다. 그러한 착취경향은 그리스인들이 그들 모국의 유산을 통해 도시문화에 관심을 가졌고, 개방된 마을(*Chōra*)을 멸시했다는 사실을 통해 더욱 강화되었다. 그들은 농촌주민들에 대한 어떤 문화적인 사명을 느끼지는 않았다. 이러한 태도는 특히 이미 오랫동안 페니키아의 상업적인 도시문화가 압도적이었던, 이를테면 해안 평지와 같은 곳에서는 팔레스타인의 비유대인 지배계

378) PColZen. 1, 3ff., Nr. 2, Col. 3.22, 비교. p. 9(=*CPJ* 1, 124 Nr. 2e). 선물에 대해서는 PCZ 59508을 보라.

379) *CPJ* 1, 127f., Nr. 3(=PJand Giessen, inv. 413).

층에 의해 손쉽게 받아들여질 수 있었던 반면, 유대지역에서는 지속적으로 강력한 종교적 저항에 직면해야 했다. 이스라엘에서는 포로기 이후부터 예언자의 설교를 통해 깊이 뿌리 내린 사회적 전통이 영향력이 있었다. '가난한'이라는 용어는 어떤 형태로든 실제적으로 종교적 의미의 긍정적인 면을 가지고 있었고, '의로운'이라는 단어는 '무고하게 억압받는'이라는 의미에 가까운 뜻을 지니게 되었다.[380] 이러한 어휘의 변용(變容)은 그리스인에게서는 일어날 수 없었을 것이다.[381] 왜냐하면 그들에게 가족이나 폴리스에 대한 책임도 아닌, 가난해진 동료들에 대한 책임이라는 의식은 원래부터 없었기 때문이다. 무엇보다도 볼케슈타인(H. Wolkestein)이 연구한 두 세계의 이러한 대립적 관점은, 아마도 결국 강력하게 확산된 노예제에 의해 사회적 대립구조가 강화된 동방세계와 그리스·로마 세계의 사회적 관점 사이에 깊이 뿌리내린 차이에 근거하는 것 같다.

여기서 이미 헬레니즘 이전시기 유대지역의 사회적 상태란 모든 면에서 이상(理想)과 달랐다. 이는 느헤미야에게 올린 몇몇 백성들의 유창한 탄원에서 나타난다.

---

380) A. Kuschke, *ZAW* 57, 1939, 40ff., 441f., 49f.; E. Bammel, *TWNT* 6, 888ff.; C. van Leeuwen, *Le développement du sens social en Israel avant l'ère chrétienne*, 1955, 117-152.

381) H. Bolkestein, *Wohltätigkeit und Armenpflege im vorchristlichen Altertum*, 1939, 129: "가난한 자의 몫을 받아들여만 한다는 것을 결코 강조하지도 추천하지도 않았다"(114f., 118, 241ff., 248ff.와 비교). 그러므로 그리스인에게 구제(*Almose*)에 해당하는 단어는 없다(114, 213). 노예의 역할에 대해서는 463f.; 이스라엘의 가난한 자를 향한 행동에 대해서는 38ff.와 401ff.를 보라. 또한 W. Schwer, *RAC* 1, 691ff.와 Bolkestein/Kalsbach, *RAC* 1, 698ff.를 보라. 볼케슈타인(Bolkestein)이 몇 가지를 인용한 동방의 유사점에 대해서는 E. Bammel, *op. cit.*, 6, 891 각주 48-50과 892 각주 53을 보라.

우리는 곡식을 얻어먹고 살기 위해 아들과 딸을 저당 잡혀야[רַבִּים(많다) 대신 עֹרְבִים로 읽음]했다. 다른 이들은 말하기를, '우리는 기근 때 곡식을 얻기 위해 밭과 포도원을 저당잡혀야 했다'고 하며, 또 다른 이들은 말하기를, '우리는 왕에게 세금을 바치기 위해 우리 포도원으로(עַל =-에) 돈을 받아들여야 했다. 우리 육체도 우리 형제의 육체와 같고, (또한) 우리 자녀도 그들의 자녀와 같이 선하지만, 이제 우리 아들과 딸을 종으로 강등시킬 수밖에 없다. 참으로 우리 딸들 몇은 벌써 종이 되었지만(*entwürdigt*), 그것에 대하여 우리는 아무것도 할 수 없으니, 이는 우리의 밭과 포도원이 이미 남의 것이 되었기 때문이다!'[382]

비록 느헤미야 자신도 몇 배로 채권을 가지고 있었지만, 그는 자신의 친척들이나 "귀족과 민장(民長)들"(5:7, 10)의 편을 들지 않고 사회적 약자의 편에 섰다. 또한 민회(民會)에서 일반 채무의 탕감을 실행했다. 그가 개혁에서 제사장 그룹보다는 레위인에 더 의존했고 레위인들에게도 밭 작물수확의 십일조를 거두어들였다는 사실도[383] 단지 정치적이고 종교적인 배경만이 아니라 사회적 배경을 갖는 것이었다. 또한 헬레니즘시대에 제사장들이 자신들에게 돌아올 십일조의

---

382) 느 5:1-5. 또한 W. Rudolph, *Esra und Nehemia*, 1949, 129ff.를 보라.

383) 느 13:10-14; 10:38a, 12:44f, 38b-40의 첨가문과 비교하라. 여기에서 느헤미야의 역할은 또 다시 "감독관"(סגנים)을 꾸짖는 일이다. 또한 M. Smith, *Fischer-Weltgeschichte* 5, ed. H. Bengtson, 1965, 363을 보라. 제사장보다 레위인을 선호하는 것은 역대기 사가의 작품에서 계속된다. W. Rudolph, *Chronikbücher*, 1955, xxii를 보라. 레위인은 무엇보다도 바른 교훈의 전달자가 되었다: 느 8:12; 대하 17:7ff.; 30:22; 35:3 등. K. Galling, *Die Bücher der Chronik, Esra, Nehemia*, ATD 12, 1954, 11은 역대기 작품의 편집가인 "제2역대기 사가"는 "레위 집단"에서 유래했을 가능성을 고려한다. 연대 설정에 대해서는 15ff.를 보라: 편집시기는 기원전 197년경 안티오코스 3세 시대로 잡는다.

몫을 요구했다는 점은 특이하다.[384] 느헤미야가 자신의 시대에 어렵게 무마시킨 사회적 갈등은 이제 프톨레마이오스 왕조의 '경제·사회 정책'에 직면하며 본질적으로 첨예화되었다. 왜냐하면 거기에는 무엇보다도 종교적 동기가 작용했기 때문이었다.

새로운 통치자들은 '귀족과 민장들'과 대토지를 소유한 귀족들, 최고의 제사장계층에 의존했는데, 150년 전 느헤미야는 이들을 신랄하게 비난했다. 이 계층들 대부분은 주로 느헤미야와 에스라의 개혁들에 대하여, 그리고 여기서 자란 법적 엄정주의와 분파주의를 거절하며 저항했다. 비록 백성들 다수에게 관철될 수는 없지만, 개혁의 공공연한 적대자들인 사마리아의 산발랏(Sanballat)과 "암몬족속"(*ammonitisch*) 토비아스 가문은 결코 서로간의 접촉을 포기할 수

---

384) 레위인이 십일조에 대한 자신들의 몫에 대한 권리를 주장하는 것은 P문서로 거슬러 올라간다(민 18:21, 241f.). O. Eissfeldt, *Erstlinge und Zehnten im AT,* BWAT 22, 1917, 115ff., 131. 그는 그것이 이미 벤 시라의 시기에 제사장으로 옮겨갔다고 추측한다: 시락 7:31; 35(G. 32):10f.; 45:20f.; B. Scballer, *ZNW 54,* 1963, 23 각주 48a는 그와 반대 주장을 펼치지만, 아이스펠트(Eissfelt)는 이 가정을 반박하지 않는다. 유딧 11:13과 *Jub.* 32,15 이 두 본문은 모두 아마 이미 십일조 수혜의 권리가 확립되었던 관습을 반영하는 듯한데, 그래서 십일조가 제사장에게 넘겨지는 과정을 당연하게 여겼다. 고대적인 것처럼 다듬어지고 있는(*archaizierende*) 토빗 1:6-8이 이것에 대한 반증이라고 원용(援用)될 수는 없다. 왜냐하면 여기에서 특히 십일조를 늘리고자 하는 경향이 있었기 때문이다. Eissfeldt, *op. cit.*, 119ff., 123을 보라. 역대기 사가의 강력한 친레위적인 경향은 제사장 귀족과 레위인 사이의 긴장을 일으켰을 것이고, 이 긴장은 제 2성전이 파괴되기 전까지 계속되었을 것이라 추측된다. 유대고대사 20, 216ff.에도 십일조 문제가 주요 논쟁점 중의 하나가 되었다. 아마도 이 문제를 제사장에게 유리한 쪽으로 해결하는 경향은 열정적인 대제사장 '의인 시몬'으로 거슬러 올라갈 수 있다. 벤 시라가 제사장에 대해서는 종종 언급하지만(시락 7:29, 31; 50:1, 12, 24) 레위인에 대해서 말하지 않은 것은 결코 우연이 아니었다.

없었다.[385] 그들은 페르시아시대에 비해 영향력을 행사할 수 있었는데, 이는 토비아스가 대제사장과 인척관계가 된 것과 — 요세푸스의 언급을 통해 입증된 — 토비아스 가문이 예루살렘으로 이주했다는 사실에서 나타난다.[386] 이 그룹의 사람들은 '이방인'들과 접촉하여 이익을 추구했다. 그 이방인이 페니키아의 상인이든, 아니면 잠언이나 혹은 벤 시라에서 그토록 신랄하게 공격 받는 그리스인이든 말이다.[387] 징세를 책임지는 자들은 아마도 여기서 나왔을 것이다. 즉, 지도자 제사장 가문들은 예를 들면, 에체키아스(Hiskia)와 같은 성전금고 관리자들을 임명했는데, 그는 프톨레마이오스 1세 시기에 이집트로 이민을 갔으며, 가명의 헤카타이오스(Ps. Hekataios)가 그토록 찬양했던 "비교할 수 없는 업무능력"과 언변과 그리스인들과의 밀접한 접촉(συνήθης ἡμῖν γενόμενος)을 가졌던 사람이었다.[388] 제사장들과 평신도 귀족들에게는 온갖 종류의 징세도급을 받을 가능성이 열려 있었고, 프톨레마이오스 왕조의 세금체제 역시 그들에게는 여러 방면에서 만족스러웠다. 게다가 토비아스와 그의 아들 요셉, 그리고 위에서 언급한 시몬의 예에서와 같이, 그들과 알렉산드리아에 있는 지도자들은 좋은 관계를 유지했다.

경제적, 사회적 이유와 아울러 종교적 이유에서 생긴 갈등의 씨앗

---

385) 사마리아에 대한 연관에 대하여는 M. Smith, *Fischer Weltgeschichte* 5, ed. H. Bengtson, 1965, 367, 369ff.를 보라. 산발랏(Sanballat) 가문에 대해서는 F. M. Cross Jr, *BA* 26, 1963, 120f.; K. Galling, *Studien*, 208f.를 보라. 토비아스 가문에 대해서는 1권 p. 127f.와 3권 53f.를 보라.

386) 유대고대사 12, 160. 222.

387) 제 1부 각주 256/7을 보라. 시라에 대해서는 이 책 제 3부 각주 284를 보라.

388) 아피온 반박 1, 187: "…ἔτι δὲ καὶ λέγει δυνατὸς καὶ τοῖς περὶ τῶν πραγμάτων, εἴπερ τις ἄλλος, ἔμπειρος"(게다가 그는 능력 있게 말하여 일처리에 대하여는 다른 사람과 같이 노련했다). 제 1부 각주 166을 보라.

을 남겨둔 채로 진행된 발전이 바로 이곳에서 시작되고 있었다. 상대적으로 작지만 부유하고 강력한 상류층은 인접한 국가들처럼 그리스 통치자들의 신뢰를 받았다. 이들에 대항하여 한편으로는 주로 낮은 제사장계층과 레위인들로부터 토라를 신실하게 지키며 신정주의를 대변하는 자들이 집결했는데, 이들의 보수적이고 율법·제의중심적인(*nomitisch-kultisch*) 태도는 무엇보다도 역대기 작품과 그 편집, 그리고 벤 시라에게서 표명되었다.[389] 다른 한편으로는 예언전승을 이어받아 묵시문학을 태동시키며 이미 형성되었던 그룹도 저 상류층과 맞서게 되었다.[390] 이 두 그룹은 비록 서로가 일치하지는 않지만, 예루살렘에서 귀족권력이 성장하고 그리스적 관습이 침투하는 것을 극도로 불안하게 생각했다. 반면, 이 그룹들에 속한 자들 역시 자신들의 삶의 방식에서 타협하여 새로운 통치자들과 특권계층으로 상승하려는 유혹에 직면했다. '궁정이야기' 양식에 대한 호감을 가진 것으로 보아 탁월한 유대인들에게 그러한 유혹은 적지 않았음을 말해준다. '신정주의'의 이상만으로는 헬레니즘 문명의 여러 가지 유혹을 강력히 저항하는 데 충분하지 않았다(1권 139f. 와 3권 53ff. 를 보라). 이

---

389) 역대기 작품들에 대해서는 K. Gallng, *Die Bücher der Chronik, Esra, Nehemia,* ATD 12, 1954, 8ff. ("제2역대기 사가"인 편집가에 대하여는 10ff., 14-17) 등; 제1부 각주 384와 *RGG*[3] *1,* 1804f. 를 보라. 또한 W. Rudolph, *op. cit.*, viiif., xviiiff. 와 비교하라. 역대기 저자는 사마리아인과 특히 이집트에서 형성되는 디아스포라 공동체의 유대인에게 예루살렘 성전의 합법성을 보이기 위해 유다의 역사를 이상화했고, 하나님의 구원이 그곳에 현존한다는 선언으로서의 성전제의를 강조했다. "제2역대기 사가"의 디아스포라에 대한 관심에 관해서는 K. Galling, *op. cit.*, 16을 보라. 스 7:25와 비교하라: 에스라의 권세는 유프라테스 넘어 사는 모든 유대인에게 미쳤다.

390) O. Plöger, *Theokratie und Eschatologie,* 37ff., 57, 62ff. 또한 2권 p. 209ff. 를 보라: 하시딤(die Chasidim).

러한 저항이 '약화되는 경향'은 일찍 나타났을 것인데, 왜냐하면 이미 기원전 3세기 초에 압데라의 헤카타이오스(Hekataios von Abdera)는 유대인들이 페르시아와 마케도니아인들의 통치기에 "이방인들과의 혼합으로 인해"(ἐκ τῆς τῶν ἀλλοφύλων ἐπιμιξίας) "선조들에게서 물려받은 율법 가운데 많은 것들을 바꾸려했다"(πολλὰ τῶν πατρίων τοῖς Ἰουδαίοις νομίμων ἐκινήθη)고 증언하고 있기 때문이다.[391)]

초기 프톨레마이오스 왕조하에서 하층민들이 경제생활에 적극적으로 동원되어 맺은 그 열매를 자신들이 얼마나 누렸는지를 말하기는 어렵다. 아마도 그들의 상황은 오랜 평화의 시기를 통해 개선되었을 것이다. 그러나 정교하게 고안된 세금과 납세체제는 그들에게 큰 부담을 주었고, 그리스식 관습에 친근한 소수의 상류층과 대다수의 백성들 사이의 간격은 페르시아시대와 비교해 볼 때 더 불거지지는 않았지만, 아마도 그 차이는 현격해졌을 것이다. 그리하여 백성들은 새로운 이방인의 통치를 동의하기 어려웠을 것으로 추측된다. 예언자들의 설교와 시편에서 나타나는, 부유하고 불경건한 사람들과 가난하고 죄 없이 억압받는 경건한 사람들 사이에 나타나는 이스라엘 내부의 전형적인 대립은[392)] 사회적 대립을 종교적으로 해석할 수 있는 가능성을 열어주었다. 그러기에 후기의 어느 시편과[393)] 잠언의 가장

---

391) Diod. 40, 3, fr. 13, 9(Reinach 19f.).

392) 시 9:13, 19; 10:2, 9, 17; 25:16ff.; 35:10; 37:14, 16; 40:15-18; 69:20-30; 86:1, 14 등. E. Bammel, *TWNT* 6, 891f.; J. J. Stamm, *TR* 23, 1955, 55ff.를 보라.

393) 아람화된 형태 "עֲנָוִים"(아나님. 가난한 자들)이 전적으로 종교적인 어조를 갖는다는 것은 중요하다. E. Bammel, *op. cit.*, 6, 892f.: "아람어 עֲנָוִים으로 묘사되는 경건한·겸손한 자라는 의미의 עֲנָיִים이라는 일련의 어군은 일차적 혹은 부차적으로 시편 안으로 들어왔다." 후에는 하시딤의 시149에서 'עֲנָוִים'과 'קְהַל חֲסִידִים'은 완전히 일치하게 되었으리라(2권 p.209f.를 보라).

늦은 전승의 일부,[394] 예언전승의 마지막 부분,[395] 그리고 무엇보다도 전도서에서[396] 그러한 종교·사회적 대립의 암시가 내포되었을 가능성이 있다. 이러한 대립은 그후 마카베오 봉기라는 가장 첨예한 장(場)에서 다시 일어난다(3권 p. 121f. 를 보라). 전도서는 기원전 3세기, 가장 정확하게는 대략 기원전 280~230년경의 사회적 정황을 묘사해 주고 있다(2권 p. 37ff. 를 보라). '전도자'는 과도하게 부를 추구하려는 속성을 이렇게 묘사했다.

> 돈을 사랑하는 자는 돈으로 만족하지 못하고
> 부를 사랑하는 자는 소득으로 만족하지 아니하나니
> 이것도 헛되도다.
> 재산이 많아지면 그것을 먹는 자들도 많아지나니 … (5:9f).

이 끝없는 부에 대한 탐욕의 이면에는 가난한 자들을 억누르는 경향이 존재한다.

> 내가 돌이켜 해 아래서 일어나는
> 모든 학대를 살펴보았도다.
> 보라, 학대받는 자들의 눈물이로다.
> 그들에게 위로자가 없도다.
> 그들을 학대하는 자들의 손에는 권력이 있으나
> 그들을 보복하는 자가 없도다(4:1).[397]

---

394) 잠 1:13, 17, 19; 3:31; 4:17(11:26, 28과 비교하라).

395) 사 24:2; 26:5f.; 슥 10:3ff.; 11:4ff., 15ff.; 13:7ff.: 대제사장에 대항하여.

396) 전 5:9f.; 6:7ff. 와 비교하라. 전 5:9-6:9 단락 전체는 근본적으로 부의 가치와 무가치함을 다룬다.

이 구절과 다음 구절에는 위계적으로 계층화된 프톨레마이오스의 행정관료주의의 압박이 반영되는데, 그 관료들은 상류층과 함께 백성들을 착취하고 있다.

> 너는 빈민을 학대하는 것과
> 정의와 공의를 짓밟는 것을 그 지방에서(בַּמְּדִינָה = νόμος) 볼지라도
> 그것을 이상히 여기지 말라.
> 높은 자는 (또 다른) 높은 자가 감찰하고
> 또 그들보다 더 높은 자도 있느니라(5:8).

이어지는 또 다른 구절은 아마도 프톨레마이오스 왕조의 농업에 대한 관심을 암시할 것 같다.

> 땅의 이익은 모든 사람을 위하여 있나니,
> 왕은 경작된 땅을 바라고 있느니라(5:9).[398]

돈 버는 일에 매료되어 그 돈을 향유할 수 없을 정도로 정력적인 사업가는 초기 헬레니즘시대의 전형적인 인물이다. 그 가장 좋은 예가 재상(宰相) 아폴로니오스와 그의 대리인 제논이다. 토비아스 요셉은 제논의 유대인 파트너라고 할 수 있다(1권 p. 127f. 를 보라). 우리는 이러한 전형적인 인물묘사를 전도서와 시락서의 작품에서, 그리고 새로운 희극에서도 발견한다.[399] 여기서 귀족적인 지혜교사였던

397) 전 4:1; 비교. 3:16; 8:10; 9:16.

398) 전 5:7f. 이 책 제3부 각주 58을 보라. 이 구절에 대한 *Mek. Ex.* 17.14 (Lauterbach 2, 150)에 나오는 날카로운 풍자를 담고 있는 주석을 보라.

399) 전 5:11f., 16(18); 6:1ff, 6ff.; 비교. 4:4; "경쟁": 시락 11:10-19, 비

'전도자'는 스스로 "돈의 그늘 아래"(전 7:12) 서 있는데, 이 곤경을 관찰하고 드러내지만 사실 이를 비난하지 않는 특징을 보인다. '전도자'에게 있어 사회적 문제는 좀더 후기의 벤 시라와는 반대로 결코 독립적인 문제가 아니다. 그것은 아마도 그가 이미 헬레니즘의 시대정신하에서 새롭고 비판적인 방법으로 숙고했을 인간 운명의 불가해성(不可解性)을 관찰하는 자료였을 것이다(2권 p. 42ff. 를 보라).

그리스인의 합리적·기술적 질서에 근거한 이 '사회적 기후'의 변화는 아마도 마소라 본문에 대한―2세기 중반에 나온―《70인경》 이사야서 58:6의 소(小) 번역본에 대한 이본(異本)에서 설명될 수 있다. 즉, 마소라 텍스트는 "내가 기뻐하는 금식은… 흉악의 결박을 풀어주며 멍에의 줄을 끌러주며 압제당하는 자를 자유하게 하며 모든 멍에를 꺾는 것이 아니겠느냐"와 같이 상징적인 방식으로 그것을 설명하는 반면, 《70인경》에서는 사회적 변화를 "강제계약의 줄을 풀러주고(βιαίων συναλλαγμάτων), 그들을 해방시켜(ἐν ἀφέσει) 파기된 계약을 면제해주고, 모든 불의한 계약을(πᾶσαν συγγραφὴν ἄδικον διάσπα) 깨어버리라"와 같이 구체화하여 독특하게 표현한다. 우리는 이 새로운 태도를, 예를 들면 베트-아나트(Beth-Anath)에서 갈릴래아 농부들이 일으켰던 저항에서 보게 된다. 아폴로니오스의 대리인은 "촌락에 고용된 관리"(*Kōmomisthōtēs*)와 맺었던 물품 인도계약을 근거로 들이대며 기한에 맞춰 대금을 지불(εὐτακτεῖν)하라고 요구한다(PSI 554 12ff., 33f행). 고관이 '은전'(τὰ φιλάνθρωπα)을 베풀어 줄 것을 호소한 것은 그 다음에야 기대할 수 있었다고 한다.

교. 13:24f.; 14:3f.; 21:8; 31(G. 34):3ff., 비교. Menander, fr. 624(Kock), 또한 621, 665, 539, 301, 281; H. L. Ginsberg, *Studies in Koheleth,* 1950, 44를 보라.

특이하게도 유대교 지혜문학의 주장들은 사회적 문제들을 평가하는 데 있어서 예언자들의 설교와는 달리 이제 더 이상 획일화되지 않는다.⑯ 즉, 인간은 부(富)와 그 부가 가져다주는 경제적 자립 모두를 평가할 줄 안다.[400] 또한 잠언과 시락서는 가난을 — 그리스와 완전히 유사하게 — 자업자득으로 정죄하고 있다.[401] 그렇지만 부당하고 교만한 부자들에 대한 심판과 가난한 자들에 대한 동정도 그에 못지않게 강력하다. 부에 대한 동경과 부를 정죄하는 이 대립된 태도는 그후 랍비 전승에 이르기까지 발견된다.[402] 반면 하시딤과 묵시적 공동체들은 부에 대한 비난과 청빈에 대한 종교적 존경을 더 분명하게 부각시키는데, 이는 쿰란의 재산공유공동체(*Gütergemeinschaft*)와 '가난한 자들'(אביונים)로서의 자부심에서 완벽히 표현된다(2권 p. 415를 보라). 이러한 비유대인 세계와 경제적·문화적으로 접촉하는 것에 대한 경건한 자들의 반대는 벤 시라에게서 가장 분명하게 표현되는데, 여기서 그는 바쁘게 돈을 버는 것과 기만을 일삼는 상인들을 논박하고 있다(2권 p. 98ff. 를 보라).[403] 기원전 198년 안티오코스 3세가 예루살렘을 정복한 후에 정통 제사장 가문에 속한 자들은 '의인 시

---

400) F. Hauck/W. Kasch, *TWNT* 6, 323f.; 잠 2:10; 3:16f.; 8:18; 10:15; 11:16; 13:8, 11; 14:20; 19:4; 22:4; 전 2:24f.; 3:12; 7:12; 9:7ff.; 시락 10:30; 19:1ff.; 44:1-8 등. 이 책 제3부 각주 210을 보라.

401) 잠 6:6-11; 10:4f.; 12:24, 27; 14:25; 20:13; 21:17; 23:21 등. 시락 18:32f.; 25:2f.; 40:28-30. 그것에 대한 그리스적인 관념에 대해서는 H. Bolkestein, *op. cit.*, 174ff., 282ff. 를 보라.

402) E. Bammel, *TWNT* 6, 893; 잠 11:28; 18:10ff.; 28:6, 11; 후기 성서시대, 특히 랍비 유대교에 대해서는 Bill. 1, 818ff., 822ff., 826ff.; H. Bolkestein, *op. cit.*, 401ff.; F. Hauck-W. Kasch, *op. cit.*, 323f.; E. Bammel, *op. cit.*, 899ff. 를 보라.

403) 시락 26:29-27:3; 31(G. 34):5f. 그리고 11:10ff., 34(1권 p. 292를 보라)와 비교하라. 안티오코스 3세에 관해서는 *Ant*, 12, 145f.; 이 책 제4부 각주 90을 보라.

몬'(Simon der Gerechte)의 지도 아래 왕으로부터 — 이른바 정결의 근거와 성전의 신성성을 보호하기 위하여 — 불가피하게 그 도시에서 이방인과의 교역뿐만 아니라 통관무역에서 이방인의 세력을 제한하는 규정을 발효시키는 데 성공했다. 시몬의 아들 오니아스 3세와 성전의 재정관리자 시몬 사이의 투쟁 역시, 특이하게도 이 도시에서의 무역에 관한 '아고라노미아'(*Agoranomia*, 역주. 치안규정) 문제에서 발화되었다. 시몬은 토비아스 가문의 지지자였고, 결국 오니아스 3세의 퇴위를 이끌어냈다(1권 p. 118f. 와 2권 168을 보라).

> 제의적 규정으로 이방인과의 교역이 방해를 받는 것은 마카베오 시대 이후 더 강력하게 나타난다. 그리하여 이른바 〈조상들의 어록〉(*Pirqe. 'Abot*)⑰의 첫 번째 "교사 군(群)"(Lehrpaar, 1권 p. 287을 보라)인 요세 벤 요에제르(Jose b. Joezer)와 요세 벤 요하난(Jose b. Johanan)은 "이방인의 나라들"과 — 알렉산드리아와 티레, 시돈에서 수입된 사치스런 — 유리그릇(비교. 욥 28:17)을 레위기적 관점에서 부정한 것들로 선포하게 된다. 이러한 규정은 마카베오시대(2권 p. 208ff. 를 보라)의 하시딤이 전쟁의 재난으로 늘어나는 이주를 막고 사치품 수입을 막기 위해 공포했다. 시므온 벤 쉐타(Simeon b. Setah. 대략 기원전 100년)는 후에 이 규정을 철저하게 모든 금속도구들로까지 확대했다. 이것들은 녹여서도 다시 '정결하게' 될 수 없었다(Šab. 14b; jPes. 27d, 54ff.; jKeth 32c, 4ff.; 비교 Šab. 16b). 그 이전에 이미 여호수아 벤 페라야(Jehosua b. Perahja. 대략 기원전 130년)는 '알렉산드리아에서 생산된 밀'의 수입을 금지시켰다고 한다. 왜냐하면 이집트의 부정한 나일 강물이 관개용(灌漑用) 바퀴(אנטליה = ἀντλία)를 통해 농토로 들어오게 되었고, 이것은 레위기 11:38에 따라 부정하게 되었기 때문이다. 그렇지만 그의 이러한 엄정한 태도는 받아들여지지 않았는데, 이는 생활필수품 가격을 높이지 않고 또 흉년 때 곡물공급을 보장하기 위함이었을 것이

다(T. Makh. 3,4. 675행). 거꾸로 오래된 《미쉬나》 전승은 가축을 이방인들에게 팔지 못하게 했다(Pes 4,3; 'AZ 1,6; Cf. 'AZ 7b). 우리는 CD 12.8f.에서 유사한 규정을 발견할 수 있다. 여기서는 모든 부정한 동물과 새를 이방인에게 판매하는 것이 금지되었는데, 이는 "그들이 이것으로 제사를 드리지 못하게 하기 위함이었다." 또한 '탈곡기'와 '포도주 제조기'의 산물(CD 12.10), 즉 곡식과 포도주 모두를 이방인들에게 판매하는 것을 근본적으로 금지했다. 여기서도 역시 원래 하시딤적인 엄격한 규정이 주제가 되는 것으로 보인다. 종교제의적 계명과 금령을 통해 경제적 보이콧에 비교될 정도로 비유대인들과의 모든 무역거래를 봉쇄하려는 경향은 기원후 66년 제1차 유대인 봉기시에, 부정하다는 이유로 외국의 기름과 식료품 수입을 금지했을 때 다시 나타난다.[404)]

또 다른 본질적인 특성은 예루살렘이 유대지역의 유일한 '도시'로써 농촌에 대해 결정적 우세를 점하게 되었다는 점이다. 느헤미야가 강제적 도시통합(*Synoikismos*)⑱을 통해 농촌의 주민들 일부를 도시로 이주시켜야 했던 반면, 유대지역은 이제 외관상으로 예루살렘이라는 '폴리스'에 속하는 지역으로 생각되었다. 물론 이것은 사실상 구조적으로는 옳지 않지만 말이다.[405)] 징세도급관 요셉을 통해 경제적인 도약을 경험했던 이 도시는 이제 고대 문필가들의 관심도 끌었다. 전기작가이자, 안티오코스 4세 에피파네스와 동시대인이었을 티모카레스(Timochares)는 이 도시의 둘레를 40스타디온(7.4㎞)으로 여겼는데, 이는 아마도 너무 높은 수치였을 것 같다. 이와 같은 수치가 〈아리스테아스 편지〉(*Ps. Aristeas*) 105f.에서도 발견된다. 혹은 얼마

404) S. L. Ginzberg, *On Jewish Law and Lore*, 1955, 79ff.; M. Hengel, *Zeloten*, 205ff., 208.

405) Tcherikover, *IEJ* 14, 1964, 61-78. 또한 E. Bickerman(n), *JBL 63*, 1944, 356과 비교하라: 예루살렘은 법적으로 '폴리스'가 아니었다.

후에 지형학자 크세노폰(Xenophon) 내지 무명작가는 좀더 현실적일 수 있는 수치로 27스타디온을 언급했다. 예루살렘 자체는 그리스적 관념으로 보아도 이제 더 이상 작은 도시가 아니었다.[406] 당시까지도 성전은 예루살렘의 절대적인 중심을 이루고 있었고, 이 구조는 제2성전의 말까지 유지되었다. 폴리비오스는 "히에로솔뤼마(Hierosolyma)라고 불리는 성전 주위에 거하는"(유대고대사 12, 136; 비교. 시빌 3, 213f.) 유대인에 대해 언급했다. 토비아스 가문의 예가 보여 주듯이 귀족들은 이 도시에 더욱 많이 거주하게 되었다. 토착부호 토비아스가 주로 암마니티스에 있는 자신의 성에서 거주했던 반면—제논은 놀랍게도 그를 예루살렘이 아닌 그곳으로 방문했다—우리는 수도(首都) 예루살렘에서 그의 아들 요셉과 그 아들들을 발견하게 된다. 토비아스 가문이 결정적인 역할을 했던 마카베오 봉기의 전사(前史)는 근본적으로 예루살렘 내부의 정파간 투쟁의 역사로 이루어졌다(3권 p. 80ff. 를 보라). 또한 헬레니즘의 문화유입은 우선 압도적으로 이 대도시로 한정되었다. 그리하여 도시와 농촌 주민(עם הארץ) 사이의 오래된 대립은 새로이 날카롭게 부각되었고, 그 이후 유대지역의 역사에서 기원후 70년 거룩한 도시의 파괴 때까지도 결정적인 역할을 했다.[407]

---

406) 티모카레스(Timochares)에 대해서는 *FGrHist* 165 = Euseb *Pr. Ev.* 9, 35 (Reinach 53); R. Laqueuer, *PW* 2R. 6, 1258을 보라. 크세노폰(Xenophon) 혹은 익명의 사마리아인에 대해서는 *FGrHist* 849 = Euseb *Pr. Ev.* 9, 36(Reinach 54)를 보라. 이 경우 모두 알렉산드로스 폴리히스토르(Alexander Polyhistor)를 따른 수치이이다. 아피온 반박 1, 197에 근거하여 헤카타이오스(Ps. Hekataios)가 50스타디온(Stadion)이 넘는다는 언급은 완전히 과장된 수치이다. 이에 반해 요세푸스(유대전쟁사 5, 159)는 교외지역을 둘러싼 아그리파(Agrippa) 1세의 벽을 포함시켜 총 넓이가 33스타디온이라고 산정했다. 따라서 그 도시는 헬레니즘시대에 와서 크게 성장했다. 또한 F. M. Abel, *HP* 1, 96f.; B. Niese, *GGMS* 3, 222, 224를 보라.

이것을 볼 때 묵시적 경향을 가진 '경건한 자들'이 — 막스 베버가 생각하는 대로[408] — 자신들의 추종자들 대부분을 이 도시의 성장하는 중산층에서 구했다는 주장이 터무니없는 것은 아니다. 그러나 시골에 정착하는 보수적인 소농민들 역시, 자만심에 찬 귀족 제사장들과 그리스식 관습에 친근해졌던 부유한 평신도 귀족들을 불신의 눈으로 보았다. 친(親)그리스적인 유대인들과 셀레우코스 후원자들에 대항하여 비정규전을 성공적으로 수행했던 사람들은 예루살렘의 귀족가문 출신이 아니라 하층 제사장들, 그것도 레위라는 비주류의 성직계층(*Klerus minor*)에 속한 마타티아스(Mattathias)의 아들들이었고, ⑲ 게다가 유대지역의 북서쪽 주변에 놓인 작은 지방도시 모데인(Modein. 3권 121f.를 보라)에서 시작되었다. 이 해방투쟁이 사회적 분열로 인해 어느 정도나 촉진되었는지는 마카베오 봉기를 다루는 〈희년서〉 23, 19ff.의 문맥이 보여준다.

> 그리고 그들은 율법과 언약을 위하여 싸우게 되었다. 이들은 저들과, 젊은이는 늙은이와 … 가난한 자는 부자와, 낮은 자는 큰 자와, 구걸하는 자는 힘 있는 자와. … 그들은 이들을 길에서 되돌리기 위해 (활과) 검으로 전쟁에 임했다. 그러나 그들은 그 땅에서 서로가 많은 피를 흘리기까지는 돌아오지 않았다(E. Littmann의 번역: Kautzsch, *Apok.* II, 80).

헬레니즘 문명이 일차적으로는 경제적인 방향으로 진전되었고 상류층과 도시에 국한되었기에, 기원전 3세기가 지나면서 팔레스타인

---

407) 또한 왕하 11:18-20; 14:21; 슥 12:7; 14:14와 비교하라. 마카베오 봉기 이전의 시기에 대해서는 3권 p. 95f.를 보라. 헤롯과 기원후 70년 어간의 시기에 대해서는 M. Hengel, *op. cit.*, 335, 371 각주 1을 보라.

408) M. Weber, *Gesammelte Aufsätze zur Religionssoziologie* 2, 1921, 400.

과 예루살렘의 어떤 특정한 그룹에서는 삶의 양식이 해이해지기도 했을 것이다. "낯선 여자"와 이혼하라는 잠언의 가장 후대전승의 웅변적인 경고나,[409] 한편으로는 삶의 향유와 축제의 기쁨을 묘사하고 다른 한편으로는 사치스런 삶으로 향하는 것을 경고하는 것으로 보건대, '아류 그리스인'(*Graeculi*, 역주. 그리스인들을 비하하여 부르는 호칭) 이란 단지 로마시대의 공화정 말기에만 나타나는 현상이 아니라, 이 시기 팔레스타인에서도 발견될 수 있음을 추측할 수 있게 한다. 잠언의 후기전승과 전도서, 시락서처럼 상대적으로 늦은 지혜문학 이외에도[410] 토비아스의 이야기에서 나오는 특정한 장면은 이 현상을 분명히 표현한다.[411]

> 만찬은 즐거움을 위해 베푸는 것이요
> 포도주는 삶을 기쁘게 하나
> 돈은 만사를 해결한다(10:19).

---

409) 가장 최근에 수집된 부분(1:1-9:18)에 대해서는 잠 2:16ff.; 5; 6.:24ff.; 7장을 보라. 또한 9:13ff.(유혹하는 어리석은 여자), 22:14; 23:27과 다음의 단편들 4Q ed. J. M. Allegro, *PEQ* 96, 1964, 53-55 = DJDJ 5, 82ff. 4Q 184와 비교하라. G. Boström, *Proverbiastudien,* 1935, 42-52; 103-55에 의하면, 그 낯선 여인은 유대지역에 정착한 이방 상인의 부인과 연관될 수 있다: 간음의 유혹에 더하여 우상숭배의 유혹이 따르기 마련이다. 2권 p. 149f. 와 비교하라.

410) 잠 5:3ff.; 7:10ff. 또한 다음의 더 오래된 잠언과 비교하라: 잠 20:1ff.; 21:17; 23:29-35; 31:4f.; 전 2:10, 24f. 이는 하나님이 없는 인생을 즐기려는 사람을 예상한다. 또한 전 3:13; 5:17ff.; 6:7ff.; 8:15ff.; 9:7ff.; 10:16, 19; 11:9f.; 시락 31(G. 34)과 비교하라. 시락 25-33 (G. 35):13은 아마도 그리스 축제의 관습들을 지칭하는 것 같다. A. Schlatter, *GI*^{3}, 21과 392 각주 28을 보라. 또한 시락 9:9ff.; 19:2; 23:16ff.; 26:8; 32(G. 35):4-8을 보라.

411) 유대고대사 12, 186ff., 209ff., 231; 3권 p. 59f. 를 보라.

도시적인 삶의 침투에 대한 반응이 지혜문학에서 항상 나오는 농경적 삶을 동경하는 것(*Ackerbauideal*)에서 묘사된다.[412] 새로운 희극과 무언극에서 나타난 느슨하고 물질주의적인 정신은 단지 메난드로스(Menander)나 헤론다스(Herondas) 시대의 아테네나 코스(Kos)의 시민에게만 해당하는 것이 아니었다. 그 정신이란 특히 페니키아와 팔레스타인 지역으로 그런 정신을 가져온 그리스 이주민에게도 해당되는 것이었다. 이곳에서는 원주민들 사이에서도 별다른 어려움 없이 그것을 모방했던 사람들을 찾아볼 수 있었다.

> (그들)은 이기적이었고 그들의 삶의 관점은 물질주의적이었으며 그들의 이상은 혐오스러운 것이었고 그들의 도덕성은 해이했다. 그들이 원했던 것은 최소한의 노동과 최소한의 걱정을 하는, 조용하고 가볍고 즐기는 삶이었다. 그들은 국가와 종교에 대해서는 관심이 매우 적었다. 그들이 주로 추구하는 것은 자신들의 물질적 소유를 증대하고 그것을 자신들의 후손들에게 물려주는 것이었다. 그들의 삶에서 사랑이란 중요한 역할을 했다. 그러나 그것은 결혼의 전제는 아니었다. 결혼이란 그냥 하나의 사업행위였다.[413]

그리스 이주민들은 아마도 '시민적'이라기보다는 더 '개척적인 정신'의 소유자들이었을 것 같다. 그렇기에 그들은 그리스 본토에 거주했던 사람들보다는 사회적 통념이나 종교적 금기에 상대적으로 제한을 적게 받았다. 그들이 심은 씨앗이 시리아와 팔레스타인에서 싹텄다

412) G. Boström, *op. cit.*, 53-102, 특히 64ff., 78ff.를 보라. 잠 24:30-34; 27:23-27; 시락 7:15; 20:28; 전 2:4f.; 5:8; *Test.Iss.* 3-6과 제 1부 각주 253과 비교하라.

413) Rostovtzeff, *HW* 2, 1125f.; 로마의 '아류 그리스인'(*Graeculi*)에 대해서는 Cicero, *Orat.* 1,22; *Tusc.* 1, 35, 86; J. Jüthner, *Hellenen und Barbaren*, 1923, 63, 137 각주 15를 보라.

는 사실이 — 포세이돈이 어느 정도는 과장하여 강조했던 — 기원전 2세기 말경 시리아의 도시들에서 살아가는 부유한 시민들의 삶의 형태에서 나타난다.

> 도시의 주민들은 그 땅의 풍요로 인해 먹고살 것에 대한 걱정에서 벗어나게 되었다. 그들은 많은 모임을 유지했고, 모임마다 끊임없는 만찬을 즐겼다. 그들은 김나시온을 목욕탕으로 이용했고, (거기서) 값비싼 기름과 연고를 발랐다. 그들의 '그라마테이아'(*Grammateia*) — 자신들의 공동식사용 공간을 이렇게 불렀다 — 는 마치 거실과도 같았다. 그들은 온종일 포도주와 음식을 몸에 채우고도, 그만큼을 또 집으로 가져갈 수 있을 정도였다. 밝은 빛깔의 수금 소리가 그들의 귀에 울려서 이 소음은 온 도시에 메아리쳤다.[414]

여기서 삶에 대한 하나의 관점을 볼 수 있는데, 이는 팔레스타인의 시인 멜레아그로스(Meleagros)와 필로데모스(Philodemos)의 서정시, 마리사의 무덤벽화와 낙서에도 생생하게 반영되었다(1권 p. 230f와 297ff. 를 보라).

---

414) Athen. 12, 527e/f(*FGrHist* 87 F 10)와 그 병행구 5, 210e/f., 또한 시리아에 있는 "궁중연회"(*königlichen-Gelagen*)의 사치를 보라: 15, 692C. 그런 사치는 이집트와 시리아에서 더욱 심했다. 마치 이탈리아 남부의 마그나 그레치아(Magna Graecia)와 시실리가 가난했던 모국보다 더 사치스러운 것처럼 말이다. Plato, *Epist.* 326b; *Res pub.* 404d = Athen. 12, 527c/d와 비교하라. 또한 S. K. Eddy, *The King is Dead*, 1961, 209를 보라. Ps. Aristeas 108ff. 의 유대인들의 증거를 비교하라.

제5장

요약: 팔레스타인의 비종교적 세력으로서의 헬레니즘 문명

알렉산드로스와 그 후에 형성된 디아도코이 왕국에 의해 생성된 초기 헬레니즘 문명은 동방세계 전체가 그랬던 것처럼 유대인들에게도 역시 일차적으로는 매우 비종교적인 세력으로서 다가왔다. 특히, 그리스・마케도니아식 전쟁기술에 압도되었는데, 이를 극복하지 못할 것 같던 유대인들 역시 유대 용병체계에 차츰 익숙해졌다. 이것은 유대교 묵시문학과 성전(聖戰) 사상에 영향을 미쳤고, 후기의 마카베오 봉기와 이어진 유대교의 팽창정책을 가능하게 했다. 프톨레마이오스의 혹독한 통치와 세금체제, 특히 모든 종류의 세금징수를 도급으로 집행하는 전형적인 그리스의 제도에 깊은 영향을 받았다. 이 제도는 유대지역에서 그후 수세기 동안 견고한 관행 중의 하나가 되었다. 그리하여 이제 누구보다 증오를 받던 세리가 국가권력을 구현하게 되었다. 또한 우리가 알고 있는, 신약시대에 대제사장과 산헤드린 사이에서 미묘한 균형을 이루던 유대 성전국가라는 '정치체'(政治體)의 발전 역시 프톨레마이오스 시대에 시작되었으리라고 추측할 수 있다.

또한 유대인들은 그리스인들의 경제활동과 조직화 능력, 논리적이고 기술적으로 체계화시키는 것에 깊은 인상을 받았다. 이를 통해 그리스인들은 팔레스타인에서 프톨레마이오스 왕국에 봉직하면서 이전보다 더욱 팔레스타인의 부를 철저하게 이용하여 이익을 증대했다. 이와 동시에 그들은 페니키아와 연결하여 팔레스타인의 국내·국제 무역을 강화했다. 또한 이제까지 이집트와 팔레스타인을 넘어 아라비아 쪽으로, 더 나아가 에게 해와 소아시아 서쪽 지역과도 무역을 강화했다. 유대교의 디아스포라는 한편으로는 유대인 용병들과 이주민들을 통해서, 다른 한편으로는 노예들을 통해서 더욱 확장되었고 이집트와 키레나이카(Cyrenaika) 지역에서 더욱 강화되었다. 뿐만 아니라 그리스·소아시아 지역까지 뻗어나갔다. 기원전 3세기의 오랜 평화를 토대로 한 경제적 발전은 프톨레마이오스 2세 필라델포스 치하의 기원전 285(283)~246년에 정점에 도달했다.

팔레스타인은 작은 마을부터 전 지역에 이르기까지 군인이나 관리, 상인 또는 토지소유자이든 누구든 새로운 주인을 만나게 되었다. 이미 페르시아시대부터 팔레스타인의 해안지대 전체를 지배했고, 내륙에 있는 무역식민지를 통해서도 큰 영향력을 행사해 온 페니키아인들은 특별히 빠르고 익숙하게 새로운 상황에 적응했다. 유대주민들 역시 언제까지나 이러한 변화에 대해 문을 닫고 있을 수는 없었다. 비유대적인 환경과의 분리를 추구하는 유대 신정주의(神政主意)적인 프로그램은 이제 진지한 시험대에 오르게 되었다. 유대사회의 지도자 그룹은 페니키아·팔레스타인의 귀족들처럼 헬레니즘 문명이 그들에게도 제공한 경제적·사회적 상승기회를 잡을 것인가? 아니면 저 거대한 역사적 사건의 소용돌이에서 벗어나, 계속해서 성전국가의 무위(無爲)의 잠에 빠져 분리주의적인 외피(外皮)를 입고만 있을 것인가? 자신들의 고국의 협소함을 떨치고 일어나, 예루살렘에서조차 점차 홍기하던 이 새로운 정신을 위한 공간을 만들어내고자 애썼던 젊고 야망 있는 세력들이 분명 그곳에도 존재했을 것이다. 프톨레마이오스 3세 에우에르게테스(기원전 246~222년) 시대에 토비아스 가문의 요셉이 '시리아와 페니키아'의 징세도급관의 수장(首長)으로 놀랍게 부상했던 것이 그 예이다. 이미 사회적 지위로 헬레니즘 문명과 단절될 수 없었던 그리스어를 사용하는 세계, 그 중에서도 특별히 이집트에서 성장하던 디아스포라와 예루살렘에 있는 엘리트층의 연결은 그러한 노력에 강력한 지원을 보냈으리라고 생각된다. 여기서도 역시 본질적인 것은, 헬레니즘이 경제적 영역에서 결코 급격한 단절을 초래하지는 않았으며, 팔레스타인은 페니키아라는 매개를 통해 이미 페르시아시대에 시작된 발전을 더욱 강화했다는 점이다.

그렇지만 헬레니즘 문명에 대한 관심은 주로 예루살렘의 풍요로운 귀족들에게 한정되었다. 강력한 경제적 착취나, 새로운 지배자들과 그들을 모방하는 자국 내 귀족들이 경제적 이익추구에만 몰두해 사회적 배려에 무관심하게 되어 하층민들과 지방 주민들의 상황은 오히려 악화되었다. 이러한 상황은 묵시적 사변(思辨)에 대한 토양과, 바르 코흐바(Bar Kochbar) 봉기에 이르기까지 강력한 사회적 불평등의 원인이 된 후대의 봉기를 위한 토대를 제공했다. 예수가 들려준 비유의 배경이 되는 대토지 소유자와 소작인, 관리자, 대부업자, 날품팔이, 세리, 곡물 투기꾼, 범죄 노예와 농업 소작인들이 처한 상황 역시 오직 팔레스타인에서의 헬레니즘을 통해 발생한 이 경제적 상황에 근거해야 이해할 수 있다.

하지만 헬레니즘 문명은 결코 배타적이지 않았고, 또한 전적으로 군사나 국가 혹은 경제의 영역에서만 발생한 현상도 아니었다. 이러한 영역에서 일어난 헬레니즘의 영향은 단지 이 시대 가장 초기에서만 나타났다. 오히려 헬레니즘은 거의 모든 삶의 영역을 포괄하는 서로 뒤엉킨 총체적 세력, 즉 모든 것을 관철하고 각인하며, 공격적이기도 하고 수용적이었던 그리스의 정신적 힘의 표현이었다. 그래서 이 힘은 우리가 이제부터 서술하게 될 문학, 철학, 종교의 영역을 자신 안에 포괄하는 것이었다. 그러나 비(非) 그리스인이 이 영역으로 들어가기 위해서는 하나의 다리를 필요로 했으니, 그것은 헬레니즘 세계의 모든 것을 연결하는 통용 그리스어 '코이네'(*Koinē*) 였다.

역주

제1장

① 전반적인 역사적 상황을 이해하자면, 월뱅크(F. W. Wallbank) / 김경현 역, 《헬레니즘 세계》, 대우학술총서 530(아카넷, 2002), 제3장에 나오는 자세한 서술을 참고할 수 있는데, 독자들을 위해 여기에 요약한다: 알렉산드로스 대왕이 죽은 후 그가 남겨둔 제국은 원정을 수행했던 그의 장군들에게 분할되었다. 주된 인물로는 선임 기병장교 페르디카스, 사실상의 '총리'격인 천부장 멜레아그로스, 밀집방진대의 선임 지휘관 프톨레마이오스와 레오나토스, 리시마코스, 그리고 정예호위대장 셀레우코스, 알렉산드로스의 비서로 마케도니아 출신이 아닌 유일한 그리스인이었던 에우메네스, 안티파트로스의 아들 카산드로스, 마지막으로 프뤼기아의 총독이었던 '외눈박이' 안티고노스가 있었다. 알렉산드로스 사후 기원전 323~301년 동안에 이른바 그의 계승자들(*Diadochoi*)이 세운 헬레니즘 왕국의 성립과정은 다음과 같다. 우선, 323~320년까지 페르디카스가 실권을 잡았다. 그후 320~301년은 안티고노스의 시기라고 할 수 있는데, 결국 301년에 입소스 전투에서 연합군에 의해 패배하여 전사함으로써 막을 내렸다. 이로써 제국의 영토분할은 거의 확정되었지만, 그럼에도 불구하고 우리가 상세하게 다루게 될 팔레스타인 지역은 이집트와 시리아 왕조 간의 지속적 분쟁의 대상이 되었다.

② 고전문헌에서 자주 등장하는 이 지역 명칭 코일레·시리아(Κοίλη Συρία)는 이 책에서 매우 중요하게 다루어진다. 이 지역은 넓게는 엘류테로스 강 남쪽으로, 유대지역까지 포괄하는 지역으로, 오늘날 팔레스타인과 가자지구에 해당한다. 프톨레마이오스 왕조와 셀레우코스 왕조 사이에서 자주 분쟁의 대상이 되었던 남부 시리아 지역을 지칭하는데, 헬레니즘시대에 무려 다섯 번이나 전쟁(제1차-5차 시리아 전쟁)을 치렀다. H. Koester, *History and Culture and Religion of the Hellenistic Age*, 1982, 16ff.를 보라.

③ 이 책 부록 2 참조.

④ 이 책 부록 7 참조.

제2장

⑤ 마케도니아인들은 자신들이 점령한 식민지에 이러한 지역을 두어 정착했는데, 이들 '정착민들'(κατοικοί) 대부분은 군인들이었을 것이다. 이 책에서 'Klerchia' 및 동종어는 매우 자주 중요하게 사용되기에 여기서 용어를 정의할 필요가 있다. F. W. Wallbank 《헬레니즘 세계》 157에서 역자 김경현은 'clerchia'를 "식민지 할당제"로, 'clerchos'를 그 "할당지 보유자"로 번역하고 있는데, 한영사전에 'clerchy'를 '정복지 식민제' 혹은 '분할지 할당제'로 번역

하고 있기에 본인은 이것을 좀더 명확한 의미로 규정할 필요가 있어 '식민지' 혹은 '식민제'(植民制)라는 용어를 첨가하여 'Klerchie'를 '식민지의 할당지'로, 'Klerch'를 '식민지의 할당지 보유자'로 사용하겠다. 하지만 문맥에 따라서 '식민지의'를 생략하기로 했다.

⑥ 키레네(Kyrene)는 기원전 631년경 에게 해의 테라 섬에서 이주한 그리스인들에 의해 아프리카 북부 리비아에 세워졌던 고대 그리스의 식민지로서 도시가 넓혀지면서 키레나이카(Cyrenaika)라고 불렸다. 이 도시는 기원전 323년부터 프톨레마이오스 왕조가 지배하면서 고대세계의 지적 중심지 가운데 하나가 되었다.

⑦ 기원전 2세기 알렉산드리아의 역사가로서, 그의 저서는 남아있지 않으나, 에우세비오스의 Pr. Ev. 9, 18, 23과 알렉산드리아의 클레멘트의 Strom. 1, 23, 153에 언급됨(아래 1665ff.를 보라).

제 3 장

⑧ 이것은 앞서 언급했던 '노모이'와 '토파르키아'가 시대적으로 변화되었기에 '노모이'와 동일한 범주로서 — 이집트 밖의 — '속주'로 번역하는 것이 옳다고 생각된다.

⑨ 로마의 원로원과 비견되지만 유대교의 특수성을 가지고, 동시에 장로들의 모임만은 아니었기에 '장로회의'라기보다는 '원로회'라고 번역한다.

⑩ '서기관'에 해당하는 그리스어 γραμμάτευς의 어근은 히브리어 '소페르'에서 온 것으로 성서에서는 서기관과 율법학자로 혼용되어 사용된다. 저자의 독일어 원문이 이것을 구별하여 사용하기에, 역자는 Schreiber를 '서기관'으로, Schriftgelehrte를 '율법학자'로 번역하겠다. 이 용어들은 동일한 직(職)을 지시하지만 서기관은 좀더 국가적 관직으로서 공식부문을, 율법학자는 좀더 후대에 토라 경건이 일상화되면서 비공식부문을 담당하는 사람을 지시하는 것으로 볼 수 있다〔R. Albertz/강성열 역, 《이스라엘 종교사》(크리스찬다이제스트, 2004), 6장 2-3절; 393f. 등〕. 물론 두 명칭은 공유점이 있어, 율법학자로서 서기관이 될 수 있었다. 그래서 신약시대에는 혼용되고 있지만, 결국 성전이 멸망하면서 공식부문인 서기관이 사라지고, 율법학자로 남아 랍비적 전통을 이어간다.

⑪ 페니키아의 티레 태생의 신플라톤주의 철학자(233~309)로서 수학과 수사학과 문법에 조예가 깊었다.

⑫ 이 문서는 가명을 사용하는 위서(僞書)로서 앞으로 저자 Ps. Aristeas는 '가명'이라는 별도의 언급 없이 '아리스테아스'라고 명명하겠다. 이에 대하여는 역자의 논문 "통치자의 에토스(*Herrschaftsethos*): 초기기독교적 삶의 형태에 대한 연구," 《신약논단》 8(2001, 3/4), 225-247 참고하라.

⑬ '신적인 인간'이 자신의 덕을 찬양하는 내용을 담은 고대의 일인칭 전기소설의 양식. 대표적인 예로 이집트의 여신 이시스(Isis)의 찬가를 들 수 있음.

제4장

⑭ 이 책 부록 8 참조.

⑮ 그리스의 철학자, 과학자로서 플라톤과 아리스토텔레스에게서 배웠으며, 아리스토텔레스가 개설한 리케이온 학원의 후계자가 되었으며, 식물학의 창시자이기도 하다. 《식물지(植物誌)에 대하여》와 《식물의 본원(本源)에 대하여》 등의 저작이 있다. 네이버백과사전 = 두산백과, "테오프라스토스"(Theophrastos).

⑯ 여기서 저자는 이른바 '전통 지혜'와 '후기 지혜'의 사회적 문제에 대한 관점의 차이를 염두에 두고 있다. 자세한 것은, 이 책 제3부 3절을 보라.

⑰ 《미쉬나》 소책에서 〈조상들의 어록〉에 나오는 '조상들의 가르침'을 담은 것으로, '근본적 원리의 장'이라고 번역되기도 한다.

⑱ 이는 알렉산드로스가 도시를 주도적으로 개발하고 사용하기 위해 각각의 도시에 개입하여 징세와 기부금을 거두어들이는 방편으로 사용되었다. 안티고노스 1세도 레베도스(Lebedos)와 테오스(Teos)의 도시통합에 대한 상세한 지시사항을 테오스에게 편지로 보냈다고 한다. Wallbank, 《헬레니즘 세계》, 164.

⑲ 이 책에서 자주 나오는 하스모니아 왕조는 모데인(Modein)에서 봉기를 시작한 마타디아스가 속한 제사장 가문의 이름 '하스몬'에서 유래했다(유대고대사 11, 111). 마타디아스의 다섯 아들 가운데 셋째아들 유다는 이 봉기의 선봉장이 되어 승리로 이끌었는데, 그에게는 망치라는 뜻을 가진 '마카베오'라는 별명이 붙었다. 그 이후 그의 형제들은 하스모니아 왕조를 이룩했고, 하스몬 가문은 마카베오 가문이라고도 부른다. 하스모니아 왕조의 가계도(家繼圖)는 이 책 끝에 나오는 도표를 참조하라(1마카 2:1-5). 참조. 김창선, 《유대교와 헬레니즘》(한국성서학연구소, 2011), 28.

제 2 부

헬레니즘의 문화적 위력과 팔레스타인의 유대인에게 미친 영향

제1장

팔레스타인의 유대교와 그리스어

1. 팔레스타인에서 그리스어의 확산

아티카 방언 코이네는 알렉산드로스의 죽음과 함께 시작된 제국의 계속적인 분열에도 불구하고 헬레니즘 세계를 결합시켰던 원동력이었다.[1] 이 언어가 영향을 미친 범위는 페르시아 제국의 관용어(官用語)였던 아람어의 영향권을 훨씬 넘어선다. 그리스 상인들은 인디아의 국경 박트리아(Baktrien, 역주. 지금의 아프가니스탄 북부지방)에서든 마실리아(Massilia, 역주. 지금의 프랑스 남부지방)에서든 코이네로 거래했다. 코이네로 법이 공포되었고, 코이네로 통일된 기본 틀에 따라 계약도 체결했다.[2] 코이네는 또한 외교가와 문필가의 언어였다. 사

1) *Koinē*의 기원과 분포에 대해서는 A. Deissmann, *RE* 7, 630ff.; L. Rademacher, SAW 224, 5, 1947, 6ff., 14ff.를 보라. 또한 H. Bengtson, *GG*³, 352, 447, 444(Lit.) 그리고 F. Altheim, *Die Weltgeltung der griechischen Sprache*, NBGAW 1, 1964, 315-32와 비교하라. J. N. Sevenster, *Do you know Greek?* 1968과 비교하라.

2) 한 예로서 저 거대한 그리스인들 정착지에서 상당히 떨어진 쿠르디스탄(Krudistan)에서 발견된, 기원전 1세기로 추정되는 그리스어 계약서들을 참조할 수 있다: E. *Minns, JHS* 35, 1915, 22-65, 또한 기원전 281~261년 카스피 해(海) 북동쪽 모서리에 위치한 고르간(Gorgan)에서 세라피스

회에서 존경받거나 교육받은 사람으로서의 명성을 얻고자 하는 사람이라면 코이네를 유창하게 사용해야 했다. 그리하여 '헬레니즘화'(ἑλληνίζειν) 라는 단어는 우선적으로 "그리스어를 정확하게 할 수 있고," 다음으로 "그리스식 삶의 방식을 받아들임"을 의미했다. 어떤 사람이 그리스 문화를 수용했다는 가장 중요한 증거는 그리스어를 유창하게 구사하는 것이었다.3) 이 코이네가 헬레니즘 세계에 정착되고 확장된 것은 알렉산드로스 대왕의 원정에서 가장 가치 있고 항구적인 성과였다. 제논의 서신왕래는 코이네가 문어(文語)로써 이집트인의 공적이고 경제적인 삶을 거의 절대적으로 지배했음을 보여준다. 거기에는 종종 유대인과 이두매인, 시리아인과 아라비아인(나바테아인)이 언급되기는 하지만, 거의 2천 개의 서신항목 가운데 아주 소수만이 이집트 통속어로 기록된 문서이고, 아람어 문서는 하나도 없다. 기원전 300년에서 대략 기원후 300년 사이 이집트의 유대인 공동체에서 발견할 수 있는 아람어·히브리어 자료는 불과 2~3개뿐이다.4) 팔레스타인에서도 그리스어의 이런 비약적인 성장은 비문들에서 분명히 확인할 수 있다. 기원전 3세기부터 팔레스타인에서 발견되는 비문의 대부분은 그리스어로 기록되었다. 물론 이보다 더 후대에 요르단

(Serapis)의 종교제의를 봉헌할 때 노예를 방면하던 관습과 비교하라. L. Robert, *Hellenica* 11/12, 1960, 85-91을 보라.

3) Liddell-Scott, [9]1940, 536; R. Laqueur, *Hellenismus*, 1925, 22ff. 각주 8; J. Jüthner, *Hellenen und Barbaren*, 1923, 39f., 47.

4) W. Spiegelberg, *Die demotische Urkunden des Zenonarchivs*, Demot. Studien 8, 1929: 25개의 문서 중 9개는 두 언어로 기록되었다. 유대교에 대한 증거에 관해서는 초기 프톨레마이오스의 비문들인 CIJ 2, Nr. 1424, 1425를 보라. 또한 Tcherikover, *CPJ* 1, 3 각주 8을 보라. 다른 한편 CIJ 1, 1534, 1536들은 비잔틴시대에 와서야 비로소 출토되었다. 더욱 놀라운 것은 파피루스의 발견이다. L. H. Feldman, *Jewish Sociological Studies* 22, 1960, 217. 유일한 예외인 P. Nash, *CPJ* 1, 107f.를 보라.

동쪽의 어느 나바테아인의 비문들과 어느 정도의 민족적인 자의식을 반영하는 전형적인 유대인 무덤과 납골묘, 회당의 비문들을 제외한다면 말이다. 기원전 3~2세기 초에 이르는 자료들만 언급하더라도 그러한 사실을 충분히 입증할 수 있다. 마리사와 욥바에 있는 프톨레마이오스 4세 필로파토르를 기념하기 위한 공식적인 자료들과 스키토폴리스의 헵시바(Ḥebzibah)로부터 온 안티오코스 3세와 셀레우코스 4세의 편지들이 포함된 포고령에 관한 비문, 프톨레마이스와 스키토폴리스, 사마리아, 마리사에 있는 종교적 비문들, 가자와 마리사, 세겜에서 나온 무덤비문들이 그 예이다. 또한 벽에 새긴 낙서(*Graffiti*)조차 그리스어로 기록되었다.[5] 이렇듯 팔레스타인의 비유대인 도시들에서 코이네는 압도적으로 사용되었다. 아마도 유대교의 영역 밖에서 '읽고 쓸 줄 아는 사람은 누구나 그리스어를 자유롭게 구사했다'는 기본원칙을 벗어나지 않았을 것이다. 아람어는 기록된 언어(*sprachliche*

5) 욥바와 마리사는 이 책 제1부 각주 19를 보라. 스키토폴리스 근처의 Ḥephzibah는 이 책 제1부 각주 28을, 프톨레마이스의 종교적 비문들은 M. Avi-Yonah, *IEJ* 9, 1959, 1-12와 Y. Landau, *IEJ* II, 1961, 118-126을, 스키토폴리스와 사마리아는 R. Mouterde, *MUSJ* 17, 1933, 180-2; J. W. Crowfoot, *Samaria* 1, 1942, 37 Nr. 13을, 마리사는 Clermont-Ganneau, *CRAI* 1900, 536ff.를, 가자의 비명들은 1권 p. 234와 각주 79를 각각 보라. 마리사는 제2부 각주 32를 보라: 여기에는 대부분의 그리스어 비문들인데, 몇몇의 아람어 비문들도 있다. F. M. Abel, *RB* 34, 1925, 267-279를 보라. 세겜의 비문들(기원전 2~1세기)에 관해서는 R. J. Bull, *BASOR 180*, 1965, 32ff.를 보라. 벽에 새긴 낙서(*Graffiti*)에 관해서는 마리사에서 출토된 연가시(戀歌詩), 제2부 각주 192를 보라. 더 상세한 예로는 Peters/Thiersch, *op. cit.*, 48 Nr. 16과 17, 그리고 60과 72를 보라. 또한 게제르에서 나온 시몬 마카베오를 저주하는 비문(*Fluchinschrift*)은 CIJ 1, 225 Nr. 1184와 1183, 기원후 1세기 게제르의 경계지역의 두 언어를 보라. 또한 *SEG* 20, 1964, 389와 훌레(Huleh) 호숫가의 텔 아나파(Tell Anafa)의 그리스 비문들(기원전 2세기), *IEJ* 19, 1969, 250ff.; S. Weinberg, *IEJ* 21, 1971, 108f.와 비교하라.

Manumente)를 필요로 하지 않는, 글을 알지 못하는 사람들의 언어가 되었다. 아람어 문학은 이미 유대교적 환경에서 벗어나 있었고, 또한 북시리아와 이집트에서도 그리스어의 중요성이 후퇴하기 시작하던 비잔틴 기독교 시대에야 비로소 약하게나마 발전했다. 이러한 점에서 유대·팔레스타인 지역의 헬레니즘화는 페니키아 지역보다 더욱 강력하게 진행되었을 것으로 추측된다. 페니키아 지역은 헬레니즘시대부터 수많은 페니키아어로 된 비문이 존재했고, 주화조차 두 언어로 새겨진 곳이다.[6] 이는 페니키아인의 민족의식이 헬레니즘으로 덧칠해졌음에도 불구하고 여전히 살아 있다는 상징이었다.

유대지역에서의 그리스어 사용의 상황은 유대인 토비아스가 아폴로니오스와 프톨레마이오스 왕에게 보낸 서신들에 잘 나타나 있다. 탁월한 그리스어와 아름다운 필체로 기록된 이 서신들 모두 기원전 257년에 그리스인 비서가 썼다.[7] 유대인 군인이던 아나니아스(Ananias)의

---

6) 페니키아의 이중(二重)언어 비문에 관해서는 CIS I, 1 Nr. 45, 89, 95, 114-120, 122 = KAI 39, 42, 53-56, 58, 59, 47; RÉS 3, 1212, 1213, 1215 = KAI 41, 60을 보라. 이중언어로 기록된 비문들은 특히 키프로스, 아테네, 로도스 섬, 말타(Malta) 등지에서 나왔다. 그들의 모국 내에서는 순수한 페니키아의 비문들이 압도적이다: RÉS 3, 800, 1204, 1205, 1211 Lapethos(Zypern) = KAI 17, 19, 43; 멜크 아슈타르트(Melk-'Aštart) 사원에서 나온 헬레니즘시대의 비문들은 M. Dunand, *Oumm el-Amed*, 1962, 181ff.를 보라: 기원전 3세기에서 2세기에 이르는 16개의 페니키아 비문들과 단 하나의 작은 그리스어 비문파편. 그러나 그 신전은 페니키아 지역 내에 있다(233, 240). 이중언어로 기록된 동전에 대해서는 다음을 보라: G. F. Hill, *Catalogue of the Greek Coins of Phoenicia*, 1910, CVIf.: 시돈; CXXXIII: 티레. 또한 H. Seyrig, *Syria* 28, 1951, 225-228의 그리스 본문조차 페니키아어로 번역되었다.

7) *CPJ* 1, 125ff. Nr. 4와 5 = PCZ 59076, 59075(기원전 257년 12월 5일). 이 구절에 관해서는 편집자 C. C. Edgar, 1, 97을 보라: "그 편지는 의심의 여지없이 아름답고 큰 손을 지닌 한 그리스 서기관에 의해 기록되었다." 그 조약에 관해서는 *CPJ* 1, 118ff., Nr. 1을 보라. 이 책 제4부 각주 69를 보라.

아들은 진실한 그리스인들과 함께 '보증인'으로 나타나는데, 토비아스가 '비르타'(*Birta*, 역주. 암마니티스의 성곽거주지)에서 구매계약을 체결할 때에도 그 증인으로 나온다. 그 역시 그리스어를 구사할 수 있었다. 토비아스 또한 그리스 군대가 거주하는 정복지 식민제(植民制, *Kleruchie*)의 사령관이 된 후 그리스어를 사용하기 시작했을 가능성이 있다. 그의 아들 요셉은 분명히 기초적인 교육을 그리스어로 받았다. 이것은 알렉산드리아에 있는 법정에서 그가 승소했다는 사실에서 입증된다. '시리아와 페니키아'의 총징세도급관이라는 중요한 직책을 교육받지 못한 비(非)그리스인에게 맡겼을 리는 없다.[8] 또한 토비아스의 아들 요셉은 자신의 아들들을 가르치기 위해 "당시 유명했던 교사들에게 차례로 보냈음"이 분명하다. 그러나 이들 가운데 그리스식 교육이 실직적인 성공을 거두었던 것으로 보이는 사람은 가장 어린 아들 히르카노스뿐이었던 것 같다. 후에 그는 요셉의 대변인으로서 궁정의 왕위계승자의 출생을 축하하기 위해 알렉산드리아로 파견되었다.[9] 토비아스의 손자와 증손자들은 후에 예루살렘을 그리스식 폴리스로 개조하려 했던 예루살렘의 '그리스어사용 유대인'이 결성한 당파의 중심을 이뤘다. 대제사장과 성전의 재정관리인은 프톨레마이오스의 관료들뿐만 아니라 왕실과도 서신을 왕래하기 위해 그리스어를 완벽하게 말하고 쓸 줄 아는 비서관들을 데리고 있었다. 만일 프톨레마이오스 왕실 호위대의 구성원과 관리들, 상인들까지 포함시킨다면, 기원전 3세기 예루살렘에는 그리스어를 사용하는 소수파는 상당한 정도로 존재했었다고 가정해야 한다.

---

8) 1권 p. 128f. 를 보라. 기원전 2세기의 이집트 상부의 유대인 징세도급을 맡은 시몬(Simon)은 문맹이었다(*CPJ* 1, 222, Nr. 107). 그래서 그는 아주 부차적, 지역적인 의미만을 갖는다.

9) 유대고대사 12, 191, 196f.

솔리의 클레아르코스(Klearch von Soli)는 기원전 약 345년 소아시아에서 아리스토텔레스가 유대지역 출신의 그리스어 교육을 받은 팔레스타인 유대인들과 접촉했다고 보고했다. 비록 이 보고가 '역사적'이지는 않지만, 클레아르코스 당대인 기원전 3세기 중반경 팔레스타인 출신의 유대인에 대한 특색을, "그는 언어뿐만 아니라 영혼에 있어서도 그리스인이었다"라고 묘사한 것은 어느 정도는 적절한 것일 수 있었다.[10] 이것은 〈아리스테아스의 편지〉에서도 유사하다. 이 편지의 저자에 의하면 대제사장은 토라를 그리스어로 번역하기 위해 유대인의 각 지파로부터 여섯 사람을 뽑았다. 이들은 '교육'(*Paideia*)을 받은 탁월한 자들로서 "유대교 문학에 정통할 뿐만 아니라, 그리스어에도 정통했다."[11] 이 72명의 그리스어 전문가에 대한 보고가 필라델포스 당대에서는 과장일지 몰라도, 이 서신이 기록되었던 기원전 2세기 후반 당시 팔레스타인에 있는 유대인 귀족층의 그리스어 지식수준으로는 당연한 것으로 여겨졌을 것이라고 추론할 수 있다.[12] 더욱이 마카베오서 역시 그리스어사용 유대인의 당파 구성원들뿐만 아니라 그들의 지원자들인 유다와 그의 형제들 또한 그리스어에 정통했다는 것을 분명히 보여준다. 이러한 추론만이 그들이 로마와 스파르타에 사신으로 파견된 사람들이었고, 시리아 통치자들과 기나긴 협상을 했다는 사실을 설명할 수 있는 유일한 길이다.[13] 그리스어의 확산은 유대·팔레스타인 지역에서조차 멈출 줄 몰랐다. 하층민을 넘어 출세하길 원했던 대다수의 젊은 유대인들은 그리스어를 배워야 했

---

10) 아피온 반박 1, 176-181. 또한 아래 p.467f.를 보라.

11) Ps. Aristeas 121: "ἀλλὰ καὶ τῆς τῶν Ἑλληνικῶν ἐφρόντισαν οὐ παρεργῶς κατασκευῆς."

12) *Loc. cit.*: "τοὺς ἀρίστους ἄνδρας … ἅτε δὴ γονέων … ἐνδόξων"(뛰어난 사람들 … 물론 명예로운 … 가문들).

13) 1마카 8;12:1-23; 14:16-24 등.

다. 이 현상은 이집트, 소아이사, 에게 해와의 접촉이 증가하고, 무엇보다도 이 지역들의 많은 순례자들이 절기 축제에 참가하기 위해 예루살렘 성전을 방문하면서 더욱 강화되었다. 서쪽에 위치한 디아스포라의 성장으로 예루살렘의 중요성이 더욱 증대했고, 세계 유대교의 중심 예루살렘에서 그리스어 사용은 현저했다.[14] 이러한 발전은 마카베오 봉기를 겪고도 단절되기는커녕 도리어 강화되었는데, 이는 하스모니아 왕조가 유대지역의 독립을 성취한 후에 매우 의도적으로 디아스포라에 대한 영향력을 확보하려는 정책을 추진했기 때문이었다. 이 정책은 후에 헤롯에 의해 계속되었고, 팔레스타인에 있는 유대인에게 많은 영향을 주었다.[15] 우리는 팔레스타인의 그리스・유대교 문학이 기원전 2세기 이후부터 시작되었음을 입증할 수 있다(1권 pp. 308-354를 보라). 마지막으로 예루살렘에 있는 많은 그리스어 비문들을 언급하자면, 이들은 부분적으로는 디아스포라에서 돌아온 자들에게서 유래한 것이기는 하지만, 그 대부분은 더 후대 헤롯과 기원후 70년 사이의 시기에 속한 것들이다.[16] 예루살렘에서 나온 가장 초기의 그리스어 비문은 수많은 배들이 그려진 야손의 거대한 무덤 벽에 새겨진 낙서(*Graffito*)이다. 이것은 기원전 103~73년 알렉산드로스 얀나이오스 시대에 나온 것인데, 여기에는 헬레니즘적 비문체로 "삶을 즐기라"는 금언이 쓰여 있다.[17]

---

14) H. Hegermann, in: *UU* 1, 301ff.

15) 1마카 15:15-24; 2마카 1:1-9; 스 10:31; 시락 서론 《70인경》과 비교하라. V. Tcherikover, *CPJ* 1, 46; *ScrHieros* 7, 1961, 26; M. A. Beek, *OTS* 2, 1942, 142f. 와 비교하라.

16) 비문들에 대하여는 *CPJ* 2, 244-339; Bagatti/Milik, *Gli Scavi del 'Dominus Flevit'* I, 1958, 70-99를 보라.

17) L. Y. Rahmani 등, *'Atiqot* 4, 1964, 1-40을 보라. 비문에 대해서는 Benoit, 39를, 그리고 더 상세한 보충에 관해서는 B. Lifshitz, *RB* 73,

그리스어의 침투에 대한 또 다른 증거자료는 그리스어에서 차용된 말들이다. 구약 문학에서 이 말들은 매우 드물기는 하다. 이미 언급한 '드라크마'(*Drachmen*)를 제외하면 '부드러움'(φορεῖν)에서 차용된 단어로서 아가서에 나오는 '아피르욘'(אַפִּרְיוֹן; 가마)과 다니엘서 3장에 나오는 여러 가지 악기들이 발견될 뿐이다.[18] 또한 시락서나 성서 외의 쿰란 본문에서도 그리스어의 차용어가 발견되지 않는 것은 종교적이고 민족적인 의도의 모국어 정화운동(*Purismus*)과 연관되었을 수 있다. 이것은 역으로 마치 이집트의 그리스어 파피루스와 모든 코이네에서 비그리스적인 외래어가 거의 배제되는 것과 같다.[19] 그러나 그리스 세계에 대해 매우 비판적 태도를 취했던 에센파 사람들조차도 그리스어 없이는 살아갈 수 없었다. 이것은 쿰란에서 발견된 그리스어 파피루스 단편에 의해 입증되는데, 여기에는 《70인경》 단편이 포

1966, 248-255, 또한 이 책 제3부 각주 133을 보라. 그리고 더욱 최근의 것으로는 P. Benoit, *IEJ* 17, 1967, 112f.를 보라.

18) Cant. 3, 9. 또한 Köhler /Baumgartner, *Lexicon*, 79; F. Rundgren, *ZAW* 74, 1962, 70-72를 보라. 단 3:5, 7: קַתְרֹס = κίθαρις - κίθαρα; 단 3:5, 10, 15 פְּסַנְתֵּרִין와 3:7 פְּסַנְטֵרִין = ψαλτήριον; 단 3:5, 15 סוּמְפֹּנְיָה = συμφωνία을 보라. Athen. 4, 175d에 의하면 단 3:7, 10, 15 שַׂבְּכָא = σαμβύκη은 "시리아인의 발명품"이다: 여기의 아람어 형태가 원래적일 것이다. 또한 A. Bentzen, *Daniel*², 28(단 3:5ff.); Köhler/Baumgartner, *op. cit.*, 1103, 1113, 1119, 1125를 보라. Sellin/Fohrer, Einleitung, 348은 잠 7:16의 אֵטוּן(이집트의 아마포)을 ὀθόνη(세마포)에서 유래한 것이라고 주장한다. 그러나 그리스어 θ를 ט로 바꾼 것은 매우 불확실하다. M. Wagner, *Die lexicalische und grammatikalische Aramaismen*, BZA W 96, 1966, 153과 각주 19와 비교하라.

19) 쿰란에 대해서는 S. Segert, *Qumranprobleme*, ed, H. Bardtke, 1963, 317f.를 보라: 단지 몇 가지의 적절한 그리스 이름들이 언급되었다: 1QH 4.16은 아마도 그리스어를 의미하는 것 같다. 코이네의 차용어에 대해서는 L. Rademacher, *op. cit.*, 24를 보라.

함되어 있다.[20] 이 단편의 기록을 살펴보면 "진영(陣營)을 감독하는 자"는 다른 무엇보다도 "진영 안에 사는 가족의 모든 언어에 익숙해야 한다"고 요구하는데, 여기에는 분명히 그리스어가 포함되어 있을 것으로 보인다. 이와 비슷하게 탈무드는 산헤드린의 의원들에게 "그들이 어떤 통역자들에게도 의존하지 않도록 하기 위하여"라고 강조했다.[21] 문어체 히브리어와는 달리 대중적인 아람어나 히브리어는 《미쉬나》의 언어와 탈무드의 문학에 나타나는 것처럼 새로운 그리스어의 차용어를 끊임없이 받아들였다. 이것은 더 후대의 상황을 반영하지만, 그 기원은 아마도 기독교 시대 이전으로 거슬러 올라갈 것으로 보인다.[22] 쉬러(E. Schürer)의 저작에서 《미쉬나》에 나타나는 차용어의 분류는 헬레니즘의 영향이 어느 분야에서 처음으로 가시화되었는가를 보여준다. 그것은 군사문제와 국가통치, 입법, 무역과 상업, 의류와 가정용품, 그리고 무엇보다도 건축에 관련된 영역이었다.[23] 구리 두루마리와 이른바 유토피아적인 유물목록에도 일련의 그리스

20) DJDJ III, *Les petites Grottes de Qumran,* ed. M. Ballet, etc., 1962, 142ff., C. Burchard, *Bibliographie zu den Handschriften,* 1965, 328f. 의 연구: 쿰란에서 5개의 MSS(마소라 본문). 특히, 그 중에서 그리스어로 보존된 예레미야서의 단편이 발견되었다(7Q2). 또한 이 책 제3부 각주 763을 보라. O. Eissfeldt, *Einl.*^{3}, 960f. (Lit.); P. W. Skehan, *BA* 28, 1965, 89ff.; 2권 p. 29ff.: 팔레스타인에서의 번역 활동과 비교하라.

21) CD 14. 9f.; *Sanh,* 17a 끝과 비교하라.

22) S. Krauss, *Griechische und Lateinische Lehnwörter in Talmud,* I/II, 1898f. 를 보라. 부록을 위해서는 G. Zuntz, *JSS* 1, 1956, 129-40; H. B. Rosen, *JSS* 8, 1963, 56-72를 보라. 또한 S. Lieberman, *Greek in Jewish Palestine,* 1942, 여러 곳; B. Lifshitz, *ZDPV* 78, 1962, 78ff.; *RB* 72, 1965, 520-538과 비교하라.

23) *Schürer* 2, 59-84, 또한 S. Krauss, *Lehnwörter* 2, 623ff. 를 보라. 여기서는 I. Löw로 말미암아 그리스어(라틴어)의 차용어들이 탈무드의 문헌에서 입증될 수 있는 지역들에 관한 개관이 제공된다.

어 차용어가 포함되어 있다.[24] 또한 힐렐(Hillel)은 기원전 1세기 말경, 채권자가 특별한 경우에는 안식년의 채무면제에 관한 규정(신 15:1-11)을 유보할 수 있게 함으로써 실제로는 그것을 폐지하고 있는데, 여기서 이 '유보'라는 표현에 '프로즈볼'(פְּרוֹזְבּוֹל) = προσβολή[25] 이라는 팔레스타인의 법률언어에 그리스어 명칭이 부여되었다. 이는 당시 법률용어가 이미 그리스어로 대체되었다는 하나의 표지이다.

2. 그리스식 이름의 확산

그리스어 보급에 대한 또 다른 척도는 그리스식 이름의 도입이다. 이것의 첫 번째 흔적은 알렉산드로스시기 이전으로 올라간다. 예를 들면, 저명한 페니키아인이었던 시돈 왕 스트라톤처럼 왕이 그리스식 이름을 가지기도 했고,[26] 사마리아의 마지막 '페르시아' 총독이었

---

24) DJDJ III, 246f., Nr. 84: ἔξεδρα(응접실); 247, Nr. 88f.: ζυγόν 혹은 ζυγόω(가로목); 248 Nr. 104: περίστυλον(주랑); 251 Nr. 128: ἀλόη(알로에 목재); 253 Nr. 149: στατήρ(스타테르. 역주. 은화단위로서 약 2알렉산드리아-드라크마의 가치). 그리스어 자음들은 숫자로도 사용되었다. E. Ullendorf, *VT* 11, 1962, 227f.를 보라. 에센파 천궁도에서 암호를 사용한 글 중 그리스 문자들에 관해서는 이 책 제3부 각주 826을 보라.

25) *Schebi.* 10. 3ff., 또한 *Schürer* 2, 427을 보라. M. Jastrow, *Dictionary* 2, 1218은 잘못된 파생어를 고집한다. 그리스 법에서 파생한 단어에 관해서는 D. Correns, *Schebiit,* Gießener Mischna, 1960, 150; F. Preisigke, *Worterbuch* 2, 390을 보라.

26) 스트라톤(Straton)에 대해서는 *Schürer* 2, 134와 3, 100; Fiehn/Obst, *PW,* 2R. 4, 273f. 이 이름을 지닌 3명의 페니키아 군주들(*Fürsten*)이 있었다: 첫째는 아르타크세르크세스(Arataxerxes) 2세로 므네몬(Mnemon) 시대의 시돈 왕(기원전 404~358), Dittenberger, *Syll.*^{3} 1, Nr. 185를 보라. 둘째는 아라도스(Arados)의 군주, 셋째는 티레의 왕이다. 마지막 두

던 산발랏(Sanballat)은 자기 딸의 이름을 그리스식으로 니카소(Nikaso)라고 지어주었다. 니카소는 유대교 대제사장의 아들 마나세(Manasse)와 결혼했다.[27] 무엇보다도 마케도니아의 정복 이후 그전보다 더 그리스 문화에 개방되었던 페니키아인들이 그리스식 이름을 받아들였다. 아폴로도로스 레셉피아탄(Appolodoros. Rešephiatan)의 아들 필로클레스(Philokles)는 시돈의 마지막 왕이요 데메트리오스 폴리오르케테스(Demotrios Poliorketes)와 프톨레마이오스 2세 필라델포스의 제독으로 알려졌다.[28] 그의 죽음 이후 시돈은 민주적인 체제로 이양되었는데, 우리는 제논 파피루스 PzenMich 3에서 재상 아폴로니오스에게 선물을 보낸 시돈의 '의장'(*Archōn*) 테오도토스(Theodotos)에 관한 보고를 접한다. 어떤 한 계산서에는 가자(Gaza)의 어떤 상품보다도 향료와 몰약에 대한 기록이 많이 있다. 여기에는 제노도로스(Zenodoros)라는 한 사람이 등장하는데, 그의 부친의 이름은 여전히 셈어식 이름 압바이오스(Abbaios, אַבָּא 혹은 אַבַּאי)였다.[29]

왕은 알렉산드로스 대왕시대에 있었다. 아마도 페니키아 이름은 압드아스타르트('Abd'astart)이고 스트라톤(Straton)은 그리스식 이름인 것 같다. 더 상세한 것은 스 4:17에 대한 K. Galling, *ZDPV* 63, 1961, 70ff.의 설명과 비교하라: 아마도 3개의 페니키아 도시들인 시돈, 티레와 아라도스로 건설된 트리폴리스(Tripolis)는 이미 에스라시대에 그리스 이름을 갖고 있었던 것 같다.

27) 유대고대사 11, 303. 또한 G. E. Wright, *BASOR* 144, 1956, 15를 보라: 올브라이트(W. F. Albright)가 라이트(Wright)에게 보낸 한 서신에서 인용함. 이름 자체에 관해서는 W. Pape, *Worterbuch der griechischen Eigennamen* 2, 1863ff., 1001/2 = CIG 882와 1710; F. Preisigke, *Namenbuch,* 1922, 234, 또한 PHambZen Nr. 105; PCZ 59335(?)와 59676, 13을 보라.

28) H. Gressmann, *PW,* 2R. 2, 2224f.를 보라. 또한 Rostovtzeff, *GAH* 7, 92, 190f.와 Dittenberger, *Syll.*[3]1, Nr. 390과 391을 비교하라.

29) PCZ 59009, Tcherikover, *Mizraim,* 52를 보라.

이름이 그리스화되어 가는 중간단계에서 등장하는 것이 '이중이름' 이었다. 그리스인들과 거래하고 여행하는 데에서는 그리스식 이름을 사용하지만, 집에서나 셈족들 사이에서는 셈어식 이름을 사용했다. 기원전 3세기에 그리스와 페니키아에서 2개 언어를 사용했던 사람들에 대한 증거로는 샤마바알(Šama'ba'al)과 디오페이테스(Diopeithes)를, 벤호데쉬(Benhodeš)와 누메니오스(Noumenios)를, 압타니트('Abdtanit)와 아르테미도로스(Artemidoros)를, 압드쉐메쉬('Abdšemeš)와 헬리오도로스(Heliodoros)를 동시에 사용했다는 것을 들 수 있다. 또 아스칼로나이트(Askalonite) 사람 압드아슈타르트('Abd'aštart)는 자신을 아프로디시오스(Aphrodisios)로 불렀고, 말타(Malta)에 있는 티레 출신의 두 형제 압드오시르('Abd'osir)와 오시르샤마르('Osiršamar)는 그들의 아버지와 할아버지와 같이 디오니시오스(Dionisios)와 사라피온(Sarapion)으로 불렸다.[30]

여기서 작명(作名)은 토속 신들을 '그리스식 해석'(*interpretatio graeca*)으로 혼합주의화하였다는 것을 암시한다. 특이한 것은 그리스와 셈족의 신명(神名)을 혼성(混成)하는 것인데, 이를테면 팔레스타인에서 제논의 여행을 안내했던 파나벨로스(Panabelos), 그리고 유대지역과 이두매아 경계지역에 있는 마리사의 무덤 비문에서 나온 파트로발라(Patrobala)를 들 수 있다. 여기서 바알(Baal)이라는 어미는 너무나 분명한 신명(神名)이었기에 항상 헬레니즘화되지는 않았다는 것을 알 수 있다.[31] 전체적으로 마리사의 무덤 비문에서는 기원전 3세기 말로

30) Repert. Epigr. Sem. 3, 1212, 1215 = KAI 41, 60; CIS 1, 115, 116, 122, 비교. 117 = KAI 54, 53, 47, 55. A. H. M. Jones, *The Greek City from Alexander toJustinian,* 1940, 36; C. Clermont-Ganneau, *RAO* 3, 1000, 145ff.를 보라.

31) *CPJ* 1, 125 Nr. 3: "융합은 … 그 시기의 종교적 혼합주의의 증거가 될 수 있다." 마리사에 관해서는 Peters/Thiersch, *op. cit.*, 71 Nr. 57을 보라.

부터 페니키아와 이두매아, 그리고 무엇보다 그리스어 이름들의 잡다한 혼합현상이 발견된다. 이것은 분명한 헬레니즘화 경향을 나타내는데, 페니키아의 세스마이오스(Sesmaios)는 자기 아들의 이름을 아폴로파네스(Apollophanes)라고 지었다. 아폴로파네스는 33년 동안 마리사에 있었던 시돈의 시민의회의 '의장'(*Archōn*)이었다. 그의 아들도 같은 이름이었고, 손녀는 데메트리아(Demetria)라고 불렸다. 그러나 아폴로파네스의 한 자매는 사보(Sabo)라는 이두매아의 이름이었고, 형제의 이름은 이집트·헬레니즘적 이름 암모니오스〔Ammo(n)ios〕였다. 이 사람은 이두매아 신의 이름인 코스(Kos)를 따라(이 책 제4부 각주 24를 보라) 자기 아들의 이름을 코스타노스(Kostanos)라 지었고, 코스타노스도 자기 아들들의 이름을 유대·이두매아식으로 바바스(Babas)와 바바타스(Babatas)로, 그리고 딸의 이름을 사보(Sabo)라고 지었다. 이 세스마이오스의 대가족 이외에도 우리는 자기 아들의 이름을 데모트리오스(Demotrios)라 불렀던 페니키아인 메르바알(Meerbaal)을 발견할 수 있다. 여기에 또 마케도니아식 이름을 딴 오르타스(Ortas)가 나온다. 페니키아인 제노도로스(Zenodoros)는 아들 안타고라스(Antagoras)를 두었다. 아마 이두매아인이었을 코스바노스(Kosbanos)는 칼리크라테스(Kallikrates)의 아버지였으리라. 칼리크라테스는 자기 아들의 이름을 이 아이의 할아버지의 이름을 따라 코스바노스라고 지었다. 또 다른 이두매아인 잡바이오스(Zabbaios)에게는 두 아들 아폴로도로스(Apolodoros)와 암모니오스(Ammonios)가 있었다. 페터스와 티어리쉬(Peters/Tierisch)에 따르면 시돈의 식민지에 속하지 않았던 네 번째 무덤에서는 이레네(Irene)와 베레니케(Berenike), 데메트리아(Demetria), 필로의 딸, 그리고 아마도 유대인 이름 사라(Sarjah)에 해당했을 아리스테이아(Aristeia)와 같은 주로 그리스식 여자 이름들이 발견된다.[32] 그 밖에 유대인이었을 가능성이 있는 2명의 이름들이 아벨(F. M. Abel)이 출판한 다섯 번째 특별 무덤에서 출토된 비문들에 나타난다. 여기에는 살람(프/포)〔Σαλαμ(ψ), Σαλαμψω)〕과 나우마(Ναουμα, Nahūm의 여성형)를 제외하고도 소아시아 동쪽과 카스피 해 사이에 있는 지역 출신의 여자 노예로 보이는 이름도 등장한다.[33] 전체적으로 보아, 모두 그리스어로 쓰인 마리사 무덤 비문들과 그 안에서 발굴된 이름은 기원전 3세기 말부터 기원전 약 110년

---

32) 무덤에 대하여는 단지 일부분만 그 연대를 알 수 있었다. 세사마이우스 아폴로파네스(Sesmaios Apollophanes) 가문은 4세대를 거쳐 내려왔기에, 비교적 연대가 확실한 마지막 세대는, 요한 히르카노스가 그 도시를 정복하기 바로 직전인 셀레우코스 왕조시대 201년(즉, 기원전 112년)을 암시한다(F. M. Abel, *RB* 34, 1925, 275 Nr. 11; Nr. 14의 독법(讀法) = 아벨 자신이 말한 대로 셀레우코스 시대의 210년은 매우 불확실하다). 그래서 우리는 가장 초기 무덤의 연대를 적어도 100년에서 120년 이전 것으로 산정할 수 있다(Peters/Thiersch, *op. cit.*, 76을 보라). 이것은 무덤 Nr. 29에서 ZP의 독법과 일치한다 = 셀레우코스 시대(Ära) 107년 = 기원전 206/5. 이는 M. J. Lagrange, *GRAI* 1902, 503f.와 같다. *Schürer* 2, 5 각주 B; A. Schalit, *ASTI* 2, 1962, 146 각주 16과 비교하라. Peters/Thiersch, *op. cit.*, 54f.는 IZP를 117년 셀레우코스 시대 = 196/5년으로 읽었고, XP = 셀레우코스 시대 160년 = 기원전 153년일 가능성에 관해 토론하고 있다. 연대가 두 번째로 오랜된 것으로 추정되는 무덤은 기원전 188년일 가능성이 있다. 이것에 대한 논증에 관해서는 *op. cit.*, 77을 보라. 무덤들의 발생시기가 기원전 3세기 말경이라는 주장은 라피아(Raphia)전투 후에 세운 필로파토르(Philopator)의 비문과 일치한다: 이 책 제1부 각주 19와 무덤벽화에 나오는 알렉산드리아 스타일에 속하는 요소들을 보라. 무덤 비문들의 이름에 관해서는 Peters/Thiersch, *op. cit.*, 37-71; Add. 2-4, 특히 Nr. 1, 3, 9-13, 20, 23, 28-32, 50, 52, 53, 57, 58을 보라. "사르야"(Sarya)에 관해서는 유대고대사 10, 149f., 160; A. Schlatter, *Die hebräische Namen*, BFCT 17, 1913, Vol. 3, 105f.를 보라. 이두매아인의 신(神) 코스(Kos)에 관해서는 가장 최근의 T. C. Vriezen, *OTS* 14, 1965, 330-353, 이 중에서도 특히 333을; 유대고대사 15, 253을 보라. 그는 아폴로와 동일시된다. 이 책 제4부 각주 27을 보라.

33) *RB* 34, 1925, 269f. 또한 이전의 글 W. Moulton, *AJA* 19, 1915, 63-70; 일반적으로는 E. R. Goodenough, *Jewish Symbols* 1, 1953, 72ff.를 보라.

경 요한 히르카노스가 그 도시를 정복하던 때까지 마리사라는 도시의 헬레니즘화가 상당한 수준으로 진행되었음을 보여준다.

이것은 또한 무덤 벽화들과 그 밖의 비문들을 통해서도 입증되는 사실이다. 기원전 2세기 초 이두매아 주요 지역에서의 상황은 예루살렘에서의 헬레니즘화 경향과 유사하다고 이해할 수 있다. 왜냐하면 두 곳은 40㎞밖에 떨어지지 않았기 때문이다. 흥미로운 것은 헤롯의 이두매아 조상들은 예루살렘의 헬레니즘화된 귀족 후예였을 것이라는 사실이다.[34] '멜란테오스'(Melantheos)와 같은 그리스식 이름 역시 사마리아 세겜에 있는 무덤에서 발견되었다. 이것은 단순한 바위 무덤으로서 헬레니즘시대에 나왔는데, 세겜에 있는 시돈의 식민지와 연관되었을 것으로 보인다. 같은 장소에서 기원전 250~150년 사이에 나온 도편(陶片)들에는 그릇을 굽기 전에 새긴 오래된 비문들이 나온다. 여기에는 아직도 식별가능한 '시모니데스'(Simonidēs)라는 이름이 들어 있는데, 이는 히브리어의 이름 쉬므온(Šim'ōn)이 그리스화된 것일 수 있다.[35]

기원전 3세기 동안에 팔레스타인에서 유대적인 작명(作名)에 대해서는 많은 것을 말할 수 없다. 왜냐하면 이 시기에 나온 유대·팔레스타인 이름에 관한 자료들이 매우 적기 때문이다. 그러나 자료가 충분한 이집트 상황에 대해서는 많은 것을 알 수 있다. 기원전 310년경에 아람어 파피루스 코울리(Cowly) 81에서 언급된 많은 유대인들은 거의 모두 히브리어 이름을 가지고 있었지만,[36] 그보다 50~100년

34) A. Schalit, *ASTI* 1, 1962, 110ff.는 헤롯이 도망한 후, 마리사가 파르티아인들에 의해 완전히 파괴되었음을 암시한다. 유대고대사 14, 364 = 유대전쟁사 1, 269.

35) R. J. Bull, *BASOR* 180, 1965, 33. 시모니데스(Simonides)의 비문에 관해서는 Toombs/Wright, *BASOR* 161, 1961, 45; G. E. Wright, *Shechem*, 1964, 183을 보라.

이후 이집트의 디아스포라 유대인들의 이름은 압도적으로 그리스식 이름이었던 것을 발견한다. 기원전 260년 4월에 기록된 한 계약서에서 우리는 안드로니코스(Andronikos)의 아들이었던 유대인 군인 알렉산드로스를 만나게 된다. 기원전 226년의 어떤 소송문건은 어떤 유대인 여자 헤라클레아(Heraklea)와 다툰 유대인 데시테오스(Desitheos)에 대해 보고한다. 기원전 210년의 탄원서와 기원전 201년의 계약서에서는 모두 9명의 유대인들이 언급되는데, 이들 모두 그리스식 이름, 그리고—한 경우는—이집트어 이름과 그 조상의 이름을 가졌다는 것을 알 수 있다.[37] 피피루스들에서 언급된 유대인 군사이주자들 가운데는 대략 25%만이 유대인 이름을 가졌다. 사실 이 수치는 더 낮은데, 왜냐하면 그리스 이름을 가진 유대인들은 '유대인 아무개'라고 불렸던 것처럼 '유대인'(*Ioudaios*)이라는 명칭을 통해서 식별되었고, 게다가 이것도 항상 그랬던 것은 아니었기 때문이다. "진영과 군사거주지뿐만 아니라 민족들이 혼합된 집단단위의 일상적인 삶에서도 그리스식 이름과 관습이 급속하게 도입되었다."[38] 전형적인 유대인 이름은 그 이후 기원전 2세기에 더 빈번히 나타난다. 이는 그 이전에는 유대인 군사이주민들이 폐쇄된 집단에서 더 많이 정착했기 때문이었으리라고 추측할 수 있다. 그러나 다른 한편으로 마카베오 봉기로 자극된 민족적 감정의 영향을 이집트에서도 받았기 때문일지도 모른다.

---

36) J. Harmatta, *Acta Antiqua* 7, 1959, 383ff.을 보라. 하나의 예외는 아마도 Col. A 10행인 것 같다: 디아포로로스(Diaphoros, dyprs)의 아들 하가이(Haggai).

37) *CPJ* 1, 148ff. Nr. 18; 151ff. Nr. 19; 157ff. Nr. 21; 188ff. Nr. 22. 그 다음에 이어지는 것에 관해서는 Tcherikover, *CPJ* 1, 27ff.; *HC*, 346f., 523f.를 보라. 또한 이전의 글 L. Fuchs, *Die Juden in Ägypten*, 1924, 143ff.를 보라.

38) *CPJ* 1, 28.

이중이름 내지 원래의 히브리어 이름으로 변경하려는 어느 정도의 추세도 있었는데 번역을 통해서든 음성동화현상(*Klangassoziation*) 때문이든, 혹은 옛 이름과 어떤 연관성 없든, 아주 자유롭게 변경했다.[39] 여기서는 이교적인 신명(神名) 조차도 배제되지 않았다. 이를테면, 기원전 238/7년의 한 유언장에는 아폴(로도로스) [Apoll(odoros? …)]에 대해 "시리아인으로서 요나타스라고도 불리는 사람"(ὅς καὶ Συριστὶ 'Ιωναθᾶς [καλεῖται …]) 이라고 언급되어 있다.[40] 바빌로니아 제국에서 다니엘과 그의 친구들의 이름이 신명(神名)을 따른 것으로 보아, 초기 헬레니즘시대에 사람들은 이름 변경에 대하여 민감한 거부감을 갖지는 않았다는 사실을 알 수 있다.[41] 그럼에도 불구하고 이집트 디아스포라의 유대인들은—팔레스타인에 있는 유대인 공동체처럼—압도적 다수가 조상들의 믿음을 신실하게 지켰다고 볼 수 있다. 이것은 다양한 유대인 이름들을 전체적으로 비교해 볼 때, 신명(神名)을 따라 지어진 도시테오스(Dositheos)—이것은 거의 유대인들만 사용했다—와 테오도토스(Theodotos)가 월등하게 많이 사용되

---

39) *CPJ* 1, 28 각주 69, 70; *HC*, 523 각주 6.

40) *CPJ* 1, 228f. Nr. 126, 비교. CIJ 2, Nr. 1425. 신(神) 이름에서 차용한(*theophoren*) 이름에 관해서는 인물학 연구(*Prosopographie*)를 다루는 *CPJ* 3, 170: 아폴로니오스(Apollonios) 등, 아르테미도로스(Artemidoros); 172: 데메트리오스(Demetrios), 또한 기원전 3세기 말경에 알렉산드리아의 유대인으로 '시간 계측사'(*Chronographe*)와 디오니시오스(Dionysios); 173: 도사리온(Dosarion), 두사레스(Dusares); 176: 헬리오도로스(Heliodoros), 헤라클레이데스(Herakleides); 181: 이시도로스(Isidoros) 등을 참고하라.

41) 단 1:7 그리고 특히 4:5. 또한 A. Bentzen, *Daniel*², 21을 보라: 그러나 여기 이방 이름들에 대한 비난이 다루어지고 있다는 것은 사실이 아니다. 오히려 이것은 단지 역사화되어 가는 사실성을 묘사하는 특징에 불과하다. 다니엘은 자신의 이방 이름, 말하자면 두 번째 이름(*Zweitname*)을 아무런 저항 없이 받아들인다.

었다는 사실에서 드러난다. 이 사실은 유대인들이 이방인의 세계에서 유일신 하나님에 대한 신앙고백을 지켜나갔다고 평가할 수 있을 것이다. 이 가운데 가장 눈에 띄는 예는 기원전 158/7년 델피에서 해방된 유대인 여자노예 안티고네(Antigone)와 그녀의 딸들인 테오도라(Theodora)와 도로테아(Dorothea)이다.[42] 이름을 통해 이렇게 분명히 입증된 이집트의 유대인들이 경험했던 급속한 헬레니즘화와, 동시대에 일어난 오경의 그리스어 번역과는 본질적인 연관성을 갖는다. 또한 프톨레마이오스 3세 에우에르게테스(기원전 246~221년) 시대에 나온 최초의 회당비문도 당연히 그리스어로 기록되었다.[43]

마카베오서와 함께 팔레스타인 유대교에 대한 자료들이 풍부해지는 시점부터 우리는 많은 그리스식 이름을 대하게 된다. 이러한 경향은 안티오코스 4세로부터 시작된 것이 아니고, 이미 그 이전부터 나타났다. 비록 그리스 이름은 아니지만, 유대인들의 귀에는 그리스식 이름으로 들리는 최초의 이름은—우리가 파악하는 한—징세도급관 요셉의 아들 토비아스 히르카노스였다.[44] 소코(Socho)의 안티고노스(Antigonos) 역시 기원전 3~2세기로의 전환기에 예루살렘에서 그리스식 이름을 가졌던 초기의 인물들에 속하는데, 〈조상들의 어록〉('Ab. 1, 3)에 따르면 그는 대제사장이요 오니아스 3세와 야손의 부친 "의인 시몬으로부터" 율법을 받았다고 한다. 이것은 그가 예루살렘이

---

42) Tcherikover, *HC*, 523 각주 5. 또한 인물학 연구에 관해서는 *CPJ* 3, 173f., 176f. 를 보라. 델피(Delphi)에서 있었던 사면에 관해서는 이 책 제1부 각주 328을 보라.

43) CIJ 2, 366f. Nr. 1440; *CPJ* 3, 164 Nr. 1532a(SB 8939); M. Hengel, (이 책 제1부 각주 86) 157ff.

44) 유대고대사 12, 189, 189-195 등. 이 이름은 〈창세기 외경〉에서 바로의 관료로 나온다: 20, 8. 21. 24. J. Neusner, *op. cit.*, 11 각주 2를 비교하라: 아마도 이것은 원래 "히르카노스 가문에서" 유래한 이름을 지칭한 것 같다. 또한 이 책 제1부 각주 56을 보라.

아니라 대략 예루살렘 남서쪽 25㎞의 지방 소도시 출신이었다는 점에서 더욱 특이하다.[45] 하스몬 가문의 요나단과 시몬에 의해 스파르타 혹은 로마로 파견된 사신들의 조상이었던 안티오코스의 아들 누메니오스(Numenios)와 야손의 아들 안티파트로스(Antipatros), 도로테우스의 아들 알렉산드로스도 이와 같이 기원전 2세기로 진입하기 이전에 출생했을 것으로 추측된다.[46]

안티오코스 3세와, 제사장 가문 하코스(Haqqôs)에 속한 요한은 자신의 아들을 에우폴레모스(Eupolemos)라고 불렀다. 이 요한은 아마도 안티오키아에서 기원전 200년 이후 유대인들을 위해 '왕의 사면'(φιλάνθρωπα βασιλικά)에 대한 협상을 맺었던 사람인 것 같다. 유다 마카베오의 치세하에서 에우폴레모스는 후에 — 위에서 언급한 야손과 함께 — 최초의 로마로 가는 사신들을 이끌었으며, 자신을 그리스어로 유대인의 역사를 기록하는 자라고 구별했던 것 같다.[47] 마카베오2서 14:19에 따르면 평화의 협상을 위해 니카노르를 유대에 보낸 의원들 중에는 테오도토스라는 사람과 맛타티아스(Mattathias)라는 사람이 포함되어 있었는데, 이 역시 이중이름을 가진 한 인물이었을 것으로 예상된다. 요르단 동쪽에 있는 2명의 마카베오 가문의 기병장교는 도시테오스(Dositheos)와 소시파트로스(Sosipatros)였는데, 이들은 일찍이 토비아스 가문이 관할한 식민지의 '할당지 보유자'에 속했

45) P. Kleinert, *ThStKr* 82, 1909, 503f. ; I. Heinemann, *MGWJ* 82, 1938, 159; E. Bickerman(n), *HTR* 54, 1951, 153-165를 보라. 이 책 각주 111과 161을 보라.

46) 1마카 12:16; 14:22, 24; 15:15; 유대고대사, 13, 169; 14, 146과 비교하라, 여기에서 인용된 원로원의 결의안은 아마도 시몬의 시대에 속한 것 같다. 1마카 8:17에 의하면 위에서 언급된 야손(Jason)은 이미 유대지역에서 로마의 대사로 파견된 것 같다. 몇몇 학자들은 그를 키레네의 야손으로 보기도 한다. 이 책 제3부 각주 328을 보라.

47) 2마카 4:11 그리고 1마카 8:17.

을 것으로 생각된다(3권 p. 78을 보라).[48]

이러한 경향은 하스모니아 왕조시기에도 그치지 않았다. 프톨레마이오스의 아들 리시마코스(Lysimachos)라는 사람은 예루살렘에서 구약 에스더서를 그리스어로 번역했다. 이 사람의 이름은 이미 언급된 안티오코스의 경우와 같이 정치적 신조를 대변할 수도 있었다. 또 제사장 도시테오스와 그의 아들 프톨레마이오스는 기원전 78/77년에 에스더서 원본을 이집트로 가져왔을 것이다.[49] 마지막으로 헬레니즘 당파의 지도자 예슈아-야손(Jēšûa'-Jason) 그리고 메넬라오스와 리시마코스의 형제들, 더 후대의 대제사장 엘리아킴-알키모스('Eliakîm-Alkimos)를 언급할 수 있다. 그들의 그리스식 이름은 결코 이상한 것이 아니었고, 오히려 유대인 귀족들이 작명하는 일반적인 경향에 부합하는 것이었다. 이는 그들이 친헬레니즘적 경향이든 친마카베오 경향이든 전혀 다르지 않았다. 〈아리스테아스의 편지〉는 72명의 팔레스타인 장로들 가운데에서 테오도시오스(3번)와 테오도토스, 테오필로스, 도시테오스, 야손(2번)과 같은 그리스어 이름을 가진 사람들을 언급했다. 비록 그 문서가 유대·알렉산드리아에 대한 허구적 정보를 표현하기는 하지만, 그렇다고 여기서 몇몇의 팔레스타인 사람들의 이름까지 허구적인 그리스식 이름으로—이런 이름들이 당시에 없었는데도—붙였다고 할 수는 없을 것이다.[50]

하스몬 가문의 사람들조차도 이미 2~3세대 후 요한 히르카노스와 아붑(Abub)의 아들인 그의 매형 프톨레마이오스, 그의 아들들인 예

48) 2마카 12:19, 24, 35.

49) 《70인경》 10:31; 이 책 제3부 각주 341-344를 보라. E. Bickermann, *JBL* 63, 1944, 348f. 와 비교하라.

50) Ps. Aristeas 47-50. 하스모니아왕조의 대표단들. 유대고대사 13, 260; 14, 248과 비교하라.

후다 아리스토불로스와 안티고노스, 그리고 알렉산드로스 얀나이오스 이래 다시금 히브리어·그리스어로 된 이중이름을 가지기 시작했다.[51] 이렇게 하여 결국 헬레니즘·로마시대로부터 기원후 200년경까지 팔레스타인에서 시므온-시몬(Šimʻon-Simon)이라는 이름이 가장 빈번히 사용되었는데, 이는 결코 우연이 아니었다. 왜냐하면 이 이름은 한편으로 마카베오 가문의 막내 형제의 이름이 시몬이어서 강한 민족의식에 부합했고,[52] 또 한편으로 그리스식 이름 시몬(Simon)과 거의 동일시된 약간 동화된 이름이었기 때문이었다.[53] 바로 이 이름에 대한 호감에서 드러나는 내적 모순은 이 시기 전체 동안 유대교 역사에 전형적인 것이었다.

---

51) *Schürer*, 1, 255, 257ff., 273ff., 284f.: 아리스토불로스(Aristobul)의 경우 그의 히브리식 이름은 단지 동전에서만 보존되었다. 그러나 안티고노스(Antigonos)의 경우에는(유대전쟁사 1, 64, 71-80=유대고대사 13, 276ff., 301-314) 그 이상은 전혀 보존되지 않았다.

52) 또한 W. R. Farmer, *NTS* 4, 1958, 149; M. Hengel, *Zeloten*, 177을 보라.

53) 이름의 빈도수에 관해서는 이전의 G. Hölscher, "Zur jüdischen Namenskunde," in: *Vom alten Testament, K. Marti z. 70 Geburtstag gewidmet*, 1925, 155를 보라. 그의 주장은 Bagatti/Milik, *Gli scavi del 'Dominus Flevit'* 1, 1958, 76f.에 의해 입증되었다. 그리고 통계학은 108에서 입증되었다. 또한 J. A. Fitzmeyer, *HTR 56*, 1963, 1-5와 비교하라.

제 2 장

그리스 교육과 교양교육, 팔레스타인 유대교

1. 헬레니즘과 교육의 영향력(*Bildungsmacht*)

헬레니즘의 시대는 교육①의 시대였다. 마로우(H. I. Marrou)는 헬레니즘시대 이전의 "폴리스의 문명"이나 이후의 — 비잔틴과 중세의 특색을 가진 후대 기독교제국으로써 — "신의 도시의" 문명과 구별하여 헬레니즘을 "교육(παιδεία)의 문명으로" 규정했다.[54] 이미 알렉산드로스 이전 시기에 이소크라테스(Isokrates)는 그리스인들의 이른바 "야만인들"(*Barbaren*)에 대한 오래된 편견을 혁명적인 표현으로 돌파해 나갔는데, 이 편견은 특히 페르시아와 전쟁을 치른 이후 아리스토텔레스에 의해 아직도 유지되고 있었다.[55]

> 그리스인(*Hellenen*)이라는 명칭은 더 이상 혈통이 아니라 성향의 문제로 보인다. 우리의 교육에 참여하는 그리스인들은 좀더 바른 의미로는 우리와 같은 혈통을 소유하는 자들로 여겨야 한다.[56]

---

54) H. I. Marrou, *Histoire de l'éducation dans l'antiquité*, 1948, 139.

55) J. Jüthner, *Hellenen und Barbaren*, 1923, 25ff. ; M. Hadas, *HCu*, 12ff.

56) Isocrates, *Panegyr.* 4, 50. Jüthner(*op. cit.*, 34f.)는 그 구절을 반대로 해석하였다. H. C. Baldry, *The Unity of Mankind*, 1966, 69f. 와 비교하라.

비록 이소크라테스가 여기서 아테네인의 정신적 우월감을 표현하려 했지만, 그에게서는 모든 인간에 관한 "문화의 보편적 개념"에 대한 사상이 보인다.[57] 이것은 그에게 있어 그리스의 '파이데아아'와 같은 것이었다. 100년 후 스토아주의의 영향하에서 에라토스테네스(Eratosthenes)는 알렉산드로스를 변호하며 한 걸음 더 나아간 제안을 했다. 즉, 인간은 더 이상 그리스인(*Grieche*)과 비(非)그리스인(*Barbaren*)으로 나뉘지 않고, 덕(ἀρετή)과 악(κακία)에 따라 나뉜다는 말이다. "왜냐하면 어떤 사람은 법과 공동체, 교육(παιδεία), 언어능력에 대한 소질이 압도적이지만, 어떤 사람은 그 반대일 수도 있기" 때문이다. 그러므로 헬레니즘시대는 인간에 대한 새로운 모습을 강조한다. 그리고 그 핵심개념은 '파이데아아'(교육)이다.[58] 더 후대에 바로(Varro)②와 키케로(Cicero)는 '파이데아아'를 '인간성'(*Humanitas*)이라고 번역했는데, 이것은 부당한 것이 아니었다.[59]

알렉산드로스 원정의 승리는 '교육으로 형성된 그리스인'이라는 사상에 새로운 가능성을 부여했다. 그리스·마케도니아 군인과 관리, 상인들은 그들에게 익숙한 교육제도와 그리스 학교, 무엇보다도 김나시온을 새로이 정복된 동부지역에 이식시켰다. "전형적인 그리스식 제도는 더 이상 … 존재하지 않는다."[60] 이 두 제도는 주로 서로 다른 기초 위에, 아니면 잘해야 공동의 기초 위에 발전되었다.[61] 셀레우

---

57) J. Kaerst, *Geschichte des Hellenismus* 1, ^{2}1917, 140.

58) Strabo 1, 4, 9(66f.); M. Mühl, *Die antike Menschheitsidee*, 1928, 54f. 와 비교하라. Plutarch, *De Alex. fort.* 6(329 *CID*)과 매우 유사하다.

59) H. I. Marrou, *op. cit.*, 144.

60) M. Launey, *Recherches sur les armées hellénistiques* 2, 1950, 813; M. Hadas, *HCu*, 59f.; L. Robert, *CRAI* 1968, 416ff., 454ff.와 비교하라.

61) 새롭게 정복하여 얻은 지역에서의 김나시온 제도에 관해서는 M. Launey, *op. cit.*, 2, 813-874; Rostovtzeff, *HW* 2, 1058-1560; H. I. Marrou,

코스 왕조가 통치하는 지역에서 이를 입증하는 직접적인 자료는 상대적으로 제한되어 있다.[62] 그러나 프톨레마이오스 왕조의 이집트에서의 자료는 상당히 풍부하다. 초등학교에 관한 자료로는 학교 파피루스(*Schulpapyri*)의 간접적인 암시들이 존재한다. 이 사적(私的)인 제도가 — 그래서 자료를 재구성하기가 어려운데 — 실패하지는 않았다는 것은 촌락(*Chōra*)으로부터 나온 압도적인 수의 그리스어 파피루스가 보여준다. 이것은 그리스의 식자층(識者層) 사이에 광범위하게 퍼진 지적인 관심을 암시하고 있다. 가장 잘 알려진 학교에 관한 파피루스는 수업을 위한 핸드북으로, 이는 기원전 3세기에 만들어졌으며 수업의 보수적인 형태를 대변하는 이집트 모국의 수업에는 영향을 받지 않은 자료이다.

이와는 다르게 더 강력한 대중적 관심을 받았던 김나시온(Gymnasion, 역주. 육체적 · 정신적 도야를 위해 목욕탕과 교육훈련장으로 구성된 복합건물을 가진 그리스 교육기관)은 국가기관들이 만든 기록이나, 비문에서 자주 나타난다. 김나시온은 초등학교와 같이 도시에만 있었던 것은 아니고, 좀더 큰 마을에도 있었다. 즉, 그리스인들이 자급자족적인 집단을 이루고 살아가는 모든 곳에 김나시온이 있었다. 일반적으로 이것을 지원하는 공동체는 협회(*Verein*)였고, 김나시온은 종종 사적인 지원금에도 의존했다.[63] 학교와 김나시온 양자(兩者)는 그리스

---

op. cit., 148-164, 특히 154ff.; M. P. Nilsson, *Die hellenistische Schule,* 1955, 83-98을 보라. 그리고 특별히 건물들에 관해서는 J. Delorme, *Gymnaseion,* 1960, 136ff., 198ff., 459-479를 보라.

62) M. Launey, *op. cit.*, 2, 869-74; Rostovtzeff, *HW* 2, 1060f.; M. P. Nilsson, *op. cit.*, 83f.

63) M. Launey, *op. cit.*, 2, 836-68; Rostovtzeff, *HW* 2, 1058f., 1082; *HW* 3, 1588f. (Lit.); M. P. Nilsson, *op. cit.*, 85ff.; J. Delorme, *op. cit.*, 90, 137ff., 199ff. 심지어 약 기원전 221/20년에 파윰에 있는 마을 사마리아(Samareia) 조차도 김나시온을 가졌다는 증거가 있다. 이 책 제1

소수민들이 '비그리스적인' 환경에 곧바로 적응하도록 후원했다. 그것은 "그리스 문화가 세워진 토대"였다.[64] 그리스 출신이 아닌 통치계층은 이곳에서 대대로 전통적인 그리스식 교양교육(*Bildung*)과 삶의 형태를 받아들였는데, 이는 범세계적인 제국간의 경계를 넘어 모든 그리스인들을 연결하는 제도였다. 하지만 이집트에서는 정치적인 이유로 로마시대조차도, 이집트 원주민들을 가능한 한 김나시온에서 배제하고, 김나시온을 졸업한 그리스 부모의 아들들만 입학할 수 있었다.[65] 그럼에도 불구하고 — 무엇보다도 프톨레마이오스 왕조 후기 시대에 — 때때로 몇몇 이집트인들은 그리스인들이 선호하는 계층으로 상승하는 데 성공했다. 비(非)그리스인 외국인들은 더 나은 조건을 가졌다. 즉, 저명한 페르시아인들과 유대인들, 무엇보다도 군사 이주자 집단은 그리스 교육과 김나시온을 통해 상류 지도층으로 들어갈 수 있었다.[66] 기원전 3세기 이래 일어났던, 아마도 알렉산드리아

부 각주 87을 보라. 우리는 이미 제논 파피루스에서 개인의 기록들을 발견하였다: PSI 340; 418, 7; 391, 7, 21: 필라델피아 김나시온에서 행해진 "헤르메이아"(Hermeia) 축제. 이집트의 더 큰 마을의 김나시온들에 대해서는 F. Zucker, *Aegll,* 1931, 485-496을 보라. 헬레니즘의 초등학교에 대해서는 H. I. Marrou, *op. cit.*, 200-222; M. P. Nilsson, 34f., 42ff.를 보라. 학교에 관한 파피루스에 관해서는 R. A. Pack, *The Greek and Latin Literary Texts from Greco-Roman Egypt,* 1952, 82-92의 색인을 보라. 90개의 파피루스가 모두 기원후 3~7세기의 것들이다. 그 분포에 대해서는 M. P. Nilsson, *op. cit.*, 16을 보라. 파피루스의 문헌에 대해서는 제 2부 각주 70을 보라. 기원전 3세기의 학교에 관한 파피루스에 대해서는 Pack, *op. cit.*, 89, Nr. 2068 = O. Guéraud-P. Iouguet, *Un livre d'écolier du IIIe siècle,* 1938을 보라.

64) M. P. Nilsson, *op. cit.*, 83.

65) M. Launey, *op. cit.*, 2, 865ff.; M. P. Nilsson, *op. cit.*, 85ff., 90ff.; 로마시대에 원주민을 배제한 것은 비그리스인들에게 의무적으로 인두세를 징세하는 것과 관련되었으리라고 생각된다. H. Brunner, *Altägyptische Erziehung,* 1957, 27, 29와 비교하라.

에서 역사적으로 유일하게 일어났던 유대교와 헬레니즘 문화의 이 놀라운 혼융(混融) 현상은 이집트의 유대인들이 그리스식 교육의 중심으로 들어가는 길이 막히지 않았기에 가능했다고 이해할 수 있다. 여기서 김나시온은 하나의 중요한 진입로였다.

'그리스 학교'의 수업은 연령별 세 단계로 나뉜 것으로 추정된다. 즉, 약 7세에서 14/15세 학령까지의 단계가 있었고, 그 다음으로 김나시온 교육의 실제 기간인 1~2년의 청소년 과정(*Ephebie*)이 이어지는데, 무엇보다 체력단련과 어느 정도의 군사훈련을 주로 받게 된다. 그 다음 과정이 '청년'단계인데, 이 단계에서 김나시온의 수업은 대략 20세까지 계속된다.[67] 이미 졸업한 사람들은 종종 교육기관 협의회에 참여하여 자신들이 나온 김나시온과 지속적으로 접촉한다. 김나시온의 명예직이자 최고위 책임자인 김나시온 교장(*Gymnasiarch*)은 도시의 가장 중요한 고관 가운데 하나였는데, 보통 자기의 재산으로 김나시온을 지원하여 공헌할 수 있는 부유한 시민이었다. 동시에 김나시온은 항상 공공의 삶의 중심에 자리하고 있었다.[68] 김나시온 수업은 오늘날과 같은 의미의 시험과 보고서 대신에, 지속적인 경쟁을 도입함으로써 효율적인 자극을 주었다. 체력훈련뿐 아니라, 읽기과

---

66) W. Peremans, *Vreemdelingen* …, 1943, 173-199.

67) M. P. Nilsson, *op. cit.*, 34ff.는 여기서 H. I. Marrou, *op. cit.*, 152ff.의 분류를 반대한다. 후자는 청소년 과정(*Ephebie*)을 아테네와 같이 18세에서 20세 사이로 설정한다. 군대의 훈련과 징병에 대해서는 M. Launey, *op. cit.*, 2, 815ff., 836f.; H. I. Marrou, *op. cit.*, 157, 500f. 각주 13-14를 보라. 그것은 특별히 이집트에서 시행되었다.

68) 교장(*Gymnasiarch*)들의 협회와 관직에 대해서는 H. I. Marrou, *op. cit.*, 158, 163ff., 502ff.; M. P. Nilsson, *op. cit.*, 53ff., 75ff.; 김나시온이 공적인 삶의 중심이었다는 것은 *op. cit.*, 78ff.; J. Delorme, *op. cit.*, 352ff., 441ff., 443을 보라. 이 건물들은 점차적으로 헬레니즘적 도시들의 중심이 되었다.

목도 포함되어 있었다.[69] 운동경기 훈련과 음악교육에 이어 세 번째 위치를 차지하는 문학수업은 최소한 헬레니즘 초기의 시대에는 하나의 언어, 즉 그리스 모국어 교육에 집중되었다. 그리고 하나의 책으로써 — 이것은 마치 '경전'처럼 사용되었다고 말할 수 있을 텐데 — 호메로스의 서사시 가운데, 특별히 《일리아스》에 집중하였다. 더 높은 수준의 수업에서 때로는 더 후대의 고전저자들의 '경전적' 가치를 지닌 저작들을 다루기도 했다. 위에서 언급한 기원전 3세기에 나온 교과서는 예를 들면, 특히 프톨레마이오스 4세 필로파테르가 호메로스 성전에서 봉헌한 비가(悲歌)와, 그 밖에도 《오디세이아》와 에우리피데스(Euripides)③의 《페니키아 여인》 일부를 포함하고 있다.[70] '체육경기자들의 삶의 이상'(*das agonistische Lebensideal*)이었던 끊임없는 경쟁사상 자체는 기본적으로 호메로스로 거슬러 올라간다: "αἰὲν ἀριστεύειν καὶ ὑπείροχον ἔμμεναι ἄλλων"(항상 최고가 되고 다른 사람들보다 더 뛰어난 인물이 되어야 한다).[71]

---

69) H. I. Marrou, *op. cit.*, 165, 168f.; M. P. Nilsson, *op. cit.*, 43ff.

70) H. I. Marrou, *op. cit.*, 214ff.; M. P. Nilsson, *op. cit.*, 46ff., 49ff. 호메로스(Homer)에 대해서는 H. I. Marrou, *op. cit.*, 226ff.; M. P. Nilsson, *op. cit.*, 61, 80; M. Hadas, *HCu*, 61을 보라. 또한 R. A. Pack, *op. cit.*, 29-44, Nr. 412-962를 보라. 카탈로그에서 열거된 파피루스 2368이운데 371개가 일리아스, 그리고 109개는 《오디세이아》 본문들을 담고 있다. 이외에도 약 70개의 주석(*Paraphrasen*)과 문헌학적인 보조물이 있는데, 모두 550개가 호메로스식(*Homerisca*)으로 된 자료들이다. 프톨레마이오스의 시대에 대해서는 특히 C. H. Roberts, *MusHelv* 10, 1953, 267f.를 보라. "정경적"이라 할 수 있었던 그 밖의 고전작가들에 대해서는 H. I. Marrou, *op. cit.*, 227f.를 보라. 학교의 교과서에 대해서는 O. Guéraud/P. Iouguer, *op. cit.*, 155-161행과 131-139행, 115-129행을 보라.

71) *Illias* 6, 208 = 11, 784. 또한 H. I. Marrou, *op. cit.*, 38을 보라. 포세이도니오스(Posidonios)는 떠날 때 이 말을 폼페이우스에게 하나의 좌우명으로 건네주었다: Strabo 11, 1, 6 = *FGrHist* 87 T 8.

지역적 편차로 인한 모든 다양성에도 불구하고 헬레니즘시대 초기부터 그리스식 교육은 수세기 동안 거의 변함없이 "현저한 통일성과 불변성"을 유지해왔다.[72] 교육은 보수적 특성을 지키고, 통일적인 방법으로 젊은 '그리스인들'을 길러냈다. 책임 있는 폴리스 시민양성이라는 교육의 본 목적이 헬레니즘 군주들에게서는 후퇴되었다 하더라도, 그 이념은 여전히 그리스인 통치자 계층에 속한 구성원들의 자의식을 형성하고 있었다. "교육의 목적은 그리스적인 교양인(*Greek gentleman*)의 이념을 구현하는 것이다."[73] 그리스식 교육은 분명한 귀족적 특징이 있었는데, 이는 무엇보다도 운동경기를 지향했고, 또한 호메로스적인 정신세계의 기사(奇士)다운 삶의 이상에 뿌리를 내리고 있었기 때문이다. 또한 그리스 교육은 피정복 민족의 젊은 귀족들에게 동방세계의 작가들이 소유한 교육이상보다 더 강력한 매력을 줄 수 있게 되었다.[74] 하지만 이는 예를 들면, 팔라이스트라(*Palästra*, 역주. 김나지움 건물에 있는 경기 공간)④에서 젊은이들이 나체로 경기를 벌이는 그런 불편한 장면을 부끄러워하는 것을 극복한 후에야 비로소, 향유할 수 있었다. 그런데 동방세계의 교육은 현저하게 종교적 태도와 전통적 '지혜'를 지향하고 있었다. 즉, "그리스 교육이 일반적인 교양인(*gentlemen*)을 만들어내도록 창안(創案)되었다면, 동방의 교육은 전문적인 학자들의 조합(*guild*)을 영속시키고자 창안된 것이었다."[75]

---

72) M. P. Nilsson, *op. cit.*, 81.

73) M. Hadas, *HCu*, 60/61. 수업의 보수적 형태에 관해서는 H. Roberts, *op. cit.*, 264를 보라. 이집트에 관해서는 C. Welles, *Aeg* 39, 1959, 26ff.를 보라: "두라 에우로포스(Dura Europos)를 위해서."

74) L. Dürr, *Das Erziehungswesen im AT und im Alten Orient*, 1932, 22ff., 74ff. 오직 젊은 귀족이나 왕의 아들들만이 운동경기(전쟁) 훈련을 받을 수 있었다(18f., 70f.).

종교적 영역에서 그리스인들은 동방세계의 민족들에게 아무것도 기여할 수 없었으며, 오히려 그들 자신이 점점 더 동방의 종교를 수용하게 되었다는 사실이 대개는 강조된다. 그러나 이러한 관점은 그리스 학교의 영향을 너무 가볍게 여기는 태도에서 나온다. 그리스 학교에서는 학생들에게 지속적으로 호메로스를 읽힘으로써 그리스 신화에 대한 지식을 생생하게 교육시켰고, 동방의 신들의 세계를 '그리스적으로 해석'(*interpretatio graeca*) 하게 했다. 더욱이 김나시온에서는 자신의 수호신들이었던 헤르메스와 헤라클레스, 음악의 여신(*die Museen*) 을 숭배했고,[76] 그리스인들의 수많은 축제와 경기들 역시 철저하게 종교적 성격을 지녔다.[77] 각 도시의 신들을 기념하는 축제에서 젊은 학생들은 중요한 역할을 했고, 헬레니즘적 군주국가에서 특별히 김나시온에서 시행되는 통치자 제의는 중대한 의미를 가졌다. 이러한 경향은 영웅과 시혜자(施惠者) 들을 신들로 경배하는 데에서 절정에 이르렀는데, 이는 김나시온 제도가 존재했던 초기단계부터 시작된 것이었다.[78]

그리스의 폴리스에서는 종교의 자유가 허락되었지만, 그리스인들은 공식적 종교제의를 따르는 문제에서만은 같은 그리스 시민에 대해서도 관용적이지는 않았다. 최소한 그리스 세계에 마음을 연 디아스포

75) M. Hadas, *HCu*, 68.

76) M. P. Nilsson, *op. cit.*, 61ff.; J. Delorme, *op. cit.*, 339ff., 347 등.

77) J. Delorme, *op. cit.*, 352: "Athlétisme et religion se confondent dans les gymnases depuis les origines."

78) M. Launey, *op. cit.*, 2, 853ff. (Lit.); M. P. Nilsson, *op. cit.*, 64ff., 67ff., 71ff.; J. Delorme, *op. cit.*, 340ff. 파윰의 "사마리아"에서 세워진 체육관(*Gymmasion*) 은 또한 프톨레마이오스 2세(필라델포스) 에게 봉헌되었다: O. Guéraud, P. Ἐντεύξεις, 1931, Nr. 8, 3f. 또한 *op. cit.*, 139f. 를 보라. 이 책 제1부 각주 87을 보라. H. Kortenbeutel, *APF* 12, 1937, 44-53은 더 발전된 예를 제공한다.

라의 유대인들은 만일 그들이 체육관에서 교육을 받기 원하거나, 혹은 자신의 출신도시에서 시민권을 얻기 원한다면 공식적 종교제의 문제로 어려움에 봉착할 수 있었다[79] : 기원전 16~13년 사이에 마르쿠스 아그리파(Marcus Agrippa)에게 보낸 이오니아의 한 도시에서 기록된 청원서에서, 시민들은 유대인들이 평등권을 요구하지 말아야 한다고 주장했다. 왜냐하면 "만일 유대인들이 실제로 그곳 시민이 된다면 그곳의 신들에게 경배도 해야"(εἰ συγγεῖς εἰσιν αὐτοῖς 'Ιουδαῖοι, σέβεσθαι τοὺς αὐτῶν θεούς) 하기 때문이었다.[80] 비슷하게 아피온(Apion)은 알렉산드리아의 시민권을 요구하는 유대인에게 이렇게 말했다. "만일 유대인들이 알렉산드리아의 시민이라면 왜 그들은 알렉산드리아인들의 신들을 경배하지 않는가?"(quomodo ergo … si sunt cives, eosdem deos quos Alexandrini non colunt?)[81] 전설적인 〈마카베오 3서〉는 디오니소스 신비종교의 제의(*Dionysos Mysterien*)를 들여오게 했던 유대인들은 알렉산드리아의 시민권을 보상으로 받을 수 있었으며, 그 가운데 몇몇은 이러한 유혹에 저항할 수는 없었다고 기록하고 있다. 비록 이 책의 틀이 상당부분 비역사적이기는 하지만, 정치적 이익으로 인해 유대인들이 자신들의 신앙에 유혹을 받게 된 것은 실제 역사적인 상황이었으리라고 추측할 수 있다.[82]

---

79) 김나시온 교육은 많은 헬레니즘적 도시들에서 시민권을 갖기 위한 전제조건이었다. E. Bickermann, *GM*, 62 각주 3을 보라. 또한 *CPJ* 2, 27f. Nr. 150, 2ff. 행과 비교하라: 기원전 약 20/19년에 한 알렉산드리아인이 청소년과정(*Ephebat*)과 시민의 순수성을 보존해 달라고 아우구스트스에게 보낸 청원. 시민권 획득의 어려움에 관해서는 Tarn/Griffith, *Hellenistic Civilization*, 84f. 와 221f. 를 보라.

80) 유대고대사 12, 126; 16, 27-60과 비교하라. 그리스 도시들의 악행에 대해서는 E. Fascher in: *Abraham unser Vater, Festschrift für O. Michel*, 1963, 78-105; W. Nestle, *RAC* 1, 735-740을 보라.

81) 아피온 반박 *2, 65.*

대체적으로 보아 디아스포라의 유대인 공동체는 이러한 요구와 유혹을 이겨내며 견고히 유지되었다. 그러나 유대인들은 — 무엇보다도 로마황제와 그 후예들이 유대인의 종교적 면책특권을 선포하기 이전이었던 제정(帝政)시대 초기에 — 그리스 종교제의에 매우 관대한 태도를 취해야 했다. 이는 기원전 2세기 이오니아의 이아소스(Iasos)에서 나온 비문이 보여준다. 비문에 따르면, 예루살렘의 귀족이었던 야손의 아들 니케타스(Niketas)는 100드라크마(*Drachmen*)를 디오니소스 축제를 위해 기부했다고 한다.[83] 디아스포라의 유대인 상류층은 자신들의 아들 교육문제에서는 김나시온에서 교육하는 다신론적인 근본경향에 대해 때때로 양보할 자세가 되어 있었다. 이것은 그리스 도시들의 김나시온 청소년 과정 명단에 여러 번 등장하는 유대인의 이름들에서도 나타나는데, 이 자료는 일반적으로 헤르메스와 헤라클레스에 헌정되었다는 형식으로 끝난다.[84] 그렇지만 이것을 반드시 유대인의 신앙 약화라고 평가해야만 하는 것은 아니다. 그것은 오히려 부분적으로는 디아스포라의 유대교가 다신론적인 환경에 대해 내면적인 자신감을 얻었다는 상징으로 평가될 수도 있었다.[85] 기원전

82) 3마카 2,30f.를 보라. 비교. 3,2; 이 책 제4부 각주 46을 보라.

83) CIJ 2, 15 Nr. 749.

84) 메세니아(Messenia)의 이아소스(Iasos)와 코로네(Korone)의 청소년 과정의 명단에 대해서는 다음을 보라: L. Robert, *REJ* 101, 1937, 85f.와 *Hellenica* 3, 1946, 100f.(=IG V, 1, Nr. 1398, 91f.). 또한 키레네의 명단에 관해서는 *SEG* 20, 740, 3을 보라: "예수운 안티필로이"('Ιησοῦν 'Αντιφίλωι. 기원전 1세기), 741, 48f.; 두 번의 엘레아자로스('Ελεάζαρος. 기원후 3~4세기); 사르데스의 명단에 대해서는(기원후 2세기) CIJ 2, 19 Nr. 75를 보라. 전체적인 문제에 대해서는 *CPJ* 1, 39 각주 99; 41, 75ff.; S. Applebaum, *ParPass* 19, 1964, 291-303을 보라.

85) 이것은 힐렐(Hillel) 가문으로부터 전수해 내려오는 그리스 교육과 문화에 대한 족장들의 열린 태도, 혹은 후에 형상조형금지(*Bilderverbot*)를 지켜나갔던 유대인 공동체의 태도와 일치한다. 제2부 각주 158을 보라.

약 140년경에 이미 〈아리스테아스의 편지〉는 '존귀함'(καλοκἀγαθία) 이라는 김나시온 교육의 이상을 자주 강조하며 알렉산드리아의 유대인 상류층들이 이것을 받아들이고 인정했다는 것을 보여준다.[86] 필로도 유대인 귀족이 김나시온 교육을 받는 것을 당연하게 여겼다.[87] 유대인들이 셀레우코스 통치하의 안티오키아에서 김나시온 교육과정에 들어가는 것을 허가받았다는 것은 요세푸스의 보도를 통해 추측할 수 있는데, 그에 따르면 유대인들은 김나시온 교장들에게 그 기관에서 배급된 기름을 분배하라고 요구했으며, 또한 기름 대신 돈으로 받을 수도 있었다고 한다.[88] 체리코버(V. Tscherikover)와 논쟁을 했던 아펠바움(S. Appelbaum)은 김나시온 교육과정의 입학허가는 "유대교에 대한 배반을 대가로 얻었다"[89]라는 견해를 제기했는데 이는 지나치게 포괄적이라 할 수 있다. 기원후 2~4세기 사르데스(Sardes)의 거대한 회당은 "아마도 그 도시의 빼놓을 수 없는 부분인 김나시온처럼 보였으며," 실제적으로 그것은 김나시온이 포함된 복합건물을 이루었을 것이다. 유명한 유대인들은 스스로를 당당하게 '사르디아노스'(Sardianos), 즉 사르디아의 시민이라 불렀고, 어떤 유대인은 그 도

86) Ps. Aristeas 3, 272, 285, 비교. 43, 46, 207 또한 V. Tcherikover, *HTR* 51, 1958, 66f., 81을 보라.

87) Phil. *Spec. leg.* 2, 230(M. 2, 298); *De somn.* 69(M. 2, 631), 1 29ff. (M. 2, 640)와 비교하라. 또한 L. H. *Feldman, JewSocSt* 22, 1960, 224ff.를 보라.

88) 유대고대사 12, 119f., 비교. 아피온 반박 2, 39, 유대전쟁사 7, 43f., 또한 Tcherikover, *HC,* 516 그리고 E. Bickerman(n), *From Ezra to the Last of the Maccabees,* 1962, 53, 89 각주 4를 보라.

89) S. Applebaum, *Tarbiz* 28, 1958/59, Nr. 3, 4, XIII(요약), 히브리어 본문은 424f.를 보라. Wolfson, *Philo,* 1, 79f.가 이미 언급한 이와 유사한 주장과 비교하라. 유대인을 위한 특수 김나시온들이 존재할 가능성은 매우 낮다. 또한 L. H. Feldman, *JewSocSt* 22, 1960, 225f.를 보라.

시의 의원을 지내기도 했다. 이 회당 터는 기원전 1세기에 그 도시로부터 제공받았던 것으로 보인다(유대고대사 14, 260f).[90] 그러나 기원후 41년 클라우디우스(Claudius)는 알렉산드리아에 보낸 그 유명한 편지에서 유대인으로부터 귀족자녀들이 그토록 선망했던 김나시온 입학자격과 아울러 알렉산드리아와 로마의 시민권도 결국 박탈했다. 이것은 알렉산드리아에 있는 유대인 공동체의 영향력 있는 인사들에게는 심각한 타격이었다. 이로 인해 이집트에 있는 유대인 디아스포라의 봉기가 발발했고, 결국 기원후 115~117년의 대규모 봉기와 파멸로 가는 길을 열었다.[91]

보통의 그리스 교양교육 과정은 '공동체 정신'(*espirit du corps*)과 비그리스적 환경에 대해 느끼는 그리스인으로서의 강력한 자부심을 부여하기는 했지만, 그렇다고 광범위한 문학적, 철학적 지식을 가져다 주지는 않았고, 기껏해야 당대를 풍미하는 세계관을 소개받는 정도였다.[92] 어떤 사람이 보통의 교육과정을 넘어 — 그렇다면 그는 이미 선택된 엘리트였다 — 실제적인 정규교육(ἐγκύκλιος παιδεία)[93]에 이르기까지 자신의 학업을 계속할 수 있는가의 여부는 개인의 재정적, 지적 능력에 달려 있었다. 어쨌든 수사학이나 철학과 같은 더 세부적인 연구과정 혹은 특정한 전문과정에 전념하려는 학생들은 매우 소수

---

90) L. Robert, *Nouvelles Inscriptions de Sardes*, Ier fasc., 1964, 54ff., Nr. 13-19와 D. G. Mitten, *BA* 29, 1966, 64f.(인용)를 보라. 제2부 각주 84의 비문과 비교하라.

91) *CPJ* 2, 36ff. Nr. 153, 특히 Col. V. 92f. 시민권의 문제는 오래전부터 논쟁이 되어 왔다. 2, 25ff. Nr. 150/151을 보라. 또한 V. Tcherikover, *CPJ* I, 59-78, 특히 73f.를 보라.

92) H. I. Marrou, *op. cit.*, 156f., 332를 보라.

93) 이러한 교양교육의 이상에 관해서는 *op. cit.*, 252f., 330, 336, 538f. 각주 2-5를 보라. 그 중요성은 유동적이다. 상세한 것은 H. Fuchs, *RAC* 5, 366ff.와 특히 필로에 대한 389f.를 보라.

에 불과했으리라고 생각된다.

그러한 심화된 '고등교육과정'을 수행하기 위한 최고의 환경은 바로 초기 헬레니즘시대의 알렉산드리아에 갖추어져 있었다. 후대의 유대교와 기독교의 지성사에서 결정적으로 중요했던 점은, 최초의 프톨레마이오스 왕조가 팔레스타인으로부터 쉽게 접근할 수 있었던 이 도시를 헬레니즘 세계의 정신적 중심지로 만들었고, 또한 이러한 정신적 영역에서 셀레우코스 통치자들을 넘어서는 절대적 우월성을 보여주는 데 성공했다는 사실이다.94) 알렉산드리아는 이와 같이 가장 큰 무역도시였을 뿐만 아니라, 학문과 예술의 중심지로써 엄청난 매력을 발산하였다.95)

이집트에 있는 유대인들 가운데 그리스어를 사용하는 정신적 엘리트들 또한 이 알렉산드리아의 학문적 영향에서 벗어날 수 없었다. 그들은 그리스·로마세계와 역사에서 유일한 현상이었던 자신들만의 학문적 전통을 발전시켜 수백 년간을 지속시켰다. 분명 이러한 자극은 이미 프톨레마이오스 2세 필라델포스하에서 예배에 사용하기 위해 토라를 그리스어로 번역하는 작업을 완성할 수 있게 했다(1권 p. 353f를 보라). 이 시기 이후 그러한 학문적 경향을 대변할 수 있는 사람으로서 우리가 파악할 수 있는 첫 번째 인물은 데메트리오스였다. 그는 프톨레마이오스 4세 필로파토르(기원전 222~204년) 치하에

---

94) W. W. Tarn, *The Greeks in Bactria and India,* 1938, 34-70 그리고 특히 40f.: 많은 학자들이 셀레우코스 제국으로부터 이곳으로 이주하였다. 또한 Rostovtzeff, *GAH* 7, 195; *HW* 2, 1084f.; M. P. Nilsson, *GGR*^{2} 2, 39를 보라.

95) W. Schubart, *RAC* 1, 271-283; 특별히 박물관을 언급하는 E. A. Parsons, *The Alexandrian Library,* 1952, 53ff., 84ff.를 보라. 또한 N. Walter, *Der Toraausleger Aristobulos,* 1964, 41 각주 2; J. *Schwartz, ZPapBp* 1, 1967, 197ff.를 보라.

서 알렉산드리아의 지식인 스타일로 〈유대인의 왕들〉에 관한 연대기적 작품을 기록했다. 그는 이 작품에서 자신보다 먼저 유사한 방법으로 이집트와 바빌로니아의 역사를 기록했던 마네토(Manetho)와 베로소스(Berossos)의 뒤를 따랐다. 여기서 이들의 공통된 목적은 민족전승에 보존된 그 오랜 역사를 고증하는 것이었다.[96] 그의 뒤를 이어 아르타파노스(Artapanos)와 클레오데모스 말코스(Kleodemos Malchos)와 같은 기원전 2세기의 소설가들과 시인 대(大) 필로(der ältere Philo), 사마리아인 테오도토스, 비극작가 에체키엘(Ezechiel)과 묵시적 영향을 받은 최초의 〈유대인 시빌서〉(*jüdische Sibylle*)의 저자와 같이 역사적 모티브를 다루는 서사시인들이 나왔다.[97] 이들은 데메트리오스와는 다르게 자신들이 다룬 유대인의 역사에 관한 자료들을 상당히 공들여 서술하면서도 그리스 신화의 색채나 최소한 고전적인 모델들이 갖는 초기 그리스적 표현방식(*archaische Sprache*)을 버리지는 않았다. 그 외에도 아리스테아스와 가명의 헤카타이오스, 키레네의 야손과 같은 진지한 역사가들도 있었고, 아리스토불로스의 최초의 철학적 저술들(2권 p. 111ff.를 보라)과 〈아리스테아스의 편지〉, 기원전 1세기

---

96) 다양한 단편들이 *FGrHist* 722에서 발견된다. 그의 작품에 관해서는 Freudenthal, *Hellenistische Studien*, 1875, 35-82를 보라. 여기서(65) 프로이덴탈은 자신이 팔레스타인 주석에 의존했다는 것을 강조한다. *Schürer* 3, 472-4; Y. Gutman, *The Beginnings of Jewish-Hellenistic Literature* 1, 1958, 132-9. 또한 M. Hadas, *HCu*, 94f.; N. Walter, *op. cit.*, 43; H. Hegermann, *UU* 1, 318f.와 비교하라. 아피온 반박 1, 218에서 요세푸스는 유대 전통이 대단히 오래되었다는 설명을 하는 것과 관련하여 데메트리오스를 인용하는데, 팔레론(Phaleron)의 데메트리오스와 그를 혼동하였다. 이는 요세푸스가 알렉산드로스 폴리히스토르(Alexander Polyhistor)의 발췌 모음집에서 데메트리오스를 알았기 때문이었으리라 추측된다.

97) Freudenthal, *op. cit.*, 82-174; *Schürer* 3, 474ff., 497ff.; Y. Gutman, *op. cit.*, 1, 221-261과 2, 9-143.

로 거슬러 올라가는 솔로몬의 지혜서(*Sapientia Solomonis*, 역주. 공동번역을 따라 앞으로 '지혜서'로만 표기함)가 저술되었다. 여기서 오르페우스와 호메로스, 헤시오도스, 헤라클리토스(Heraklit), 아이실로스(Aischylos) 같은 저자들이 기록한 — 하지만 대부분은 모조인 — 수많은 단편들이 보여주는 바와 같이, 일원론적인 창조신앙이나 거룩한 수 '7'(*Siebenzahl*)에 대한 견해는 고전적인 권위를 가지고 있었다.[98]

그렇지만 일반적으로 호교론적이나 선교 문학적으로 묘사되는 이러한 저작들은[99] 오직 예외적인 경우에서만 — 대략 아리스토불로스에서와 같이 — 이방세계로부터 유대교를 지키는 데 사용되었다. 하지만 그러한 저작들은 오히려 지적인 관심을 가진 그리스어사용 유대인 독자들의 독특한 요구에 부응했고,[100] 그래서 팔레스타인 문학의 더욱 많은 대중적인 번역을 통해 보충될 수 있었다. 팔레스타인 본토에서도 이미 페르시아와 초기 헬레니즘시대 문학작품을 광범위하게 공급(*Literaturangebot*)할 분명한 필요성이 있었다(2권 p. 21ff. 를 보라). 반면 그리스 지식인들은 《70인경》이나 — 여기서 아마도 창조에 대한 기록들은 예외가 될 텐데 — 유대·헬레니즘적 저작들 모두에 관심이 없었다(제 4부 p. 473, 각주 22를 보라). 진기품(珍奇品) 수집가 알렉산드로스 폴리히스토르(Alexander Polyhistor)는 여기서 단지 예외였다는 사실은, 바로 그러한 경향을 입증해 줄 뿐이다. 필로와 요세푸스

---

98) *Schürer* 3, 505-603; 아리스토불로스에 관해서는 N. Walter, *op. cit.*, 150ff. 를 보라.

99) P. Dalbert, *Die Theologie der hellenitisch-jüdischen Missionsliteratur,* 1954, 8, 18ff. 등. 이전의 M. Friedländer, *Geschichteder jüdischen Apologetik,* 1903; Bousset-Gressmann, 80f. 를 보라.

100) S. Baron, *A Social and Religious History of the Jews*, ²1952, 197f.; Tcherikover, Eos 48/4, 1956(=Symb., R. Taubenschlag, III), 169-93; *HTR* 51, 1958, 59ff.

에게 와서야 비로소 이방세계를 향한 의도적인 호교론이 발견된다. 프톨레마이오스 통치하에서의 알렉산드리아의 천재작가 필로에 의해 영감을 받았던 문학가들과 지식인들의 영향은 이집트에만 한정되지 않고, 가까운 유대지역까지 퍼져나갔던 것 같다. 기원전 3세기 중반 이래 그리스어는 이러한 분위기에서 출발했고, 유대·알렉산드리아 문학의 모든 저자들은 모국이나 거룩한 도시 예루살렘과의 연관성을 주제로 삼았다. 이와 같이 대략 기원전 2세기 초부터 팔레스타인에서조차 그리스어로 된 토착문학이 시작되었다(2권 p. 112ff. 를 보라). 또한 예루살렘과 알렉산드리아 사이의 연관성도 문화적인 분야에서 일어난 것이었다고 가정해도 될 것 같다. 그리고 헬레니즘화된 팔레스타인의 도시들에서 온 젊은 시리아인들과 유사하게 몇몇 재능 있는 예루살렘 귀족자제들 역시 특정한 시기에, 알렉산드리아나 다른 헬레니즘 세계의 정신적 중심지에서 수사학 연구에 몰두했다는 것도 배제할 수는 없다.[101]

2. 팔레스타인의 그리스 교육과 교양교육 및 유대교에 준 영향

기원전 3세기 중반경 오론테스(Orontes) 강변에 있는 안티오키아의 김나시온에 관한 언급을 제외한다면,[102] 시리아와 팔레스타인에서 김나시온의 설립에 대한 최초의 보고는[103] 마카베오1/2서에 나온다.

---

101) 이것은 가령 에우폴레모스(Eupolemos)와 익명의 사마리아 작가에게도 마찬가지이다. 또한 V. Tcherikover, *Eos* 48/3, 1956, 187을 보라. “유대인의 알렉산드리아 문헌”이라고 여겨지는 모든 작품들이 반드시 알렉산드리아의 기원을 가져야 하는 것은 아니다.

102) J. Delorme, *op. cit.*, 136f.

103) 다음의 이어지는 것에 대해서는 E. Bickermann, *GM*, 59-65를 보라.

이것은 기원전 175년 예루살렘에서 김나시온의 설립과 이와 연관된 청소년 과정(*Ephebie*)에 대한 설명을 담고 있다.[104] 더 후기 시대에도 김나시온에 대한 아주 산발적인 자료들만 존재할 뿐이다. 이를테면, 헤롯이 다마스쿠스와 프톨레마이스-아코, 트리폴리스에 자신의 비용으로 예전의 기관을 발전시켜 몇 개의 김나시온을 세웠다는 요세푸스의 보도나,[105] 그리스와 페니키아를 동시에 사용하는 아라도스(Arados) 출신의 어떤 사람이 김나시온 교장 헤르메스와 헤라클레스를 언급하는 기록,[106] 그 밖에 도시의 평의회와 시민들이 아마도 헤라클레스 종교제의에 헌신했던 김나시온 교장에게 경의를 표했음을 보고하는 비문이 있다. 마지막 자료는 필라델피아에 나온 것으로 자료해독과 연대추정이 불분명하다.[107] 마지막으로 대략 기원 전후에 지어진 페트라(Petra)의 김나시온에 대한 고고학적 발굴[108]을 들 수 있다.

이들과 셀레우코스 왕국에 있었던 김나시온들에 대한 또 다른 다소 우연한 보고들—이를테면, 안티오코스 4세를 '크티스테스'(*Ktistēs*, 창건자)라고 불렀던 바빌로니아에서 나온 보고 같은 것들[109]—말고

104) 2마카 4:9-14, 1마카 1:14f.; 비교. 유대고대사 12, 251.

105) 유대전쟁사 1, 422; 비교. 2, 560.

106) R. Savignac, *RB* 25, 1916, 576-579. E. Bi(c)kerman(n), *Mélanges Dussaud* 1, 1939, 96 각주 8에 의하면 그 김나시온은 기원전 25년에 무너졌다.

107) F. M. Abel, *RB NS* 5, 1908, 568-577.

108) J. Delorme, *op. cit.*, 218f.

109) 킬리키아의 솔로이(Soloi von Cilicien): 안티오코스 3세 때의 *OGIS* 230; 해안지대의 라오디케아(Laodikea): 기원전 163년; J. Delorme, *op. cit.*, 199를 보라. 기원전 111/10년 바빌로니아, 기원전 약 100~50년 율라이오스(Eulaios)=수사(Susa)에 대하여는 B. Haussoullier, *Klio* 9, 1909, 352-363; Rostovtzeff, *HW* 2, 1061; *SEG* 7, 3, 39를 보라. 11-14와 비

도 간접적인 자료들도 있는데, 여기에는 무엇보다 그리스 모국에서 축제 때 승리를 거둔 페니키아 검투사들에 대해 보고하는 비문들이 있다.

> 이미 기원전 약 270년에 델리의(delische) 비문은 검투경기에서 시돈인(人) 실리스(Sillis)와 비블리아인(Byblier) 티모크라테스(Timokrates)를 언급하고 있다.[110] '수페트'〔Sufet. δικαστής, 역주. 원로원의 집정관(*Consul*)과는 다른 카르타고의 집정관〕 디오티모스(Diotimos)는 기원전 약 200년 능숙한 그리스어로 표현된 어떤 비문에서 자신의 고향 시돈에서 원칙적으로 '그리스인들'만이 참석할 수 있는 아르고스(Argos)의 '범(凡)헬레니즘적 네미아 제전'의 전차경기에서 승리자로 찬사를 받고 있다. 그렇기 때문에 이 시는 아리기브인들(*Arigiver*)과 테베인들(*Thebaner*), 페니키아인들 사이의 신화론적인 친화성을 분명하게 강조했다.[111] 비록 연대를 정할 수는 없지만, 대략 이와 동시대에 나온 것으로 볼 수 있는 한 비문은 압두바스티오스(Abdubastios)의 아들인 또 다른 디오티모스(Diotimos)를 찬양하고 있다. 그는 델피의 아폴로를 기념하여 시돈에서 있었던 레슬링 경기의 승자였는데,[112] 이 경기의 심판은 압디조무노스(Abdyzomunos)

교하라. 특히 바빌로니아에 관해서는 *OGIS* 253; Bengtson, *GG*³, 482 각주 3; 이 책 제4부 각주 133을 보라. 두 장소들은 모두 파르티아(Parthia) 제국의 통치시기에 있었다. 물론, 언급된 모든 김나시온들은 훨씬 더 초기의 시기로 거슬러 올라간다. M. Launey, *op. cit.*, 2, 873f.와 비교하라.

110) IG XI, 2. Nr. 203, 68: 이것과 그 다음에 이어지는 것에 관해서는 M. Launey, *op. cit.*, 2, 871f.를 보라.

111) Le Bas/Waddington, *Voyage archéologique* II, 3, 1847ff., Nr. 1866a; 새롭게 편집한 E. Bi(c)kerman(n), *Mélanges Dussaud* I, 1939, 91-99를 보라. 비문에 들어 있는 상(像)은 크레타인 티모카리스(Timocharis)가 세웠다.

112) Le Bas/Waddington, *op. cit.*, Nr. 1866c; E. Bi(c)kerman(n), *op. cit.*, 96f.를 보라.

> 의 아들 아폴로파네스(Appolophanes)였다. 페니키아인들은 범(凡)아테네(panathenäische) 경기를 기념하는 아테네의 한 비문에서 꽤 자주 언급되었다. 기원전 191년(또는 182/181년) 이중 경주에서 폴레마르코스(Polemarchos)의 아들인 시돈 사람 포세이도니오스(Poseidonios)가 승리했다. 또 기원전 184년 그와 동향인이었던 테오도로스의 아들 리사니아스(Lysanias)가 전차경기에서 승리했고, 동시에 그와 함께 페니키아의 라오디케아에서 온 한 히에론(Hieron) 사람이 경마대회에서 승리했다.[113] 티레인(Tyrer)과 기원전 180년 복싱경기에서 디오스코리데스(Dioskorides)라는 사람,[114] 그리고 페니키아의 프톨레마이스-아코 출신의 한 시민이 승리했던 경우도 있다.[115] 페니키아인들은 그리스 음악공연에서 — 스트라톤의 아들 시돈 사람 스트라톤과 같이 — 보에티아 지역의 테스피에(Thespiae)의 음악공연(*Museia*)에서 자신들을 키타라 현악 연주자(*Kitharistes*)라고 부각시키기도 했다.[116]

페니키아인들은 비록 가정 안에서는 자신들에게 전래된 언어와 종교적, 철학적 관행을 견실하게 유지했지만, 사회에서는 동등한 '그리스인들'(*Hellenen*)로 행동했다. 그들은 그리스어를 구사할 뿐만 아니라 김나시온 고등과정을 이수했고, 체전경기의 규칙에 대해서도 정통했다. 그러므로 김나시온은 페니키아의 도시들뿐만 아니라 팔레스타

---

113) *IG*^{2} II, 2, Nr. 2314, 21; 2316, 51f.; Nr. 960, 16과 비교하라: 시돈 사람 디오니시오스는 기원전 142년에 아테네인 테세이아(Theseia)와의 젊은이들의 격투경기(*Pankration*)에서 승리했다.

114) *IG*^{2} II, 2, Nr. 2315, 27; 오로포스(Oropos)의 티레 사람(Tyrer); *IG*^{2} VII, Nr. 417, 40과 비교하라.

115) *IG*^{2} II, 2, Nr. 2313, 50: 'Επίνικος Θάλωνος Πτολεμαιεὺς ἀπὸ [Φοινίκης …?]"(페니키아에서 온… 프톨레마이오스 탈몬의 승리); Nr. 965, 50과 비교하라.

116) *IG* VII, Nr. 1760, 21: 기원전 2세기 말.

인의 더 큰 도시에도, 특별히 마케도니아・그리스 군사식민지로 거슬러 올라가는 그런 도시에도 존재했을 것이다. 야손 예슈아(Jēšûa‘)[117]가 대제사장직 이외에도 예루살렘에서 “자신의 권위로 김나시온과 그 청소년 과정을 설립하고 예루살렘에 있는 안티오키아 사람들을 거기에 등록시킬 수 있는” 허가권을 매수할 때도 그러한 페니키아인의 도시를 염두에 두었다.[118] 물론 이집트에 있는 그의 유대인 동족들에는 — 만일 사회적으로 높은 계층에 속했다면 — 이미 오랫동안 그리스 교육과 김나시온의 훈련을 통해서 그리스인들과 완전히 동등한 권리를 얻을 수 있는 가능성이 열려있었다. 예를 들면, 드리밀로스(Drimylos)의 아들이 왕실의 최고역사기록관(*Hypomnematographos*)이 된 것같이 최고의 국가관직에 오를 가능성이 열려 있었다.[119]

> 해안에 사는 페니키아인들 또한 ‘뒤쳐진’ 예루살렘인들과 비교해 볼 때 상당히 발전했다. 그들은 자신들을 특별한 ‘그리스인’으로 간주했는데, 그들의 문화는 그리스보다도 더 오래되었으며, 이들은 원시 그리스 시대의 신화적 모습을 전수하였고, 또한 유럽과 안드로메다(Andromeda)의 — 이 지역은 팔레스타인의 항구도시 욥바와 연결되었다[120] — 전설적인 인물들, 그리고 특히 테베의 설립자였던 카드모

---

117) 이중이름에 대해서는 유대고대사 12, 139를 보라.

118) 2마카 4:9, 또한 E. Bickermann, *GM*, 59ff. 와 그를 주장을 따르는 M. Abel, *Macc.* 331f. 를 보라. 야손의 청원(ἐντεύξις)으로 새로운 도시, “예루살렘의 안티오키아”(Antiochia)를 건립하게 되지는 않았지만(Tcherikover, *HC*, 404ff. 를 보라), 도시의 건립을 준비하게 되었다. 3권 p. 86ff. 를 보라.

119) 제 2부 각주 224를 보라. 3권 p. 86ff. 를 보라.

120) 유럽(Europa)에 관해서는 W. H. Roscher, *Lexikon* 1, 1409를 보라. Lukian, *DeaSyr.* 4에 의하면 시돈에는 유로파-아스타르테(Europa-Astarte, 역주. 구약에서 아스다롯이라 부르는 여신) 신전이 있었다. 안드로메다(Andromeda)에 대해서는 Roscher, *op. cit.*, 1, 345-348을 보라: 그것과 욥바와의 관계는 오래됐고, 이미 알렉산드로스 이전에 Ps. Skylax에게서

스(Kadmos)[121]가 그들의 혈통이라고 한다. 하지만 혈통적 발전이 반대방향으로 일어났다는 생각도 창안했다: 시돈의 최초의 왕이자 카드모스의 부친이었고, 신화 작가들에 따르면 안드로메다의 부친이기도 했던 아게노르(Agenor)는 아르고스(Argos)의 왕 포로니스(Phoronis)의 아들이었다고 한다.[122] 스토아 학자라고만 알려진 제노도토스(Zenodotos)는 스토아주의의 창시자였던 키티온(Kition)의 제논에 대한 한 풍자시에서 페니키아의 명성을 이렇게 표현했다.

"만일 페니키아가 너를 낳았다면 누가 그것을 책망하겠는가? 카드모스의 요람이 거기에 있었고, 그리스인의 문자도 그에게서 나왔다."

εἰ δὲ πάτρα Φοίνισσα, τίς ὁ φθόνος; ἦν καὶ ὁ Κάδμος κεῖνος, ἀφ' οὗ γραπτὰν Ἑλλὰς ἔχει σελίδα (Diog. Laert 7, 30 = Anth. Gr. 7, 117).

유대인이 그리스인과 태곳적부터 연관성을 가졌다는 주장은 그들도 그리스인들과 동등한 권리를 주장할 수 있다는 정당성을 부여하기 위함이었다. 이러한 관심은 유대인이 스파르타인과 친족관계였다는 전설에서 알 수 있다. 이 전설은 분명 마카베오시기 이전으로 거슬러

도 발견된다. C. Müller, *GGM* 1, 565를 보라. 자료 전체는 F. M. Abel, *HP* 1, 271f. 에 있다.

121) Roscher, *Lexikon* 2, 824-893, Herodot 2, 49와 비교하라. 문화적으로 우월하다는 주장은, 특히 티레의 한 동전에서 나타난다. 거기에는 카드모스(Kadmos)가 그리스인에게 알파벳을 수여하는 장면이 묘사되었다. *op. cit.*, T. 7; 또한 Herodot 5, 57-59를 보라. E. Bickermann(제2부 각주 111을 보라)이 편집한 비문에는 자신들의 모(母) 도시인 시돈이 승리(νίκαις εὐκλέα ματόπολιν)한 것에 대해 카드모스의 테베인들(Theben)이 함께 기뻐하고 있음을 분명하게 강조하고 있다. Achill. *Tat.* 1, 1. ed. R. Hercher, *Erot. script. gr.*, 1, 1856, 37 그리고 아피온 반박 1, 10-13과 비교하라.

122) E. Bi(c)kerman(n), *Mélanges Dussaud* 1, 94: Hellanicus(기원전 5세기), *FGrHist* 4 F 36; Arrian, *Anab.* 2, 24, 2에 의하면 일찍이 기원전 332년 티레에는 "아게노레이온"(Agenoreion)이 있었다.

올라간다. 이런 종류의 사색은, 두 민족 모두 엄격한 율법이 있으며, 율법제정자 모세와 리쿠르고스(Lykurg), ⑤ 더 나아가 시내 산과 델피의 아폴로신전에 신적인 권위를 부여하는 데에도 어떤 유사성이 존재한다는 사실에 자극을 받았다. 압데라의 헤카타이오스가 쓴 최초의 그리스어 기록에 따른다 해도 유대인이 이방인을 증오하는 삶(μισόξενον βίον)을 살았던 것처럼, 헤로도토스에 따르면 라케다이모니아인들은 이방인과 섞이지 않는 자들(ξενοῖσι ἀπρόσμεικτοι)로 여겨졌고, 스파르타의 '율법제정자' 리쿠르고스가 델피의 신탁에 의해 제우스의 친구(Ζηνὶ φιλός)로 지명되었던 것과 같이, 출애굽기 33:11에 의하면 하나님은 모세와 '친구처럼' 대화하셨다.[123] 예루살렘의 헬레니즘적 개혁의 입안자였던 야손이 그의 생애를 스파르타에서 마쳤다는 것은 결코 우연이 아니었다. 특히 개혁파들이 이러한 연관성에 각별한 관심을 두었던 것으로 미루어 볼 때, 이러한 전설의 기원은 이 집단 안에서 발원되었을 것 같다. 이것은 창세기 25:1-4의 퀘투라(Qetura, 역주. 아브라함의 후처)의 아들들에 대한 상세한 서술로 거슬러 올라갈 수도 있다.[124] 여기서 우리는 다시금 페니키아와 소아시아에서 나온

---

123) *FGrHist*. 264 F 6, 4(Diod. 40, 3); Herod. 1, 65, 2.

124) 1마카 12:6-23(10:20); 2마카 5:9; 유대고대사 12, 226f., 비교. 13, 166f. 출발점은 아레우스(Areus) 왕이 오니아스(Onias) 2세에게 보낸 편지이다. 이 편지의 유일한 저자로 볼 수 있는 아레우스 1세가 이미 기원전 265년에 죽었기 때문에 편지의 확실성을 주장하기는 어렵다. 그러므로 헤카타이오스(Hekataios)로부터 유대인과 다네인(Danäer)이 공동으로 출애굽하였다고 배웠던 스파르타인들이 주도적으로 창안하여 시작되었다는 Y. Gutman, *op. cit.*, I, 108-111의 제안은 개연성이 없어 보인다. M. S. Ginsburg, *ClassPhil* 29, 1934, 117-122; F. M. Abel, *Macc.*, 231-3 그리고 *HP* 1, 41도 이와 유사한 주장을 하였다. M. Hadas, *HCu*, 87이 올바르게 다음과 같이 주장했다: "관계가 있다는 주장은 … 그리스인이 아닌 비(非)그리스인에 의해 제안되었다." 다른 한편 요나단과 스파르타 사람들 사이에 왕래했던 서신은 진정성이 있다. 그것은 어떤 그리스어사용

유사한 병행구를 발견하게 된다. 델피의 비문으로 보존된 티레인의 편지는 델피인을 자신들의 동족(συγγενεῖς)으로 보고,125) 역사적 근거는 없지만 소아시아 남서쪽에 있는 일련의 도시들이 라케다이모니아의(lakedäimonische) 식민지라는 주장을 하게 된다. 이 모든 사례들에서 다루어지는 주제는 근본적으로 유대인이 '유럽문화로 들어가

유대인의 생각은 더 나아가 마카베오 가문들에게도 영향을 끼쳤음을 보여준다. E. Bickermann, *PW* 14, 786와 제2부 각주 286을 보라. 이 관계는 클레오데모스 말코스(Kleodemos Malchos)와 같은 스타일의 유대-헬레니즘적 신화작가들에게서 그 근원을 찾아야 할 것 같다. 그는 퀘투라(Qetura)에게서 나온 아브라함의 아들들을 리비아(즉, 키레네)로 이주시켰고, 이들은 리비아에서 헤라클리데스의 가문(*Herakliden*)을 우연이 만난다(*FGrHist* 727). 위에서 언급한 카드모스 지휘 아래 이주한 다네인들과 모세의 지휘아래 출애굽을 한 유대인들에 관한 헤카타이오스의 기록 또한 그 증거일 수 있다(*FGrHist* 264, 2, Diod. 40, 3; fr. 25, Diod. 1, 28, 2). 유대지역의 이름이 "스파르타인들 가운데 어떤 한 '유다이오스'"(οὔδαιος Σπάρτων ⟨εἷς⟩), 즉 데베(Theben)에서 카드모스가 정착시킨 사람들 가운데에서 파생되었다는 클라우디우스 이올라오스(Claudius Iolaos, Reinach 215 = *FGrHist* 788 F 4)의 기록을 비교하라. 또한 A. Schlatter, GI^3, 15를 보라. 이 뛰어난 문헌은 단편들만이 보존되어 왔다. 예루살렘의 그리스어사용 유대인은 전설에 대단한 흥미를 가졌기에, 그런 관계성은 그곳에서도 생겨났다. E. Bickermann, *PW* 14, 786은 이것이 기원전 2세기 1/4분기에 생겨났을 것이라고 추정한다. 후에 스파르타 사람이 율법과 외국인 혐오감을 언급한 것은 유대교 변증의 주제가 되었을 것으로 보인다. 요세푸스는 이것을 풍요롭게 사용하였다: 아피온 반박 2, 130, 172, 225-231, 259f., 271. 아파메아(Apamea) 조약(유대고대사 12, 147-53; 이 책 제4부 각주 45를 보라) 이후 페르가몬 왕조의(*Pergamene*) 통치하에서 이주한 프뤼기아(Phrygia)의 유대인 군사정착민들의 유사점은 아브라함 시대에 유대인과 페르가메네스인들(*Pergamener*) 사이에서 생긴 명목상의 친밀함의 결과였다: 유대고대사 14, 255.

125) *SEG* 2, 330; A. H. M. Jones, *The Greek City*, 1940, 50, 311 각주 68. 그런 관계성의 구조는 헬레니즘시대에 확산된 현상으로서 정치적으로 매우 중요한 의미를 가지고 있었다. E. Bi(c)kerman(n), *Mélanges Dussaud* 1, 1939, 95f.; *RHR* 115, 1937, 207을 보라.

는 입장권'에 관한 것이었다.[126]

그러므로 외관상으로는 혁명적 일보를 내딛었던 야손이 결코 외딴 길을 간 것은 아니었다. 마카베오 1서 1:11ff. 의 유사한 보고에 따르면, 그의 배후에는 다음과 같은 상당한 추종자와 영향력 있는 집단이 존재하게 된다.

> 그 무렵 이스라엘에서는 율법을 거역하는 자들(παράνομοι)이 나타나 많은 사람들을 선동했다(ἀνέπεισαν πολλούς). "이제 나아가서 우리 주위의 이방인들과 계약을 맺읍시다(διαθώμεθα διαθήκην μετὰ τῶν ἐθνῶν τῶν κύκλῳ ἡμῶν). 그들과 분리되어 지내는 동안 우리가 얼마나 많은 재난을 당했습니까?" 이 말이 그럴 듯하여 백성들 중 여럿이 왕에게 가서 자신들의 생각을 말했다. 왕은 그들에게 이방인들의 관습(τὰ δικαιώματα)을 들여오는 것을 허락했다. 그들은 곧 이방인들의 풍속을 따라 예루살렘에 김나시온을 세우고, 할례 받은 흔적을 없애고, 거룩한 계약을 폐기하며, 이방인들과 어울려 악을 행하는 데 정신이 팔렸다.

하이네만(I. Heinemann)이 비커만(E. Bickermann)의 명제를 다루며 언급한 것처럼,[127] 야손과 그 배후에 있는 사람들의 이 대담한 결정에서 문제시되었던 것은 "유대민족의 풍속"에 대한 단순한 위반이 아니었다. 문제는 유대 성전국가로 가는 발전에서 결정적인 경로의 변경, 즉 5백 년 이스라엘과 유대교 역사의 결과물을 폐기하려는 것이었다. 이 조치는 '의인 시몬'의 아들이었던 오니아스 가문의 야손을 지도자로 삼은, 예루살렘의 친(親)그리스 귀족들로부터 시작되었는데, 그 목적은 헬레니즘 문화로 가는 완전하고도 결정적인 대안을 마

126) E. Bickermann, *PW* 14, 786.

127) I. Heinemann, *MGWJ* 82, 1938, 146.

련하고 '그리스인'(*Hellenen*), 즉 '그리스 교육을 받은' 특권층[128]에 유대의 상류층을 편입시키려는 것이었다. 이를 위해서 유대인들은 진보적인 이웃들로부터 자신들을 고립시키고, 자신들이 이방인에게 적대적이라고 비난받을 만한 모든 것들을 없애야 했다(3권 p. 32f. 를 보라). 야손이 시행한 이러한 결정적인 방향정립에도 불구하고, 거사(巨事)를 위해서 그는 열성적인 지지자들을 많이 찾아야 했다. 그러나 여기서 우리는 '경건한 자들'(*Frommen*)의 봉기나 저항에 대해서는 아직은 아무것도 찾을 수 없다. 추측컨대, 예루살렘의 중요한 시민들이 그의 편을 들었을 것이며, 이러한 발전이 얼마간은 계속되었다는 징후도 나타난다. 예루살렘 귀족 가운데 가장 탁월한 젊은이들(τοὺς κρατίστους τῶν ἐφήβων)이 그를 따랐다. 대제사장과 김나시온의 교장, '예루살렘의 안티오키아 사람들'[129]의 수장(守長)은 김나시온의 청소년 생도(生徒)들의 단복(團服)에 속했던 넓은 테두리 모자를 쓴 "페타소스(Petasos) 아래" 하나가 되었다.[130] 김나시온은 "아크로폴리스 아래"[131] 성전과 맞닿아 있는 곳에 세워졌고, 팔라이스트라에서 진행되고 있었던 경기를 관람하려고 제사장들은 희생제사의 종이 치자마자 성전을 떠났다.[132] 그곳에서 과연 김나시온의 그리스 수호신

---

128) F. M. Abel, *HP* 1, 112f.

129) E. Bickermann, *GM*, 63 각주 4와 비교하라: 카파도키아(Kappadozie)의 신전도시인 마(Ma)의 대제사장과 김나시온의 교장; G. de Jerphainion/L. Jalabert, *MUSJ* 5, 1911/12, 316 Nr. 10: "ἀ[ρ]χιερέως καὶ γυμνασιάρχου"(대제사장과 김나시온 교장의).

130) 2마카 4:12. 또한 E. Schuppe, *PW* 19, 1, 1119-1124를 보라.

131) 아크로폴리스는 아마도 성전의 북동쪽 모서리에 위치한 내성을 의미하는 것 같다. 이 책 제1부 각주 81을 보라.

132) 2마카 4:14. 또한 다음을 보라: A. Wilhelm, SAW 214, 4, 1932, 45; L. Robert, *Études Anatoliennes*, 1937, 290 각주 50. A. Wilhelm, *op. cit.*, 46와 L. Robert에 의하면 "μετέχειν τῆς ἐν παλαίστρῃ παρανόμου

헤라클레스와 헤르메스, 안티오코스 4세 '크티스테스'(Ktistēs)를 경배했는지 우리는 알 길이 없다. 그렇지만 여기에서 '그리스어사용 유대인'이 빠져 있었던 갈등은 다음과 같은 에피소드에서 나타난다. 알렉산드로스 대왕에 의해 설립되어 5년 간격으로 열리는 티레의 김나시온 축제와 음악축제 경연은 그들이 고대하던 바, 새로운 '그리스인들'과 '예루살렘의 안티오키아 사람들'이 페니키아 도시들의 '그리스인들'과 연대한다는 것을 입증할 기회를 주었다. 이 연대란 야손 자신의 의견에 따라 축제 기념극의 수호신이었던 티레의 헤라클레스-멜카르트(Herakles-Melkart)를 위한 희생제사를 축제에 포함하는 것이었다. 그러나 이 축제에 파견된 사절단들(θεωροί)이 원래의 임무를 저버리고 전함을 마련할 자금을 지원했다는 사실은, 그들이 조상 때부터 내려온 관습을 그렇게 쉽게 버릴 수 없었다는 것을 단적으로 보여준다.[133] 하지만 이 사안은 해석의 문제일 뿐이었다. 당시의 유대인 '역사가' 에우폴레모스에 의하면—그는 팔레스타인 사람으로서 마카베오 가문을 신실하게 추종하는 사람이었다고 한다—솔로몬은 이미 티레에 있는 '제우스'의 신전을 위해 수론(Suron) 왕에게 금 기둥을 헌납했다고 한다.[134] 당시의 또 다른 유대의 '역사기록'은 아브라함과 그의 처 퀘투라(Qetura)에게서 낳은 아들들이 안타이오스(Antaios)

χορηγίας"(합창단장이 율법을 거스리며 레슬링 경기에 참여하고)는 김나시온에서 사용되는 기름과 필수품의 분배를 언급한다. 또한 Abel/Starcky, 243을 보라.

133) 2마카 4:18-20. 또한 F. M. Abel, *Macc*, 335 ad loc.를 보라. 축제경기들의 지원에 관해서는 Arrian 2, 24, 6과 3, 6, 1을 보라: "ἐν Τύρῳ αὖθις θύει τῷ Ἡρακλεῖ καὶ ἀγῶνα ποιεῖ γυμνικόν τε καὶ μουσικόν"(티레에서는 다시금 헤라클레스를 통해 바쁘게 움직이고 군중은 경기도 하고 음악도 한다).

134) *FGrHist* 723 I 2, 34, 16. 또한 제2부 각주 287을 보라.

에 대항하여 싸울 때, 클레오데모스-말코스(Kleodemos-Malchos)가 헤라클레스에게 신속한 도움을 요청했으며, 헤라클레스는 마침내 아브라함의 손녀와 결혼했다고 보고한다.[135] 이와 같은 방법으로 아브라함의 아들들은 아프리카인이 페니키아인을 식민지화하는 데에 참여하게 되었다고 한다. 이렇듯 헬레니즘적·유대교적인 지식은 이방적·그리스적인 종교제의와 그들의 신화론을 바르게 '해석할' 전적인 가능성을 제공했다(3권 p. 32ff. 를 보라).

우리는 예루살렘에 있는 김나시온의 교육과정(*Ausbildung*)에 대해서는 자세히 모른다. 그렇지만 그 과정은 팔레스타인과 페니키아 도시들의 일반적 형태와 거의 차이가 없었을 것으로 보인다. 분명한 것은 김나시온의 청소년 과정에서는 운동경기를 할 때 알몸으로 경기를 했는데, 이러한 광경에 대한 불쾌감은 두 세대가 지난 후 〈희년서〉에서도 격양된 형식으로 표현되었다.[136] 몸에 기름을 바르는 것에 대한 에센파 사람들의 강력한 거부감은 그리스 관습을 회피하려는 것으로 보이지만, 간접적으로는 팔라이스트라에서 이와 유사하게 기름을 사용하는 행위에 대한 반발로 이해할 수 있을 것 같다.[137] 김나시온의 유대인 청소년 생도들이 에피스파스모스(*Epispasmos*, 역주. 귀두성형술)⑥를 시술하여 자신들의 성기에서 할례 받은 표를 지우려했다는 사

---

135) *Op. cit.*, 727. 또한 E. Bi(c)kerman(n), *RHR* 115, 1937, 205를 보라. Freudenthal, *Hellenistische Studien*, 1875, 130-136은 그를 사마리아인으로 만들기를 원했고, A. Schlatter, *GI*[3], 409 각주 100이 그를 이방인 시리아인으로 만들려 했던 이유가 꼭 필요한 것은 아니다. *Schürer* 3, 481; B. Wachholder, *HUCA* 34, 1963, 87 각주 27과 비교하라.

136) 창 3:31에 관한 언급: *Jub.* 3,31.

137) 유대전쟁사 2, 123. 또한 CD 12.16과 비교하라. 그곳에서 이해하기 어려운 שמנ는 שמן로 수정되어야만 한다. E. Lohse, *Die Texte aus Qumran*, 1964, 286 각주 78을 보라.

실은, 그들이 문화적으로 동화(同化)하려는 경향이 어느 정도인가를 보여준다. 이는 또한 비유대인들도 김나시온식 경기에 참여했다는 암시일 수도 있다.[138] 야손이 김나시온 교육을 통해 청소년 생도들에게 완전히 그리스식 삶의 스타일을 따르게 했다는 것을 마카베오 2서 4:10은 이렇게 진술한다. "그는 자기 동족들의 생활을 그리스식으로 바꾸어 놓았다"(ἐπι τὸν Ἑλληνικὸν χαρακτῆρα τοὺς ὁμοφύλους μετέστησεν). 김나시온에서 이루어졌던 수업에는 그와 같이 운동경기 훈련뿐만이 아니라, 음악 또는 호메로스의 단편과 같은 문학과목이 포함됐을 것이다.[139] "야손의 개혁은 전통적인 종교적 삶에 영향을 주지 못했다"는 체리코버(V. Tcherikover)의 의견은 분명 매우 낙관적이다. 왜냐하면 체리코버 자신도 이들 개혁가들의 프로그램을 에스라 시대 이후 유대교의 전통이었던, 유대인과 "이방인과의 구별을 끝장낼 것"으로 묘사했기 때문이다.[140] 그러나 그 프로그램은 유대인의

138) 1마카 1:15; 유대고대사 12, 242, 비교. *Jub.* 15, 33f.; *Ass. Mos.* 8, 3 그리고 Philo, *Migr. Ab.* 92f. (M. 1, 450). Herodot 2, 104에 의하면 페니키아 사람은 그리스에서 할례를 더 이상 실행하지 않았다. 할례는 이집트에서는 더욱더 국한되어서 제사장만 실행하였다. E. Bi(c)kerman(n), *RHR* 115, 1937, 219f.; I. Lévy, *Semitica* 5, 1955, 17; F. Stummer, *RAC* 2, 159f.와 비교하라. 후대의 에피스파스모스(Epispasmos)에 대해서는 *Martial* 7, 35; *'Ab.* 3, 11; J. Juster 2, 284 각주 4; Bill. 4, 33f.를 보라. 김나시온 문서 *CPJ* 3, 117 Nr. 519, 18ff.행 역시 에피스파스모스를 시행한 한 유대인을 언급하고 있으리라고 생각된다. 그리스인들이 할례를 거부하는 것에 대해서는 이미 언급한 Herodot 2, 37을 보라. R. Meyer, *TWNT* 6, 78과 비교하라. 이 책 제4부 각주 72를 보라.

139) 헬레니즘적 유대인 작가들, 가령 클레오데모스 말코스(Kleodemos Malchos), 아르타파노스(Artapanos), 좀더 거슬러 올라가서는 필로, 초창기의 시빌(Sibylle), 비극작가 에체키엘, 욥기의 번역자, 혹은 익명의 사마리아 작가와 테오도토스는 그리스 신화와 그리스 시인들의 언어를 알았다. 정도는 덜 하지만 예루살렘에서도, 이와 동일한 상황을 추정할 수 있다. 1권 p. 307ff.를 보라. 호메로스에 관해서는 1권 p. 273f.를 보라.

종교에서 매우 심각한 결과를 가져오게 되었다. 고대의 세계와 더욱이 유대교에서 종교는 불가불 삶의 문화적·정치적 측면과 연결되었다.

새로운 시설과 김나시온, 청소년 과정의 도입, '예루살렘의 안디오키아인들'의 영입에는 분명 어떤 하나의 본질적인 정치적 배경이 존재했을 것으로 보인다. 그 목적은 제한적이기는 하겠지만 유대민족 내지 예루살렘 성전국가를 그리스 교육을 받은 시민들이 사는 하나의 그리스적 폴리스로 변화시키려는 것이었다. 여기서 광범위한 대중들은 소외되어 '자유민'(*perioikoi*)의 지위로 내몰렸다.141) 그렇지만 이 과정에서 그들은 그렇게 큰 타격을 느끼지는 않았을 것이다. 왜냐하면 유대민족의 귀족주의 체제(1권 p. 122ff. 를 보라)로 대중들은 어차피 정치적으로 거의 영향력을 미치지 못했기 때문이었다. 그럼에도 불구하고 최소한 마카베오시기 전후로 일련의 민회(民會)에 대한 기록이 남아 있다.142) 결국, 예루살렘에서 이 새로운 정치질서는 모든 혁신을 반대하는 많은 보수주의자들의 영향력을 제압하는 좀더 안정된 길로 보였다. 이미 존재하던 사회적 대립의 심화는 상류층의 의무화된 그리스식 교육을 통해 확대되고 견고해졌다.143) 그러므로 바로 유대교적 신정주의(神政主意)로 국가와 종교의 질서를 통일하려는 견고한 체제에서, 야손과 그의 추종자들이 일으킨 혁명적인 혁신은 유대 성전국가의 기초를 흔들었음을 의미했다.144)

---

140) Tcherikover, *HC*, 166f., 다른 한편, 반론을 펴는 그의 진술을 비교하라.

141) Tcherikover, *HC*, 163f., 165.

142) 유대고대사 12, 164(ἐκκλησία); 1마카 5:16; 14:28. 또한 Schlatter, *GI*^{3}, 401 각주 26을 보라.

143) Rostovtzeff, *HW* 2, 1060f.

144) 기원전 175년 야손이 도입한 개혁의 중요성은 I. Heinemann, *op. cit.*, 145ff.; Tcherikover, *HC*, 166f.에 의해 과소평가되었다. 왜냐하면 그들은 당시에 오늘날과 같은 정교분리는 없었다는 사실을 간과하고 있었다.

마카베오 2서 4:13에 의하면 이러한 사건들은 예루살렘에서 '헬레니즘화 추구의 절정'(ἀκμή τις Ἑλληνισμοῦ)을 의미했다. 이는 오랜 준비기간이 있었다는 것을 전제할 때만 생각할 수 있다. 비록 우리가 헬레니즘적 영향에 대해서 많이 알 수 없지만, 그 영향은 예루살렘에서 오랫동안 지속되었다.[145] 이에 대한 암시는, 가령 율법에 대한 배신과 종교적인 방종, 부자들의 오만과 종교적 회의주의(2권 pp. 101-136을 보라)에 대한 벤 시라의 논쟁에서 볼 수 있다. 기원전 3세기 말부터 예루살렘 상류층들에서 나타나는 그리스식 이름에 대한 선호는 그러한 연관선상에 서 있었다. 그래서 야손과 같은 사람은 자신의 개혁을 예루살렘으로 끌어들였고, '김나시온 교장'으로서 청소년 생도들을 참여시켰다. 왜냐하면 자신은 이미 어느 정도 그리스 교육을 받았기 때문이었다. 이것은 그와 같은 시대 인물이었던, 이를테면 빌가(Bilgā)의 제사장 가문의 3형제들인 시몬과 메넬라오스(Menelaos), 리시마코스 같은 사람들에 대해서도 마찬가지다(3권 p. 88f. 를 보라). 이들은 예루살렘의 급속한 헬레니즘화를 주저 없이 지원했던 사람들이었다. 특별히 메넬라오스라는 이름은 한편으로는 스파르타인들과의 '연관성'을 암시하고, 동시에 호메로스를 알고 있었음을 암시할 수도 있다.[146]

이에 반해 A. Alt, *Kleine Schriften* II, ^{3}1964, 402f., 403 각주 1의 간략한 주장은 올바르다. 정치적 목적은 필연적으로 종교적 결과를 수반한다. 이 문제에 대해서는 M. Hengel, *Die Zeloten*, 1961, 147을 보라.

145) 또한 M. Noth, GI^{2}, 325; 3권 p. 54를 보라.

146) 기원전 200년경 2명의 페니키아의 역사가인 메난드로스〔Menander, 희극작가 메난드로스(기원전 342~291)와는 다른 에베소(Ephesos) 출신의 역사학자〕와 라이토스(Laitos)에 의하면 메넬라오스(Menelaos)는 스파르타를 정복한 후 히람 왕이 자신의 딸을 솔로몬에게 주어 혼인을 맺은 시기에 티레를 방문하였다: *FGrHist* 784 F 1 = Tatian, *Adv. Gr.* 37을 보라.

호메로스가 후대 팔레스타인의 유대인 공동체에서 그리스식 교육을 위한 정경적인 책으로 알려졌다는 사실은, 기원후 1세기에 나온 사두개인들에 의한 비판에서 나타난다. 《미쉬나》, 〈야다임〉(Jad. 4, 6)에 따르면, "우리는 너희 바리새인들에게 반대한다. 너희들은 '성경이 손을 부정하게 하지만, 호메로스의 책(ספרי המירס)은 손을 부정하게 하지 않는다'고 말한다." 여기서 '호메로스의 책'이라는 용어는 그리스 문학 전체를 지칭하는 이미 정형화된 표현일 것이다. 우리는 여기서 그 표현이 오래전에 팔레스타인 유대인들에게 일상적으로 사용되었다는 증거를 찾아볼 수 있는데, 그것은 기원전 175년 저 강력한 헬레니즘화 시대로 회귀한다고 볼 수 있다.[147] 더 후기의 랍비시대에도 호메로스는 팔레스타인 유대인들에게 이미 알려졌고, 그 중에서도 그리스·로마문명에 매우 친근한 귀족층에서 읽혔다.[148] 대략 야손이 개혁을 시도했던 당시, 유대의 '소요학파의 철학자'(*Peripatetiker*) 아리스토불로스는 프톨레마이오스 6세 필로메토르에 대한 연구서에서, 제 7일의 의미를 강조하고자 완전히 혹은 부분적으로 창작된 호메로스의 시 일부를 인용했다. 또한 그는 그렇게 함으로써 그리스 교육의 최상의 권위를 유대교적·호교론적 목적으로 사용하려고 했다.[149] 몇십 년 후인 기원전 40년경 유대인 시빌(Sibylle) ⑦

---

147) 사두개인에 대한 비난은 랍비 요하난 벤 자카이(R. Johanan b. Zakkai, 기원후 1~80년경)에 의해 반박되었다. מירם מירון는 후의 필사가들에 의해 מירם מירון 등으로 변조되었다. 그러나 캠브리지의 Taylor-Schechter Collection의 Fr. E 1/152는 여전히 המירס로 읽는다. G. Lisowsky, *Giessener Mischna* VI, 11 *Jadajim*, 1956, 74, 91을 보라. 또한 *j. Sanh.* 28a, 18행(R. Akiba); B. Heller, *MGWJ* 76, 1932, 330-334; R. Meyer, *Hellenistisches in der Rabbinischen Anthropologie*, 1937, 138f.; J. Neusner, *A Life of R. Johanan b. Zakkai*, 1962, 49와 비교하라.

148) S. Lieberman, *Hellenism in Jewish Palestine*, 1950, 105-114를 보라.

149) Euseb *Pr. Ev.* 13, 12, 14를 보라. 또한 N. Walter, *TU* 86, 1964, 151ff.를 보라. 그는 아리스토불로스가 직접 위조를 하지는 않았고, 그런 구절들을 유대인의 피타고라스 집단에서 수용했다는 정당한 추측을 하였다. Ps. Justin, *Coh. ad Gen.* 17에서 *Ilias* 2, 204에 관련된 호메로스의 "유일신론

은 마카베오의 봉기가 승리하여 팽창된 반(反)헬레니즘적 파도의 영향하에서, 오래된 그리스 본문에 가필을 함으로써 호메로스를 일종의 '프세우도로고스'(ψευδόλογος, 거짓말쟁이)라고 비난했다. 이것은 요세푸스가 후대의 플라톤을 언급할 때 내렸던 하나의 판결이었다.[150] 유대인들은 이렇게 호메로스의 문제를 매우 다르게 생각할 여지를 남겨 두었다. 초기 기독교 교부들은 유대인들에게 있었던 이 다양한 측면을 더 발전시켰다.[151]

그리스 교육이 팔레스타인의 유대인 공동체로 유입되는 것은 그리스어의 확장과 유사하게 이미 기원전 3세기에 시작되었다. 토비아스 가문에는 이미 기원전 257년에 그리스인 비서(1권 p. 224를 보라)가 있었고, 후에는 그리스어 교사도 있었을 것으로 추측된다. 대제사장의 가문에서도 상황은 이와 비슷했을 것이다. 헬레니즘화를 추구했던 선구자는 다름 아닌 '의인 시몬'의 둘째 아들이었다. 시몬은 보수적인 벤 시라가 그토록 특별하게 찬양했고(시락 50:1-21), 예언자들과 '위

적인" 해석은 유대교적인 양식으로 거슬러 올라간다.

150) *Sib.* 3, 419ff. ; 414-430에서는 유대인 저자가 알렉산드로스 폴리히스토르의 것에서 삽입한 오래된 신탁이 다루어진다. Pausanias 10, 12, 2를 보라. A. Kurfess, *Sibyllinische Weissagungen*, 1951, 9, 296을 보라. 3. Sib. 의 연대 설정에 관해서는 Rzach, *PW*, 2R. 2, 2127ff. 를 보라. 요세푸스에 관해서는 아피온 반박 2, 256을, 그리고 플라톤을 언급한 것에 대해서는 H. I. Marrou, *op. cit.*, 112를 보라. 또한 E. Norden, AAB Kl. f. Sprachen, 1954, Nr. 1, 9를 보라. 유대고대사 7, 67에서 호교론적으로 사용된 또 다른 예가 나오는데, 이는 사모스의 코에릴루스(Choerilus of Samos)가 인용한 아피온 반박 1, 173에 연결되어 호메로스의 *Odyss.* 5, 283과 관련되었음을 말해주는 주해일 것으로 추측된다. 또한 Thackeray /Marcus, *Josephus* 5, LCL, 394를 보라. 호메로스가 시리아인이라는 가다라(Gadara)의 멜레아게르(Meleager)의 견해에 대해서는 각주 212를 보라(비교. 213).

151) G. Glockmann, *Klio* 43-45, 1965, 270-281(Lit.).

대한 회당' 사람들(2권 p. 32f. 를 보라)을 따르는 〈조상들의 어록〉(*Pirqe 'Abot*)에서 민족적 전승의 정점에 선 이름으로 언급된 최초의 교사였다. 다시 말해, 유대인의 민족적인 전승에 의식적으로 굳게 서 있다는 것과 그리스식 교육을 긍정했다는 것은 이같이 신분이 높은 가문에서는 꼭 대립적인 의미를 갖는 것만은 아니었다. 또한 이미 강력하게 헬레니즘화된 알렉산드리아의 유대인 공동체와 예루살렘을 직접적으로 연결하는 관계도 존재했는데, 토비아스 가문 요셉의 형제는 자신의 딸을 알렉산드리아의 고위층 유대인과 결혼시키려 했다.[152] 이 모든 점에서 이미 프톨레마이오스시기 이전부터 예루살렘에 있는 유대인 귀족의 아들들은 그리스어와 그리스식 관습을 배울 기회가 있었을 것으로 생각할 수 있다. 달리 말하면, 이미 김나시온과 그 안의 청소년 과정이 설립된 시기보다 상당히 오래전에, 그리스 초등학교와 같은 어떤 기관이 — 물론 사적인 차원에서 — 존재했다는 것이다.

그리스 학교는 마카베오 봉기 이후에도 예루살렘에서 완전히 사라진 것 같지 않다. 기원전 2세기 중반경 팔레스타인 사람 에우폴레모스는 — 로마로 파견된 유대인 사절단을 이끌었던 관리였을 것인데 — 유대인의 왕의 역사를 그리스어로 기록했다(2권 p. 322ff. 를 보라). 한 랍비는 스카우루스(Scaurus)가 유대지역을 공격하기 얼마 전인 기원전 65년 그곳에서 일어난 히르카노스 2세와 아리스토불로스 2세 사이의 내분에 대해 이렇게 보고했다:

> 하스몬 가문 사이에 서로 전쟁이 벌어졌을 때 히르카노스는 예루살렘 밖에, 아리스토불로스는 그 안에 있었다. 포위된 자들은 매일 바구니에 몇 데나리온을 달아 내려 희생제사의 제물(*Tamidopfer*)을 들어올렸다. 그곳에 그리스 지혜를 간파했던 한 노인(שהיה מכיר בחכמה

152) 유대고대사 12, 186f. ; 이 책 제3부 각주 423을 보라.

> יוונית)이 있었다. 그는 그리스 지혜로 그들에게 말했다(לעז להם בח יוונית). (포위된 자들이) "예배를 드리는 한 그들은 너희들의 손에 떨어지지 않을 것이다." 다음날 (포위된 자들이) 그들에게 다시 몇 데나리온을 바구니에 달아 내렸고, 그들은 이번에는 돼지 한 마리를 들어올렸다. … 바로 그때 사람들은 말했다. "돼지를 사육하는 자들에게는 저주가 있으며, 자기 아들에게 그리스 지혜를 가르친 자에도 저주가 있으리라"고 했다.[153]

이 전설은 약간은 다른 형태로 요세푸스에게서 나타나기에, 이야기의 핵심은 역사적으로 존속했을 것이라고 추측할 수 있다. '그리스 지혜'를 배우는 것을 저주하는 언급은 더 후대의 시기에서 나왔을 것이다. '그리스 지혜'와 희생제사를 드리는 것, 성전을 모독하는 것의 연관성에 대한 기원은 안티오코스 4세 치세하의 사건들로 거슬러 올라가는데, 이는 그만큼 오래된 전승임을 암시한다. 여기에서 후대 하스모니아 왕조 통치하에서 예루살렘의 귀족들은 다시금 강력하게 헬레니즘 문화의 영향에 자신을 개방했다는 기억을 표현하고 있다: 서로 싸우고 있었던 하스몬 가문의 두 형제들의 조부 아리스토불로스 1세는 필엘렌(Φιλέλλην)이라는 별명을 가졌고, 저들의 부친 알렉산드로스 얀나이오스는 왕의 칭호를 취하고, 별도의 그리스 전설을 사용하여 주화를 주조하고 이를 소아시아의 용병들에게 지급했다.[154] 이

153) *Sota* 49b; 또한 Bill. 4, 411(BQ 82b), Bar를 보라. 유사한 내용을 담은 요세푸스 유대고대사 14, 25-28은 아마도 다마스쿠스의 니콜라오스(Nicolaos)를 따른 것 같다. 연대 설정에 관해서는 *Schürer* 1, 294를 보라. 후대에 저주가 첨가된 것에 대해서는 R. Meyer, *op. cit.*, 136을 보라.

154) 유대고대사 13, 318, *Schürer* 1, 275와 반대되는 또한 E. Meyer, *UAG* 2, 277 각주 1을 보라. 얼마 후에, 나바테아의 왕 아레타스(Aretas) 3세는 아르사케스(Arsaces) 7세와 다른 파르티아 왕들이 그러했던 것처럼 "필헬렌"(*Philhellēn*)이라는 직함을 얻는다. *Schürer* 1, 275 각주 1, 733을 보라.

모든 것은 이미 헤롯 (대왕) 이전에 예루살렘에서 헬레니즘적 교양교육과 삶의 형태가 새로이 정착되었음을 보여준다. 헤롯 자신은 예루살렘에서 그리스 초등학교를 다녔던 것으로 보인다. 이곳에서는 유대인 귀족자녀들이 수업을 받았을 것 같다. 그 다음의 교육과정에서 그는 다마스쿠스의 니콜라오스 지도하에 철학과 수사학, 역사학을 공부했으며, 또한 자신의 아들도 완전히 그리스식으로 교육시켰다. 요세푸스는 그의 증손 아그리파 2세와 그의 가족들을 "그리스식 교육으로 자라온 사람들"(ἀνδρῶν τῆς Ἑλληνικῆς παιδείας ἡκόντων) 이라고 불렀다(자서전 359).[155] 유대인 귀족계층들에게 시행된 그리스어 수업은 후대에도 계속되었다고 가정할 수 있는데, 헤롯에 의해 임명된 대제사장의 가족 중 알렉산드리아 출신의 영향력 있는 보에토스의 아들 시몬,[156] 그리고 젊은 시절의 요세푸스가 그 예이다. 그렇지

155) 유대고대사 15, 373: 그가 "교사의 (집) 으로" 간 것은 아마 유대인의 "bêt sēper"가 아니라, "그리스어를 가르치는 헤롯의 개인교사"였으리라고 생각된다. 또한 Thackeray/Marcus, *Josephus* 8, LCL, 181 각주 g를 보라. W. Otto, *PW Suppl.* 2, 17은 이를 반대한다. 그가 하스모니아 왕자들과 함께 성장한 것을 인용한 구절 유대전쟁사 1, 215를 보라. 유대고대사 14, 183과 15, 18은 그리스 학문을 배제한 것이 아니라, 그것을 암시하고 있다. 나중에 그의 학업에 관해서는 *FGrHist* 90 F 135에서 니콜라우스가 기록한 그의 자서전을 보라. Otto, *op. cit.*, 105를 보라. 그 이후에 나오는 것은: "헤롯은 그리스어를 유창하게 했다." 다시 말해, 그것은 오직 그가 유년 시절 예루살렘에서 그리스어를 배웠기 때문에 가능한 것이었다. 그의 아들들의 교육에 대해서는 유대고대사 16, 242ff.를 보라: 왕실 교사 게멜로스(Gemellos)와 안드로마코스(Andromachos)에 대해서는 W. Otto, *op. cit.*, 87을 보라(비교. 106, 109). 또한 Wacholder, *Nicolaus of Damascus,* 81ff.의 헤롯의 장서(藏書)에 있는 그리스 저자들과 비교하라.

156) 유대고대사 15, 320ff.; 17, 78: 보에토스(Boethos)의 아들 요아자르(Joazar); 17, 164. 339(시몬의 아들)를 보라. 또한 18, 3. 26과 유대전쟁사 2, 55를 보라: 보에토스의 아들 엘레아잘(Eleazar). 보에토스의 아들 시몬 또한 이 가족에 속한 것 같고(유대고대사 19, 297f.), 니제

않다면 당시 젊었던 그가 로마 사절단으로 위촉되기 힘들었을 것이다.[157] 기원후 70년과 135년의 재난(역주. 로마에 대한 유대인의 제1, 2차 대규모 봉기) 이후에도 힐렐(Hillel) 계통의 유대교 지도자 가문에서는 그리스 교육에 대한 긍정적인 태도가 계속되었다. 또한 기원후 4세기 말경에 어떤 유대인 지도자의 아들들은 안티오키아의 사변가 리바니오스(Libanios)에게 수학했다고 한다.[158]

이렇게 6백 년에 이르는 기간에 걸쳐 유대·팔레스타인에서 그리스 교육이 출현한 것에 대한 이토록 다양한 보도들의 배후에는 하나의 기본적인 전제가 있다: 만일 당시 이 지역을 다스리던 유대 지배계층이 그리스어를 사용하는 디아스포라와 바뀌어가는 이방인 통치세력에 대한 깊은 영향력을 갖고자 했다면 그들은 그리스어에 정통해야 했고, 또한 그리스 수사학적 교육의 기본형태에 친숙해야 했다. 그렇지만 그것은 단지 특정 상류층에게만 해당하는 것이었다. 왜냐하면 전체적으로 볼 때, 저 김나시온 교육으로부터 시작하여 '황폐하게 하는 가증한 것들'로 마감된 기원전 175~167년 사이의 일련의 사건들은 그리스·로마시대에 팔레스타인 유대교 역사에서 독특하고도

(Niese)의 반대에도 불구하고, 보에토스의 아들 맛티아스(Matthias) 경우도 마찬가지로 이 그 가족이었으리라 추측된다(유대전쟁사 5, 527). 대제사장 가족의 구성원들은 보에토스인들 가운데 특별한 사두개 그룹을 형성하였다. R. Meyer, *TWNT* 7, 42f., 45f.를 보라. 이 가족의 전설 같은 재산에 관해서는 보에토스 가문의 마르타(die Marta)에 관한 랍비의 전승들을 보라. J. Jeremias, *Jerusalem IIA* 12f. = 112f.

157) 생애(요세푸스) 13-16.

158) 또한 Billerbeck 4, 407ff.; R. Meyer, *Hellenistisches*, 139ff.; B. Lifshitz, *ZDPV* 78, 1962, 77ff.를 보라. 족장과 리바니오스(Libanios) 대해서는 M. Avi-Yonah, *Geschichte der Juden im Zeitalter der Talmud*, 1962, 228; H. Mantel, *Studies in the History of the Sanhedrin*, 1961, 241f., 251f.를 보라.

심원한 흔적을 남겼기 때문이다.

대략 11년이라는, 안티오코스 4세의 짧은 통치기간 동안 유대교는 헬레니즘 문화에 동화해야 한다는 소수 귀족들의 강력한 요구로 붕괴될 심각한 위험에 빠지게 되었다. 주로 유대인의 내부집단 자체에 의해 감행된 이 시도가 불러일으킨 저 깊은 위기는 팔레스타인에서 유대교의 종교적·정신적 면모를 결정적으로 변화시켰다. 이는 바로 신약시대의 신앙심을 특징짓는 유대교적 경건(*Frömmigkeit*)이 논쟁적이고 법적으로 첨예화되는 토대가 되었다. 이 변화는 그리스어는 물론 그리스 수사학의 형태를 사용하는 바로 그곳에서도(3권 p. 296ff., 190을 보라) 일어났는데, 이는 유대교 전승의 절대적인 우월성을 강조하고, 또 헬레니즘적 종교비판을 도구로 그리스적인 다신론의 불가해성과 비유대인들의 해이한 도덕성을 입증하기 위함이었다. '그리스적 교양교육'은 이렇게 그 자체의 일에 가동되었다. 후대에 초기 기독교 교부들은 자신들의 논쟁적이고 호교론적인 방어의 재료의 대부분을 이 헬레니즘적 유대교에서 전수했다(2권 p. 190f, 3권 50f를 보라).

그러나 이때까지는 그토록 위협적이었던 '그리스적 교양교육'과 만남으로 탄생한 그 깊은 열매는 유대교 자체를 위해 자라났다. 그리고 그것은 실질적으로 민족 전체를 포괄하고 있는 '교육체제'(*Bildungssystem*)의 발전 안에서 일어났는데, 이는 그 민족의 정신적 발전을 결정적으로 형성하게 될 터였다.

보설(補說) 1. 유대교 학교의 발전에 대하여

이스라엘에서도 분명히 포로기 이전부터 예루살렘 성전, 그리고 지방 몇몇 곳에는[159] 고대 동방세계에서처럼 서기관 학교가 있었을 것으로 보인다. 그 이유는 이 학교가 우선은 적합한 제사장들과 레위인들을 교육시키는 데 사용되었고, 후에는 주요 명절에 백성들에게 율법을 가르치고, 또한 율법과 법 전통을 기초로 하여 재판을 해야 했기 때문이다.[160] 안티오코스 3세의 칙령에서 처음으로 언급된 "성전의 서기관"(γραμματεῖς τοῦ ἱεροῦ, 유대고대사 12, 142; 비교. 11, 128)의 신분은 이렇게 형성되었다. 여기서 지적해 두어야 할 것은, 성전은 특히 헬레니즘시기에 바빌로니아 제국에서나 이집트의 디아스포라에서 고대 민족의 언어와 전통의 산실이 되었다는 사실이다.[161] 예루살렘에서도 어느 정도는 이와 같았을 것으로 보인다. 물론 이와 반대로 부유한 제사장 귀족들이 특히 외래문화의 영향에 개방적이었던 경향도 볼 수 있기는 하지만 말이다. 예루살렘 개혁의 주도자들 가운데 거명할 수 있는 사람들 거의가 제사장들이었다(3권 p. 88ff. 를 보라).

---

159) 예를 들면, 대상 2:55와 비교하라: 소페림(sōp^{e}rīm) 가문의 거주지로서 야베스(Ja'bēṣ). 그러나 이것에 대한 주석은 논쟁되고 있다. W. Rudolph, *Ghronikbücher*, 1955, 25를 보라.

160) 이미 언급했던 신 33:10과 비교하라. Diod. 40, 3, 6(Reinach 17); *FGrHist* 264 F 5의 헤카타이오스: 그들은 모든 어려운 사안에서 재판관 역할을 하고, 또한 "법과 관습의 유지"를 책임진다. 대하 34:13; 시락 45:17; *Test.Lev.* 13, 2ff. 와 비교하라. 더 오래된 지혜학교에 관해서는 L. Dürr, *Das Erziehungswesen im Alten Testament und im Antiken Orient*, MV(A)G 36, 2, 1932, 110f.; W. Baumgartner, *TR* 5, 1933, 269f. 를 보라. 또한 K. Galling, *Die Krise der Aufklärung in Israel*, Mainzer Universitätsreden 19, 1952, 6ff., 10ff. 를 보라: 예루살렘의 "지혜학교"는 군주국 시대, 실제로는 솔로몬으로 거슬러 올라간다. 가르침과 판단에 관해서는 R. deVaux, *Das A. T. und seine Lebensordnungen* 1, 248ff. 를 보라. 그 다음의 것에 대해서는 R. Meyer, *Tradition und NeuschOpfung*, BAL 110, 2, 1965, 33-43을 보라.

161) E. Bickerman(n), *From Ezra to the Last of the Maccabees*, 1962, 68ff., 또한 H. Brunner, *Altägyptische Erziehung*, 1957, 29ff. 와 비교하라.

그러므로 헬레니즘시대 초기의 '서기관 학교'는 매우 대립된 두 가지 발전가능성을 가지고 있었다. 한편으로 학교들은 새로운 문화와 그 정신적 영향력을 받아들이고 거기서 생산되는 헬레니즘과 융화되고, 다른 한편으로는 옛 전승을 보수적으로 보존했다. 학교들 대다수는 두 번째 길에 서지만, 그렇다고 새로운 형식이나 생각들, 개념들을 배타시하지는 않았다. 오히려 그 반대로, 학교들은 큰 영향을 받는 과도한 위험에 효과적으로 대응할 수 있는 길을 제시할 수 있는 우선적인 기관이었다. 이런 의미에서, '서기관'(*Sôpēr*)이라는 용어는 '현자'(*Hākhām*)와 같이, 어떤 한 당파의 이름이 아니라 직업 내지 교육에 관한 호칭이었다. 엄정주의를 추구했던 '하시딤'(Ḥ^{a}sîdîm)에서와 같이 그리스 문화에 우호적인 진영에도 '서기관들'(Sōf^{e}rîm)과 '현자들'(Ḥ^{a}kāmîm)이 있었을 것이다. 이 같은 사실은 기원후 70년까지의 사두개인과 바리새인들에게도 적용된다. 70년 이후 유대교가 근본적으로 변화한 이후에야 비로소 '서기관'(*Schrieber*)과 '학자'(*Gelehrte*)들은 반드시 바리새인이어야만 했다. 그럼에도 불구하고 우리는 이 '율법학자적인'(*schriftgelehrten*) 요소들이 반(反)헬레니즘적인 저항세력, 그리고 더 후에는 바리새주의의 형성에서 대단히 중요한 의미가 있음을 간과할 수는 없다.

평신도 귀족들 역시 이 서기관 학교에서 교육을 받을 수 있었겠지만—그 예로 '전도자'를 들 수 있다—그들에 대해서 우리가 아는 바는 거의 없다. 역대기하 34:13에서 '서기관 직책'은 레위인의 특권으로 나타나고 있고, 심지어 시락서 45:17에서도 아론, 그의 자손들 역시 "율법과 법률을 다스리는 자"로 나타난다. 아마도 유대교의 지혜전승은 그런 제사장·레위 그룹에서 나왔을 것으로 보인다. 따라서 그들은 우선 주로 현세적인 행복을 추구하던, 동방세계에 공유된 대중적 지혜전승을 "이스라엘과 야웨중심으로 토착화"(*Israelitisierung und Jahwisierung*)[162] 할 책임이 있었을 것이다. 솔로몬이나 다윗과 같은 과거 이스라엘의 위인들도 후에는 '현자'나 '서기관'으로[163] 묘사되었다. 이 서기관들(sōf^{e}rîm)의 찬란했던 시기는 대략 기원전 398년 에스라와 180년 벤 시라 사이, 즉 2백 년의 기간이기는 하지만 상당히 모호하다. 이 두 사람은 우리에게 알려진 이 '소페르 호칭'의 전승자들이기는 하다. '전도자'는 3세기 중반경에(2권 p. 77f를 보라) 아직도 부분적으로만 유지된 위명(僞名)으로 자신을 감추며 저작활동을 하기도 했지만, 벤 시라는 자신을 드러내는 것을 주저하지 않았던 명사(名士)로서는 첫 번째 사람이었다(시락 50:27). 여기서 새로운 발전이 시작되었다. 왜냐하면 교사 개인의 생애를 강조하는 것은 그리스 관습에서 온 것이었고, 이는 헬레니즘시대의 개인주의가 유대인들 사이에서도 중요해졌다는 표징이기 때문이라 추측된다.[164] 이제 그런 '교사의 생애'는 자신의 이름과 함께 나타난다. 그 외에도 벤 시라의 작품 속에는 '유대인의 배움의 집'(בית המדרש)과 교사의 '자리'(ישיבה)라는 정확한 관용구가 처음으로 나타난다. 이 두 가지 현상이 팔레스타인의 회당제도의 발전과도 관련이 있다는 추측은 거의 틀리지 않을 것으로 보인다. 우리는 좀더 후대에 디아스포라 회당에서 나온 최초의 자료를 가지고 있다.[165]

---

162) J. Fichtner, *Die altorientalische Weisheit in ihrer israelitisch-jüdischer Ausprägung,* 1933, 35, 46ff.; W. Baumgartner, *op. cit.*, 283f. 레위인에 대해서는 대하 17:8f.; 19:8, 11; 23:7f.

163) 특히 헬레니즘시대 시작부터; 솔로몬에 대해서는 1권 p. 256f. 를, 다윗에 대해서는 11QPs[a] DavComp, ed. J. A. Sanders, *The Psalms Scroll,* DJDJ IV, 91ff. 를 보라. 또한 1권 p. 267f. 를 보라.

164) 또한 I. Lévi, *L'Ecclésiastique,* 1901, Vol. 2, lxxxiii ff.; R. Pautrel, *RSR* 51, 1963, 535를 보라. 또한 2권 p. 40f. 를 보라.

165) 시락 51:23, 29. R. N. Whybray, *Wisdom in Proverbs,* 1965, 90f. 이미 잠 9:1에서 지혜 교사의 '집'에 관한 언급을 보았다. Moore, *Judaism*

마지막으로 '소페르'에 대한 그의 묘사는 교사의 위치가 정서적으로 얼마나 성전으로부터 독립되었는가를 분명히 보여준다. 성전과 교사의 관계는 역대기 작가의 작품에서는 여전히 매우 강조되는 것이었다. '전도자'는 이미 더 이상 성전제의와 실제적 관련이 없는(2권 p. 53을 보라), 분명 성전의 외부인이었다. 반면 시락서 45:17에서 아론은 비록 순전히 율법교사로만 묘사되지만, '소페르'는 어느 정도 독립적인 의미가 있는 것 같다.[166] 그에게 '교육'(מוּסָר, 2권 p. 86을 보라)은 핵심적 개념이었다. 그는 고대 동방세계의 지혜 전통에 서 있으면서도 새 시대에 적합한 교육이상을 추구하고, 전통적 관습을 무너뜨리는 예루살렘의 헬레니즘적 세력과 직접적으로 대결하고 있다. 이것은 아마도 '소페르'라는 직책을 성전과 연관되어 특권을 누리는 서

1, 41 각주 2는 여기서 시락 39:6을 추측하였는데, 이는 잘못된 추정인 것 같다. 또한 R. H. Pfeiffer, *History of New Testament Times*, 374와 비교하라. 회당의 시작은 아마도 역대기 사가의 작품에서 암시되었다. 느 8:1-12의 율법낭독과 스 7:25의 판결과 율법교육을 위해 서기관을 임명하는 것을 보라. 또한 K. Galling, *ZDPV* 72, 1956, 167f. 를 보라. 이집트에서 가장 초기의 회당비문에 관해서는 CIJ 2, 366f. ; *CPJ* 3, 164 Nr. 1532a를 보라. 기원전 246~222년 프톨레마이오스 3세 에우에르게테스(Euergetes)부터이다. "배움의 집"(*Lehrhaus*)이란 단어는 벤 시라에게서 처음 나온다. 후대에 이것이 중요성을 가지게 된 것에 대해서는 J. Levy, *Wörterbuch* 3, 34f. 교사의 자리에 관해서는 델로스(Delos)의 회당을 보라: E. L. Sukenik, *Ancient Synagogues*, 1934, 61; Goodenough, *Symbols*, 2, 74f. 또한 고라신(Chorazin)과 티베리아스 하마트(Hammath b. Tiberias)에 있는 이른바 "모세의 자리"(Kathedra, 마 23:2)는 교사의 예쉬바(j^{e}šībāh)로 거슬러 올라간다: Sukenik, *op. cit.*, 57ff. 을 보라. 전체의 문제에 대해서는 M. Hengel(이 책 제1부 각주 84), 157-84를 보라.

166) 서기관들에 대한 그의 찬양을 보라: 38:24-39:11과 51:13-29. 지혜에 대한 그의 찬송은 다윗에게로 향하는데, 어리석은 자의 초정이 결부된 지혜의 찬송으로부터 형성되었다. 준비단계에 대해서는 11QPS[a] Sir, DJDJ IV, 79ff. 를 보라.

기관의 배타성에서 점점 더 벗어나게 하여, 보다 광범위한 평민그룹에 접근시키려는 정신적 투쟁이었을 것 같다.

제사장들과 레위인들은, 적어도 부분적으로는 헬레니즘 사상에 감염된 사람들조차, 더 이상 그러한 새로운 과제를 감당할 수는 없었다. '위대한 회당 사람들'의 표어 '많은 학교를 세우라!'는 이러한 발전을 암시하는데, 이 사상은 동시에 후기 바리새파의 중요한 목표 가운데 하나인 '모든 백성을 율법으로 교육한다'는 사상의 강력한 정신적 기초였다. 비록 그 '위대한 민회'(民會) 란 전수된 형식에서 역사적으로는 매우 의심스러운 실체이기는 하지만, 그들의 슬로건은 '의인 시몬'의 시기에 이스라엘이 민족적 전통을 강화하려는 노력과 연관되었을 것으로 보인다. "민회에 모인 사람들은 그들의 지도자인 대제사장처럼 대중들을 강력히 교육해야만 헬레니즘이라는 문화적 운동을 상쇄할 수 있다는 것을 깨달았다."167)

바리새인들은 후에 이 새로운 교육과정을 발전시켰고, 무엇보다도 마카베오 이전시기의 하시딤이 그것을 전수했을 것이다(2권 p. 120ff. 를 보라). 이는 본질적으로 배타적이고 계급적인 의식을 가졌던 초기 서기관 학교의 태도와는 구별된다. 전통적인 의식을 지닌 '서기관' 벤 시라조차도 농부나 수공업자들이 지혜를 학습할 수 있다고 생각하지 않았지만, 168) 또 다른 측면에서 그는 "진정한 현자는 백성을 위한 지

---

167) *'Ab.* 1, 1. 또한 L. Finkelstein, *The Pharisees* 2, ³1962, 580, 비교. 576. 또한 N. Morris, *The Jewish School*, 1937, 12를 보라.

168) 시락 38:25ff.은 아마도 지혜전승에서 나온 것 같다. 또한 두아우프(Duauf)의 아들 케티(Cheti)의 교훈에 나오는 다양한 직업들에 관한 풍자와 서기관에 대한 찬양을 보라. *ANET*², 432ff.; 이것과 다소 대조를 이루는 시락 37:23(M.)을 보라. 벤 시라는 과도기에 처해 있었다. 그리고 우매한 자에 대한 긴급한 초청(51:23ff.)은 그의 진실한 의도를 반영하는 것 같다.

혜자"라는 사실을 강조했다. 여기서 우리는 이미 다른 곳에서도 볼 수 있는 어떤 분명한 대립을 발견한다. 귀족적이고 제사장적 전통은 새로운 '평민적' 학교형태가 등장하는 것을 막지는 않았다. 요세푸스도 제사장들을 위한 특수교육에 대해 알고 있었다. 에센파에서도 율법의 해석은 무엇보다 제사장, 특히 사독가문의 일이었다.[169] 그러나 새로운 사고방식이 우세하게 되는데, 이는 하시딤적인 특징을 보이는 쿰란의 지혜 시편 11Q Psa 154에서 명백하게 나타난다.

> 지혜를 주신 것은 야훼의 영광을 선포하기 위함이요(כי להודיע כבוד יהוה נתנה חכמה)··· 우둔한 이에게(לפותאים) 그의 능력을 선포하기 위함이며, 그의 위대하심에 대한 이해가 부족한 자들과(לחסרי לבב) 그 문(=지혜)에서 멀리 떨어져 있고 그곳으로 들어가는 문에서 쫓겨난 자들에게 설명하기 위함이다.

마카베오 봉기 이전시기의 사회·정치적 상황은 아마도 시리아어 번역본에 따라 보완된 다음 시에서 나타나는 것 같다.

> 야훼를 찬양하라. 그는 이방인의 손에서 겸손한 자를 구원하시며(עני גואל), 불신자의 손에서 순결한 자를 구원하신다.[170]

하나님의 백성에 속한 자는 누구든지—개종자라 하더라도—지혜, 곧 율법을 배우도록 초청을 받았다(2권 p. 161ff. 를 보라). 만일 그

169) 유대전쟁사 3, 252; 생애(요세푸스) 8ff.; *Test. Lev.* 13, 2-6; *Yoma* 3, 11: 분향에 관한 제사장 가문의 전통. 또한 J. Jeremias, *Jerusalem*, 27, IIB 30 = 194. *Šekalim* 6, 1과 비교하라.

170) DJDJ IV, 64 Col. 18. 3, 4f., 15f. 본문은 이 책 제4부 각주 466을 보라. 또한 71 Col. 24, 9; 단 11:33; 12:3b와 2권 p. 215ff. 를 보라.

가 재능이 있고 노력만 한다면, 훌륭한 율법교사가 될 수 있다. 이러한 정신적 풍토는 "옛 이스라엘과 동방세계에서는 일반적으로 낯선 것이었으나, 자유로운 헬레니즘적 이상에 부합하는 것이었다."171) 랍비전승에 따르면, 후대의 대제사장이었던 엘리아킴 알키모스('Eliakîm Alkimos)의 숙부였고 제사장이요 순교자였으며, 또한 벤 시라와 동시대 사람인 요세 벤 요에제르(Jôsê b. Jô'ezer)의 표어는 '민주주의적' 경향과 유사한 성향을 보여준다. "너의 집을 현자들을 위한 모임 장소가 되게 하고, 그들의 발에 있는 먼지로 너를 덮고, 목마른 듯이 그들의 말을 들이켜라." 마카베오 1서 7:12는 알키모스(Alkimos)가 60명의 하시딤 — 이들 가운데 바로 요세 벤 요에제르가 있었을 것이다 — 을 처형한 것을 설명하기 바로 이전에, 알키모스와 셀레우코스의 장군이었던 박키데스(Bachides)의 서기관들의 회집(συναγωγὴ γραμματέων)이라는 모임에 대해 언급했는데, 여기서 아론계 후손이었던 새로운 대제사장이 과연 적법성이 있는지 검토했다.

율법학자로서의 '현자들'은 여기서 처음으로 유대지역에서 독립된 그룹으로 나타나기 시작한다. 그들은 하시딤의 엘리트들로 구성되었고(321ff. 를 보라), 자유를 위한 투쟁보다는 평화에 관심이 있었다. 평화란 율법을 해석하고 백성들을 교육하여 다시금 율법을 준수하는 안정된 삶을 가능하게 하는 것이었다. 우리는 한 세대 후에, 여호수아 벤 페라야(J^{e}hošûa' b. P^{e}raḥjā)에게서 다음과 같은 말을 듣는다. "너의 스승(רַב)을 찾아 네게 벗(חָבֵר)을 삼아라."172) 이 바리새주의 이전

171) W. F. Albright, *Von d. Steinzeit* ⋯, 1949, 353f = From the Stone Age to Christianity, 1940, 355. 또한 Bi(c)kerman(n), *RB* 59, 1952, 53f.; A. Schlatter, *GI*^{3}, 61을 보라: "지식으로 들어가는 길은 모든 사람에게 열려있고, 제사장 가문에서 태어나는 것과 관련되지는 않는다."

172) *'Ab.* 1, 4, 6; 랍비 요세 벤 요에제르(R. Jose b. Joezer)에 대해서는 *Gen. R.* 65, 22 = Bill. 2, 263을 보라.

하시딤의 '현자들'은 헬레니즘과 동방에서 기원한 종말론적이고 인류학적, 이원론적, 우주적 관념들을 도입하는 것에도 관여했을 것으로 보이는데, 이것들은 아마도 보수적인 유대교에서는 낯선 관념들로서 유대교적 경건의 모습을 상당히 변형시켰다.[173]

〈조상들의 어록〉(*Pirqe 'Abot*)에 있는 교사들은 기원전 200년 이전의 대제사장 '의인 시몬'과 익명의 교사, 소코의 안티고노스, 그 이후 힐렐(Hillēl)과 샴마이(Šammai, 기원전 1세기 말)에 이르기까지 5명의 계보로 이어졌다. 이것은 확실히 더 후대에 형성된 전승구조이기는 하지만, 과거보다 더욱 교사 개인의 '생애의 이력'에 관심을 두었음을 보여준다. 이는 그 밖에도 그들에 대한 전승들이 일화(一話)로 보존되어 있다는 것에서도 나타난다. 이 계보는 그러한 인물들의 정당화를 위해서 과거 모세시대까지 거슬러 올라가는 권위 있는 전승자들로 이루어져 있는데, 비커만(E. Bickermann)이 강조한 바와 같이, 그 형태가 그리스 철학학교나 로마의 법률학교 수장(首長)들의 전통적인 계보와 가장 유사하다고 할 수 있다. 또한 이러한 계보를 권위 있는 출처로까지 확장하는 경향도 있었다.[174] 랭스토르프(S. K. H. Rengstorf)는 랍비들(*Rabbinat*)이 초기의 권위 있는 인물들, 특히 원래의 교사들이나 학교장을 인용한 방식이 "스토아에서 일상적으로 사용되는 형식"과 유사하다는 것을 지적한다(TWNT 4, 441). 특별히 쉐마야(Š^{e}ma'jā)나 압탈욘('Abṭaljōn)과 같은 유명한 교사들은 기원전 1세기 중반경에 그리스의 교사들처럼 수업료를 요구했다고 기록되어

173) R. Meyer, *op. cit.*, 36f.를 보라.

174) E. Bickerman(n), *op. cit.*, 44-54; K. H. Rengstorf, *TWNT* 4, 439ff., 특히 440과 비교하라. 초기의 율법교사들에 관한 일화들은 다음의 책들에 수집되어 있다: K. Schlesinger, *Die Gesetzeslehrer*, 1936; J. Neusner, *The Rabbinic Traditions about the Pharisees before 70* I, 1971, 24-183.

있다.175) 물론 후에는 소크라테스처럼 돈을 받지 않고 가르쳤다. "그리고 만일 네가 율법의 말씀에 대한 보수를 받는다면, 세계 전체를 파괴하는 자로 간주될 것이다."176) 이러한 관점에서 볼 때 요세푸스가 유대교 종파를 그리스 철학파와 비교한 것은 그렇게 부당한 것은 아니었다.177)

또한 랍비단에서 전통적인 원리로 연결된 스승-제자 관계 역시 구약보다는 오히려 그리스 전통에서 그 모델을 찾을 수 있다. 왜냐하면 구약에서 그렇게 엄격한 형식의 스승-제자 관계는 알려지지 않았기 때문이다. 그래서 언어적으로 볼 때, '디다스칼로스'(διδάσκαλος, 교사)는 '랍'(רַב, 스승)에, '마테테스'(μαθητής, 제자)는 '탈미드'(תַּלְמִיד, 학생)에 해당한다.178) 수업은 질문과 대답이 연속되는 '질문과 답'의 틀 안에서 진행되었다. 거의 '소크라테스적'이라고 부를 수 있는 이런 대화형식의 수업은 그리스 수사학 학교들로부터 영향을 받았을 것으로 보인다.179) 이러한 영향은 스마이야와 압탈룐, 그리고 그들의 제자 힐렐(Hillel) 이후 랍비들이 발전시킨 주석적 방법론에서도 마찬가

---

175) *Joma* 35b Bar; 그러나 J. Jeremias, *Jerusalem II A 27 = 127*은 *Schürer* 2, 380에 반대한다. 이에 대한 전승에 대해서는 J. Neusner, *op. cit.*, 1, 258f. 를 보라.

176) Bill. 1, 563b; *Derek 'ereṣ zûṭā* 41, 그리고 다른 구절들.

177) 유대전쟁사 2, 119; 유대고대사 18, 11, 비교. 생애(요세푸스) 12; 또한 R. Meyer, *op. cit.*, 43f. 각주 3을 보라.

178) K. H. Rengstorf, TWNT 4, 421ff., 429ff. 를 보라. A. Schlatter, G/3, 62와 비교하라. תלמיד는 단지 대상 25:8에만 나온다. 이는 구약에서 매우 늦은 시기임을 의미한다. רב는 "교사"라는 의미로는 전혀 나오지 않는다. 또한 다음을 보라: M. Hengel, Nachfolge und Charisma, 46ff.

179) M. Hadas, *HCu*, 79f.; N. Morris, *op. cit.*, 40, 74; J. *Baer, Zion 13/14*, 1958/59, 139ff.; D. Daube, *The New Testament and Rabbinic Judaism*, 1956, 151ff. 와 비교하라.

지이다: 힐렐은 이를 할라카적 주석에 적용하였는데, 그는 일곱 가지 척도(*Middot*)에 기초하여 사두개인들과 논쟁을 벌이며, 구전토라의 관습법을 토라와 깊이 연관시켜 놓았다. 또한 그러한 영향은 본문의 모순이나 상충되는 것을 조절하고 설명해야 했던 하가다적 주석에도 나타나는데, 이는 알렉산드리아의 문법학자들이 호메로스에 대한 주석을 하는 것과 유사했다.180)

하시딤과 후기 바리새주의의 율법학자들과 지혜교사들이 시작한 바, 율법 안에서 모든 백성을 교육해야 한다는 이러한 생각은 논리적으로는 초등학교(בית סֵפֶר)를 점진적으로 도입하게 되었다. 시므온 벤 셰타(Šim'eōn b. Šetah)는 이미 "소년은 학교로 가야 한다"고 분명히 단언했다.181) 유대·팔레스타인에 학교체계가 단계적으로 도입됨에 따라, 기원전 2세기 말로 거슬러 올라가는 이 전통을 통해 '랍'이라는 칭호가 전승되었다. 우선 예루살렘에서 어린이를 위한 교사들이 임명되었고, 후에 여호수아 벤 감라(R. J^{e}hošhua' b. Gamlā)는 모든 지방과 도시에 교사들을 임명시켰다고 한다. 흔히들 감라를 기원후 63 ~65년경의 가말리엘(Gamaliel)의 아들, 대제사장 예수(Jesus)라고 간주하지만 바케르(Bacher)와 크라우스(S. Krauß)는 이에 대해 의구심을 가

---

180) 힐렐(Hillel)에 대해서는 W. Bacher, *Die Agada der Tannaiten* 1, ^{2}1903, 1ff.를 보라. 랍비의 주석이 받은 알렉산드리아적인 영향에 관해서는 D. Daube, HUCA 22, 1949, 239-264; E. E. Hallewy, *Tarbiz* 29, 1959/60, 47-55; 31, 1961-1962, 157-169; 264-280을 보라. S. Lieberman, *Hellenism in Jewish Palestine,* 1950, 47-82, 특히, 53ff.; R. Meyer, *op. cit.*, 81f., 그리고 헬레니즘-로마 수사학과 평행되는 것들이 많은 G. Mayer, *RAC* 6, 1196ff.와 비교하라.

181) *J. Keth.* 32c, 4; G. F. Moore, *op. cit.* 3, 104 각주 92; 비판적인 *Schürer* 2, 493f.; E. Ebner, *Elementary Education,* 1956, 38f., 45를 보라. 여기에서 예루살렘의 최초의 초등학교에 대한 언급을 보라. 그러나 이것은 성전의 서기관 학교까지 거슬러 올라간다.

지며, 예수 대신 이미 언급한 기원전 130년경 히르카노스 1세 때의 여호수아 페라히야를 제시했는데, 이는 정당했다. 그렇다면 그 후 시므온 벤 쉐타는 그의 의무교육 규정을 다시금 실행하게 했을 것이다.182)

만일 유대인 초등학교의 수가 많지 않았다면, 랍비단의 발흥과 바리새주의적 민족운동(*Volksbewegung*)의 확장, 율법에 정통한 기본적인 인구수를 전제로 하는 몇몇 지역의 회당제도의 설립조차도 상상할 수 없는 일이었을 것이다. 그리하여 결국 "국민학교(*Volksschule*)는 낭독예배와 설교예배를 위한 전단계로서 설립되었음이 분명하다."183) 아마 기원전 1세기에 출현했을 에센파의 〈공동체 규율서〉 이외에도 "청소년기부터 시작하여 성찰의 책으로"(ספר ההגו) 교육하는 것은 전 이스라엘 민족공동체(עֵדָה)를 위해서 필요했고, 그 이후 나이에 따라 "언약의 율법"(בחוקי הברית)에 대한 교육을 받아야 했다. 젊은 성인들은 10년 동안 율법교육을 받아야 했다. 〈희년서〉 역시 과거로 되돌아가 교육의 위대한 가치를 강조했다: "야곱은 성서를 배웠지만 에서는 배우지 않았다."184) 아마도 같은 공동체에서 나왔을 〈열두 족장 유언

---

182) BB 21a(기원후 3세기). 또한 S. Krauss, *op. cit.*, 200f.; 상세한 토론을 위해서는 E. Ebner, *op. cit.*, 39ff.를 보라. 유대전쟁이 발발하기 바로 직전 시기는 유대의 혼란스러운 상황이었음을 고려할 때, 학교개혁을 생각하기에는 부적절하였을 것이다. 게다가 사두개파(그의 친구 아나노스의 아들 아나노스에 관하여는 비교. 유대고대사 20, 199)와 가깝고 예루살렘의 가장 부자 가문(Jeb. 6.4) 중의 하나와 결혼한 대제사장이 다양한 기반의 사람들을 교육시키고, 그 결과로 생긴 바리새인을 강화시키는 데 관심이 있었을 것인지는 의문스럽다. 차라기 원래 바리새파의 실질적인 친구이기도 하며(유대고대사 13, 289), 민족주의를 확대하고 주변의 비유대인을 강제로 유대교로 개종시키려 했던 히르카노스(Hyrkan) 1세시기가 학교정책을 강화하는 데 더 적절했을 것이다. A. Schlatter, *GI*[3], 59; *Shab.* 1, 3에 따르면 회당의 종들은 유년부 교사 역할을 했다.

183) A. Schlatter, *GI*[3], 59; *Šab.* 1, 3에 따르면 회당의 사역자는 어린이 교사의 역할을 했다.

서>의 '레위 유언'은 부모들에게 이렇게 권고한다. "너희는 또한 자녀들에게 글을(γράμματα) 가르쳐서 끊임없이 하나님의 율법을 읽어 그들의 온 생애 동안 깨달음이 있게 하라"(13, 2. 비교. Ps. Philo, 22, 5f.; Philo, leg. C. 115). 온건했던 힐렐도 엄격한 아람어 격언시(*Reim*)에서 배움의 필요성을 매우 강조했다. "배우지 않는 사람은 죽어 마땅하다"('Ab. 1.13). 그후 요세푸스는 유대인 아동이 율법수업을 받는 것을 당연시했는데, 이 수업은 모세 때부터 유래했다고 한다.[185] 후대의 한 랍비는 분명히 과장되기는 했지만, 이렇게 보고했다.

> 예루살렘에는 480개의 회당이 있었고, 모든 회당은 학교건물과 교실이 있었다. 학교건물은 성서수업을 위한 곳이었고, 교실은《미쉬나》수업을 위한 곳이었다. 베스파시아누스(Vespasian)는 이 모든 것을 무참하게 짓밟아버렸다.[186]

테오도토스 비문 또한, 회당과 율법수업(εἰς διδιαχὴν ἐντολῶν) 사이의 관계를 암시하고 있다.[187] 취학연령은 랍비들의 전통에 따라 그리스 초등학교들처럼 6~7세로 정해졌다. 비유대인은 물론 사마리아인조차 원칙적으로는 교사가 될 수 없었다. 수업의 중심에는 호메로스의 책 대신 오직 히브리어 성서, 특히 오경이 자리했다. 수업이 전통적으로 레위기서로 시작되었다는 사실은 아마도 유대인 학교가

---

184) 1QSa 1.6-8, 보라 DJD 1, 109, E. Lohse, *Die Schriften von Qumran*, 1964, 46. 또한 *Jub.* 19,14; 11,16과 비교하라.

185) 유대고대사 4, 211; 아피온 반박 2, 204, 또한 2, 178과 1, 60과 비교하라. 디아스포라에 관해서는 4마카 18,10ff.; Philo, *Leg. ad* C. 115, 120과 딤후 3:15; 눅 2:46ff.에서도 언급되었다.

186) *JMeg.* 73d, 23ff., Bill. 2, 150과 662(par.)와 비교하라.

187) CIJ 2, 332f. Nr. 1404.

성전 서기관의 학교로부터 유래했음을 말해주는 것으로 보인다.[188] 유대인의 학교가 이방의 통치와 이방문명에 대해 백성들에게 유일한 버팀목이 되었다는 사실은, 가다라의 견유학파의 철학자 오이노마오스(Oenomaos)[189]의 랍비일화가 입증한다. 이 일화는 이스라엘 사람들에게 맞설 수 없다는 것을 불평하고 있는 '민족들'(*goyîm*)에 대하여 언급하고 있다:

> 가서 그들의 회당과 배움의 집을 보라. 너희가 거기서 아이들이 목소리를 높여 소리 내는 것을 발견하는 한—즉, 소리 높여 율법을 암송하는 아이들을 보게 된다면—너희는 결코 그들과 맞설 수 없을 것이다. 왜냐하면 그들의 (하늘) 아버지께서 그들에게 그것을 약속하셨기 때문이다.

---

188) 비유대인 교사에게 교육을 금지한 것에 관해서는 S. Krauss, *op. cit.*, 218, T. AZ 3, 2(463행)를 보라. 성서의 역할에 대해서는 *op. cit.*, 220을, 레위기에 대해서는 *op. cit.*, 235를 보라. A. Schlatter, *GI*^{3}, 60, 402 각주 77과 비교하라.

189) *Op. cit.*, 227; Gen. R. 65, 20을 보라. Ruth R. 2, 13에 따르면 그는 랍비 메이르(R. Me'īr)의 친구였다. 또한 Ex. R. 13, 1 그리고 Ḥag, 15b와 비교하라. 랍비 전승의 אבנימוס와 오이노마오스(Oinomaos)를 동일시하는 것은, 둘 다 모두 같은 시기에 유래했기에 매우 가능성이 있다. 비록 H. J. Mette, *PW* 17, 2249ff.가 의심하지만 말이다. 또한 W. Bacher, *Die Agada der Tannaiten* 2, 31을 보라.

제 3 장

팔레스타인의 그리스 문학과 철학

1. 비유대 팔레스타인과 페니키아에 준 헬레니즘의 정신적 영향

헬레니즘은 그리스적 교육을 넘어서서 정신적 영향력으로도 팔레스타인 지역에 세력을 넓히게 되었다. "우리는 헬레니즘시대의 팔레스타인에서 그리스식 도시들의 문화활동에 대해 아무것도 알지 못한다"고 말한 체리코버(V. Tcherikover)의 이런 단정적 판단은 옳지 않다.[190] 물론 알렉산드리아와 로도스, 페르가몬과 비교할 정도는 아니지만 더 좁은 틀 안에서 본다면, 그러한 활동은 무엇보다도 우리가 살펴보는 시기의 페니키아의 도시 안에서 왕성하게 일어나고 있었다. 이 도시들은 팔레스타인 내륙지방에 괄목할 만한 영향력을 행사했다. 비록 그러한 정보들은 풍성한 문학 파피루스들을 사용할 수 있는 이집트와는 대조적으로 그저 우연히 발견되거나 산산이 흩어져 있기는 하지만 유용한 자료가 된다.

우리는 기원전 2000년경 가자와 시돈 지방에서 그리스어로 작성된 것이 분명한 시가 적힌 상세한 비문과 프톨레마이오스시대의 두 관리

190) *HC*, 115. 다음의 것에 관해서는 또한 F. M. Abel, *HP* 1, 278-281과 *Schürer* 2, 53-55를 보라.

들 및 그 가족들의 비문, 디오티모스(Diotimos)의 승리를 적은 비문을 발견하게 된다.[191] 더 놀라운 것은 마리사(Marisa)의 제1무덤에서 '로크리아인의 노래'(*Lokrisches Lied*)라는 장르의 연가와 함께 나온 벽화이다. 그림 속에는 어떤 헤타이라 여인(*eine Hetära*)이 자기의 연인을 보고 크게 기뻐하는 모습이 나타나는데, 가나안 풍습에 따라 맹세의 표로써 연인의 외투를 들고서 연인에게 문을 가리키고 있다.[192] 이처럼 기독교 이전 헬레니즘시대의 그리스어로 된 대중적인 시를 보여주는 또 다른 예는, 가다라의 한 '시리아 여인'이 열병으로 고생하는 내용이 적혀 있는 기원전 1세기의 파피루스인데, 이는 완벽한 6보격 시(*Hexameter*)로 이렇게 기록되어 있다. "모든 열병을 다스리는 가다라의 한 시리아 여인의 주문"(… Σύρας Γαδαρρῆνης 〔ἐπαοιδὴ〕 πρὸς

191) 이 책 제1부 각주 79와 제3부 각주 111을 보라. 또한 E. Bi(c)kerman(n), *Mélanges Dussaud* 1, 93과 비교하라.

192) Peters/Thiersch, *Painted Tombs* …, 1905, 56-60, Nr. 33 = *SEG* 8, 244(Lit.); 상세한 것은 W. Crönert, *RheinMus* 64, 1909, 433-48을 보라. 또한 U. von Wilamowitz-Möllendorf, *Griechische Verskunst*, 1921, 344f.와 비교하라. 겉옷을 저당 잡는 것에 관해서는 M. Dahood, *Bibl* 42, 1961, 359-66을 보라. 연대 설정에 관해서는 Peters/Thiersch, *op. cit*, 57을 보라: "이 사본은 3세기 말경의 파피루스 사본을 닮았다." 이것과 다른 주장에 관해서는 W. Crönert, *op. cit.*, 433f.를 보라: 기원전 약 150년경. 마리사에서 복원한 그림(*op. cit.*, 447)은 같은 환경에 속한 것으로 보인다(R. A. S. Macalister, *CRAI* 1901, 109를 보라). 이것은 또한 미터법의 형식을 지닌 것으로 여겨지는 모호한 구절(Peters/Thiersch, *op. cit.*, 60 Nr. 34)도 마찬가지이다. Crönert, *op. cit.*, 438f.를 보라. Athen. 15, 697c의 울피안(Ulpian)에 따르면 페니키아 전체가 이 (로크리스인의) 노래들로 가득하였다고 한다. 또한 S. A. Cook, *The Religion of Ancient Palestine*, 1930, 205; F. Altheim, *Weltgeschichte Asiens* 2, 153f.를 보라. R. A. S. Macalister, *A Century of Excavation in Palestine*, 1925, 322ff.의 시를 마술적으로 해석하는 것은 적절치 않다. 이와 유사한 H. Lamer, *ZDPV* 55, 1932, 56-67의 설명을 보라.

πᾶν κατάκαυμ(α.). 이와 대응되는 산문시는 문학적 관점에서 매우 저급한 것이기는 하지만, 거의 완벽하게 그리스어로 쓰였고 마리사에서 나온 49개의 저주 목록에서 발견된다.[193)]

가다라 지역은 매우 이른 시기부터 문학적 중요성을 가진 것 같다. 게네사렛 호수 동쪽 강변에 있는 히포(Hippo) 부근에서 발견된 가다라 사람 아피온(Apion)의 묘비문은 거기 묻힌 사람의 고향 도시를 크레스토무시아(χρηστομουσῖα)[194)]라 부르는데, 이는 실제적으로 가다라에 걸맞은 명예로운 이름이었다. 지형적으로 외딴 곳인데도 요르단 동쪽 지역은 일련의 시인들과 철학자들을 배출했다. 스트라본(Strabo)⑧은 가다라를 마카베오시기에 유대인에게 속하게 된 가자라(Gazara, Gezer)와 혼동했는데, 그는 이 도시에서 나온 4명의 유명한 작가들에 대해 이야기했다. 이들은 '에피쿠로스학파의 필로데모스(Philodemos)'와 멜레아그로스, 풍자시인(σπουδογέλαιος) 메닙포스(Menippos), 수사학자인 테오도로스(Theodoros)인데, 모두 기독교 이전의 사람들이다.[195)]

메닙포스는 기원전 4세기 말의 인물로, 추측하건대 디아도코이의 권력투쟁의 혼란 중에 소아시아 폰투스 지방 시노페(Sinope)에 노예로 팔려간 듯하다.[196)] 이것으로 우리는 그가 그리스에서 온 새로운

---

193) P. Maas, *JHS* 62, 1942, 33-8, 36 Col. II, 4; Bliss/Macalister, *Excavations in Palestine*, 1898-1902, 156ff., 175; S. A. Cook, *The Religion of Ancient Palestine*, 200f.를 보라. 연대 설정에 관해서는 *op. cit.*, 201 각주 1을 보라.

194) *Schürer* 2, 161 각주 262. 이것의 해석에 대해서는 P. Perdrizet, *RevArch* 35, 1899, 49f.: "ville lettrée"를 보라. 이 경구(*Epigramm*) 자체는 기독교 이후의 시기에 나온 것 같다.

195) Strabo 16, 2, 29(759).

196) 메닙포스(Menippos)에 대해서는 R. Helm, *PW* 16, 888-894; F. Susemihl, *Geschichte der griechischen Literatur in der Alexandrinerzeit* 1,

이주민이 아니라, 시리아 사람이라고 결론지을 수 있다. 그의 이야기는 셈족이 그 당시 그리스 성향에 얼마나 완전하게 융화되었는가를 보여주는 좋은 예라고 할 수 있다. 후에 그는 노예에서 해방되어 얼마의 돈을 벌어들인 후에 스스로 테베(Thebe)의 시민권을 살 수 있었다. 특별히 그를 '페니키아인'이라고 불렀던 디오게네스 라에르티오스(Diogenes Laertios)⑨에 따르면, 메닙포스는 견유학파 메트로클레스(Metrokles)의 가장 유명한 제자였다고 한다.197) 그렇다면 그의 실제 활동시기는 기원전 3세기 전반기 정도로 국한될 수 있다. 같은 시기에 보리스테네스(Borysthenes)의 비온(Bion)이 냉소적인 견유학파의 '비난연설'(*kynische Diatribē*) 형식을 발전시키는 동안, 메닙포스는 철학적이고 논쟁적인 풍자형식을 창조했다. '비난연설'과 풍자 모두 후대의 헬레니즘·로마 문학에 크게 영향을 주었는데, 유대교와 기독교의 설교도 그 영향권에서 벗어나지 않았다.198) 특히 그 중에서도 메닙포스의 풍자적인 작품으로는 《지옥으로의 여행》과 《신들의 편지들》, 《유언서》(*Testament*), 그리고 아마 분명히 《천상으로의 여행》도 이 부류에 속했을 것으로 추측된다.199)

1891f., 46f.; Schmid/Stählin, *GGL*[6] II, 1, 88-90을 보라. 또한 53, 56; M. Hadas, *HCu*, 110f.; Überweg/Praechter, *Philosophie des Altertums* 12, 1925, 13f.[x](Lit.)과 비교하라.

197) Diog. Laert. 6, 95, 99-101; Aulus Gellius, *Noct. Att.* 2, 18, 6f.

198) F. Dornseiff, *Antike und Alter Orient* 1, [2]1959, 244. M. Hadas, *loc. cit.*, 비교. P. Wendland, *Die hellenistisch-römischer Kultur*, 1912, 77f. 메닙포스의 영향력은 바로(Varro)의 메닙포스적인 풍자들(*Menippeischen Satiren*), 페트로니오스(Petronios), 세네카의 Apocolocyntosis(역주. 이른바 '신성한 크라우디우스 바보 만들기'를 담은 풍자를 담고 있다) 등에서 명백하게 나타난다. 동방세계적 배경에 관해서는 F. Altheim, *op. cit.*, 2, 154를 보라.

199) Diog. Laert. 6, 101; Lukian, *Icaromenippus*, ed. A. M. Hannon, LCL 2, 267ff.와 비교하라.

슈미트(Schmid)와 슈탈린(Stahlin)은 이와 유사한 문학양식들과 주제들이 상당히 다른 상징의 옷을 입고 유대의 묵시문학에서도 나타난다는 것을 강조했다.[200] 풍자형식의 또 다른 특징은 산문과 운문이 혼합되어 있다는 점이다. 이는 도른자이프(F. Dornseiff)와 하다스(M. Hadas)가 고찰한 바와 같이 전형적인 셈어적 형태를 가진 문체이다.[201] 우리는 또한 그리스 형식과는 상당히 이질적인 느낌을 갖는 이러한 형식을 동시대의 유대문학, 그 중에서도 전형적으로는 대략 다니엘서(2, 7장), 그리고 찬송과 산문구가 번갈아 나타나는 쿰란의 〈전쟁문서〉(*Kriegsrolle*) 같은 묵시문학에서도 발견할 수 있다. 메닙포스의 작품들은 현존하는 것들이 거의 없지만, 사모사타(Samosata)의 시리아인 루키아노스(Lukian)는 그의 정신적 동반자 메닙포스에게 의식적으로 귀의하여, 무엇보다도 〈사자(死者)와 신들의 대화〉 그리고 〈지옥(*Hades*)과 천국으로의 여행〉을 자신의 모델로 사용했다.[202] 우리는 랍비들의 일화에서도 이와 같은 전형적이고 강한 위트가 발견되는지를 물을 수 있다.

가다라 출신의 멜레아그로스(Meleagros)는[203] 2백 년 후에도 여전

---

200) *Op. cit.*, II, 1, 189 각주 5. 또한 R. Reitzenstein, *Hellenistische Wundererzählungen*, 16, 18ff.와 비교하라. 하늘과 지하세계로의 여행은 기원전 3세기와 2세기 알렉산드리아의 문헌에서도 발견된다. 2권 p. 309ff.를 보라. 또한 Diog. Laert. 6, 102와 비교하라. K. von Fritz, *PW* 15, 794에 의하면 그것은 메닙포스로 이전되었다.

201) M. Hadas, *op. cit.*, 111; F. Dornseiff, *op. cit.*, 1, 234.; Lukian, *bis accus.* 33, LCL 3, 146과 비교하라. R. Merkelbach, *Roman und Mysterium*, 1962, 333f.는 이 산문의 운율에서 초기 덕론(德論)의 표현형태를 찾았다.

202) R. Helm, *Lukian und Menipp*, 1906, 14ff., 19ff., 80ff., 343ff.을 보라.

203) *Anth. Gr.* 7, 417, 3과 418, 6; 멜레아그로스에 관해서는 Geffcken, *PW* 16, 481-488; Susemihl, *op. cit.*, 2, 555-7; Schmid/Stählin, *op. cit.*, 11, 1, 326f.; *Anth. Gr.*, ed. H. Beckby, 1957, Vol. 1, 35ff.; M. Hadas,

히 자기 고향사람들에게 모범적인 인물로 언급되었다. 그가 그리스에서 생을 마감하여 고향을 다시는 볼 수 없었음에도 불구하고, 가다라는 여전히 그를 이 도시의 위대한 자손으로 기억하고 있음을 보여주고 있다. 멜레아그로스는 기원전 140년에 태어나 티레에서 고등교육을 받았는데, 그곳은 시돈의 안티파터(Antipater)가 지배할 때, 그리스 서정시의 발전에서 매우 중요한 페니키아의 학교가 있었던 곳이다(대략 기원전 170~100년경).[204] 그는 자신의 풍자시 132개와 안티파터의 풍자시 65개를 기고하여 만든《그리스 시선집》(*Griechische Anthologie*)의 실제적인 저작자였으며, 동시에 전체 감정들을 단계별로 완벽하게 조절했던 헬레니즘의 연가시(戀歌詩, *Liebeslyrik*)의 대가였다. 그는 여기에 패러디를 혼합했는데, 이는 "그들(시리아인)에게 감정보다 더욱 중요한 것은 정신과 유머라고 생각했기 때문이었다. 이미 그들에게서 시인 하이네(Heine)와 매우 유사하게 '환상파괴'(*Illusionszerstörung*)라는 특징을 미리 찾아볼 수 있다는 것은 결코 우연이 아니다."[205] 그는 후에 티레에서 코스로 갔으나, 그는 그의 고향이 팔레스타인이라는 것을 결코 부인하지 않았다.

티레는 나를 키웠지만, 시리아 역시 나의 고향.
앗시리아 땅에 있는 저 새로운 아테네.
나, 유크라테스(Eukrates)의 아들, 멜레아그로스는 뮤즈 여신

HCu, 111f.를 보라. 두 시의 모든 경구에 전체적이고 탁월한 주석을 단 새로운 판 A. S. F. Gow/D. L. Page, *The Greek Anthology, Hellenistic Epigrams* 1, 1965, 11-34와 214-253을 보라.

204) E. Schwartz, *PW* 1, 2513; Susemihl, *op. cit.*, 2, 551ff. 멜레아그로스는 그에게 자신의 경구를 주었다: 7, 428.

205) *Anth. Gr.*, ed. H. Beckby, Vol. 1, 37. 또한 M. Hadas, *HCu*, 112와 비교하라. 유대교와 한번 접촉만 해도 유대인 경쟁자들은 그것을 중요하게 언급했다: *Anth. Gr.* 5, 160.

(Muses)의 친구.
나는 메닙포스의 은총으로 이미 오래전에 경주를 했노라.
내가 시리아 사람이라는 것이 무엇이 의아한가? 세상은 사멸할 것들의 고향.
또한 나의 친구여, 어떤 한 혼돈이 모든 인간을 낳았도다.[206]

Νᾶσος ἐμὰ θρέπτειρα Τύρος· πάτρα δὲ με τεκνοῖ
'Ατθὶς ἐν 'ασσυρίοις ναιομενα Γαδάροις·
'Ευκράτεω δ' ἔβλαστον ὁ σὺν Μούσαις Μελέαγρος
πρῶτα Μενιππείοις συντροχάσας Χάρισιν.
εἰ δὲ Σύρος, τί τὸ θαῦμα; μίαν, ξένε, πατρίδα κόσμον.
ναίομεν, ἕν θανατοὺς πάντας ἔτικε Χάος.

멜레아그로스가 아직 코스에서 머물던 시기에, 메닙포스의 정신적 유산을 받아들이고, 또한 기원전 100년 무렵 알렉산드로스 얀나이오스(Alexander Jannai) 치하 속에 유대인들에게 종속된[207] 자신의 고향을 인용하고, 심지어 자기의 고향을 '앗시리아의 아테네'라고 부른다는 사실은, 그의 시리아에 대한 민족적 자긍심을 보여준다. 동시에 이것은 요르단 동쪽의 팔레스타인의 한 지방도시가 프톨레마이오스 시기 이후 왕성한 지적 활동을 전개시켜왔다는 것을 보여준다. 비록 그것이 주변지역에 큰 영향을 주지는 못했다 하더라도 말이다.[208] 그는 또한 "신성한" 티레를 여러 번 강조했다.[209] 그러나 이와 함께

---

206) *Anth. Gr.* 7, 417, 1-6; 번역은 H. Beckby를 따랐다. 418, 1f도 이와 유사하다.

207) 유대고대사 13, 356, 396; 유대전쟁사 1, 86.

208) R. Philippson, *PW* 37, 2444를 보라. 그러나 그는 잘못하여 가다라를 아스칼론(Askalon) 근처라고 생각하고자 했다. 또한 Gow/Page, *op. cit.*, 2, 607과 비교하라: "시인과 철학자의 도시."

209) *Anth. Gr.* 12, 256, 비교. 59; 7, 418, 428; 아마도 티레의 동전 비문 "Τύρου ἱερᾶς καὶ ἀσύλυ"(티레의 성전과 피난처)은 이런 배경하에서 나온

그는 견유주의적이고 스토아주의적인 세계시민으로서의 감정도 표현했다.[210] "이방인이여, 우리는 이 세계라는 하나의 고향에서 살고 있다." 고향에 대한 애정과 세계주의적 숨결은 다른 비문 시에서도 나타난다.

> 가다라의 신성한 토양과 천상적인 티레가 그를 길렀고,
> 메로페스(Meropes)가 사랑하는 코스는 늙어서도 그를 부양했다.
> 네가 만일 시리아인이라면 '살람!' 네가 만일 페니키아인이라면 '아우도니스!'
> 그러나 네가 만일 그리스인이라면 '카이레!' 그리고 나에게도 그렇게 문안하라![211]
>
> ὄν θεόπαις ἤνδρωσε Τύρος Γαδάρων θ' ἱερὰ χθών·
> Κῶς δ' ἐρατὴ Μερόπων πρέσβυν ἐγεροτρόφε.
> ἀλλ' εἰ μὲν Σύρος ἐισί, 'Σαλάμ', εἰ δ' οὖν σύ γε Φοῖνιξ,
> 'Αὐδονίς', εἰ δ' Ἕλλην, 'Χαῖρε', τὸ δ' αὐτὸ φράσον.

것 같다. G. F. Hill, *Catalogue of the Greek Coins of Phoenicia*, 1910, cxxxiii ff., 233ff.을 보라. 예루살렘을 "거룩"하다고 기록하는 표현으로 기원후 66~70년 유대인 봉기시기의 동전에서 나타난다. M. Hengel, *Die Zeloten*, 1961, 121과 비교하라. 이에 반해 사마리아인 테오도토스는 세겜을 신전 도시(ἱερον ἄστυ)라고 불렀다. *FGrHist*. IIIc 732.

210) 세계시민사상이 견유학파적인 기원을 갖는다는 것 관해서는 Diog. Laert. 6, 63: 디오게네스; 6, 93: 크라테스; Tarn/Griffith, *Hellenistic Civilization*, 79f.; M. Hadas, *HCu*, 15ff.와 비교하라. 정치에 무관심하고 개인주의적인 이와 같은 사상은 "세계국가"라는 스토아주의적인 생각과 관련되어 있다. 또한 J. Mewaldt, "Das Weltbürgertum in der Antike," *Die Antike* 2, 1926, 177-90; M. Mühl, *Die antike Menschheitsidee*, 1928, 49ff.를 보라. 부정적인 해석이 더 오래된 것 같다. Xenophon, Mem. 2, 1, 13: 아리스티포스(Aristipp)가 소크라테스에게 "나는 어디에서든지 낯선 자"라고 말한다.

211) *Anth. Gr.* 7, 419, 5ff.; 스칼리게르(Scaliger)는 "아우도니스"(Audonis)가 아도나이(אדוני)에서 유래했다고 추측한다.

그의 고향 시리아에 대한 자긍심은 호메로스의 고향이 어딘가 하는 오래된 논쟁을 민족을 의식하며 해결하려는 시도에서도 나타난다.

멜레아그로스는 그의 작품《단아함》(*die Grazien*) 에서 호메로스가 원래 시리아인이라고 주장했는데, 왜냐하면 호메로스는 고대 그리스 (Hellespont) 에서 생선이 넘쳐나도 자신의 고향풍습에 따라 아카이아인(Achäer) 에게 생선을 먹지 못하게 했기 때문이다.[212)]

그의 스승이었을지도 모르는 시돈의 안티파터는 짧은 풍자시 속에서 멜레아그로스와는 반대로 보편적 의미를 통해서 이 문제를 풀었다.

> 어떤 다른 사람들은 다른 곳을 당신의 요람이라 부른다.
> 하지만 만약 내가 아폴로(Phoibos) 의 현명한 예언들을 세상에 말한다면,
> 광대한 천국이 당신의 나라요, 당신의 어머니는 인간이 아닌 칼리오페 여신⑩이라 할 것이다.[213)]

여기서 우리는 페니키아와 팔레스타인에서도 호메로스의 문헌들을 입증할 수 있다. 만약 시돈의 안티파터가 금욕주의에 가까웠으며 — 그 밖에도 그는 키티온의 제논에 대한 존경심으로 비문을 작시했다[214)] — 멜레아그로스가 견유학파에 가까웠다면, 제 3의 대가였던 가다라인 필로데모스(Philodemos) 는 에피쿠로스 철학자라 하겠다. 필로

212) Athen. 4, 157b; M. Hadas, *HCu*, 83과 비교하라. 이와 유사하게, 헬리오도로스의 *Äthiopiaka*에 나오는 현자 칼라사리스(Kalasaris) 는 호메로스가 테베에서 헤르메스와 토트 사이에서 태어났다고 주장한다(3, 14, 비교. 2, 34). 탈레스나 피타고라스 또한 그 혈통이 페니키아 혹은 시리아라고 주장한다: Clem. Alex. 1, 62, 2-4, GCS Stählin/ Früchtel, 2, 39; Herodot 1, 170.

213) *Anth. Gr.* 16, 296, 5-9; 일반적으로는 292-304와 비교하라.

214) Diog. Laert. 7, 29.

데모스 역시 《시선집(詩選集)》(*Anthologie*)에 상당한 수의 섬세한 풍자시들을 기고했다. 그러나 광범위한 교육을 받은 이 철학자가 이룬 주된 업적은 철학분야였다. 그는 후에 로마에서 활동했고, 많은 시리아 출신의 지식인들과 마찬가지로 젊은 로마귀족들의 교사가 되었다. 그의 철학작업 중 일부분이 헤르쿨라네움(Herculaneum) 지역(역주. 이탈리아 남부의 나폴리 남동쪽에 위치한 고대 도시)에서 발견된 파피루스에 보존되어 있다.[215] 그는 기원전 160년에 태어난—많은 이들이 그의 예리함을 두려워했던—시돈의 에피쿠로스 철학자 제논의 제자였다.[216] 같은 시기에 살았던 필로크라테스(Philokrates)의 아들인 시돈의 필로크라테스의 묘비에 따르면, 필로데모스는 "어렸을 적부터 쉽게 이해할 수 있는 에피쿠로스의 가르침에 몰두했다." 그는 그리스에서 김나시온 경기의 트레이너로서 그의 일생을 마쳤다.[217] 또한 시리아의 해변도시인 라오디게아 출신의 에피쿠로스학파의 필로니데스(Philonides)를 언급할 수 있다. 그는 셀레우코스 4세의 아들인 어린 데메트리오스 1세를 교육시켰고, 자신의 증언에 따르면 안티오코스 4세 에피파네스(Epiphanes)도 에피쿠로스 철학으로 돌아서게 했다고 한다. 필로니데스는 안티오키아에 철학학교를 설립했지만, 후에 자신의 고향으로 돌아갔다.[218]

---

215) R. Philippson, *PW* 19, 2444-2482; Susemihl, *op. cit.*, 2, 267-278, 561; Überweg/Praechter, *op. cit.*, 439, 444, 134[x](Lit.)과 비교하라. 그의 생애에 대해서는 Cicero, in: *Pis.* 70: "Est non philosophia solum, sed etiam ceteris studiis … perpolitus"(철학만이 아니라, 다른 학문을 통해서도 … 연마된 사람이 있다).

216) E. Zeller, *PhGr* III, 14, 284ff., 385 각주 1; Überweg/Praechter, *op. cit.*, 436, 438, 134[x](Lit.) 이른바 "시리아의 에피쿠로스학파"에 대해서는 W. Schmid, *RAC* 5, 758f.를 보라.

217) W. Peek, Griechische Grabgeschichte, 1960, Nr. 201.

218) 기원전 약 200~130년, W. Crönert, *Der Epikureer Philonides*, SAB,

스트라본에 따르면 시돈(Sidon)은 철학과 수학, 천문학에 관한 오랜 학파 전승을 이루고 있었는데, 포세이도니오스(Posidonios)는 원자론(原子論) 교의가 데모크리토스(Demokritos)가 아니라, 트로이 전쟁이 일어나기 훨씬 이전에 시돈 사람이나 모코스(Mochos)에 의해서 창시되었다고까지 말할 수 있다고 보고했다.[219] 이것은 자신들이야말로 '최초의 창안자들'(*Prōtoi Heuretai*)이라고 경쟁하는 다양한 민족들과 도시들에 대한 보고에서 나왔다.[220] 이 자료들은 모세와 아브라함이 최초의 점성술과 철학교사라는 유대인의 보고서보다는 역사적 가치가 없기는 하지만(1권 p. 283ff. 를 보라) 헬레니즘시대에 개개의 페니키아의 도시들이 정신적 영역에서도 선도적이었다는 사실을 강조했다. 바빌로니아의 디오게네스(Diogenes. 기원전 240~152년경)의 제자이자 비정통적인 스토아주의 철학자 시돈의 보에토스(Boethos von Sidon)는 좀더 이른 시기(기원전 180년경)에 등장했다. 그는 스토아주의적 일원론(*Monismus*)과 결별하고 세계를 분할했는데, 신성(神性)과 에테르(*ätherisch*)라는 실체가 창공을 점유하고 있다는 것이었다.

1900, 2, 942-959를 보라. 953 Col. 29/30과 비교하라. 또한 R. Philippson, *PW* 20, 63ff.; E. R. Bevan, *CAH* 8, 498f.; W. Schmid, *loc. cit.*와 비교하라. 그는 에피쿠로스의 편지들을 편집했다.

219) Strabo 16, 2, 24(757): 모코스(Mochos)는 아마도 산쿠니아톤(Sanchuniaton) 같은 옛 페니키아 신화작가였던 것 같다. 그에 관한 단편들에 대해서는 *FGrHist* 784를 보라. 《일리아스》가 그리스 문화 최초의 불후의 명작으로 간주된다는 것은 "트로이 전쟁 이전에" "가장 초기의 그리스 전통보다 앞섰음"을 의미한다. 또한 아피온 반박 1, 11f. 의 주장을 보라.

220) 이에 대해서는 다음을 보라: K. Thraede, *RAC* 5, 1207ff.; Diog. Laert., 1, 3: "비그리스인" 철학자들이 더 오래되었다는 주장을 받아들이지 않음; 요세푸스가 진술한 그 반대의 박식한 주장에 대해서는 아피온 반박 1, 6-14; Clem. Alex., *Srom.* 1, 66ff., 741f., GCS Stählin/Früchtel 2, 41ff., 47ff. 와 비교하라. 이 책 찾아보기 "창안가"를 보라. "발명가"와 비교하라.

그는 스토아의 이러한 유신론적인 변화의 시작이 아리스토텔레스학파의 영향이라고 여겼으나, 우리는 천상의 최고 신에 대한 셈족적인 관념을 그 배경으로 고려할 수도 있다.[221]

아스칼론(Askalon) 또한 가다라와 페니키아의 도시들과 함께 이미 기독교 이전시기에 지적 활동의 중심지였다. 그리하여 "그곳 출신의 많은 사람들이 명성을 남겼다. 철학자들로서는 슈반(Schwan)의 안티오코스(Antiochos)와 소소스(Sosos), 안티비오스(Antibios), 에우비오스(Eubios), 유명한 스토아 학자들, 그리고 문법학자로서는 아리스타코스(Aristarchos)의 아들이자 저명한 프톨레마이오스와 도르테오스(Dorotheos), 그리고 역사학자로서는 아폴로니오스(Apollonios)와 아테미도로스(Artemitoros)가 있다.[222]

이들 중 가장 중요한 인물은 안티오코스(Antiochos, 기원전 130~68년경)였는데, 자료에서는 보통 간단하게 '아스칼론인'(Askalonite)이라 부른다. 그가 자신의 한 '논쟁서'(*Streitschrift*)를 헌정했던 소소스(Sosos)는 포세이도니오스(Posidonios)와 같이 파나이티오스(Panaitios, 기원전 185~109년)의 제자였고, 따라서 안티오코스보다는 더 나이가 많았으리라 추측된다. 안티오코스는 소소스를 통해 스토아에 입문했

---

221) von Arnim, *PW* 3, 601-603; *SVF* 3, 265f.; E. Zeller, *PhGr* III, 14, 47 각주 1, 비교. *Kleine Schriften*, 1910, 1346; J. F. Dobson, *ClassQ* 8, 1914, 88-90; M. Pohlenz, *Die Stoa* 1, [3]1964, 185; 2, 94f. 또한 Diog. Laert. 7, 143, 148과 비교하라. 또한 이 책 제4부 각주 290을 보라. 이 견해와 밀접한 관계에 있는 '에크퓌로시스'(ekpyrōsis, 역주. 불을 통한 대재난. 2권 p. 257f를 참조)에 반대하는 논쟁가들에 관해서는 Philo, *Aet. mundi*, 78-84(M2, 502-504)를 보라.

222) Stephen of Byzantium, *Ethnika*, ed, A. Meineke, 1849, 132, "아스칼론"(Askalon) 항목; 자료는 비블리오스의 헤렌니오스 필로(Herennios Philo)에게서 나왔다. 안티오코스에 관해서는 또한 Strabo 16, 2, 29(759)를 보라.

을 것으로 보인다. 왜냐하면 안티오코스는 정통 스토아주의자가 아닌, 회의주의 추종자였기 때문이다.[223] 그러나 안티오코스는 회의주의에서 인간행위에 대한 근본을 찾아볼 수 없었기에 회의주의를 떠나, 아테네에 세워진 아카데미아의 수장이 되었고, 그곳에서 키케로는 안티오코스에 대한 소문을 듣게 되었다. 안티오코스는 플라톤주의 그 자체로 귀의하는 대신, 그 시대의 정신을 따라 스토아에서 많은 것을 빌려왔다. 물론 그는 자신을 정당화하기 위해 플라톤으로부터 스토아를 도출했다. 그리하여 그는 진정한 절충주의자가 되었다. 그에 의하면 고대의 철학파였던 아카데미아학파와 소요학파는 가르침에서 원래 하나였다고 한다. 그가 몇몇 사항에서 격렬한 논쟁을 벌였던 제논(Zenon)과 크리시포스(Chrysipp), 에피쿠로스 역시 후대에 몇 가지 오류를 들여왔을 뿐이라고 했다.[224] 플라톤주의와[225] 스토아주의의 절충적 혼합은 분명한 윤리적 경향과 가장 초기전통에 호소한다는 점에서 바로 유대·알렉산드리아 철학의 근본특징과 같다는 것을 기억해야 한다. 안티오코스의 좌우명인 '옛 것을 따르라!'(*veteres sequi*)는 헬레니즘시대 후기의 기본원칙이었고, 이는 또한 유대교의 전승원리에도 부합했다.[226] 전체적으로 철학적 절충주의는 기원전 2

---

223) 소소스(Sosos)에 관해서는 *Schürer* 2, 53 각주 121; M. Pohlenz, *op. cit.* 1, 249; 2, 98 그리고 129를 보라.

224) A. Lüder, *Die philosophische Persönlichkeit des Antiochus von Askalon*, 1940; M. Pohlenz, *op. cit.* 1, 249-253; *op. cit.* 2, 129f.; G. Luck, "Der Akademiker Antiochos," *Noct. Rom.* 7, 1953을 보라. 그의 형제 아리스토스(Aristos)도 역시 철학적인 교육을 받았다. *op. cit.*, 15. A. Wlosok, *Laktanz und die philosophische Gnosis*, AAH, 1960, 2, 50f.

225) 헬레니즘시대의 플라톤의 영향력에 대해서는 M. Hadas, *Journal of the History of Ideas* 19, 1958, 3-13; *HCu*, 72ff.; H. J. Krämer, *Der Ursprung der Geistmetaphysik*, ^{2}1967을 보라.

226) A. Lüder, *op. cit.*, 59ff.; Cicero, *de Fin.* 5, 14 등을 보라.

세기부터 다양한 학파에서 더 많은 영향력을 발휘하였다.[227]

이때부터 다른 많은 시리아·페니키아인 철학자들을 언급할 수 있다. 스트라본(Srtabo)의 스승 혹은 그와 동문수학했던 시돈의 아리스토텔레스학파의 철학자 보에토스(Boethos. 더 이른 시기에 있었던 같은 이름의 스토아주의 철학자와 혼동하지 않아야 함)와 그의 형제 디오도토스(Diodotos) 역시 철학자로 언급된다.[228] 라리사의 필로(Philo von Larissa)의 제자였던 아스칼론의 안티오코스(Antiochos von Askalon)와 같이 회의주의 철학자 헤라클레이토스(Herakleitos)는 티레 출신이었다. 그러나 그는 자신과 동문수학했던 안티오코스와는 달리 교조주의에 빠지지 않았으며 회의주의에 충실했다.[229] 우리는 또한 소(小) 카토(Cato)⑪를 스토아 철학에 소개했던 티레 출신 스토아주의 철학자 안티파터(Antipater)와 최초로 스토아 철학파의 역사를 저술한 아폴로니오스(Apollonios)에 대해 알고 있다.[230] 그 밖의 무명의 스토아 철학자인 디오게네스와 프톨레마이스 출신의 아폴로니오스에게서 이 계보는 완성된다.[231] 이렇게 모든 철학 학파들이 팔레스타인과 페니키아에 있었지만, 여기서 스토아가 가장 선호되고 있다는 사실에는 의심의 여지가 없다. 무엇보다도 후기 헬레니즘과 로마시대의 정신적·종교적 발전에 결정적인 영향을 끼친 북시리아 아파메아(Apamea) 출신의 가장 중요한 스토아주의의 대변인 포세이도니오스

---

227) P. Wendland, *Die hellenistisch-römische Kultur*, 1912, 71을 보라.

228) Strabo 16, 2, 24(757); 또한 Gercke, *PW* 3, 603f.; von Arnim, *PW* 5, 715를 보라.

229) von Arnim, *PW* 8, 508.

230) von Arnim, *PW* 1, 2516과 2, 2146.

231) Diogenes: Diog. Laert. 7, 41, 비교. von Arnim, *PW* 5, 777 그리고 M. Pohlenz, *op. cit.* 2, 91; Apollonius: von Arnim, *PW* 2, 146 그리고 M. Pohlenz, *op. cit.*, 2, 98.

(Posidonios)를 포함시킨다면 말이다(3권 p. 20ff., 159f를 보라).

스토아학파가 이 지역에서 특별한 영향력을 발휘하여 그 대부분의 추종자들을 이곳에서 배출할 수 있었던 것은 분명 우연이 아니다: 첫째로, 카에르스트(J. Kaerst)가 강조한 것처럼 스토아는 헬레니즘의 주된 철학이었다. 둘째로, 스토아의 창설자인 키프로스 출신의 제논과 킬리키아의 솔로이(Soloi in Cilicia) 출신의 크리시포스(Chrysippos)는 그리스 세계에 동화된 셈족 계열의 사람이었을 것으로 추정된다.[232] 폴렌츠(M. Pohlenz)는 그의 위대한 연구 《스토아》(*Die Stoa*)에서, 스토아의 교육체계에 끼친 셈족의 사고형태의 영향력을 여러 번 언급했다.[233] 비데츠(J. Bidez)는 스토아에 끼친 셈족과 시리아인들의 영향력을 더욱더 강조하지만, 스토아에서 주로 동

---

232) J. Kaerst, *Hellenismus* 2[2], 111ff. 셈족이 끼친 영향에 대해서는 다음을 보라: M. Pohlenz, "Stoa und Semitismus," *NJWJ* 2, 1926, 257-269; *Die Stoa*, [3]1964, 제논: 1, 22f. 와 2, 14; Diog. Laert. 7, 3, 30을 보라(1권 p. 263f) = *Anth. Gr.* 7, 117; 키케로는 그를 여전히 포에눌루스(poenulus)라고 불렀다. De Fin. 4, 56; 크리시포스(Chrysippos): M. Pohlenz, *Stoa* 1, 28과 2, 17, 그의 아버지 크리시포스는 타르소스(Tarsos)에서 왔다. 또한 U. von Wilamowitz-Moellendorf, *Der Glaube der Hellenen* 2, [3]1959, 297ff. 와 M. Hadas, *HCu*, 106ff. 와 비교하라.

233) M. Pohlenz, *op. cit.* 1, 46f.: 스토아주의의 언어구조에 대한 관점은 셈어적인 감각에 의해 결정된다. 68f.: 로고스와 동일시되는 본성은 에피쿠로스주의와 같은 역학적인 방법으로서가 아닌, "살아있고 모든 것을 조종하는 … 신성"으로 이해되어야 한다. 이것의 이면에는 "새로운 삶의 느낌"과 "초월적인 창조신에 대한 사상"이 있다. 65f.: 영혼과 신성의 구체성은 비(非)그리스적이기는 하나, 구약에는 이와 유사한 개념들이 있다. 100: "새로운 삶의 느낌"은 인간이 세상 창조의 유일한 목적이 된다는 사실에서 나타난다. "모든 것들은 그를 위해 창조되었다"(2권 p. 118f. 의 벤 시라를 보라). 107f.: 운명(*heimarmenē*)의 무한한 통치로 인해 촉진되는 운명론은 그리스적인 것은 아니고, 갈대아의 점성술과 유사하게 동방세계적인 것이다(2권 p. 386ff. 를 보라). 그러한 사상은 스토아주의에 의해 촉진되었다. 또한 *op. cit.*, 1, 164f. 를 보라.

방세계의 지식운동을 보려는 그의 관점은 너무 일방적이다.[234)]

이 모든 것으로 판단하건대, 기독교 시대 이전의 헬레니즘시대 동안 팔레스타인의 "그리스적인" 도시들의 정신적 삶은 언급할 가치가 없다고 말하는 체리코버(V. Tcherikover)의 판단은 너무 일방적이고 부정적인 견해라 할 수 있다. 비록 메닙포스(Menippos)와 멜레아그로스, 필로데모스(Philodemos) 등 위대한 인물들이 대부분 그리스와 로마로 이주했지만, 그들의 탁월한 재능이 전적으로 팔레스타인과 페니키아에서 개화(開花)했고, 이곳에서 자양분을 취했다는 사실은 놀라운 것이었다. 또한 적어도 시돈과 티레에는 시와 철학을 가르치는 학교가 있었다. 이 모든 것들은 아마도 이르면 기원전 3세기에 형성되어 지속된 정신적 전통의 기초가 놓였기에 가능했을 것으로 보인다. 인접 도시 알렉산드리아나 로도스와 코스, 아테네 같은 에게 해의 문화중심지가 끼쳤던 지속적인 문화적 영향력이 그러한 발전을 자극했을 것이다. 알렉산드리아의 영향력은 이를테면, 마리사에 있는 무덤 벽화들과 요르단 동쪽 아라크 엘 에미르('Araq el Emir)에 있는 토비아스 가문의 히르카노스의 기념비 같은 예술적인 영역에서도 분명하게 설명될 수 있다.[235)] 여기서 우리는 기독교 이전 헬레니즘시대

---

234) J. Bidez, "La Cité du Soleil chez les Stoiciens," *Bull. Acad. roy. Belg.*, classe des lettres, 18, 1932, 244-294. 또한 M. P. Nilsson, *GGR*^{2} 2, 259 각주 2를 보라 R. P. Festugière, *Révélation* 2, 266 각주 1은 스토아주의의 "동방세계적인" 특징들에 대하여 비평적인 태도를 취하고 있다. 그러나 여기에서 그의 판단은 너무 편파적이다.

235) 마리사의 무덤 벽화에 대해서는 다음을 보라: Peters/Thiersch, *op. cit.*, 86ff. 와 도표; E. R. Goodenough, *Jewish Symbols* 1, 1953, 3과 68ff. 과 세 번째 도표 7-16. 알렉산드리아의 예술과 유사성이 있는 것들은 가령, 동물들을 삽화와 비교하여 제시된 것에서 알 수 있다. 또한 B. R. Brown, *Ptolemaic Paintings and Mosaics and the Alexandrian Style*, 1957, T. 44, 1과 2를 보라. 또한 Rostovtzeff, *HW* 1, T. lviii, 또한 칼

에 팔레스타인 유대교가 헬레니즘의 정신적인 영향을 얼마만큼이나 받았느냐는 문제에 직면하게 된다. 때문에 우리는 우선 그리스어로 기록된 유대·팔레스타인 문학에서 나타나는 사안을 다루어야 한다.

2. 그리스어로 기록된 팔레스타인의 유대교 문학

예루살렘에서 그리스 교육을 받은 친헬레니즘 문화 엘리트층이 알렉산드리아의 유대인 동족들의 모델을 따라 그리스어로 독자적인 문학을 시작했으리라는 것은 매우 개연성이 있다. 그러나 이에 관하여 우리가 가지고 있는 자료들은 기원후 70년 이전의 유대 독립운동에 대한 문서만큼이나 적다. 또한 사라진 내용에 대한 언급도 역사 속에서 거의 찾아볼 수 없다.[236] 이에 대한 유일한 예는 아마도 요세푸스에 의해 전수된 장편소설 〈토비아스〉일 텐데, 이는 토비아스의 가족 연대기의 잔존물에 기초한 것 같다. 그러나 그 소설은 작품 속에 표현된 사건들이 실제 일어난 시기보다 훨씬 후에 팔레스타인이 아닌 이집트에서 집필되었기에, 제한적으로만 '팔레스타인' 문학으로 분류될 수 있다.[237]

라브리아식으로(kalabrisch, 역주. 이탈리아 남부지방) 도금된 열쇠 위에 그려진 사냥에 관한 주제와 비교한 T. liv를 보라: "의심의 여지없이 이 둘 모두는 알렉산드리아의 예술가들이나 알렉산드리아에서 훈련받은 예술가에 의해 만들어졌다." 이 책 제1부 각주 339와 비교하라.

236) B. Wacholder, *HUCA* 34, 1963, 112f. : "당시 이른바 헬레니즘화된 사람들이 자신의 문학작품을 내놓았지만, 지금은 분실된 것으로 추정된다." 2권 p. 32를 보라.

237) 3권 p. 57f. 를 보라.

1) 익명의 사마리아 작가

알렉산드로스 폴리히스토르(Alexander Polyhistor)의 문집 중에 있는 에우세비오스의 저서 《복음의 준비》(*praeparatio evangelica*)에 전수된 '유대교적' 단편들 중에는, 익명의 역사작가가 쓴 작품에서 발췌된 인용구가 보존되어 있다.[238] 그는 에우폴레모스라는 이름으로 잘못 알려져 있는데, 프로이덴탈(Freudenthal)에 의하면 이 익명의 작가는 사마리아 사람으로서,[239] 기원전 200년 셀레우코스 통치 시작과 마카베오의 봉기가 일어났던 시기까지의 기간에 이 글을 썼다.[240] 이 작가는 베로소스(Berossos)와 헤시오도스(Hesiod), 그리고 크테시아스(Ktesias)와 같은 유대교 전통 밖에 있는 저자들의 저술들을 인용하

238) *FGrHist* 724 = Euseb *Pr. Ev.* 9, 17; 18, 2. 가장 중요한 연구들은 다음과 같다: J. Freudenthal, *Hellenistische Studien*, 1875, 82-103, esp. 86f.; *Schürer* 3, 482; Y. Gutman, *The Beginnings of Jewish Hellenistic Literature* 2, 1963, 95-108; B. Wacholder, *HUCA* 34, 1963, 83-113; N. Walter, *Klio*, 43/45, 1965, 282-290. 그럼에도 불구하고 Bousset/Gressmann, 21 각주 2는 이 단편을 에우폴레모스(Eupolemos)의 것으로 규정하였다. A-M. Denis, *Introduction*, 1970, 261f. (Lit.)와 비교하라.

239) J. Freudenthal, *op. cit.*, 85f., 91f., 96; B. Wacholder, *op. cit.*, 104. 아르가리진('Ἀργαριζίν 비교. 신 27:4의 사마리트(Samarit))을 '가장 높은 산'(ὄρος ὑψίστου)으로 번역한 것과 아브라함이 거기서 멜기세덱을 만났다는 주장은 명확히 그가 사마리아인이라는 것을 보여준다. *HTR* 61, 1968, 458ff.와 H. G. Kippenberg, *Garizim und Synagoge*, 1971, 80ff.와 비교하라.

240) 이미 언급한 J. Freudenthal, *op. cit.*, 96을 보라: 이 글은 이집트가 아닌 "시리아·페니키아 도시들 중의 하나"에서 유래했다고 하는데, 하지만 사마리아에서 직접 유래되었다는 것이 더 옳은 것 같다. 이것은 또한 그가 팔레스타인의 하가다와 에녹의 전승을 숙지하고 있다는 사실에서 암시된다. B. Wacholder, *op. cit.*, 98f., 109, 112를 보라: "기원전 약 200년경에 사마리아에서 기록된 한 작품의 파편들"; N. Walter, *op. cit.*, 283f.와 비교하라.

였는데, 그는 여기서 성서의 창조 이야기와, 특히 하가다적⑫으로 묘사된 창세기의 아브라함 이야기를 바빌로니아와 그리스의 신화와 결합시키려 했다.[241] 이 익명의 작가는 이 기록들을 지극히 관대하게 다루는데, 이것은 구약 기록들의 진실성을 확실하게 하고, 또 아브라함이라는 인물을 찬양하기 위함이었다.

저자는 그 고유이름에서 추론할 수 있듯이, 그의 작품에서 《70인경》을 사용했던 것으로 보인다. 우리는 그가 히브리어도 구사할 수 있었다고 가정해야 한다.[242] 뿐만 아니라 그가 유대 묵시전승에 대해서도 친숙했다는 것을 증명할 수 있다. 그에 의하면 그리스 사람들이 '아틀라스'(Atlas) 라고 부르는 에녹은 점성술의 창시자로서 "하나님의 천사들로부터 배운 모든 것"[243] 을 후대에 전해주었다고 했다. 더

---

241) 베로소스(Berossos)에 대해서는 이미 언급한 J. Freudenthal, *op. cit.*, 94; P. Schnabel, *Berossus*, 1923, 67ff. 를 보라. 다른 자료들에 대해서는 Y. Gutman, *op. cit.*, 1, 100f. 그리고 B. Wacholder, *op. cit.*, 88, 90f. 를 보라. 공식적 표현들은 이미 그리스와 바빌로니아의 자료들을 사용하고 있음을 가리킨다: F 1, 9의 "Βαβυλωνίους γὰρ λέγειν κ." Ἕλληνας δὲ λέγειν"(바빌로니아인들이 말하고 그리스인들이 말한다).

242) J. Freudenthal, *op. cit.*, 83; B. Wacholder, *op. cit.*, 87f. 각주 30과 32; N. Walter, 284ff. 의 히브리어 문서의 사용여부는 불확실하다는 비평적 의견을 보라.

243) F. 1, 9. 그리스 전설에 의하면 아틀라스가 점성술을 발견했다고 한다. 또한 B. Wacholder, *op. cit.*, 96 각주 83과 Roscher, *Lexikon* 1, 707f. 를 보라. Kleanthes, *SVF* 1, 125 Nr. 549는 그를 호메로스와 관련하여 언급한다. Odys. 52: "περὶ τῶν ὅλων φρονοῦντος"(이 모든 것에 대하여 생각함). 우리는 또한 바빌로니아와 그리스 신화가 비블리오스의 필로(Philo von Byblos, 기원후 54~142)에게서 결합된 것을 발견한다. *FGrHist* 790 F 2를 보라. 에녹과 천사들에 대해서는 *Gen. Apoc.* 2, 19ff.; 에녹 106, 13; *Jub.* 4, 21을 보라: "그리고 그는 하나님의 천사들과 여섯 번의 희년을 함께 지냈고, 그들은 그에게 하늘과 땅의 모든 것을 보여주었다 … 그는 그것을 모두 기록했다." 에녹의 점성술의 계시에 관해서는 *Jub.* 4, 17; 에녹 72-82; 유대고대사 1, 68ff. 를 보라: 셋의 후손들이 "천체에 관한 학문"을

욱 놀라운 것은 창세기 6-11장에 대한 해석인데, 그는 여기서 노아와 니므롯(Nimrod)을 한 사람으로 결합하고, 벨(Bel)과 크로노스(Kronos)를 동일시했다. 이 초인적인 인물은 '거인들' 중에서 유일하게 홍수에서 구출되어 바빌로니아를 세웠고, 그 유명한 바벨탑도 쌓았다고 했다.[244] 여기서 이 사마리아 작가는 성서의 인물들을 자유롭고도 새롭게 재조명하고 이들의 계보를 무시하여 천사의 타락(창 6:4, 70인경)과 홍수, '거인' 니므롯에 의한 바빌로니아의 건설(창 10:9, 70인경)과 바벨탑 건설에 대한 이야기들을 혼합했다. 동시에 그는 이러한 기록들을 창조의 신 벨(Bel)[245]이 바빌로니아를 건설했다는 베로소

발명했다: 이 책 제3부 각주 859-862를 보라. 또한 R. Reitzenstein, *Poimandres*, 183 각주 2의 점성술의 본문을 보라. 에녹전승의 바빌로니아 기원설에 관해서는 이 책 제3부 각주 617을 보라. M. Gaster, *The Asatir*, 1927, 9-27은 익명의 사마리아인과 사마리아의 책 아사티르(Asatir) 사이의 많은 유사점들에 관심을 갖는다(Asatir 6, 18을 보라). 에녹과 천문학에 관해서는 *op. cit.*, 37f.를 보라.

244) F 1, 2, 9; F 2: F 2에서 언급된 불경한 "거인들"이 살해되는 사건은 홍수와 연관되며, 또한 1, 2와 일치한다. B. Wacholder, *op. cit.*, 94는 노아와 니므롯(=벨-크로노스)이 동일한 인물이라는 것을 간과한다. 물론 그것은 반드시 그 본문을 따랐을 때의 경우이지만 말이다. 그것은 익명의 사마리아인이 창 6:4의 γίγαντες와 10:9의 γίγας를 동일시하였기 때문이다. 또한 유대의 하가다에는 노아가 하나님의 아들들의 후손이 아니라는 추론도 있다. *Gen. Apoc.* 2, 16 그리고 에녹 106, 8을 보라. 심지어 랍비들도 그 양자를 동일시하려는 매우 특별한 시도를 하였다. 그래서 셈과 멜기세덱(Bill. 3, 692), 그리고 비느하스와 엘리야(M. Hengel, *Die Zeloten*, 1961, 167ff.)는 동일한 사람으로 간주된다. M. Gaster, *op. cit.*, 38f.는 이와 다르다.

245) 베로소스에 대하여는 P. Schnabel, *op. cit.*, 68f. (다른 한편 246과 비교)와 *FGrHist* 680 F 1. 7ff.를 보라. 벨은 여기에서 하나님이며 세상의 창조주로 나타난다. 벨에 의한 바빌로니아의 창건은 아뷔데노스(Abydenos)를 보라. 그는 베로소스에게 거슬러 올라간다: *FGrHist* 685 F 1. 크테시아스(Ktesias)에 의하면 바빌로니아은 벨의 아들인 니노스(Ninos)의 부인인

스의 이야기나, 헤시오도스의 타이탄(Titan)의 반역에 대한 신화⑬와 연결했다.

〈유대인시빌 3서〉는⑭ 기원전 140년경에 나온 것으로, 이 익명의 사마리아인 작가에 의존했을 것으로 추측할 수 있다. 이 책 역시 그러한 이야기들을 혼합했는데, 헤시오도스의 신계보학(*Theogonie*)을 매우 많이 인용했다.[246] 거인의 투쟁과 바벨탑 건설을 혼합하는 것은 이제 선호하는 주제가 되었다. 그리하여 이러한 결합은 알렉산드로스 폴리히스토르(Alexander Polyhistor)와 탈로스(Thallos), 에우세비오스(Euseb) 등에서 나타난다.[247] 이러한 모든 신화론적 사색의 핵심적인 특징은 바빌로니아와 그리스 신들의 조상인 벨과 크로노스가 그 거대한 속성에도 불구하고 죽게 될 인간이라는 점이다. 또 그들의 자손들은 죄로 인해 하나님의 징벌을 받았고, 지구상에 흩어지게 되었다고 한다. 이 사마리아 작가는 탈신화화되고 있는 에우헤메리즘(*Euhemerismus*)⑮을 통해 그리스인들과 바빌로니아인들의 다신론적 범신론을 해체시켰다. 벨과 크로노스, 노아로 이어지는 후손의 서열 역시 많은 암시를 준다. 벨 2세와 함(Cham)은 노아의 아들들로 등장

세미라미스(Semiramis)에 의해 세워졌다: *FGrHist* 688 F 1b = Diod. 2, 7, 2, 또한 비교. Wacholder, *op. cit.*, 91f., 102; N. Walter, *op. cit.*, 289; Plin. Hist. Nat. 6, 121 Bel: "inventor … sideralis scientiae"(점성학의 발견자).

246) *Sib.* 3, 97 = 161; Hesiod, *Theog.* 421ff. 기원전 1세기 로도스의 카스토르(Kastor)는 이미 벨과 타이탄과의 전투를 알고 있다: *FGrHist* 250 F 1. 유대인 시빌이 익명의 사마리아인에게 의존한 것에 관해서는 *Oracula Sibyllina*, GCS ed, J. Geffcken, 53(3, 97) 그리고 59(3, 218)를 보라. 전체에 관해서는 B. Wacholder, *op. cit.*, 90-93을 보라. 헤시오도스의 신계보학은 다시금 동방세계에 그 기원을 두고 있다. 이 책 제3부 각주 2를 보라.

247) *Op. cit.*, 93 각주 68; J. Geffcken, *op. cit.*, 53이 인용한 보기들.

하는데, 함은 유일한 아들, '페니키아인의 아버지' 가나안을 낳게 된다. 바로 이 가나안이라는 사람으로부터 비로소 — 창세기 10:6과는 대조적으로 — 에티오피아와 이집트의 조상인 '구스'(Chum) 와 '미즈라임'(Metzraeim) 이 나왔다고 한다. 이 언급은 페니키아인들의 우월성을 보여줄 뿐만 아니라, 그의 작품이 이집트 밖에서 형성되었음을 상징한다.[248] 이와 유사한 방식으로 이방인의 신들이 에우헤메리즘적으로 인간화되었다는 이론은 기원후 1세기의 연대기 작가인 탈로스(Thallos) 에게서 다시 한번 발견된다. 그는 익명의 사마리아 작가와 동향이었을 가능성이 있으며, 적어도 시리아 사람이라고는 말할 수 있다.[249] 더 나아가 호메로스풍의 6각 보행 시를 쓴 기원전 2세기경의 사마리아인 테오도토스의 작품 속에서 '하몰'(Ḥamōr. 창 34:2) 과 '헤르메스'(Hermes) 를 동일시하는 것에서도 이러한 유사성을 발견할 수 있는데, 하몰의 아들 시키미오스(Sikimios) 는 세겜을 건설했다고 한다. 또한 에피파니오스(Epiphanios) 의 작품 속에서 멜기세덱의 부모 헤라클레스(Herakles) 와 아스타르테(Astarte, 역주. 구약의 아스다롯 여신) 도 유사하게 언급되는데, 에피파니오스 역시 자신이 세겜과 연관되었음을 알았다. 여기서도 다시금 페니키아의 영향력이 보인다.[250]

---

248) B. Wacholder, *op. cit.* 99: "노아와 크로노스, 혹은 벨을 동일시함으로, 분명히 위(僞)-에우폴레모스는 자기가 다신론적인 교의의 토대를 무너뜨리고 있다는 것에 만족했다." 족보에 관해서는 F 1, 9를 보라: 에티오피아인들의 조상 쿰(Chum) 또한 그리스인들에 의해 "아스볼로스"(Asbolos) 로 불린 것으로 여겨진다. 다양한 해석에 관해서는 P. Schnabel, *loc. cit.*과 B. Wacholder, *op. cit.*, 95를 보라. "붉은"(der Rußige) 이라는 이름은 아마도 그의 피부색에서 유래된 것 같다.

249) R. Laqueur, *PW*, 2.R. 3, 1225f.; *FGrHist* 256 F 2; F. Jacoby, *FGrHist* II B, 835의 비평적인 견해들을 보라.

250) *FGrHist* 732 F 1 = Euseb *Pr. Ev.* 9,22; Epiphanius, *Panar.* 55, 2, 1, GCS Holl, 2, 326을 보라.

근본적으로 성서 이야기의 진실성만을 확인하기 위해 비신화화된 신들을 이교적 무용담(*Göttersage*)으로 기술하려 했던 이러한 배경에서 아브라함의 성품은 더욱 밝게 빛날 뿐이다. "그의 고귀함과 지혜는 모든 사람을 능가했다. 그리고 … 그는 자신의 특별한 경건을 통해 하나님을 기쁘게 했다."[251] 대홍수 이후 노아의 열 번째 자손으로 태어난 아브라함은 여전히 '초인'에 속했고,[252] 에녹전승을 따라 점성학과 '바빌로니아인의 기술'의 (재)발견자가 되었다.[253] 하나님의 명령으로 그는 '페니키아'로 가서, "페니키아의 왕을 기쁘게 하기 위해 해와 달의 진로, 그리고 다른 모든 (지혜)를" 페니키아인들에게 가르쳤다고 한다. 아르메니아인들이 페니키아[254]를 점령하고 아브라함의 조카를 포로로 데려갔을 때 — 창세기 14장에서 시날 왕을 변화시킨 모델로 — 아브라함은 그들을 정복했으나, 그가 포로로 사로잡은 적

---

251) F 1, 3: "εὐγενείᾳ καὶ σοφίᾳ πάντας ὑπερβεβηκότα … ἐπί τε τὴν εὐσέβειαν ὁρμήσαντα εὐαρεστῆσαι τῷ θεῷ"(귀족가문과 지혜를 통하여 모든 것을 극복할 뿐만 아니라 … 하나님의 마음에 흡족하도록 경건에 기초를 세운 후에).

252) 홍수 이후의 열 번째 세대에 대한 강조는 또한 베로소스에게서도 나타난다. *FGrHist* 680 F 6 = 유대고대사 1, 158; *Sib.* 3, 108ff. 아마도 야코비의 주장을 따라, 아브라함이 열세 번째 세대에서 출생하였다는 모순된 부가적 진술은 억지해석으로 보고 배제한 것 같다. B. Wacholder, *op. cit.*, 100은 다른 주장을 한다.

253) 아마도 Χαλδαικὴ(τέχνη?)은 점술과 미래예견을 언급하는 것으로 보인다. R. Reitzenstein, *Die hellenistische Mysterienreligionen*, [3]1927, 155f.를 보라. Asatir 2, 6(M. Gaster, *op. cit.*, 198)에 의하면 에녹은 아담으로부터 "징조들의 책"(ספר האותות)을 받았다.

254) 우리는 여기서 셀레우코스 왕조에 대한 적대적인 징후를 발견한다: 바빌로니아와는 대조적으로 아르메니아는 결코 셀레우코스 왕국에 속한 적이 없었다. 때문에 아브라함과 그의 친척들간의 싸움이 예방되었을 것으로 추측할 수 있다. *Gen. Apoc.* 21, 23은 왕들 중에 "Kptwk'(=갑바도기아)의 아리오크"(Arioch)를 언급한다.

들의 아내와 아이들을 다른 어떤 볼모를 두지도 않고 관대하게 되돌려 주었다. 그리고 그는 당시 제사장 왕 멜기세덱을 '가장 높으신 자의 산' '하르가리진(Hargarizin)의 성소'에서 만났다.[255] 아브라함은 이 사건이 일어난 직후에야 비로소 — 창세기의 내용의 순서는 바뀌었지만 — 흉년으로 이집트로 가게 되었다. 사라와 파라오의 에피소드는 〈창세기 외경〉(*Genesis-Apokryphon*)과 〈팔레스타인 하가다〉와 비슷한 방식으로 전승되었다.[256] 더욱이 그는 헬리오폴리스(Heliopolis)의 제사장들에게 여러 가지를, 무엇보다도 점성술을 교육시키는데, 비록 이것의 본래 창시자는 에녹에게까지 소급되지만, 이집트 사람들이 아닌 바빌로니아 사람들에 의해 발명된 것이라는 사실을 다시 한번 확실하게 언급했다.[257] 익명의 사마리아 작가는 아마도 헬리오폴리스의 제사장들을 이집트 최고의 현자들로써, 그리고 이집트인들을 가장 현명한 사람들(λογιώτατοι)로 언급한 헤로도토스의 기록을 알고 있었으리라 추측된다.[258]

이 이야기에서는 명백한 문화사적 관심이 표명된다. 이것은 일련의

---

255) F 1, 5: "ξενισθῆναί τε αὐτὸν ὑπὸ πόλεως ἱερὸν Ἀργαριζίν"(그는 도시 아래 성전 하르가리진에서 영접을 받았다).

256) 파라오의 징벌에 대해서는 1, 7 *Gen. Apoc.* 20, 17; 유대고대사 1, 162-165; *Gen. R.* 41, 2; J. Keth. 31d, 33ff.; *Asatir* 6, 10-26을 보라. B. Wacholder, *op. cit.*, 109; M. Gaster, *op. cit.*, 250ff.를 보라.

257) F 1, 8: 우리는 또한 다음의 글들에서 같은 기록을 발견한다: Artapanos, *FGrHist* 726 F 1 = Euseb *Pr. Ev.* 9, 18, 1; 유대고대사 1, 166-168. 익명의 사마리아 작가와는 대조적으로 여기에서 아브라함은 먼저 이집트로 가서 그곳에서 20년간 머무른다. 그 후에야 비로소 그는 시리아로 여행을 떠난다. 여기에서는 사건들에 대한 팔레스타인과 이집트의 견해들이 나란히 대조된다.

258) Herodot 2, 3, 1; 77, 1; 160, 2, 비교. 54ff.: 신탁들은 이집트에서 온다. 81: 디오니소스 숭배와 디오니소스의 신비들은 이집트의 것이다. 이 책 제2부 각주 273과 비교하라.

족장들이나 아브라함의 여행에서 모두 표현되는데, 처음에 그는 바빌로니아와 페니키아, 가나안, 그리고 마지막으로 이집트를 여행한다. 이렇게 아브라함은 서쪽의 민족들, 또한 간접적으로는 그리스인에게도 문명전달자(*Kulturbringer*)가 되었는데, 이는 가장 신흥민족으로서 아브라함과 그 후예들이 지혜를 페니키아와 이집트에서 수입해 왔기 때문이라는 것이었다. 여기서 페니키아인에게서 이미 관찰되었던 '최초의 창안자'(πρῶτος εὑρέτης)가 성서의 인물에도 존재한다는 주장이 발견된다. 아브라함과 에녹은 인간으로서는 완전한 현자들이었다. 이런 관점에서 이 익명의 작가는 헤로도토스와 플라톤, 그리고 누구보다도 헤카타이오스가 속한 그리스 전통에 접목가능한데, 이들에 의하면 그리스인들은 이집트인들의 지혜로 교육받았다고 한다. 이렇게 하여 아브라함이 (페니키아와) 이집트의 교사가 됨으로써, 결국 성서의 전통이 인류의 가장 오래된 지혜가 된다고 증언하는 셈이다. 이러한 관점에서 볼 때, 팔레스타인 사람인 에우폴레모스(1권 321ff.를 보라)와 알렉산드리아인 아리스토불로스, 아르타파노스, 요세푸스, 교부들에 이르기까지 이 모든 저술가들이 이 익명의 사마리아인 작가를 따르는 셈이다. 이렇게 그리스 철학자들이 자신들의 지혜를 이스라엘 민족의 조상들과 모세로부터 배워왔다는 문헌적 증거가 여기서 나오는데, 이는 유대교는 물론 기독교에도 최초로 호교론적 관점을 제공하였다.[259)]

가나안 사람들과 페니키아 사람들을 동일시하는 경향 또한 놀라운 것이었다. 이는 페니키아인들이 페르시아시대와 초기 헬레니즘시대

---

259) 그 문제에 대해서는 A. Kleingünther, *ΠΡΩΤΟΣ ʻΕΥΡΕΤΗΣ*, *Phil. Suppl.* 26, 1, 1933을 보라. 그러나 그는 단지 헬레니즘시대 이전의 것만 다루고 있다. 더 세부적인 것은 K. Thraede, RAC 5, 1192-1278을 보라. 유대인 전승에 대해서는 *op. cit.*, 5, 1243ff.; Bousset/Gressmann, 72ff.를 보라. 또한 1권 p. 94, 103, 324, 2권 79f., 179f.를 보라.

에 팔레스타인에서 현저한 문화적·경제적 역할을 했다는 사실에 근거하고 있다. 여기서 안티오코스 4세의 박해시기 동안 사마리아 사람들이 왕에게 보내는 편지에서 자신들을 "시돈 사람들"이라고 기술했다는 사실이 떠오르는데, 그 이유는 아마도 마리사와 필라델피아에 있었던 것과 유사한 페니키아의 무역식민지가 세겜에 있었기 때문일 것으로 보인다. 《70인경》도 가나안 혹은 가나안인을 여러 번 페니키아 혹은 페니키아인이라 언급했다.[260] 더욱 중요한 점은, 현존하는 단편들은 사마리아 지역의 그리심에 있는 성소에 대해 진술하는 한 문장에 이르기까지 헬레니즘적 교육을 받은 유대인들로부터 나왔다는 사실과, 《70인경》이 사용되었다는 사실, 그리고 유대교의 하가다와 묵시적 전승이 접촉했음을 입증할 수 있다는 사실이다. 비록 예루살렘과 세겜 성전이 서로 경쟁하는 상태였고 요세푸스가 두 지역의 국경에 분쟁이 있었다는 것을 보고하고 있지만, 아마도 기원전 3세기의 유대 상류층과 사마리아인 사이의 관계가 깨어지지는 않은 듯하다. 과거의 분란도 있었지만 알렉산드리아에서조차도 이들의 종국적인 분열은—마카베오 가문의 반란과 관련된 듯한—프톨레마이오스 4세 필로메토르(기원전 181~145년) 하에서야 비로소 일어난 듯하다.[261] 프로이덴탈(Freudenthal)이 전형적으로 사마리아적인 경향을

260) 유대고대사 12, 258, 260, 162: 사마리아인들은 공식적으로 자신들을 "세겜의 시돈인들"(οἱ ἐν Σικίμοις Σιδώνιοι) 로불렀다. 또한 이 책 제4부 각주 233을 보라.

261) 팔레스타인 국경 지대의 소요에 대해서는 유대고대사 12, 156을 보라. 알렉산드리아에서의 논쟁에 대해서는 2, 10. 12와 13, 74-79를 보라. 또한 H. Graetz, *Geschichte der Juden*, [5]1905, 651f. 를 보라. 그는 랍비와 사마리아인의 자료들을 인용하였다. 또한 N. Walter, *Der Toraausleger Aristobulus*, *TU* 86, 1964, 38f. 각주 7과 비교하라. 그럼에도 불구하고 유대고대사 12, 168은 유대인과 사마리아인과의 관계가 완전히 끊어진 것이 아님을 보여준다. 또한 Smith, *Der Hellenismus*, Fischer-Weltgeschichte

가졌다고 강조한 익명 작가의 '혼합주의'는 그가 말한 방식으로는 전혀 존재하지 않는다. 이 작가에게서 우리는 어떠한 다신론적인 성향도 발견할 수 없기 때문이다. 다만 동시대에 나온 이집트계 유대인 아르타파노스(Artapanos)가 쓴 모세에 대한 전기적인 소설에 이 혼합주의라는 개념을 적용할 수는 있다. 그에 의하면 모세는 동물숭배제의를 이집트의 속주(*Gauen*)에 도입했고, 자신을 이른바 오르페우스(Orpheos)의 스승인 무사에오스(Musaeos), 그리고 헤르메스-토트(Hermes-Thot)와 동일시했다고 한다.[262]

더욱이 파편으로 남은 기록들은 합리적이고 보편적인 특징이 있다. 익명의 사마리아 작가의 관심은 "성서적 전통을 전달하고 또 강조하는 차원에서 바빌로니아와 그리스 문화 사이의 다리를 놓는 것"이었다. 이렇게 그는 성서 이야기를 헬레니즘 역사서의 형식으로 서술한 첫 번째 팔레스타인 사람이었다.[263] 이교도 신화들은 역사화되

6, ed. P. Grimal, 1965, 254f.를 보라.

262) *FGrHist* 726 F 3, 3(Euseb Pr. Ev. 9,27): 오르페우스(Orpheos)의 교사인 무사이오스(Musaios); F 3, 6: 모세는 신과 같은 영광(ἰσοθέου τιμῆς)을 받았다. 그리고 그의 "거룩한 문자들"(ἱερὰ γράμματα)의 "해석"(ἑρμηνεία) 때문에 헤르메스(토트)로 명명되었다. F 3, 4. 9. 12: 모세의 동물제의의 도입; F 3, 32: 땅과 이시스는 동일시되었다. 이외에도 모세는 또한 농업 관개시설, 전쟁무기들과 철학을 창안한 발명가이다(F 3, 4). 그럼에도 불구하고 아르타파누스는 다신론자가 아니다. 하나님의 활동에 관한 그의 설명을 보라: F 3, 21f., 23ff., 38. 이야기체의 덕론(德論)을 표현하는 그의 전 작품은(M. Hadas, *Heu*, 96ff.를 보라) 강한 민족적 감정을 표출하고 있다. I. Heinemann, *PW* 16, 367을 보라. 테오도토스의 서사시 단편, *FGrHist* 732(Euseb *Pr. Ev.*, 9,22)은 헤르메스와 세겜의 왕이었던, "시키미오스"(Sikimios)의 부친 하모르(Ḥ^{a}mōr)를 유헤메리스적 방법으로 동일시하였다. 다른 한편, 비블리오스의 필로(Philo von Byblus)에 의하면(*FGrHist* 790 F 1, 23 = Euseb *Pr. Ev.* 1,9,23) 페니키아인 타우트(Taut)는 문자의 창시자였는데, 이 사람은 이집트인에게는 "투트"(Thōuth)로 그리스인들에게는 "헤르메스"로 불렸다.

고 인간화되었다. 아브라함을 문명의 보편적인 전달자로 등장시키며, "여러 민족의 조상"(창 17:5. 70인경)은 "여러 민족의 교사"가 된다. 더욱이 아브라함 자신의 이력은—어느 정도는 학문적이고 민족적인 관심에 발로하여—이민족들의 역사와 연결된다. 아브라함이 아르메니아 여자들과 아이들을 놓아준 것은 인도주의적 성향으로 평가될 수 있다. 신의 보복과 천사들의 계시, 게다가 예지예언(*Mantik*)의 효력은 물론 종교적 태도까지, 민족적 자긍심을 나타내기는 하지만 편협함과 열광주의에서 벗어나 있다. 아브라함은 거리낌 없이 페니키아인들과 헬리오폴리스의 이방인 제사장들을 가르쳤다. 당시에는 동일시되던 점성술과 천문학을 높게 평가되었고, 에녹과 '바빌로니아인' 아브라함이 연결되었다.

우리는 이렇게 점성술과 천문학을 알렉산드리아의 유대교·헬레니즘적 전통에서뿐 아니라, 쿰란과 팔레스타인의 묵시문학에서도 발견한다. 이와 같이 학문을 높이 평가하게 된 것은 헬레니즘시대의 전형적인 업적이다.[264] 여기에서 이와는 아주 다른, 이를테면 대체로 후

263) 다음을 보라: N. Walter, *Klio*, 43/45, 1965, 289f.

264) 데오프라스토스(Theophrast)는 이미 유대인들이 점성술 연구를 더 좋아한다고 여겼다: fr. 151 *Reinach*; 또한 3권 p. 14f.를 보라. 그러나 기원전 4세기 말에 기록된 이 자료는 여전히 허구에 근거하고 있다. 후대의 관심은 명백한데, 유대·알렉산드리아 전승은 점성술 지식을 무엇보다도 아브라함에게 돌리고 있다. 다음의 글들은 점성술의 기록들이 아브라함의 것이라고 주장한다: Artapanos, *FGrHist* 726 F 1 = Euseb *Pr. Ev.* 9, 18, 1; 아리스토불로스의 Orpheus: *Pr. Ev.13*, 12, 5 = Clem. Alex, *Strom.* 5, 132, 2; 유대고대사 1, 158, 167f.: 일반적인 것은 지혜 7:18 그리고 Philo, *Spec. Leg.* 1, 13, 89-92를 보라. Vettius Valens, *Anth.* 2, 28f., ed. Kroll 96, 그리고 피르미쿠스 마테르누스(Firmicus Maternus)는 점성술의 기록을 아브라함에게 돌린다: *Math.* 4, 17, 3; 4, 18, 1 등. 랍비에 대해서는 '*Ab.* 3, 15; T. *Qidd.* 5, 17(1. 343) = BB 16b, 모다임의 엘리아잘(Eleazar v. Modaim, 약 기원후 80~135년)을 보라: "우리 조상 아브라

기의 〈희년서〉와 같은 지적 경향이 일어나는데, 이 책은 모세율법의 정당성을 족장설화로 돌아가 찾으려 하고, 천상의 지식(*Himmelskunde*) 마저 반박한다. 우리는 아마도 예루살렘의 온건한 친(親) 헬레니즘적인 그룹들의 관점도 점성술이나 천문학과 비슷한 계통에 있었다고 가정해야 할 것이다. 사람들은 자신들의 그리스 민족의 역사와 유구한 전통을 자랑스러워했지만, 또 다른 측면에서 그들 역시 개방적이었고 자신들이 그리스 교육의 수혜자 될 지평을 확장하는 것에 관심을 가졌기에 그리스 정신세계의 특정 지식에 관심이 있었다. 또한 그들은 그리스인들이나 팔레스타인 · 페니키아의 헬레니즘화된 이웃 도시들과 접촉하기를 싫어하지 않았다. 아브라함이 가진 — 혹자는 이렇게도 말할 수 있을 텐데 —'범세계적인' 이력으로 인하여, 친헬레니즘적 그룹에서 특별한 관심을 받았을 것으로 보인다. 그가 다녔던 여행,265) 혹은 성서에서는 매우 간단하게만 다루어지는 그의 처 크투

함은 점성술의 지식을 가지고 있어서 동방과 서방의 모든 왕들이(그에게 조언을 구하기 위해서) 그의 문전에 아침 일찍이 왔다." Bill. 3, 451. 전체의 문제에 대해서는 A. Schlatter, *GI*[3], 397 각주 48을 보라. 그러나 우리는 또한 아브라함이 점성술을 버렸다는 반대의 주장도 발견한다: *Jub.* 12, 15-17; *Sib.* 3, 221-7; J. Geffcken, *op. cit.*, 59는 여기에서 위(僞)-에우폴레모스의 주장을 반박한다. Philo, *De Abr.* 69ff.; *De Migr.* Abr. 178ff., 184ff.; Quis Rer. *Diu. Her*, 96-99 등. 그것에 관한 랍비의 전승에 대해서는 Bill. 2, 403f.와 3, 212f.; Šab. 156a 그리고 Gen. R. 44, 10. 12(*Bar.* 15, 15)를 보라. 하늘로의 여행과 관련하여 "랍비가 말했다(하나님이 아브라함에게 말씀하셨다): 너는 예언자이지 점성술가가 아니다(אסטרולוגוס)." 여기에서 아브라함이 점성가라는 널리 퍼진 견해를 반박하고 있는 것 같다. 사마리아 전승에 의하면 아담은 이미 점성술을 경험하였다. J. C. H. Lebram, *VT* 15, 1965, 193 각주 5, 비교. *Asatir* 1, 22 = M. Gaster, *op. cit.*, 192를 보라. 전체의 문제에 대해서는 또한 N. Walter, *op. cit.*, 226f. 각주 5와 비교하라. 에녹에 대해서는 제 2부 각주 243을 보라. 에센주의(*Essenimus*)과 묵시사상에서 점성술의 역할에 대해서는 2권 p. 386ff.를 보라.

라(Qetura)의 자손들과 같은 후손들에 대한 다양한 사변(思辨)을 통해 유대인 동족과 연관된 인종은 에티오피아인과 스파르타인, 키레나이카의 소파시안인(Sophaker), 심지어는 페르가메네스인(Pergamener)들에게까지 확장될 수 있었다.266)

2) 유대 역사가 에우폴레모스

알렉산드로스 폴리히스토르(Alexander Polyhistor)의 인용문들에서 우리는 역사가 에우폴레모스의 그 밖의 단편들을 발견할 수 있다. 프

---

265) *Gen. Apo.* 21, 15-20과 비교하라, 아브라함의 아라비아 여행에 관해서는 R. Meyer, *Das Gebet des Nabonid*, BAL 107, 3, 1962, 76ff.를 보라. 다마스쿠스의 니콜라오스(Nicolaos)와 폼페이우스 트로구스(Pompeius Trogus)는 Justin, *Epit.* 36, 2(Reinach 252)에서 아브라함이 얼마 동안 다마스쿠스를 다스렸다고 기록하고 있다. 유대고대사 14, 255는 아브라함이 소아시아로 여행한 무용담을 전한다. 제2부 각주 124를 보라.

266) 데메트리오스에 의하면(*FGrHist* 722 F 2 = Euseb *Pr. Ev.* 9, 29) 모세의 부인이었던 "에티오피아 여인" 십보라 역시 퀘두라(Qetura)와 관련되어 아브라함에게 거슬러 올라간다. 《70인경》 욥기의 추신에는 욥을 에서의 증손자로 만들어서, 그 또한 아브라함의 자손이었다고 한다. 그의 친구들인 데만 사람 엘리파스(Eliphaz)와 아라비아 남부 미네아인(Minäer)의 왕 소발(Zophar)의 경우도 마찬가지이다. 《70인경》 창 36:10, 15, 33f.도 그런 족보를 제시한다. Freudenthal, *op. cit.*, 136ff.; Schlatter, *GI*[3], 74, 76을 보라. Kleodemos Malchos, *FGrHist* 727 = 유대고대사 1, 240f.에 의하면, 크투라의 아들들은 앗시리아, 그리고 아프리카로 명명되었다고 한다(비교. 창 25:4). 소파시아인(*die Sophaker*)은 헤라클레스와 아브라함의 손녀와 결혼하여 생긴 후손이라고 한다. 아레우스(Areus)가 오니아스(Onias)에게 보낸 위조된 편지에서는 심지어 스파르타 사람들도 아브라함을 자기들의 공통의 조상이라고 말한다: 1마카 12:19-23 그리고 유대고대사 12, 226f. 또한 이 책 제2부 각주 124를 보라. 시락 44:19, 21 또한 아브라함 자손의 보편성을 알고 있다: "그들에게 바다들(*Meere*)에서 바다(*Meer*), (유프라데스) 강에서 땅 끝까지 이르는 땅을 주고." 아브라함을 "세상의 상속자"로 보는 랍비의 전승에 관해서는 Bill. 3, 209를 보라.

로이덴탈(Freudenthal)의 연구에 따르면[267] 이 단편들은 그리스 교육을 받은 팔레스타인의 한 유대인에게로 거슬러 올라간다. 이 인물은 에우폴레모스의 역사서 저술이 시작되는 기원전 158/157년 이후의 관점에서는[268] 하코스(Haqqoṣ)의 성직자 가정에서 태어난 요한의 아들 에우폴레모스일 수도 있다.[269] 이는 마카베오 1서 8:17에서 로마로 파견된 유대인 사절단을 이끌었던 사람으로 언급되고 있다.

'유대지역의 왕들에 관하여'라는 제목 자체는 이미 이 작품의 '애국적' 성격을 암시해 주는데, 이것은 심각한 언어적·문체적 결함들을 보여주고 있다. 바로 이런 이유만으로도 그것이 알렉산드리아에서 나왔을 가능성은 적다.[270] 익명의 사마리아 작가처럼 이 유대인 작

---

267) *FGrHist* 723(Euseb *Pr. Ev.* 9, 25, 4; 9, 30). 또한 J. Freudenthal, *op. cit.*, 82-129; *Schürer* 3, 474-7; Y. Gutman, *op. cit.*, 2, 73-94; J. Giblet, *ETL* 39, 1963, 539-554를 보라.

268) 이 정보는 F 4 = Clem. Alex., *Strom.* 1, 141, 4의 연대기적인 세부사항들을 따른다. 그것을 참고하여 에우폴레모스는 아담으로부터 데메트리오스 1세 제 5년까지의 기간을 5149년으로 계산한다. 또한 F. Jacoby, *PW* 6, 1226을 보라. Bousset/Gressmann, 20 각주 2는 이보다는 다소 늦은 기원전 145년 이후로 본다. 데메트리오스처럼(제 2부 각주 96을 보라), 애우폴레모스 또한 유대인 전승의 더 오래된 고대성을 입증하는 데 연대기적인 관심을 기울였다.

269) J. Freudenthal, *op. cit.*, 127. 그의 논문은 대체적으로 수용되었다. Schmid/Stählin, GGL^6 II, 1, 589. F. Jacoby, *op. cit.*, 1227ff.; *FGrHist* 723 T 1; N. Bentwich, *Hellenism*, 1919, 92. F. Baron, *A Social and Religious History* 1, 185f.; E. Bickerman(n), A. *Marx Jubilee Volume*, 1950, 164f.; F. M. Abel, *Macc.*, 153(I, 8과 17)를 보라. 단지 H. Willrich, *Juden und Griechen*, 1895, 157f. 만이 반대했다. 그것의 시발점(*terminus a quo*)이라면 역대기의 그리스어 번역이다. 이것은 이미 기원전 117년 이후에 벤 시라의 손자가 이용하였다. H. J. Cadbury, *HTR* 48, 1955, 223f.를 보라. 그것은 이미 2세기 중엽에 번역되었다. A. M. Denis, *Introduction*, 1970, 252ff.의 문헌을 보라.

270) J. Freudenthal, *op. cit.*, 109; F. Jacoby, *PW* 6, 1229: "그의 형식은

가도 《70인경》을 사용했고, 요세푸스나 바울처럼 히브리어 본문도 잘 알고 있었다.[271] 그 자료에는 모세가 "최초의 현자"(πρῶτον σοφόν)요, 알파벳이나 학문 전반에 대한 지식을 처음으로 유대인에게 전했다고 기록하는 간단한 단편들이 존재한다.[272] 그렇다면 페니키아인들은 유대인에게서, 그리고 그리스 사람들로부터 알파벳을 물려받았어야 했다. 여기에서 기본적으로 익명의 사마리아인같이 '창안자 모티브'(*Erfindermotive*)가 다루어지는데, 다만 다른 점은 아르타파노스(Artapanos)가 아는 동일한 것이 모세에게 전해졌다고 하는 것과, 페니키아인들이 그토록 자랑스러워하는 알파벳의 발명 또한 모세에게 돌렸다는 점이다. 아마도 여기서 알파벳이 일반적으로 문학과 학문을 대변한다고 할 수 있다면, 이로써 모세의 율법이 최초로 기록된 원전이었다고 주장했을 수 있다.

> 아르타파노스가 모세와 헤르메스-토트(Hermes-Thot)를 동일시하는 것은 〈파이드로스〉(Phaidros)에서 플라톤이 기록한 신화로 거슬러 올라간다. 이는 이집트 사람 테우트(Theut)가 숫자와 논리, 기하학, 천문학, 주사위, 판놀이(역주. 장기, 바둑과 같은 것을 말함) 이외에 문자(τὰ γράμματα)까지도 발명했고, 이것을 이집트의 왕에게 보여주었다는 내용을 담고 있다. 플라톤의 신봉자이자 이집트 찬미가인 헤카타이오스(Hekataios)는 태곳적에 총명한 그리스 사람들이

보잘것없고 어휘는 빈약하고 문장의 구성은 서투르다."

271) J. Freudenthal, *op. cit.*, 107; J. Giblet, *op. cit.*, 547.

272) F 1은 Clem. Alex, Strom. 1, 153, 4를 따라 '알파벳'(γραμματική)으로, 더욱 일반적으로 Euseb *Pr. Ev.* 9, 25, 4는 문자(γράμματα)로 번역하였다. 페니키아인이 그리스인에게 알파벳을 전달한 것에 대해서는 Herodot 5, 57-59; A. Kleingünther, *op. cit.*, 60ff.를 보라. 제2부 각주 121을 보라. 또한 Y. Gutman, *op. cit.*, 2, 81f.; P. Wendland, *Die hellenistisch-römische Kultur*, 1912, 198 각주 1과 비교하라.

"이집트의 법률과 교육에 참여하게 하기 위해" 이곳으로 왔다고 함으로써 이 기록을 더욱 보완하고 상세히 묘사했다.[273] 첫째로 그는 오르페오스가 이집트에서 유래한 불가사의한 내용들을 그리스인들에게 전했다고 언급한다(Diod. 1, 96). 이렇게 아르타파노스는 모세-헤르메스를 이집트의 지혜와 종교의 창시자일 뿐 아니라, 오르페우스의 스승이며 그리스의 지혜와 종교의 창시자로도 여겼다(제 2부 각주 254를 보라).

그러나 이와 유사한 주제들은 그 밖에도 더 저급한 형태의 '혼합주의'로 유대·알렉산드리아 전통 속에 나타난다.[274] 이러한 이유로 에우폴레모스는 출애굽 사건의 연대를 일반적인 성서의 연대기인 기원전 1736년보다 더 이른 시기로 잡는다. 다시 말해, 이 유대 전승은 이집트인과 페니키아인, 그리스인들의 자료에 비해 그렇게 높이 평가될 수 없다.[275] 또 다른 단편들에 따르면 예레미야는 유대인들에

---

273) Plato, *Phaidros* 274c-d; R. Hanhart, *VT* 12, 1962, 143 각주 1을 비교하라. 헤카타이오스에 관해서는 Diod. 1, 1과 I. Heinemann, *PW* 16, 368; F. Jacoby, *PW* 7, 2766을 보라. 이런 견해들의 근거는 이미 헤로도토스의 이집트에 관한 이야기에서 발견된다. 2, 49, 54ff., 58, 77과 비교하라. 헤카타이오스의 판단에 대해서는 F. Jacoby, *PW* 7, 2760과 비교하라: 그러나 프톨레마이오스 1세의 힘을 입증하려는 정치적인 배경을 갖는 "Ägyptomanie." 헤르메스-토트에 대해서는 제 2부 각주 262를 보라.

274) 유대고대사 1, 166-168: 지식의 교사로서의 아브라함(또한 1권 p. 315f. 를 보라); 아피온 반박 1, 168. 279. 281: 그리스 철학교사로서 모세는 이미, 이와 비슷하게 기원전 2세기의 아리스토불로스의 글에 나온다: Aristobulos, *Pr. Ev.* 8, 10, 3f.: 이방 시인들은 모세로부터 많은 것을 빌려왔다. 13, 12, 1ff. 와 비교하라: 모세의 제자들인 플라톤과 피타고라스, 소크라테스; 또한 N. Walter, *op. cit.*, 27f., 44ff.; J. Jeremias, *TWNT* 4, 850; L. H. Feldman, "Abraham the Greek philosopher," *TAPA* 59, 1968, 156; 2권 p. 179f., 183ff. 를 보라.

275) F 4는 Clem Alex., *Strom.* 1, 141, 4를 따랐다. 또한 A. v. Gutschmid, *Kleine Schriften* 2, 1890, 193f. 와 N. Walter, *op. cit.*, 47f. 를 보라.

게 그들이 바빌로니아인들에게 끌려가는 것은 우상숭배에 대한 징벌이라고 선포했다고 한다. 바빌로니아의 왕은 이 예언을 듣고는—그는 이렇게 아주 합리적으로 결정했다—미디안(Medien)의 아스티바레스(Astibares) 왕과 연맹을 맺었다고 한다.[276] 이 인물은 아마도 에우폴레모스가 크테시아스(Ktesias)의 작품에서 인용해 온 사람이었으리라. 두 왕은 처음에 '사마리아와 갈릴래아, 스키토폴리스, 갈라디아(Galaditis)[277]의 유대인들을 차례로 정복했고,' 그 다음에 예루살렘을 약탈했는데, 이때 예레미야는 율법판과 언약궤만을 지켜낼 수 있었다고 한다.[278]

이 단편 가운데 가장 긴 것은 솔로몬이 봉헌한 성전 건축 이야기를 담고 있는데, 역대기하 2:2-15에 기록된 솔로몬과 히람 왕 사이의 대사(大使) 교환에 기초하고, 아마도 예레미야 44:30에서 서신왕래에 대한 이야기를 빌려와 창작했을 것으로 추측된다.[279] 이것은 이집트의 파라오 왕 우아프레스(Uaphres)와 〔'티레와 시돈'의 왕 수론(Suron) 및 솔로몬 왕과〕 교류했던 편지로 '공인된' 기록을 삽입하기를 즐겨했던 헬레니즘적 역사서술방법을 따르고 있다. 이 편지들은 폴리히스

276) J. Freudenthal, *op. cit.*, 118; Y. Gutman, *op. cit.*, 1, 94; *FGrHist* 688 F 5 = Diod. 34, 1을 보라. 유대고대사 11, 5와 비교하라: 고레스 칙령은 예언자 예레미야의 낭독에 근거하였다.

277) 에우폴레모스는 유다 왕국을 완전히 마카베오시대의 상황에 비추어서 보았다: 1마카 5:9f., 14f., 52, 55ff.; 2마카 12:30과 비교하라.

278) 2마카 2:4ff.와 *Vita proph.*, ed. T. Schermann, *Propheten und Apostellegenden*, *TU* 31, 3, 1907, 83과 비교하라. 요시아가 법궤를 숨겼다는 전설은 랍비들 사이에서 계속 전달되었다: L. Ginzberg, *Legends of the Jews*, 1911ff., 3, 48; 4, 19 각주 112를 보라.

279) 파라오 우아프레스(Uaphres)에 대해서는 Y. Gutman, *op. cit.*, 2, 88을 보라. 《70인경》 렘 51:30과 비교하라. 수론(Suron)에 대해서는 Freudenthal, *op. cit.*, 108과 208을 보라. 시돈 또한—솔로몬의 더 위대한 영광을 위하여—페니키아의 동반자 왕국에 포함되었다.

토르의 인용집에 그대로 보존되어 있기에 자료로써 특별한 가치가 있다. 폴리히스토르는 다른 곳에서는 이 편지의 서투른 문체를 가다듬은 반면, 이 인용집에서는 그렇지 않았기에 편지의 원저자의 불완전한 언어사용 수준이 드러나고, 또한 파피루스 편지들과 〈아리스테아스의 편지〉에 나오는 표현들이 글에 미친 영향도 발견된다.[280]

무엇보다 주목할 만한 것은, 에우폴레모스가 묘사하는 솔로몬 왕국의 정치적 상황이다. 솔로몬의 부친 다윗 왕은 이미 유프라테스 지역과 셀레우코스 왕조의 핵심지역이었던 콤마게네(Commagene)의 시리아인들과, 그 밖에 요르단 동쪽 '갈라데네'(Galadene)에 사는 '앗시리아인들과 페니키아인들'[281] 도 정복했다고 한다. 그리하여 솔로몬은 이두매아인과 암몬인, 모압인, 이두래아인(Ituräer), 나바테아인, 그리고 심지어 티레와 시돈의 왕 수론(Suron)이 다스리는 이웃 국가들에게 조공을 요구했다고 한다. 그는 또 아라비아의 항구 엘라나(Elana)를 이용해 홍해에 있는 '황금의 섬' 우프레(Uphre)를 개척하기도 했다고 전해진다.

그러나 그는 파라오 왕 우아프레스(Pharao Uaphres)와 함께 우호적인 관계를 지속했고 동맹을 맺었다.[282] 여기서 마카베오 투쟁의 정치적 상황과 당시 팔레스타인에서 시작되는 유대 팽창주의가 표현되는데, 이는 이집트 프톨레마이오스 왕조와 그들의 우호적 관계에 힘

---

280) Freudenthal, *op. cit.*, 110, 210; Y. Gutman, *op. cit.*, 1, 86; P. Wendland, *op. cit.*, 198: "두 쌍의 편지 모두 전통적인 헬레니즘 서신양식으로 기록되었다."

281) 팔레스타인의 "페니키아인"에 대해서는 1권 p. 145ff., 232f. 를 보라. 또한 시락 46:18 M과 대조되는 G와 비교하라.

282) F 2b = Euseb *Pr.Eu.* 9, 30, 3. 4. 7. 에우폴레모스가 다윗 왕국을 확장한 것과 Gen. Apoc. 21, 8-19의 아브라함과의 약속, 그리고 이어지는 다소 산지에서 에리트레이아(erythräischen) 바다로의 여행은 놀라울 정도로 일치한다.

입은 것으로 생각된다. 따라서 수론 왕에게 보낸 솔로몬의 편지에서는 갈릴래아와 사마레이티스(Samareitis! 역주. -ia로 끝나는 사마리아보다 한 단계 낮은 행정단위 명칭 -itis), 모압, 암몬, 아라비아 등은 정복을 당한, 때문에 예루살렘 성전 건축자들의 생활비와 희생제의에 필요한 곡물, 희생제물을 기부해야만 했던 지역으로 나타나 있다.[283] 솔로몬이 두 왕에게 쓴 이 편지는, 간단하게 말하자면 신하들에게 쓴 편지이며, 답장은 솔로몬을 안티오코스 3세처럼 '대왕'(βασιλεύς μέγας)[284] 이라 부르며 충성을 다짐하는 편지였다. 전체적으로 에우폴레모스는 성전건축을 묘사하는 데 있어서 역대기와 열왕기서를 따르고 있지만 자신의 작품을 만들어 가는 데 있어서, 무엇보다 성소의 확장과 더 화려한 장식을 묘사함에서는 아주 자유로웠다. 성서에서는 성소(Heiligtun)의 넓이가 20엘레(Elle 역주. 55~85cm 가량)라고 기록된 반면, 이 자료에서는 넓이가 60규빗이라고 하며, 두 철기둥은 손가락 두께의 금으로 덧입혀졌고, 미쉬나의 표현과 같이 새들을 기술적으로 쫓아내는 장치가 성전건물에 부착되어 있었다고 한다.[285] 작가의 이런 대담성은 결국은 앞서 언급했던 기록에서도 표현되었는데, 솔로몬이 황금기둥을 티레의 수론 왕에게 보냈고, 수론 왕이 이것을 제우스 신전에(ἐν τῷ ἱερῷ τοῦ Διός) 세웠다고 한다.

---

283) F 2b = Euseb *Pr. Ev.* 9, 33: 프톨레마이오스와 셀레우코스의 통치단위들의 이름이 여기에 보존된 것 같다. 1권 104f. 를 보라.

284) 안티오코스 3세에 대해서는 *OGIS* 230. 5; 237. 12; 239. 1; 240. 1; 245. 18, 40; 249. 2; 250. 2; 746. 1을 보라. 안티오코스 7세 시데테스(Sidetes)에 대해서는 *OGIS* 255. 1, 2; 256. 2, 3을 보라. 프톨레마이오스 왕조에게 이 형식은 드물다. 예를 들어 프톨레마이오스 3세 에우에르게테스(Euergetes)를 보라: *OGIS* 54, 1ff.

285) F 2 = Euseb *Pr. Ev.* 9, 34, 9, 비교. *Midd.* 4, 6; MQ 9a; J. Freudenthal, *op. cit.*, 118을 보라. 또한 유대전쟁사 5, 224; D. Sperber, *JQR* 54, 1964, 251f. 와 비교하라.

이는 요세푸스의 《아피온 반박문》(*Contra Apionem*) 1, 113(비교. 1, 118)에 따르면, 바알 샤멤(Ba'al Šāmēm)[286]과 동일시되었던 "제우스 올림피오스"였다. 아마 여기에는 마카베오 이전의 헬레니즘시대 사람들의 생각이 배경이 된 듯하다. "가장 위대한 하나님"(θεὸς μέγιστος)은 솔로몬에게 왕위를 선사했고 성전 건축을 하게 한 신이며, 수론(Suron) 왕의 답신에서는 "하늘과 세상의 창조주"요, 마침내 그리스와 페니키아인들의 제우스와 동일한 유일한 하나님이라고 표현되었다.[287] 이렇게 다양하고 유사한 이야기들은 그 이야기가 페니키아에서 발원한 더 폭넓은 전승들의 수집물로부터 왔음을 암시하는데, 히람(Hiram)과 솔로몬의 관계를 다루고 있다. 분명 예루살렘의 헬레니즘적 유대인들(*Hellenistenfreunde*)은 예루살렘이 페니키아의 동맹 도시들과 비교하여 동등한 것은 물론 우월하게 나타난 전승들에 관심이 있었다.[288]

에우폴레모스가 마카베오의 지지자였음에도 불구하고, 그는 이런 측면으로부터도 영향을 받은 것 같다. 그러나 전반적으로 강력한 민

---

286) 그 밖의 알려지지 않은 페니키아의 역사가 디오(Dio)에 관해서는 유대고대사 8, 147 그리고 O. Eissfeldt, *Kleine Schriften* 2, 1963, 174를 보라.

287) F 2 = Euseb *Pr. Ev.* 9, 34, 16; 비교. 33과 34, 1; 3권 p. 143ff. 를 보라.

288) 그 밖의 알려지지 않은 테오필로스(Theophilos, *FGrHist* 733 = Euseb *Pr. Ev.* 9, 34, 19)는 솔로몬이 그의 장인 히람에게 자신의 딸의 조상과 상자 역할을 하는 황금기둥을 보내었다고 기록하고 있다. 헤로도토스는 이미 이 황금기둥에 대해 기록하였다. 그러나 그것은 헤라클레스의 성전에 서있다(2, 44): 페니키아의 역사 작가들과 에베소의 메난드로스(Menander, *FGrHist* 783 F 1 = 아피온 반박 118), 디오(Dio, *FGrHist* 785 F 1 = 아피온 반박 1, 113)는 이 두 왕 사이의 밀접한 접촉해 관해 말하고 있다. 예를 들면, 수수께끼를 교환하고 제우스 신전의 황금기둥 건립한 것 등이다. 라이토스(Laitos)와 메난드로스에 의하면(Menander, *FGrHist* 784 F lb = Clem. Alex., *Strom.* 1, 114, 2) 솔로몬은 메넬라오스가 트로이를 파괴한 후 티레를 방문하고 있는 시기에 히람의 딸과 결혼하였다.

족주의적 경향이 그를 지배했으며, 여기서는 몇십 년 후에 벌어질 하스모니아 왕조의 왕성한 확장정책이 미리 예고되어 있다. 더구나 성전과 성전제의가 전면에 드러나는데, 이는 부분적으로 우리가 이미 가지고 있는 단편자료들 때문일 수도 있지만, 전반적으로는 달베르트(Dalbert)의 다음과 같은 판단과 일치된다고 하겠다: "에우폴레모스의 경건은 분명 (역주. 하스모니아 왕조가 시행한) 종교제의로 보아도 정당성이 있다는 것을 말하려는 인상을 받게 된다."[289] 율법이라는 말은 무심결에 단지 한번만 언급되었다.[290] 아마도 에우폴레모스가 그의 주된 자료였던 역대기 사가의 작품과, 하스모니아 왕조시기에 민족적 색채가 강했던 사두개인들과 결합에 대해 설명했으리라고 말할 수도 있다. 여기서 헬레니즘적 요소는 세계에 대한 민첩성과 개방성으로 가는 분명한 길을 열어주었다. 이렇게 에우폴레모스는 후대 하스모니아 왕조가 취하게 될 헬레니즘에 대한 긍정적 태도를 마련했다.

익명의 사마리아 작가와 에우폴레모스는 많은 공통요소들을 지니고 있다. 따라서 슐라터(A. Schlatter)는 프로이덴탈(Freudenthal)처럼 양인(兩人)이 분리된다고 보지 않고, 두 부류의 자료 모두가 유대교 알렉산드리아의 역사학자 에우폴레모스의 방대한 역사물로 거슬러 올라가며, 아르타파노스(Artapanos)와 필로(Philo), 그리고 특별히 요세푸스 역시 그에게 의존하고 있다고 생각한다. 그러나 이것은 입증할 수 없는 추측에 불과하다. 왜냐하면 익명의 사마리아 작가가 세겜과 그리심(Gerizim) 산 성전을 강조한다는 사실과 에우폴레모스가 사마리아를 종속된 지역으로 격하하고 솔로몬 성전을 찬양한다는 사실은 이 가설을 불가능하게 만들기 때문이다.[291] 두 사람의 공통점

289) P. Dalbert, *Die Theologie,* 1954, 42.

290) F 1 = Euseb *Pr. Ev.* 9,25,4: 모세는 유대인의 율법을 기록한 첫 번째 사람으로 여겨져 왔다.

은 성서 본문을 매우 자유롭게 대한다는 사실이다. 그들은 성서 전승을 비유대적 역사서술과 일치시키거나 그보다 더 윤색하려고 노력하며 자의적으로 성서 본문을 확장하거나 바꾸었다. 이 때문에 이들은 그리스 역사가들의 작품까지 언급하는데, 여기서 우리는 팔레스타인에서 유대와 사마리아 공동체에서 이것이 읽혀졌다는 간접적 증거를 가지고 있다.

이뿐 아니라 이들과 알렉산드리아 유대교 전통 및 팔레스타인의 하가다와의 관계들도 나타나는데, 익명의 사마리아 작가는 에녹전승과 같은 묵시적 자료들조차 받아들였다.[292] 두 작품 모두에서 이집트인들, 그리고 종종 페니키아인들도 이스라엘 및 그들의 조상들과 밀접한 문화적 관계를 가진 주민들로 나타난다. 여기서는 프톨레마이오스와 셀레우코스 통치시기의 상황이 과거로 이전되었을 것으로 보인다. 한 가지 특이한 사항은 결정적인 '첫 발명'이 점성술의 경우처럼 아브라함으로부터 왔다거나, 혹은 알파벳 문자의 경우처럼 모세에서 왔다는 주장을 통해서 작가 자신들의 자의식이 강해졌다는 점이다. 이렇게 토라는 모든 책 중 최초의 책이며, 결국엔 "모든 헬레니즘 문화를 모세에게 종속시키고 만다."[293] 두 사람에게 공통적인 또 다른 특징은 합리화 경향인데, 그럼에도 불구하고 천사의 현현(顯現)과 예언자들의 미래예견은 배제되지 않는다.

그리심과 예루살렘의 두 성전이 경쟁관계에 있다는 언급에도 차이

---

291) A. Schlatter, *GI*^{3}, 187-192. 또한 Bousset/Gressmann, 21 각주 2와 비교하라. 솔로몬의 성전 건립의 기록은 그리심의 전승과 대립된다. 또한 J. C. H. Lebram, *VT* 15, 1965, 207을 보라.

292) 사마리아와 유대 전승의 공통적인 요소에 대해서는 J. Jeremias, *TWNT* 7, 89ff. ; J. C. H. Lebram, *op. cit.*, 167을 보라. M. Gaster, *The Asatir*, 61-124와 비교하라.

293) A. Schlatter, *GI*^{3}, 191.

가 나타나지만, 두 사람의 가장 본질적인 차이는 익명의 사마리아 작가가 아브라함의 이야기를 보편적인 차원에서 하는 반면, 에우폴레모스의 단편들에서는 유대적·민족적 협소함이 드러난다는 점이다. 그래서 에우폴레모스는 솔로몬의 국제적인 영향력들조차 그가 유대인의 왕이라는 점과 그가 건축한 성전에 더 높은 영광을 부여하였다는 점을 묘사하기 위해서만 사용했다. 이것은 또한 "최초의 현자"란 아브라함인가 혹은 모세인가 하는 문제가 결코 아니었다.[294] 정작 중요한 사안은 한쪽에서는 보편주의적인 성향이, 그리고 다른 쪽에서는 민족주의적 경향이 나타나고 있다는 사실인데, 여기서 우리는 마카베오 봉기를 통해 조성된 상황의 변화를 볼 수 있게 된다.[295]

3) 키레네의 야손과 유대·팔레스타인 역사기술

마카베오 2서에서는 키레네의 야손에 대해 요약하면서 그가 팔레스타인 사람이 아니라 키레나이카의 유대인 디아스포라 출신이거나, 아니면 적어도 생애의 대부분을 그곳에서 보냈을 것이라고 언급된다. 그의 작품은[296] "헬레니즘적인 장중한 역사기술의 정신에 깊은 영향

294) *FGrHist* 724 F 1 = Euseb *Pr. Ev.9*, 17, 3; *FGrHist* 723 F 1과 비교하라.

295) K. D. Schunck, *Die Quellen des I u. II Makkabäerbuches*, 1954, 70ff.는 또한 그가 마카베오1서로부터 편집한 히브리·유다의 자료의 저작을 에우폴레모스에게 돌린다. 그러나 이것은 입증하기에는 불가능한 가설이다.

296) O. Eissfeldt, *Einl.*[3], 784. 야손의 작품에 관해서는 다음의 기본적인 논문들을 보라: B. Niese, *Hermes* 35, 1900, 268-307, 453-527, 특히 299ff. 또한 *Schürer* 3, 482-489; J. Moffatt in: Charles, *Apocrypha* I, 125ff.; R. H. Pfeiffer, *History of New Testament Times*, 1949, 506-518; Funaioli, *PW* 9, 778-780; F. M. Abel, *Maccabees*, xxxiiif.; Abel/Starcky, 17ff.; Tcherikover, *HC*, 381-90. 아주 상세한 내용은 J. G. Bunge, *Untersuchungen zum zweiten Makkabäerbuch*, Diss. Bonn 1971

을 받았으며,” 그 밖에도 이 작품의 저자는 알렉산드리아에서 철저한 수사학적 교육을 받았다고 가정할 수 있다.297) 그럼에도 불구하고 우리가 그의 작품을 자세히 살펴보는 이유는, 그 내용이 전적으로 유대지역과 연관되며, 또 그저 사소하다고만은 할 수 없는 다섯 권의 저서가 존재하기 때문이다. 후대의 발췌자는 이것을 거칠게 한 권으로 요약했다. 게다가 그의 저서는 마카베오 봉기 이전과 유다의 활동 시기 15년(기원전 176~160년)에 걸쳐 비교적 짧지만 결정적이라고 할 수 있는 유대역사의 시기를 상대적으로 매우 상세히 다루고 있기 때문이다.298) 이 작품은 매우 압축된 형태인 마카베오 2서에서299) 조차

을 보라.

297) 그 작품의 수사학적 문체에 대해서는 B. Niese, *op. cit.*, 300을 보라: “야손은 시적인 어법들과 모든 종류의 비범한 조어(造語)에서 화려한 문체를 구사했음에 틀림없다.” 또한 F. M. Abel, *Macc.*, xxxvif.: R. H. Pfeiffer, *op. cit.*, 518; E. Bickermann, *GM*, 147을 보라: “다른 방법으로는 어떤 작품도 완벽하게 보존될 수 없었던 이 문학장르에 속한 유일한 예이다.”

298) 발췌자를 통한 야손 작품의 목록과 특징을 요약한 2마카 2:19-25, 28-30과 비교하라. 이것에 의하면 발췌한 것만 보더라도 야손 작품 전체를 알 수 있다. B. Niese, *op. cit.*, 305; R. H. Pfeiffer, *op. cit.*, 509f.; F. M. Abel, *Macc.*, xliiif.; K. D. Schunck, *op. cit.*, 120f.를 보라: 아마도 야손은 유다의 죽음까지 기록했다고 본다. 그 작품이 요나단이 대제사장으로 등용되고, 심지어는 시몬에게까지 다다른다는 E. Meyer, *UAG* 2, 456f.; A. Schlatter, *GI*[3], 121의 추측은 근거가 없다.

299) ‘발췌’부분에 대해서는 R. H. Pfeiffer, *op. cit.*, 519ff.를 보라. 그에 의하면 2:19-32; 15:37-39 그리고 아마도 4:17; 5:17-20; 12-17은 발췌자에게 돌아간다. 우리는 서두의 편지들(이에 관해서는 2권 p. 18f.를 보라)에 모르드개의 날에 관한 언급(15:36)을 첨가할 수 있다. 7장의 문제는 판단하기가 어렵다. 여기에서 역사적 틀과는 달리 왕 스스로 나타나기 때문이다. 아마도 여기에서 개정이 이루어졌거나, 혹은 요약자가 추가적인 순교 하가다를 끼워 넣었으리라 짐작된다(비교. B. Niese, *op. cit.*, 305). 다른 무리의 순교들은 아마도 야손으로부터 비롯된 것 같다. 6:10f., 18-31;

역사에 관한 상당히 많은 세부적인 사항을 담았다.[300] 따라서 저자는 팔레스타인에서 오래 거주했고, 아람어와 히브리어를 알고 있었다고 가정해야만 한다.

자료와 저작시기에 대한 문제에 대해서는 논란의 여지가 많다. 니이제(B. Niese)와 쉬러(Schürer), 야코비(Jacoby), 아벨(Abel), 체리코버(Tcherikover) 등은 야손(Jason)이 유다가 죽은 직후에 목격자로서 이 작품을 저술했고, 여기서 주로 구전전승을 이용했다고 본다. 반면,[301] 헤이어(E. Heyer)와 비커만(Bickermann), 파이퍼(Pfeiffer), 슝크(Schunck)와 같은 학자들은 규정하기 어려운 문서자료들을 후대에 사용했다고 믿지만, 이 점은 학자들간에도 일치하지는 않는다.[302] 자료문제를 가장 상세하게 연구한 슝크는, 완전히 서로 독립적인 야손의 역사서와 마카베오 1서와 같은 저작들에 사용된 공통자료로 "유다의 역사"(*Judasgeschichte*)와 그 밖에도—가능성은 더욱 낮지만—셀레우코스 가문의 연대기를 염두에 둔다.[303] 더구나 야손은 마카베오 봉기의 전사(前史)를 저술하기 위해 성전서고에 보관된 대

14:37-46과 비교하라. 대체로 야손 작품의 전반적인 경향과 발췌된 저작 자체는 동일하다(Niese, *loc. cit.*를 보라).

300) 2마카 3:4; 4:12, 19f., 28, 41, 49; 12:34, 40; 13:21; 14:24f., 38과 비교하라.

301) B. Niese, *op. cit.*, 304; *Schürer* 3, 484f.; F. Jacoby, *FGrHist*, 182에 대한 주석, II B p.606; F. M. Abel, *Macc.*, xliff. R. H. Charles, *Apocrypha* 1, 123f.에서 그는 모파트(J. Moffatt)와 함께 그 형성기를 기원전 130년 이후의 다소 후기로 가정한다. Abel/Starcky, 17, 34; Tcherikover, *HC*, 385f.

302) E. Meyer, *UAC* 2, 457f.; E. Bickermann, *PW* 14, 793, 비교. 796 그리고 *GM*, 18, 34, 147, 150; 파이퍼(R. H. Pfeiffer, *op. cit.*, 516)는 "셀레우코스 자료"에 관한 그의 견해를 따랐다. Tcherikover, *HC*, 385f.의 비판을 비교하라.

303) K. D. Schunck, *op. cit.*, 36ff., 59ff., 116ff.; 자료들의 수집: 126.

제사장 오니아스(Onias)와 야손, 메넬라오스(Menelaos)의 연감(年監)을 동원했다고 한다.[304)]

오늘날 그 진정성을 거의 인정받고 있는 마카베오2서 11장에 보존된 일련의 서신왕래 행위(*Aktenstück*)를 알게 된 것도 예루살렘의 공문서 기록을 통해서였다고 추측된다.[305)] 슝크는 여기서 구전전승마저도 제외시키지 않으려 했다. 무엇보다도 셀레우코스 왕조가 시작된 시기를 기원전 312년 가을과 311년 초 니산월⑯ 제1일로 다양하게 보기에, 마카베오의 책들(특히 1마카)이 이중적인 연대에 기초하고 있다고 본다. 하지만 이런 이중(二重)자료가설은 셀레우코스의 설형문자 연대기를 연구한 삭스와 비제멘(Sachs & Wisemen)의 저술로 퇴색되었고, 이제 새로이 검증해야 할 필요성이 제기되고 있다.[306)]

놀랍게도 니이제가 이미 그토록, 아니 어쩌면 너무 심하게 강조했던 바, 야손의 작품이 역사적 신빙성을 가지고 있다는 주장은 이제까지 역사적인 오류라고 여겨졌던 하나의 사실을 통해 확증되었다: 안티오코스 4세가 죽었다는 소식은 이미 셀레우코스 통치시기인 142년 아홉 번째 달, 즉 기원전 164년 11월 20일과 12월 18일 사이라고 바빌로니아에 알려졌다. 이것은 왕이 163년 초에 죽은 것이 아니라, 기

304) *Op. cit.*, 122ff. 또한 2마카 2:13f.와 비교하라.

305) *Op. cit.*, 97-109; 그러나 슝크(Schunck)는 두 번째 편지 11:23-26을 진정한 것으로 보지 않는다. 그러나 E. Bickermann, *PW* 14, 789f.; *GM*, 174, 181; Tcherikover, *HC*, 214ff., 388f.; R. Hanhart, *Zur Zeitrechnung des I und II Makkabäerbuches*, BZAW 88, 1964, 71f.를 보라.

306) Sachs/Wiseman, *Iraq* 16, 1954, 202-212, 또한 J. Schaumberger, *Bibl* 36, 1955, 423-434; Abel/Starcky, *op. cit.*, 35ff.; R. Hanhart, *op. cit.*, 71, 82 등을 보라: 마카베오1서에서 312년 가을부터라는 마케도니아-안티오키아식 날짜계산은 정치적·세속적인 날짜로, 기원전 311년 니산월 1일부터라는 바빌로니아식의 계산은 종교 제의적·제사장적 자료로 사용되었다.

슬레(Chislev)월 25일, 즉 164년 12월 14일에 성전제사가 다시 봉헌되기 직전에 죽었음을 의미한다.[307] 이 사건의 역사적 순서는 마카베오 1서의 연대기에서 상대적으로 잘 정돈되었다. 하지만 이와는 다르게 마카베오 2서가 또 다른 곳에서 그 연대기의 순서를 잘못 보고한 이유는, 아마도 발췌자가 이 작품의 내적인 긴장을 증가시키려는 의도로, 안티오코스 왕의 장군 니카노르(Nikanor)에 대한 승리를 초자연적인 색채로 묘사하려고 야손이 기록한 역사적 순서를 변경시켰기 때문으로 보인다. 그는 또한 이야기의 '해피엔딩'을 위해 작품의 원래 주인공인 유다 마카베오의 죽음은 생략한 듯하다.[308]

결정적인 사실은 이 발췌자의 신학적 관점은, 야손의 작품이 외적으로는 헬레니즘적 옷을 입고 있음에도 불구하고 알렉산드리아의 유대 헬레니즘에 의해서라기보다는 오히려 팔레스타인의 '하시딤'적 경

---

307) J. Schaumberger, *op. cit.*, 428f.; Abel/Starcky, 38. 2마카 9; 10:1-9의 순서는 올바르다. 그러나 1마카 6:1-13이 4:36-61보다 훨씬 뒤에 시작한다는 것은 잘못이다. R. Hanhart, *op. cit.*, 81은 왕이 죽은 연대를 기원전 164년 12월 14와 17일 사이로 설정함으로, 최소한 마카베오1서를 상대적으로 정당화하기 위한 중재를 시도했다. 그러나 이것은 정당화되지 못한다. 왕은 바빌로니아의 인근지역에서가 아니라 그곳에서 직선거리로 약 6~7백km 떨어진 페르시아와 메데의 경계인 타베(Tabä = Gabai?)에서 죽었기 때문이다(B. Niese, *GGMS* 3, 218과 Weissbach, *PW*, 2R. 4, 1840f. = Polyb. 31, 9를 보라)

308) Hanhart, *op. cit.*, 75에서 마카베오1서와 마카베오2서의 사건들을 비교한 것을 보라. 그러나 이와는 대조적으로 야손이 10:9를 첨가함으로써 안티오코스의 죽음과 다시 희생제의를 봉헌하게 된 것이 이미 하나로 결합되었다. 알키모스(Alkimos)의 임명날짜에 관한 W. Molleken, *ZAW* 65, 1953, 205-28의 연구는 마카베오1서에도 연대기적 반론을 제기할 수 없게 구성된 것이 아님을 보여준다: 그 연대는 기원전 161년이 아니라 163년이다. 2마카 14:3, 7 그리고 유대고대사 12, 385와 비교하라. 1마카 7:12-18과 20-24는 1마카 6:58ff. 이후의 구조에 위치한다. 또한 M. Smith, *Der Hellenismus,* Fischer-Weltgeschichte 6, 384 각주 370을 보라.

건에 의해서 깊이 영향을 받았다고 본다는 점이다.[309] 이러한 사실은 광야로 내몰렸던 경건한 유대인들[310]이 안식일 계명[311]과 음식 규범을 엄격하게 준수하는 것과 몇 번이나 설명하는 죽은 자의 부활에 대한 교리, 이미 죽은 경건한 자들을 위한 간구,[312] 확장된 천사론[313]과 성전(聖戰)의 전통[314] 등에서 나타난다. 이 모든 사항들은 젤리히만(Seeligmann)을 이어 한하르트(Hanhart)가 추측한 대로,[315] 야손 작품의 팔레스타인 개정판이 발췌자를 통해 나왔다는 가설을 불가능하게 한다. 발췌자는 야손 작품의 취향을 공유했을 것으로 보인

309) 이에 관해서는 Abel/Starcky, *op. cit.*, 18-25; R. H. Pfeiffer, *op. cit.*, 513ff., 515를 보라: "그의 신학은 유대·헬레니즘적이라기보다는 분명하게 팔레스타인적인 경향을 띤다." R. H. Charles, *Eschatology,* 1963, 277f.에 의하면 마카베오2서의 종말론은 에녹 83-90장과 유사한 것으로 보아 기원전 2세기의 것으로 생각한다.

310) 2마카 5:27. 또한 6.18ff.와 비교하라. 또한 단 1:8; 유딧 10:5; 토빗 1:10f. 등을 보라. 우리는 이와 관련된 상황을 *Asc. Isa.* 2,8-11에서 발견한다.

311) 안식일에 자기방어조차 거부하는 것에 관해서는 6:11; 8:25ff.; 15:1-6을 보라. *Jub.* 50,1 그리고 CD 10.17ff., 또한 11.15ff.; 12.6f.를 비교하라. 그리고 2권 p.218f를 보라.

312) 12:44; 14:46(7:9, 11, 14, 23); 단 12:2; 에녹 25,5; 27,3; 90,32f.; 91,10과 비교하라. 다른 한편 영혼의 영원성에 대해서는 지혜 1:15; 2:23ff. 등. 4마카 14,5f.; 16,13 등. 그리고 Volz, *Eschatologie,* 231ff., 266f.; R. H. Pfeiffer, *op. cit.*, 514를 보라. 경건하게 죽은 자의 대변에 대해서는 15:12ff.를 보라. 에녹 39,5 그리고 O. Betz, *Der Paraklet,* 1963, 56ff.와 비교하라.

313) 이것에 관해서는 제2부 각주 325를 보라.

314) 마카베오2서의 거룩한 전쟁이라는 모티브에 관해서는 M. Hengel, *op. cit.*, 278f.를 보라.

315) R. Hanhart, *op. cit.*, 74 각주 33; I. L. Seeligmann, *The Septuagint Version of Isaiah,* 1948, 94, 오니아스 3세의 살해에 관련해서는 2마카 4:30-38을 보라.

다. 만일 그렇지 않았다면 발췌작업을 하지 않았으리라. 따라서 그는 자연스럽게 순수한 역사적 내용은 생략하고 '편집적' 내용들을 유지하는 방법으로 작품의 경향을 강화시켰다. 반면에 한하르트는 그 작품에서 특별히 보복교리가 강조되었다고 하는데, 이는 전형적인 유대교 교리가 아니고 야손의 흔적이 남은 '장중한' 헬레니즘적 역사서에서 나타난다. 이를테면 타우로메니움(Tauromenium)의 《티마이오스》(*Timaios*)와 같은 작품에서 말이다.316) 이 작품은 에우폴레모스나 역대기 저자의 작품과 같이 성전을 찬양하는 것에 특별한 관심을 두고 있다: 하나님은 언제나 새롭고 놀라운 방법으로 이방인들에 의해 수차례 위협받았던 성전을 보호하셨다.317) 반면 후기 하스모니아 왕

316) 이것에 관해서는 M. P. Nilsson, *GGR*^{2} 2, 198ff.; R. Laqueur, *PW*, 2. R. 6, 1191f.를 보라. 그는 기원전 약 356~260년 처음에는 시실리에서, 그리고 후에는 아테네에서 살았다. 초기 헬레니즘시대에 널리 퍼진 회의주의와는 대조적으로 그는 자신의 역사저술에서 거의 고전적인(*archaischer*) 방법으로 신들의 직접적인 보응을 강조한다. 징조(*Onima*)와 신탁(*Orakel*)에 대한 그의 애착 또한 인상적이다. Diod. 20, 70에 보존된 오펠라의(Ophellas) 살해와 독재자 아가토클레스(Agathokles)가 그의 군대를 장악한 기록은 독특하다: 같은 날 아가토클레스는 자신의 아들과 군대를 잃는다. 그는 알렉산드로스가 티레를 정복한 날짜도 이와 유사하게 기록한다: Diod. 13, 108 = *FGrHist* 566 F 106: 카르타고 사람들이 기원전 406년 젤라(Gela)에 있는 아폴로 상을 훔쳐 그것을 티레에게 돌려보낸 것도 같은 날 같은 시간에 일어났다. 심지어 폴리비오스(Polybios)조차도 자신의 계몽된 태도에도 불구하고 가끔 신의 보응을 언급한다(1, 84, 10; 8, 54, 10). 후에 플루타르코스(Plutarch)는 〈*De sera numinis oindicta*〉에서 이 문제를 긍정적인 방법으로 다룬다. 제2부 각주 336과 비교하라.

317) 2:19, 22; 3:38f.; 5:19ff.; 14:13, 31, 35f.; 15:18과 비교하라. 이방인 왕들조차 성전을 경외한다: 3:2f.; 5:16; 13:23; 비교. 9:16. 하나님은 성전을 보호하고 성소에서 악을 행하는 자들을 징벌하시기 위해 직접 개입하신다: 3:24-40; 9:5ff., 16; 13:6-8; 14:33f.; 15:32-35. 이 작품의 절정에는 2개의 새로운 성전축제였던, 성전재봉헌(Wiederweihe, 10:1-8)과 니카노르(Nikanor)를 물리친 승전 축하(15:36f.)에 대한 내용이 기록

조에 대한 관심은 줄어드는데, 그들의 조상 마타티아스(Mattathias)나 유다(Judas)의 제사장직, 혹은 그의 형제들 요나단(Jonathan)과 시몬(Simon)의 대제사장권에 대해서는 아무런 언급도 없고, 오히려 합법적이고 유일한 사독계 대제사장인 오니아스(Onias) 3세를 성스러운 모습으로 묘사한다.[318] 사람들은 야손을 바리새파 운동의 대변인으로 여기고 싶어 했지만, 오히려 반대로 그의 작품에는 바리새파의 결정적 특징인 구전전승에 대한 언급이 빠져 있다는 사실이 강조되었는데, 이는 정당하다.[319] 그의 관점은 우리가 다니엘서와 그보다 더 오래된 에센파의 전통 속에서 찾은, 바리새파 이전의 하시딤 운동의 경향에 더욱 부합된다. 그는 마카베오1서와는 대조적으로 유다를 하시딤의 지도자로 묘사했는데, 여기서 명백한 차이가 나타난다.[320]

연대 설정의 문제에서 체리코버는 본질적인 하나의 특징에 주의를 기울인다: 대제사장 야손의 개혁시도와 관련하여, 마카베오2서 4:11에서 요한(Johnnes)이라는 한 인물을 티오코스 3세와 성공적인 협상을 맺은 자로 언급하면서 "전에 로마사람과 우호동맹조약을 맺기 위해 로마에 사신으로 갔던 에우폴레모스의 아버지"라는 표현을 덧붙인다. 한 인물의 이름은 다른 곳에서는 흔히 그의 아버지의 이름으로

되어 있다. 그러나 이런 배치 역시 발췌작가에게 소급될 뿐이다. Bickermann, *PW* 14, 793을 보라.

318) 유다의 형제들은 하급 사령관들로 단 한번 언급되었다. 10:20에는 시몬을 배반한 사람들에 대한 기록이 있고, 14:17에서 시몬은 패배를 당한다. 오니아스 3세에 관해서는 3:1ff.; 4:2, 33-38을 보라. 그는 무엇보다도 15:12ff.의 환상에서 나타나는데, 예레미야와 함께 순교자로 여겨진다. 14:26은 유다의 직위를 언급하는 유일한 간접적인 언급이다.

319) R. H. Pfeiffer, *op. cit.*, 515를 보라.

320) 14:6; 비교. 5:27; 이것과 대조하여 1마카 2:42; 7:13을 보라. O. H. Steck, *Israel*, 260f. 각주 5는 그것이 솔로몬의 시편(*Ps. Sol*)의 고통의 개념과 관련됐음을 강조한다.

더 상세히 규정되는 것이기에, 아들의 이름이 언급되는 것은 당시 독자들에게 여전히 알려져 있을 경우를 의미한다. 과연 사람들은 야손이 저 에우폴레모스는 물론 아마 이 역사가, 그리고 유다 마카베오의 동시대인이라고 추측할지도 모른다.[321] 모든 관점들을 요약한다면, 다음과 같은 니이제의 추론은 어느 정도는 가능성이 있는 것으로 보인다(2권 p. 346ff. 를 보라) : 야손은 기원전 175년 이후 결정적인 기간에 최소한 얼마간의 시간을 팔레스타인에서 보내고, 유다가 죽은 직후(기원전 160년 5월), 그리고 요나단이 대제사장직을 차지하기 이전에(기원전 152년 가을) 그의 작품을 썼을 것이다. 아마 그는 그리스어를 사용하는 디아스포라와 그리스 세계에서 유대인들이 성전의 완전함과 자신들의 경건을 위해 싸우고 있다는 사실을 이해시켜, 마카베오 가문에 대한 그들의 지원을 얻고자 자신의 작품을 썼을 것 같다. 마카베오 가문의 독립전쟁은 외부, 특히 이집트로부터 지원을 받지 않고는 거의 불가능했으리라고 생각된다. 로마와 스파르타로 대표단이 파견되었다는 사실 또한 이러한 맥락에서 이해할 수 있으리라. 키레네의 야손이 당대역사를 저술했다는 사실은, 그가 문서로 된 자료들을 사용했으리라는 가정을 배제할 수 없다. 그래서 유다가 자신의 생애에서 출전하여 승리했던 전쟁이나 셀레우코스 왕국의 직함, 그리고 관료들의 이름을 포함하여, 그의 통치와 그 안에서 일어난 특정한 정치적 사건들을 열거한 것은 야손이 수준 높은 정보를 가지고 있었음을 의미한다.[322] 야손은 자신이 관찰한 것들과 목격자들의 이야기, 예루살렘의 고문서 자료를 열람함으로써 작품을 위해 필요한 사건의 정보를 구할 수 있었다. 그가 전설적인 자료들을 정교히 편집하

---

321) Tcherikover, *HC*, 384f. 이것과 관련하여 막 15:21 그리고 이와 유사한 M. Dibelius, *Formgesch. d. Evang.*, ^{2}1933, 183. 193의 주장들을 보라.

322) B. Niese, *op. cit.*, 294f. ; E. Bickermann, *PW* 14, 793과 그리고 *GM*, 147.

는 것과, 특히 천사들과 천상의 형상들의 현현, 영웅적 순교를 선호하게 된 것은[323] 한편으로는 강렬한 색채를 사용하여 두려움과 연민을 불러일으킬 정도의 당대 장중한 역사기술 문체에 의존한 결과였고,[324] 다른 한편으로는 하시딤적 경건의 결과였다. 천사의 현현과 놀라운 기적은 야손보다 조금 이른 시기에 기록된 다니엘서에서 중요한 역할을 했다. 그리고 에센파 사람들은 치유의 기적과 예언, 무엇보다 천사와 밀접하게 접촉하는 것에 대해 친숙했다.[325] 죽음으로 자신들의 신앙을 보여주었던 순교자들의 죽음에 관한 이야기들과, 그들의 고난이 속죄의 효력을 가진다는 관념은 팔레스타인에서 선례를 찾을 수 있다. 야손은 그것들을 '유명인의 죽음'(*exitus clarorum virorum*)이라는 헬레니즘적 주제와 결합시킴으로써 그리스어를 사용하는 유대세계에 효과적인 표현양식을 제공했고, 결국 그는 순교자들에 관한 기록의 선구자가 되었다.[326]

---

323) 2:21에서 발췌작가는 야손의 저작의 특별한 특징을 "하늘로부터 나타나게 된 자들"(τὰς ἐξ οὐρανοῦ γενομένας ἐπιφανείας 역주. 공동번역개정: "하늘로부터 온 천사들")로 간주한다. 세부적인 것은 다음을 보라: 3:24-39(또한 E. Bickermann, *AIPHOS* 7, 1939-1944, 21ff., 37f.를 보라); 5:1-4에 관해서는 요세푸스가 "목격한"(유대전쟁사 6, 297ff.) 유대전쟁 이전의 징조들을 보라. 10:29f.; 11:8; 15:12-16; 2마카 11:6, 15:22f.의 기도와 순교에 관해서는 6:18-7:42; 14:37-46을 보라.

324) E. Bickermann, *GM*, 147. 또한 B. Niese, *op. cit.*, 301f.; F. M. Abel, *Macc.*, xxviiff 그리고 거기에서 인용된 동시대의 보기들과 비교하라.

325) 단 3:25, 28; 9:22; 10:5ff., 13ff., 20ff., 12:1. 쿰란에 대해서는 2권 p.248과와 제3부 각주 773, 그리고 p.422f.를 보라. J. T. Milik, *Ten Years of Diseovery*, 1959, 87과 비교하라. 마카베오2서에 나타난 현현들은 근본적으로 헬레니즘의 형태를 사용한 묵시적인 천사현현이다.

326) 대략 *Asc. Isa*, 5,2-14와 비교하라. 또한 예언자들의 다양한 순교에 관해서는 *Vita prophetarum*, ed. T. Schermann, *TU* 31/3, 1907: 51(아모스); 60(미가); 74f.(이사야); 81f.(예레미야)를 보라. 또한 *Gen.* R. 65, 22, 요세 벤 요에제르(Jose b. Joezer)의 순교를 보라. 고난이 속죄의 효

"협소한 정통신학과 성서에서는 찾아볼 수 없는 강력한 수사학과의 통합을 통해 그의 작품은 엄청난 성공을 거둘 수 있었다."[327] 그러므로 만약 십중팔구 야손이 디아스포라 유대인이었다고 가정하고, 또 그의 작품이 비록 완벽한 헬레니즘적 양식을 취하고 있다고 할지라도, 이 작품이 팔레스타인과 긴밀히 연관되었다는 사실은 분명해 보인다. 여기서 그를 마카베오1서 8:17에 언급된 두 번째 로마 사절단이었던 야손의 아들 엘레아자르(Eleazar)와 동일시하려는 시도는 해명될 수 없는 가설로 남는다. 그의 작품은 팔레스타인에서 형성되었을 것이다.[328] 그뿐만 아니라 익명의 사마리아 작가와 에우폴레모스도 비록 이들의 저작이 훨씬 더 간소한 형태를 지녔음에도 불구하고, 내용적으로 볼 때 더 자유롭고 강력한 헬레니즘의 영향을 받은 것으로 나타난다. 비록 야손의 역사작품에는 수사학적 형식이 들어있었지만 거기에는 어떤 깊은 철학사상이 결핍되어 있다고 하겠다.

력을 갖는다는 관념에 대해서는 2마카 7:33, 37f.를 보라. G. F. Moore, *Judaism* 1, 546ff.; M. Hengel, *Zeloten,* 273과 비교하라. 가령, 단 3과 6장의 "고백 이야기들"은 순교자들 역사의 서곡이다. 또한 M. Smith, Fischer Weltgescbichte, Vol. 6, ed. P. Grimal, 1965, 270을 보라. '유명인의 죽음'이라는 주제에 관해서는 R. Reitzenstein, *Hellenistische Wundererzählungen,* 37f.; M. Hadas, *HCu,* 177ff.; A. Ronconi, *RAC* 6, 1258-1268(Lit.)를 보라. 여기에서의 출발점은 소크라테스의 죽음에 관한 플라톤의 기록이다. 또한 I. Baer, *Zion* 23/24, 1958/59, 20f.와 비교하라.

327) E. Bickermann, *PW* 14, 792.

328) 이미 A. Geiger, *Urschrift und Übersetzungen der Bibel,* 1857, 226; J. Freudenthal, *op. cit.*, 129는 야손을 팔레스타인 사람으로 간주한다. L. Herzfeld, *Geschichte des Volkes Israel,* 1855, 445f.는 이것과 1마카 8:17과의 연관을 입증하려 했다. Tcherikover, HC, 385는 더욱 신중하다. 한편으로, 우리는 야손의 태생의 표지 "키레네로부터"를 진지하게 받아들여야 하며, 다른 한편으로는 팔레스타인과의 밀접한 연관성을 간과할 수 없다.

바에르(J. Baer)는 무엇보다 7장에, 야손에게 끼친 플라톤의 영향을 찾을 수 있으리라고 생각했다. 하지만 그 영향은 결코 야손에게만 나타나는 특성이 아니었고, 동시대의 팔레스타인 유대교 어디에서나 편만한 것이었다. 전체적으로 야손에게는 헬레니즘적 문명에 대해 오히려 적대적이었던 태도가 나타난다. 단어의 의미를 독특하게 반전시킴으로써 셀레우코스의 추종자들은 '비(非) 그리스인들'(*Barbaren*)이라고 불렸고,[329] 율법에 신실한 유대인들은 하나님이 그들에게 주신 '시민권'(*Politeia*)[330]을 보존하기 위해 싸우는 '폴리스'의 '시민들'로 불렸다. 이 점에서 야손의 다섯 권의 책은 시간적으로 그리 차이가 나지 않았던 헬레니즘적 문화에 긍정적인 태도를 지닌 알렉산드리아 작가들의 작품들과는 현격하게 구별된다. 여기에는 이를테면, 〈아리스테아스의 편지〉나(이 책 제1부 각주 198을 보라) 아리스토불로스(Aristobul)

---

329) I. Baer, *op. cit.*, 20f., 161. 마카베오2서에서 '무(無)로부터 창조'와 육체의 부활이라는 관념은 어느 정도의 플라톤적 개념들을 연상시킨다 할지라도 플라톤적 사상은 아니라는 간과해서는 안 된다. 이 책 제3부 각주 326; R. H. Pfeiffer, *op. cit.*, 515와 비교하라. 가령 외경 시락서와 솔로몬의 지혜서와는 반대로 쿰란에서도 부각되지 않는 "하나님의 지혜"의 개념이 여기서 빠져 있는 것은 결코 우연이 아니다: 3권 p. 336을 보라. 그리스 문화에 대한 경멸에 관해서는 4:7-20; 5:15-26; 6:1-9; 14:38을 보라. 11:24f. 와 비교하라. 야손은 메카베오 유다와 그의 심복들의 적대자들을 공격하기 위한 무기로서 많은 모욕의 말들을 가지고 있다. R. H. Pfeiffer, *op. cit.*, 513f. 를 보라. "비그리스인들" 혹은 "비그리스적"(*barbarisch*)이라는 개념에 관해서는 2:21; 4:25; 5:22; 10:4를 보라. 또한 4:47; 7:4의 스키타이인(*Skythen*)과 비교하라.

330) *πολίτης*: 2마카 4:5, 50; 5:6, 8, 23; 9:19; 15:30 비교. 14:37. *πολιτεία*: 4:11; 8:17; 13:14; 비교. 6:1; 11:25. 용어 *πατρίς*는 빈도수가 매우 높다: 4:1; 5:8f., 15; 8:21, 33; 13:3, 10, 14; 14:18. 〈마카베오4서〉는 또 다시 이 "정치적 용어"에 의존한다(비교. 3:20; 8:7; 17:9). *Ἰουδαϊσμός*라는 용어가 여기서 처음으로 사용되었고, 또한 이러한 연관에도 속해 있다. 2마카 8:1; 14:38을 보라(비교. 2:21; 4마카 4, 26).

의 〈호교론〉(2권 p. 172ff. 를 보라)과 같은 작품들이 있다. 이러한 사실은 당시의 정신적 환경이 변화의 와중에 있었음을 보여주는데, 여기서 중요한 것은 유대교와 헬레니즘 문화의 만남에서 파생된 하나의 저작이 그 형태와 내용이 반드시 부합되어야 할 필요는 없다는 점이다.

보설(補說) 2. 헬레니즘시대 유대·팔레스타인의 역사기술

팔레스타인과 연관된 그리스어로 기록된 유대교 문학에서 역사서가 지배적이었던 반면, 알렉산드리아에서는 '철학화되어 가는' 작품들이 전면에 드러나고 있다는 사실은 결코 우연이 아니었다. 이러한 발전은 1세기 동안 팔레스타인 출신의 유대인 역사가 티베리아스 출신 유스투스(Justus von Tiberias)에서 절정을 맞고, 요세푸스의 작품에서 그 종점에 다다른다. 이른바 '제사장적' 역사기술은 제사장 문서 이래로 표출되어 역대기 저작과 마카베오 1서, 에우폴레모스의 작품, 예루살렘의 제사장 귀족 출신이었던 요세푸스의 반 헤롯 가문의 자료331)로 발전하여 요세푸스 자신의 작품에서 완성된다고 말할 수 있다. 마지막으로, 헤롯의 친구이며 그와 밀접했던 그리스 소요학파 철

331) 이것에 관해서는 G. Hölscher, *PW* 9, 1982, 1992f. 를 보라. 그러나 횔셔(Hölscher)는 요세푸스보다 "앞선 사람들"을 요세푸스와 시간적으로 너무 가까운 지점에 둔다: 1933. 또한 W. Otto, *PW* Suppl 2, 10-12를 보라. 티베리아의 유스투스(Justus)에 관해서는 *Schürer* 1, 58-63; F. Rühl, *Rhein Mus* 71, 1916, 289-308; Schmid/Stählin, *GGL*[6] II, 1, 601f. 를 보라. 그는 수사학 훈련을 잘 받은 작가처럼 보이는데, 모세로부터 기원후 100년 아그립파(Agrippa) 2세의 죽음 사이의 유대 왕들의 역사를 기록했다. *Schürer* 1, 61 그리고 Rühl, *op. cit.*, 292를 보라. 그의 저서는 문체와 양식에서 요세푸스의 것보다 우수하다. 생애(요세푸스) 40을 보라.

학자인 다마스쿠스의 니콜라오스(Nicolaos)는 아마 예루살렘에 있는 헤롯의 궁전에서 자신의 144편으로 된 거대한 작품《세계사》(*Universalgeschichte*)를 썼을 것이다. 이 책에서 그는 유대인의 역사를 상세하게 다루었고, 요세푸스는 이것을 자신의 저술에 중요한 자료로 사용했다.332)

헬레니즘시대의 히브리어·아람어 문학에는 자민족의 역사적 전통에 대한 깊은 관심이 나타난다(2권 pp. 19-33을 보라). 이는 이미 3세기부터 '정경적' 권위를 가졌던 모세의 토라가 '예언적' 문서를 통해 보충되었다는 사실에서 입증된다. 그리고 이것은 아마 대제사장 '의인 시몬'의 시기로 보인다(2권 p. 63f. 를 보라). 즉, 이 예언적 작품에 이번에는 순서에 맞게 '성문서'(聖文書, *Hagiographen*)가 첨가되었다. 이것은 페르시아시대에 이르기까지 이스라엘 역사에서 어떤 '역사적 연속성'과 같은 것을 창출했고, 헬레니즘과의 대결 속에서 유대 전통의 고대성과 순수성에 대한 강한 논거(論據)를 제공했다. 문체와 내용 속에서 마카베오 1서는 의도적으로 열왕기서와 역대기의 전통을 이어 나갔고, 구약의 본문과 비교하여 〈희년서〉나 〈창세기 외경〉 혹은 더 후대에 위(僞)필로의(*pseudo philonische*) 《성서고대서》(*Liber Antiquitatum Biblicarum*)와 같은 성서 역사에 대한 거대한 재해석은 거룩한 조상들의 역사를 자유롭게 수정한 것이었다.

묵시적 작품들 속에서조차 '사후(事後) 예언'(*vaticinia ex eventu*)에 근거한 '암호화된 역사'라는 독특한 형식이 나타났다. 우리는 그것을

---

332) B. Wacholder, *Nicolaus of Damascus*, 52ff. : 그의 목적은 유대 역사를 (다른 그리스 역사가들과 대조적으로) 비교적 "객관적으로" 기술하고 자신의《세계사》기술의 전체적인 골격에 맞추며, 또한 그의 주인이며 친구인 헤롯의 국제적인 명성을 강조하는 것이었다. "성서의 역사를 자세히 기술한 니콜라오스의 저작에는 헬레니즘적 장식으로 혼합된 유대의 변증론이 들어 있다." *op. cit.*, 56.

다니엘서 11장과 에녹1서 85-90장이나, 혹은 더 후에 〈모세의 승천서〉(*Assumptio Mosis*) 속에서 발견한다(2권 237ff.를 보라). 묵시적 형태와 밀접하게 연관된 것은 쿰란에서 구약의 예언서를 페쉐르(Pěsher)라는 방법을 이용하여 해석하는 것인데, 이 해석은 현재를 종말론적으로 이해하는 관점을 취한다.[333] 본래 지혜는 '비역사적'이었으나, 예수 시락의 작품에서는 지혜가 토라와 동일시되고, 또 시락서 44:1-50:24의 "선조들 찬가"(*Lob der Väter*)를 통해 이스라엘의 역사와 밀접히 연관된다.[334] 자신들의 과거 역사가 지금 여기에서 실현되는 것으로 해석하는 것이나, 현재의 역사를 과거의 구원경험이라는 빛에서 해석하는 것은 유대 신앙공동체로 하여금 헬레니즘 세계의 다양한 영향에 저항할 수 있게 했다.

우리는 이미 헬레니즘시대의 유대교 역사기술에 대한 두 가지 중요한 특징들을 역대기 사가의 저작에서 살펴보았다. 이것은 최소한 페르시아시대 동안 그 기초적 형태가 집필되었을 것인데, 그 두 가지 특징은 다음과 같다. 첫째, 전해 내려온 역사적 전승을 현재의 필요와 문제를 해결하기 위해 놀라울 정도로 확장하고 적용시켰다. 둘째, 역사의 지배자가 개개인에게 직접적으로 보복함을 강조하는데, 대부분의 역사서에서 종말론적 관점이 누락되거나 매우 후퇴되어 있기에, 역사는 심판의 장소가 되었다.[335] 이 두 가지 특징 모두가 키레네 야

333) 이것에 관해서는 O. Betz, *Offenbarung und Sehriftforschung in der Qumransekte*, 1960, 77ff., 83ff., 86을 보라.

334) 이것에 관해서는 J. Fichtner, *TLZ* 76, 1951, 146-150; W. Baumgartner, *TR* 5, 1933, 283f.; 2권 p.161f.를 보라.

335) 역대기 사가의 작품의 두 가지 특징들에 대해서는 E. Bickerman(n), *From Ezra to the Last of the Maccabees*, 1962, 20-31을 보라. 여기서 비커만(Bickerman)은 그리스적인 역사서술과의 유사점을 언급한다: "역대기 사가는 밀레토스(Miletus)의 헤카타이오스같이 자신에게 가장 개연적으로 보이는 과거에 관한 정보들을 제공하고, 그 자료들을 그들 자신의 역

손의 작품에서 나타난다. 그는 '객관적인' 사건보도를 기술하려는 것이 아니라, 가장 최근의 과거사를 '신학적으로' 해석하고, 하나님이 거룩한 성전과 자기 백성을 구원하기 위해 놀라운 구원의 사역을 펼치시고 악한 자들과 박해자들을 징벌하셨다는 사실을 묘사하려 한다.[336] 그가 이것을 매우 헬레니즘적이고 상당한 수준의 수사학적 문체로 묘사할 수 있다는 사실은 유대 종교의 유연성과 새로운 지적 환경을 수용할 수 있는 종교적 능력을 보여준다.

유대인들이 자신들의 '역사적' 저작들에 연대기라는 전통적인 어떤 특정한 형태를 부여했건, 묵시적 개요를 암호화하는 형태로 역사를 변형했건, 혹은 헬레니즘적 역사물이라는 낯선 옷을 입혔던 간에, 자신들의 '거룩한' 역사를 기술함에서 그리스적인 세계이해와 역사이해에 저항하여 의식적으로 경쟁하고자 했던 동방의 유일한 민족이었다. 그들이 기원후 70년 이후에 갑자기 자신들의 역사기술을 중단하고, 근본적으로 비역사적인 할라카(Halacha)와 하가다(Haggada)를 발전시키는 것에 완전히 집중하게 된 것은 제2성전과 유대국가의 파멸, 그리고 팔레스타인에서 정신적 지도력을 갖고자 했던 랍비체제에 의

사적인 기준에 부합하도록 수정한다"(22). 보응교의에 관해서는 24ff.를 보라. 대하 25:4에 있는 신 24:16의 인상적인 인용과 비교하라. 역대기 사가의 역사적 관점에 대한 신학적인 배경에 관해서는 G. von Rad, *Das Geschiehtsbild des chronistischen Werkes*, 1930, 여러 곳; D. Rössler, *Gesetz und Geschiehte*, ^{2}1962, 38ff.를 보라.

336) R. H. Pfeiffer, *op. cit.*, 512: "야손은 마카베오1서의 저자보다 훨씬 더 많은 신학적 관심을 가졌다." 보응교의에 관해서는 *loc. cit.*를 보라. 4:38, 42; 5:9f.; 7:19, 35; 8:33; 13:5-8; 15:31-35 그리고 무엇보다도 9:8-28과 비교하라: 안티오코스 4세는 벌레들에 물려 죽었다고 보고하는데, 이는 하나님을 대적하는 자가 죽는 방식이다. P. Wendland, *Hellenistisch-römischer Kultur*, 1912, 330 각주 6을 보라. 그것은 또한 Herodot 4, 205에 이미 나타났다. 또한 6:12-16의 발췌작가의 보설(*Exkurs*)과 비교하라. 이 책 제2부 각주 316을 보라.

해 도입된 급진적 변혁을 상징하는 것이었다: "유대인은 더 이상 역사를 창조하지 않는다. 이제 그들은 역사를 견뎌내야 했다."[337]

4) 그리스어로 번역된 팔레스타인 유대 문서들

키레네 야손의 작품은 디아스포라 유대교의 특정 그룹과 예루살렘이 밀접한 연관성을 가지고 있었다는 증거였다. 하스모니아 왕조는 이러한 연관성을 더욱 밀접하게 형성시키는 데 중점을 두었다. 왜냐하면 후에 헤롯에게서도 그랬거니와 그들의 국제관계의 중요성은 디아스포라 유대교에 대한 영향력에 달려 있기 때문이었다. 이러한 이유로 이미 그들은 예루살렘에서 그리스어 연구에 지속적인 관심을 가졌던 것이 분명하다. 이와 같이 하스모니아 왕조가 팔레스타인 밖의 유대인들, 특히 이집트에 있는 유대인들을 새로운 유대민족국가 형성이라는 정책으로 끌어들이고, 동시에 레온토폴리스(Leontopolis)의 오니아스(Onias) 성전이 예루살렘 성전과 경쟁관계에 놓이는 것을 막으려고, 예루살렘에서 활기찬 번역활동을 벌였었다는 징후들이 발견된다.[338]

마카베오 2서 1:1-9에는 기원전 124년에 기록된 이집트의 디아스

---

337) N. N. Glatzer, *Geschiehte der talmudischen Zeit,* 1937, 11. 또한 D. Rössler, *Gesetz und Geschichte,* ²1962, 20f. 와 비교하라.

338) 이것에 관해서는 U. Kahrstedt, *Syrische Territorien in hellenistischer Zeit,* AGG, NF 19, 2, 1927, 137-45; E. Bickermann, *ZNW* 32, 1933, 253f. 를 보라. M. A. Beek, OTS 2, 1943, 121-32, 141ff. 가 레온토폴리스(Leontopolis)의 성전건립의 연도를 더 이르게 기원전 270년으로 잡은 것은 분명한 오류이다. 이에 반해 체리코버(Tcherikover, *HC,* 279f)는 기원전 145년으로 너무 늦게 잡는다. 오니아스 4세는 기원전 163년(?) 알키모스가 제사장으로 등용된 후 알렉산드리아로 도망가, 얼마 후에 레온토폴리스에 군사식민지와 함께 성전을 세웠을 것이다. 유대고대사 12, 387f. ; 13, 62-73; 20, 236과 비교하라.

포라에 있는 유대인들이 예루살렘의 '형제들'에게 보내는 그들의 공적인 '절기(節期) 편지'(*Festbrief*)가 보존되어 있다. 거기에는 더 오래전인 기원전 142년 초기에 보낸 편지도 인용되어 있다. 이것은 마카베오 가문의 행정기관에서 아람어를 그리스어로 번역한 편지로 추측된다.[339] 이어지는 마카베오 2서 1:10-2:18의 자세한 '절기편지'는 아마도 기원전 63년 폼페이우스가 예루살렘을 점령하기 이전에 생긴 위서(僞書)로써, 예루살렘에서 쓰였을 가능성이 있다.[340] 또한 2:13ff.에는 느헤미야에 의해 세워지고 유다 마카베오에 의해 확장된 이른바 성전 서고(*Archiv des Tempels*)에 대한 언급이 있는데, 이 언급에 이어서 다음과 같은 의미심장한 초대의 말이 나온다: "지금 필요한 것이 있다면, 그것을 너희에게 가져갈 수 있게 (사람들을) 보내도록 하라." 여기서 저자는 알렉산드리아의 유대인 공동체가 예루살렘에서 가져

---

339) 2마카 1:1-9에 관해서는 E. Bickermann, *op. cit.*, 233-254; M. A. Beek, *OTS* 2, 1943, 138-143을 보라. R. H. Pfeiffer, *op. cit.*, 508의 반대주장을 보라. 1:1-9는 알렉산드리아의 서간서(*Epistolographie*)의 교화적인 작품으로서는 도저히 이해될 수 없다.

340) E. Bickermann, *op. cit.*, 234에 의하면 이 작품은 약 기원전 60년경으로 거슬러 올라간다. 이 작품의 예루살렘 기원설에 관해서는 그의 짧은 주해를 보라: *JBL* 63, 1944, 357. N. Walter, *op. cit.*, 17과 18 각주 2는 그것이 알렉산드리아에서 형성되었다고 추측한다. 여하튼 2:1ff.의 전설은 팔레스타인적인 특성을 띠며 또한 에우폴레모스에게서도 나온다. 이 책 제2부 각주 278을 보라. 1:19ff.의 불의 기적은 아마도 이란에게서 비롯된 것 같다. 원본은 아람어로 기록되었다는 토레이의 가설(C. C. Torrey, *ZAW* 20, 1900, 225-242; *JAOS* 60, 1940, 119-150)은 설득력이 없다. Abel/Starcky가 옹호하는 이 편지의 진정성도 마찬가지이다(*op. cit.*, 27ff.). 그러나 아벨(Abel)의 후기 저작설을 반대하는 주장은 고려할 가치가 있다. Abel, *Macc.*, 289. 유대인이 독립을 잃은 다음 이집트가 그들에게 끼친 영향력은 더 이상 의미 없는 것처럼 보인다. 발췌작가의 기원에 관한 문제는 이것과 매우 밀접하게 관련되었다. Bunge(이 책 제2부 각주 296), 56ff.는 그것이 진정성을 갖는 삽입된 작품이라고 단정한다.

온 종교적이고 역사적인 내용을 담은 문서들을 보관하고 있었다는 것을 전제하고 있다. 이는 알렉산드리아의 유대인 공동체가 더 이상 아람어를 사용할 수 없었기 때문에, 가져온 문서는 최소한 부분적으로나마 그리스어로 번역되었을 것으로 추정된다.

이 사실은 그리스어로 된 에스더서에 첨가된 〈에스더서 부록〉을 통해 확인되었는데, 여기에는 이 책을 프톨레마이오스의 자손 리시마코스(Lysimachos)가 예루살렘에서 번역하여 '부림절 절기편지'로써 제사장 도시테오스(Dositheos)와 그의 자손 프톨레마이오스가 이집트로 가져왔다는 사실을 기록했다.[341] 이 에스더서의 번역물은 아마도 그리스어 본을 마소라 본과 구별시켜 주는 교정본 및 확대본과 관계된 저작이었을 것이다. 이 번역본에서 유대인과 이방인들의 대립은 더 날카롭고 깊게 표현되고 있다.[342] 또 여기서는 유대인의 철천지 원수 하만을 '마케도니아인'으로 묘사하는데, 이러한 묘사는 많은 유대인들이 스스로를 자랑스럽게 '마케도니아인'이라고 불렀던 알렉산드리아에서 나온 것이라고는 거의 생각할 수 없다는 것을 보여주는 증거가 된다.[343] 또한 기도와 꿈, 꿈의 해석을 삽입함으로써 이 모

341) E. Bickerman(n), JBL 63, 1944, 339-362; 보충(증보)과 수정되어 출판된 R. Marcus, *JBL* 64, 1945, 269-271과 P. Kahle, *The Gairo Geniza*, [2]1959, 213 각주 1을 보라.

342) 3, 3d(B 4); 10, 3g(F 7)와 비교하라. 그리스어 에스더서의 경향에 관해서는 특히 E. Bickermann, *PAAJR* 20, 1951, 101-133; O. Eissfeldt, *Einl.*[3], 800-802를 보라. 이런 반(反)그리스 정서가 갑작스럽게 확대된 것은 후대에야 비로소 알렉산드리아에서 첨가된 것이라는 견해(Hautsch, *PW*, 2R. 2, 1600f. 처럼)는 개연성이 적다. 요세푸스에게서는 유대고대사 11, 184-296에 이 첨가문들은 이미 등장한다.

343) 8, 12k(E. 10); 9, 24; 알렉산드리아의 마케도니아 사람들에 관해서는 이 책 제1부 각주 94를 보라. Altheim/Stiehl, *Die aramäische Sprache unter den Achämeniden*, 210-3은 파르티아인이 셀레우코스 왕국의 동쪽에서 성공한 것을 근거로 해서 이런 증보작업을 기원전 130년으로 설정하려고 했다.

든 것의 중심에 하나님의 능력이 역사하는 것으로 묘사하고 있다.[344] 마지막으로, 에스더가 이방 왕과 결혼한다는 것에 대한 불쾌한 감정을 완화해야만 했는데, 원 저작에서는 그 결혼에 대한 어떤 거부감도 없었다. 이것은 쿰란 문헌에서 에스더서가 발견될 수 없었던 이유일 수도 있다.[345] 그러므로 에스더는 〈에스더서 부록〉(4, 17u-y = C, 25-29)에 나오는 초기의 '궁정 이야기들'(1권 p. 101f. 를 보라)의 태도를 분명하게 거절하는 방식으로 이렇게 기도한다.

> 당신께서는 모든 것에 대한 지식을 지니셨습니다. 그리고 당신은 내가 율법을 거스르는 자들의 영예를 미워하고 할례 받지 않은 자의 침상과 이방인의 침상을 혐오한다는 것을 아십니다. 당신께서는 나의 곤궁을 아십니다. 내가 회중들 앞에 나타나는 날에 내 머리에 떠오르는 나의 교만의 표징을 미워하십니다. 나는 월경 때 입었던 의복처럼 그것을 혐오하며, 조용히 거하는 날에는 입지도 않습니다. 당신의 이 여종은 하만의 식탁에서 먹지 않았으며, 왕의 피로연을 허락하거나 제사 술을 마시지도 않았습니다. 당신의 여종은 지금까지 이곳에 온 이후로 아브라함의 주 하나님 당신에게서 말고는 어떤 기쁨도 누리지 않았습니다.

원래 작품의 경향과 낯설기는 하지만, 여러 가지 면에서 마카베오서나 〈희년서〉의 정신과 연관된 율법적인 엄정주의(嚴正主義)가 에

---

344) 1, 11(A 11); 4, 17a-z(C); 5, 1aff.(D 1ff.); 8, 12d. q, r. t(E 4, 16. 17. 20); 10, 3a(F 1). 책 서두의 꿈과 끝부분의 해석 역시 이 대왕의 칙령처럼, 이 책의 종교적 요소들을 강화하려는 의도를 가지고 있다. O. Eissfeldt, *op. cit.*, 801f. 는 이에 반대하고 있다. 2마카 15:11ff.; 9:13ff. 와 비교하라.

345) 가령 *Jub.* 30, 7ff., 14ff. 와 비교하라. 또한 M. Hengel, *op. cit.*, 192f. 를 보라.

스더서에 도입된 것이다. 번역가이자 편집자인 프톨레마이오스의 아들 리시마코스(Lysimachos)는 〈에스더서 부록〉에서 초기 아람어나 히브리어 모델을 사용했으리라 추측된다.[346] 에스더서 간행사(*Kolophon*)에 붙은 후기(後記) '예루살렘에 있는 자들을 위하여'(τῶν ἐν Ἰερουσαλήμ)는 그가 팔레스타인 사람이었음을 보여준다. 동시에 이 간행사는 하스모니아 통치하의 예루살렘과 이집트 디아스포라 사이의 밀접한 관계를 입증해 준다.[347]

우리는 이를테면 마카베오 1서와 같은 또 다른 작품들도 팔레스타인에서 그리스어로 번역되었다고 생각할 수 있다.[348] 하지만 서지학(書誌學)적 주해는 에스더서에서만 보존되어 있기 때문에 그것은 단지 추정에 불과하다. 《70인경》의 번역과 수정작업 또한 기원후 1~2세기에 팔레스타인에서 테오도티온(Theodotion)과 아퀼라(Aquila)의 번역본과 함께 지속적으로 사용되었다.[349] 익명의 사마리아 작가와

---

346) O. Eissfeldt, *Einl.*[3], 802를 보라: "사본 B와 E는 원래 그리스어로 기록되었고 …, 사본 A, C, D와 F는 히브리어나 아람어 원본을 전제하고 있다." 이와 유사한 R. H. Pfeiffer, *op. cit.*, 308ff.의 주장을 보라.

347) E. Bickermann, *op. cit.* (이 책 제2부 각주 341), 335ff.를 보라.

348) E. Bickermann, *GM*, 145 그리고 *JBL* 63, 1944, 357: 전적으로 문자적인 번역으로 보아 이것이 팔레스타인에서 이루어졌다고 생각할 수 있다.

349) 기원후 1~2세기 동안 팔레스타인에서 이루어진 《70인경》의 편집이나 번역에 대해서는 D. Barthélémy, *Les Devanciers d' Aquila*, SVT 10, 1963, 15ff., 148ff., 271f.를 보라. 그는 《70인경》을 편집한 테오도티온(Theodotion)이 힐렐의 문하생 요나단 벤 웃치엘(Jonathan b. Uzziel)과 동일인물이라고 추측하는데, 후에는 잘못하여 예언서의 아람어 번역(《탈굼》)도 그가 기록했다고 한다. *Meg.* 3a에는 그가 다니엘을 번역했다는 언급이 있다(*op. cit.*, 150f.). 이 책 제3부 각주 663을 보라. 그의 번역과 후대 아퀼라(Aquila)의 번역은 이미 하스모니아 시대에 시작된 디아스포라에 대한 종교적인 영향력과 통제의 경향을 이어갔다. 테오도티온에 대해서는 S. Lieberman, *Greek in Jewish Palestine*, 1942, 17ff.; M. Smith, *BJRL* 40, 1957/58, 482 각주 3을 보라. 팔레스타인의 《70인경》

에우폴레모스가 사용한 《70인경》과, 쿰란과 바르 코크바(Bar Kochba) 봉기 때 사용된 동굴들에서 《70인경》 단편이 발견된 것은(제 2부 각주 19를 보라) 기원전 2세기에서 기원후 2세기까지 그리스어로 번역한 구약이 팔레스타인 유대교에서도 높은 평가를 받았음을 보여준다.[350] 이와는 대조적으로 후기 랍비들은 그것에 대하여 비평을 하지만 말이다. 전체적으로 《70인경》은 — 특히 오경의 개개의 책들에서 다양하게 번역한 본문 사이의 뚜렷한 차이가 있고, 또 주로 알렉산드리아에서 나왔다 할지라도 — 팔레스타인 전통의 영향력하에 있었다고 할 수 있다. 무명의 유대인들은 마음속에 민족의 거룩한 전통을 품고 있었고, 또한 '거룩한 언어'도 충분히 구사할 수 있어서 구약의 각 권들을 그리스어로 번역할 수 있었다. 비록 팔레스타인에서 온 72장로들의 이야기와 그들이 가져왔다는 예루살렘의 값비싼 율법 두루마리(특히 〈아리스테아스 편지〉 121ff., 176)의 이야기는 아무런 자료도 남기지 못하고 전설의 영역으로 사라질 수밖에 없었지만, 그들은 아마도 유대 모국과 밀접히 연관되었을 것으로 보인다. 그들은 '거룩한 본문'들은 되도록 문자적으로 번역했고 히브리어 단어의 순서까지도 보존한 반면, 광범위한 그리스 신화와 철학적 사색에 의해서는 영향을 받지 않으려 했다. 여기서 나오는 예외적인 사항들(이 책 제 3부 각주 361을 보라)은 단지 이 규칙을 확인시켜 주는 것이었다.[351] 팔레

편집자들의 일반적인 활동에 대해서는 E. Bickerman(n), *Alexander Marx Jubilee,* Volume 1, 1950, 164를 보라. 마지막으로 B. Lifshitz, *RB* 72, 1965, 521의 일반적인 논평을 보라.

350) Billerbeck 4, 414 w. x; R. Hanhart, *VT* 12, 1962, 144f.를 보라.

351) 또한 이전의 Z. Frankel, *Vorstudien zur Septuaginta,* 1841, 8ff., 105ff., 185ff.; *Über den Einfluss der palästinischen Exegese auf die alexandrinische Hermeneutik,* 1851을 보라. 같은 문제에 대해서는 또한 J. Freudenthal, *Hellenistische Studien,* 1873, 65ff. 그리고 P. Katz, *ZNW* 47, 1956, 210f.를 보라. 팔레스타인과 알렉산드리아의 주석들은

스타인 모국과 이런 연관성을 가졌다는 실례는 벤 시라의 손자가 쓴 서문과 번역본(2권 p. 83ff. 을 보라)에서 볼 수 있다.

팔레스타인에서 나온 그리스어로 기록된 현존 유대·헬레니즘적 문학작품들의 전체적인 윤곽은 어쩔 수 없이 일면적일 수밖에 없는데, 이는 보존된 문서의 수가 제한적이고 단편적이며, 그 경향도 익명의 사마리아 작가를 제외하고는 비교적 한결같기 때문이다. 이 기록들은 유대인들의 종교적이고 민족적인 자의식을 높이고 비유대인들과의 거리를 넓히며, 디아스포라—그 중에서도 특히 이집트에 있는 디아스포라—에 대한 정치·종교적 영향력을 강화하는 데 사용되었다.[352] 여기서 마카베오 이후의 상황은 어디서나 명백해진다. 그리스 언어와 문학에 대한 지식, 그리고 더 나아가 수사학적 훈련도 전적으로 헬레니즘 문명의 위험성에 대항하여 유대교적 전통을 방어하기 위해 사용되었다. 흥미롭게도 우리에게 남아 있는 문헌들은 그 내용의 특징은 철학적이지 않고 거의 철저하게 역사적이고 전설적이

상호 영향을 끼쳤다. 이 책 제3부 310ff. 를 보라. 전체적으로 《70인경》에 끼친 헬레니즘적-신화론적(또한 H. A. Redpath, AJT 9, 1905, 34f. 를 보라)이고 철학적인 영향은 크지 않다. J. Freudenthal, *JQR* 2, 1889/90, 205-222; E. Zeller, PhG6 III, 2, 274ff.; R. Marcus, "Jewish and Greek Elements in the Septuagint," in: *L. Ginzberg Jubilee Volume,* 1945, 227-245를 보라. 또한 R. Hanhart, VT 12, 1962, 139-162; E. Bickerman(n), *PAAJR* 28, 1959, 11f., 특별히 언어에 관해서 비교하라. 다른 한편 비커만은 필라델포스(Philadelphos) 하에서 오경의 공적인 번역이 실재로 실행되었음을 매우 타당성 있게 주장했다(7ff., 13ff.). 헬레니즘·로마시대의 《70인경》의 독특성에 관해서는 1권 p. 105를 보라.

352) J. Freudenthal, *Hellenistische Studien,* 129는 옛 필로(*FGrHist* 729)가 쓴 4권의 책에 나오는 예루살렘의 장대함에 대한 묘사를 토대로 저자가 예루살렘에 매우 오랜 기간 혹은 영구히 머물렀을 것이라고 주장한다. 적은 수의 단편들이 보존된 것을 볼 때, 그것은 추측 이상일 수는 없다. 유대 비극작가 에체키엘의 작품(제3부 각주 10을 보라)이 예루살렘에서 기록되었다는 M. Hadas, *HCu*, 100의 가정은 순전히 공론(空論)에 불과하다.

다. 이는 알렉산드리아의 유대문학이나 시돈과 티레, 가다라, 아스켈론(Askelon) 같은 헬레니즘 도시들의 지적 전통(1권 p. 359ff. 를 보라)과는 대조적이다. 민족주의적이고 더 나아가 율법준수에 더욱 엄격했던 문학작품들에 대한 하나의 대응물로써 더욱 헬레니즘에 개방적인 작품이 유대·팔레스타인에 존재했을 가능성은 매우 높은데, 이러한 작품은 지혜문학의 보편주의에서 시작되었을 것이라고 추측된다(1권 p. 73f. 를 보라). 그러나 마카베오의 승리를 통해 그 증거들은 남지 않게 되었다. 익명의 사마리아 작가를 제외하고 우리에게 남겨진 것은 헬레니즘적 개혁시도에 대한 대응을 묘사하는 작품들의 단편들뿐이다. 반면 이러한 반응을 일으켰던 그리스 친화적인 정신적·문화적 활동은 그저 간접적으로만 추적할 수 있다.

제 4 장

요약: '헬레니즘적 유대교'로서 팔레스타인의 유대교

제논 파피루스에만 의존하더라도 기원전 260~250년 팔레스타인에서 유대교의 귀족들과 군사공동체가 이미 그리스어를 구사했다는 사실은 입증가능하다. 기원전 175년 안티오코스 4세가 왕위에 오르자 그리스어는 더욱 폭넓게 확산되었고, 마카베오 독립투쟁의 승리를 통해서도 이 상황을 바꿀 수는 없었다. 마카베오 왕조는 디아스포라에 영향력을 행사하려는 의지가 있었기에 도리어 범세계적인 언어를 장려했다. 이 언어는 유대 상류층에서, 마치 17세기와 18세기 독일 귀족층에서 프랑스어가 차지했던 역할과 비슷한 기능을 했을지도 모른다. 이 사실은 특히 탈무드 문헌에 나오는 수많은 그리스 외래어를 통해서도 입증된다. 그리스어 이름의 도입도 이와 유사하게 진행되었는데, 이는 페니키아인들과 이집트에 사는 유대인들의 그리스식 작명(作名)으로 이어진다. 그러나 이것은 다소 후대에 시작되었기에 기원전 3세기 말부터나 그 자료를 발견할 수 있지만, 그리스식 이름 사용은 마카베오 봉기 이후에도 지속되었고, 봉기 2~3세대부터는 하스몬 가문에서도 나타난다.

언어와 작명, 이 두 가지 모두는 그리스식 교양교육이 이미 들어왔음을 암시한다. 페니키아인과 이집트의 유대인들에게 존재했던 그리스 교육의 영향은 매우 빠르게 나타났다. 그러나 그리스 교육은 이미 기원전 3세기 후반부터 유대에도 침투되기 시작했다고 추측할 수 있으며, 기원전 175년에 대제사장 야손이 예루살렘에 김나시온을 건립하면서 그 발전은 정점에 이르렀다. 당시 유대교 상류층의 헬레니즘화 과정은 절박한 국면으로 들어가게 되는데, 유대교가 헬레니즘적 환경에 완전히 동화되는 것을 목표로 삼았다. 이것은 정치적 목적과 결합되었다. 즉, 그들은 예루살렘에 그리스식 폴리스를 세움으로써 친(親)그리스적인 귀족들의 특권을 강화하고 보수적인 집단을 무력화하려 했다. 예루살렘에서의 그리스식 교육은 청소년 생도들을 훈련하는 데 있어서 단지 육체적 요소뿐만 아니라 정신적·문학적 요소도 포함되었을 것으로 보인다. 예루살렘에는 김나시온의 예비단계와, 김나시온과 유사한 그리스식 학교가 존재했으리라 추측된다. 더 후대에도 유대인의 수도 예루살렘에서 그리스식 교양교육을 지속했다는 암시가 있는데, 여기에는 호메로스에 대한 지식까지 교육시키고 있었다. 이에 대한 저항운동으로 오랫동안 성전과 연관되어왔던 서기관 그룹에서 유래한 율법학자라는 더 넓은 계층이 형성되었다. 이 운동의 지향점은 모든 백성에게 토라를 가르치는 것이었다. 이러한 수백 년간 지속된 발전의 종착점은 기원후 2세기의 랍비단(*Rabbinat*)이었다. 그러나 분명하게 반(反)헬레니즘적 경향이 있는 이 운동도 그리스식 교육이론의 방법과 형태를 받아들였다.

문학과 철학교육의 중심지들은 알렉산드리아뿐 아니라 페니키아 도시들과 팔레스타인의 헬레니즘화된 몇몇 도시들에도 생겨나게 되었는데, 이 도시들은 중요한 시인들과 철학자들을 많이 배출했다. 가장 영향력이 있었던 사상은 주로 셈족 출신의 철학자에 의해 창시된 스토아주의였는데, 이는 헬레니즘시대의 지배적인 철학이었다. 이와 더불어 기원전 2세기부터는 학파들의 절충적인 혼합이 가시화되었는데, 시리아·페니키아 출신의 철학자들이 여기에 기여했다.

그리스식 교양교육의 침투는 팔레스타인에서 그리스어로 기록된 유대교 문학이 시작된 것으로도 입증된다. 문학은 무엇보다도 유대인 자신들의 역사를 다루고 있었다. 익명의 사마리아인 작가는 성서의 원 역사를 바빌로니아와 그리스 신들의 계보(*Theogonie*)에서 나온 에우헤메리즘적인 주제와 결부시켰고, 에녹과 아브라함을 모든 민족들에게 문명을 전달한 자로 각색했다. 반면 제사장이자 유대인이었던 에우폴레모스는 예루살렘 성전을 특별히 강조하는 방식으로 유대 민족사를 묘사했다. 디아스포라 유대인이었던 키레네의 야손은 그의 방대한 작품에 헬레니즘적 개혁이 일어났던 당시의 가장 최근 사건들과 유다 마카베오의 독립투쟁을 헬레니즘적 역사기록과 같은 장중한 방법으로 서술했다. 비록 그가 여기서 하시딤적이고 팔레스타인적인 경건의 모티브를 풍부하게 사용했지만 말이다. 하스모니아 왕조는 독립된 이 새로운 유대인 국가의 종교적·민족적 권위를 강화하기 위해, 팔레스타인의 유대교 문학을 그리스어로 번역하여 팔레스타인 모국 밖으로 확산되는 것에 의미를 부여했다. 이것은 팔레스타인 내부에서 있었던 번역활동의 상당부분을 어느 정도 촉진시켰다.

전체적으로 보면, 헬레니즘은 정신적인 영향력을 과시함으로써 이미 초기부터 지속적으로 유대 팔레스타인에 그 족적을 남겼다. 이로 보건대, 팔레스타인 유대교와 헬레니즘적 유대교를 구별하는 통상적 관점을 수정해야 한다. 이러한 구별은 주제개념을 오도하고 마치 지리적 개념으로 대립된 양 잘못 사용될 뿐만 아니라,[353] 헬레니즘시대 유대교의 새로운 상황을 오해하게 한다. 대략 기원전 3세기 중반부터 전체 유대교는 엄격한 의미에서 '헬레니즘적 유대교'로 특징지어

353) H. F. Weiss, *Klio* 43-45, 1965, 307 각주 3을 보라.

져야 하며, 구별하려면 차라리 서부 디아스포라의 그리스어 사용권 유대교와, 팔레스타인 내지 바빌로니아의 아람어 혹은 히브리어 사용권 유대교로 구별하는 것이 더 낫다.[354] 그러나 이 구분 역시 일면적이다. 예루살렘에서는 프톨레마이오스시대부터 그리스어가 점점 더 많이 사용되었다. 마카베오 봉기는 여기에 그저 어느 정도의 변화를 가져왔을 뿐이었다. 그리스어 비문들에 따르면, 헤롯시대부터 기원후 70년 파멸되기까지의 신약시대에 예루살렘에는 그리스어를 모국어로 사용했던 사람들이 있었음에 틀림없다. 그들은 디아스포라에서 돌아온 사람들뿐만 아니라, 본토의 귀족들도 포함되어 있었다. 이로써 우리는 때로 가장 강력한 정치적·문화적·종교적 충돌을 일으킨 전형적인 유대인들을 마주치게 된다. 그들은 두 문화와 언어의 공간, 즉 자신들이 태어난 유대교·아람어적 공간과 이방세계의 그리스적 공간을 오가며 이중언어를 사용할 줄 아는 수완을 가지고 살았다. 이것에 대한 예가 예루살렘에서 나온 묘지와 납골단지에서 발굴된, 그리스어와 아람어로 된 이중언어 비문이다.[355] 이 일군(一群)

354) 이런 의미에서 Bousset/Gressmann, 2-5는 이미 "헬레니즘적 유대교"에 관해 언급했다. 또한 W. G. Kümmel, *Heilsgeschehen und Geschichte*, Gesammelte Aufsätze, 1965, 15와 377; G. Pfeiffer, *Ursprung und Wesen der Hypostasenvorstellungen im Judentum*, 1967, 95 각주 427과 비교하라: "그 시대의 유대교는 때로는 더하고 때로는 덜할지라도, 항상 헬레니즘적 유대교였다."

355) 비교. CIJ 2, 261ff., Nr. 1256: 니카노르 비문; 1266; 1282; 1393; 1337-1341; 1344; 1350(비교. 1351-4); 1366; 1372-1374; 1378. 또한 1283의 본토 베델(Bethel)과 372ff.의 스키토폴리스에 대한 암시들을 보라. 더 나아가 이중언어로 기록된 비문들에 관해서는 P. B. Bagatti/J. T. Milik, *Gli Scavi del Dominus flevit*, I, 1958, Stud. bibl. frans. 13, 1958, 84 Nr. 13a. b; 97f. Nr. 37을 보라. 전체적으로 히브리·아람어 그리고 그리스어 비문들은 무작위로 상호 교환되었다. R. de Vaux, *RB* 65, 1958, 409; N. Avigad, *IEJ* 12, 1962, 1-12의 그리스 비문들이 출

의 '팔레스타인의 그리스어사용 유대인'(*jüdischen Graecopalästiner*)은 토비아스 가문의 징세도급관 요셉과 그의 아들 히르카노스, 그리고 후대의 대제사장 가문 가운데 오니아스 3세나 야손 혹은 레온토폴리스의 설립자 오니아스 4세뿐만 아니라 시몬과 메넬라오스, 리시마코스, 그리고 마지막 대제사장이었던 알키모스와 같은 저명한 제사장 귀족가문으로 거슬러 올라간다. 이 그룹은 계속해서 저술가 에우폴레모스와 벤 시라의 손자, 후대 하스몬 가문의 아리스토불로스 필헬레네(Aristobul Philhelle)와 알렉산드로스 얀나이오스 및 그의 아들들로 이어졌다. 여기에 헤롯과 그의 가문, 그의 추종자들, 헤롯에 의해 예루살렘으로 이주했던 대제사장 가문 보에토스(Boethos), 그리고 신약시대의 고위급 제사장 가문들도 언급되어야 한다. 신약의 인물에서도 마찬가지이다. 요한 마가(행 12:12, 25; 13:5, 13; 15:37)와 실바누스-실라,[356] 유다 바르사바스(행 15:22, 32), 헤롯 안디파스의 배다른 동생 마나헴(행 13:1)이 그들이다. 또한 디아스포라 출신의 유대인들 가운데 가족들이 팔레스타인과 밀접히 연관되어 이곳에서 자신들의 삶의 대부분을 보냈던 사람들 역시, 이중언어와 문화의 공간을 향유했던 구성원들이라고 생각해도 무방하리라. 키레네의 야손과 더 후대 요한 마가의 '먼 친척'이었던 키프로스의 레위인 요셉 바나바(행 4:36 등; 비교. 골 4:10), 타르소스의 바리새인 사울-바울이 그들이다.[357] 더 나아가 우리는 사도행전 6장의 7인의 '헬레니즘적 유대인들'(*Hellenisten*)을 지적할 수 있다. 하지만 이들이 아람어를 할

토된 가족묘를 비교하라. 그 중 2개는 두 언어로 쓰였다. 또한 E. M. Meyers, *Jewish Ossuaries*, 1971, 48ff.와 비교하라.

356) 행 15:22, 27, 32 등; 살전 1:1; 고후 1:19 등. 이름의 형식에 대해서는 W. Bauer, *Wörterbuch z. NT.*, ^{3}1963, 1457을 보라.

357) 비교. 빌 3:4; 갈 1:13f.; "그의 가족의 이중언어 사용"과 그의 예루살렘의 체류에 대하여는 G. Bornkamm, *RGG*^{3} 5, 167을 보라.

수 있었는지는 확실하지 않다. 더 후에 이러한 이중문화적 교육을 받은 전형적인 인물들로서는 요세푸스와, 탁월한 수사학적 교육을 받았던 티베리아의 유스투스(Justus von Tiberias = Ṣādôq)와 족장들의 가문을 들 수 있다. 갈릴래아 베트-쉐아림(Beth-Schearim)에 있었던 저명한 유대인 공동묘지는 기원후 2세기 후반부터 이곳에서 그리스의 영향이 예루살렘보다 얼마나 더욱 강렬하였는가를 보여준다.[358)]

이러한 사실은 신약학의 근본적인 학습원칙 가운데 하나인 '팔레스타인 유대교'와 '헬레니즘적 유대교'의 구분을 더욱 어렵게 하고, 대체로 이 구분은 이제 더 이상 적절하지 않은 것으로 입증된다. 여기서 몇몇의 그룹은 유대·팔레스타인에서도 두 언어를 사용하며 자랐고, 그리하여 바로 두 문화의 경계지점에 서 있었다고 생각해야 한다. 이러한 문제는 단지 예루살렘에서만이 아니라, 페니키아의 도시들과 오랫동안 특별한 연관을 맺었던 갈릴래아에서도 나타날 수 있다. 이 이중언어 사용은 예수의 가까웠던 제자들에게서도 가능하지 않았겠는가라는 질문도 충분히 던질 수 있다. 최소한 12명 중에서 안드레와 빌립은 그리스식 이름을 가졌고(막 3:18), 후에 안드레의 형제였던 시몬 게바-베드로는 그리스어만을 사용하는 서쪽의 유대인 디아스포라로 먼 여행을 떠났다.

또한 사도행전 11:19ff.에서 규정되는 팔레스타인 (원시-) 공동체와—특히 안티오키아의 공동체와 같은—헬레니즘·유대 디아스포라 공동체 사이를 구분하는 데 있어 더 치밀한 정의가 필요하다. 즉, 팔레스타인 공동체들이—아마 더욱 적극적으로—그리스어를 사용했다는 전형적인 특징을 과소평가할 수는 없다. 그리스어 사용능력은 당연히 사회적으로 높은 계층이라는 표지였고, 이들이 유대·팔레스

358) 또한 B. Lifshitz, *ZDPV* 78, 1962, 77ff.를 보라.

타인 지역 밖의 세계와 더 많이 접촉했고 더 나은 교육을 받았다는 표지였다. 그러므로 이를테면, 마태복음은 팔레스타인에서 그러한 그리스어를 사용하는 유대기독교 그룹에서 생겨나지 않았는가도 생각해 볼 수 있을 것이다.[359)]

신약시대 유대·팔레스타인의 그리스어와 그리스 교양교육과 문화의 확산을 연구하는 것은, 비록 지난 수십 년간 그 자료의 수가 상당히 증가했을지라도 이제 새로운 시작의 국면을 맞이하고 있다. 앞으로의 연구에서는 주요 자료들 중 하나인 랍비전승들이 단지 히브리어와 아람어로 기록되어 있다는 사실에 의해, 더 이상 그렇게 크게 영향을 받을 필요가 없다. 리버만(S. Liebermann)은 그러한 자료들에서도 역시 헬레니즘적 요소와 그리스어 사용의 증거가 때로는 강력하게 내비친다는 것을, 우리가 그저 지나칠 수 없을 만큼 보여주었다. 이와 함께 요세푸스의 자료와 고고학, 특별히 비문과 파피루스 발굴과 같은 자료들은 더욱더 중대한 의미를 가지고 있다.

359) 언어상의 이유로 그것이 팔레스타인에서 저작되었다고 "가정하기는 어렵다"는 큄멜의 추측(W. G. Kümmel, in: Feine/Behm/Kümmel, *Einleitung in das N.T.*, [12]1963, 70)은 재검토할 필요가 있다. 아마도 마태복음서의 저자는 다중언어 사용자인 "그리스-팔레스타인 사람"(*Graecopalästiner*)이었으리라. 비교. Jeremias, *ZNW* 50, 1959, 270-274 = *Abba*, 1966, 255-260.

역주

제 2 장

① 이 책에서는 교육에 관한 두 가지 용어가 반복하여 등장한다. 하나는 Erziehung인데, 이는 주로 제도로서의 교육을 의미하기에 '교육'으로, 다른 하나는 Bildung인데, 이것은 내적 소양과 인격을 연마한다는 의미에서 우리말로는 '도야'(陶冶)라고 번역되지만 생소하기도 하고, 또한 그리스적 인격도야는 '교양'을 기르는 것을 의미하기 때문에 Bildung이 Erziehung과 차별화된 의미를 표현할 때만 '교양교육'이라고 번역하겠다. 단, 문맥상 일반적인 의미로서 종종 '교육'이라고 번역하기도 하겠다.

② 마르쿠스 타렌티우스 바로(Marcus Terentius Varro). 기원전 116~27년 고대 로마의 백과전서가. 카이사르 때 로마 최초의 공공도서관장으로 임명되었다.

③ 고대 그리스의 3대 비극작가(아이쉴루스, 소포클레스, 유리피데스) 가운데 한 명(기원전 약 480~406년).

④ 그리스어 팔라이스트라(παλαίστρα)는 고대 그리스의 청소년들이 체력을 단련하는 장소인 김나시온의 필수적인 한 부분으로 "탈의실과 목욕실을 갖춘 안뜰이 있는" 부속시설이었다. Walbank, 《헬레니즘 세계》, 67 각주 1.

⑤ 고대 스파르타의 제도를 거의 입법했다고 알려진 기원전 7세기경에 활동한 "반(半) 전설적인" 인물이었다. Wallbank, 《헬레니즘 세계》, 209.

⑥ 유대인들은 로마의 목욕문화에서 생활하면서, 자신들의 할례로 성기의 귀두부분이 노출되어 있는 것을 꺼려, 포피를 앞으로 잡아당겨 봉합하거나(이를 *infibulation*이라고 하는데, 여성의 경우 이와 유사한 시술을 '대음순봉합'이라 함), 포피의 가운데 부분에 상처를 내어 후에 자연적 치유과정을 통해 늘어나 귀두를 덮게 하는 일종의 성형술이다. 참고. 노태성, "포경수술과 정결법," 《거들못 성경》(음악의 향기, 2007).

⑦ 아폴론에게 예언의 능력을 물려받은 여인이었으나, 후에는 무녀의 총칭으로 사용됨.

제 3 장

⑧ 아우구스투스 시대의 그리스의 지리학자요 역사학자로, 대표적인 저서로는 기원전 20년에 집필한 《역사 스케치》와 기원후 2~14년경에 집필한 《지리 스케치》가 있다.

⑨ 기원전 3세기에 활동한 그리스 저술가로서(견유학파의 철학자 디오게네스와 다른 인물), 그리스 철학에 관한 현존하는 가장 중요한 2차 문헌인 《그리스 철학사》의 저자이다. 아마도 소아시아의 킬리키아의 도시 라에르티오스 출생

일 것으로 추측한다.

⑩ 서사시의 수호신으로 불리며, 그리스 신화의 아홉 뮤즈 중에 가장 높은 뮤즈이다. 칼리오페와 트라키아의 오이아그로스 사이에서 리라를 연주했던 영웅 오르페우스가 태어났다고 전해진다.

⑪ Marcus Porcius Cato Uticensic. 기원전 95~46년의 로마의 정치가. 스토아주의자로 카이사르 일파와 항쟁하며 공화정 로마를 유지하려다가 폼페이우스가 패배하자 자살했다.

⑫ 율법을 다루는 할라카와는 구분되는 포괄적인 성서주석 방법.

⑬ 하늘의 신 우라노스(οὐρανός)와 대지의 여신 가이아(γαία) 사이에 태어난 가족으로 6명의 남신과 6명의 여신으로 이루어져 있다. 이 12신들은 그리스 신화의 주류를 이루는 올림포스의 신들보다 이전의 신들로, 가이아의 권고에 따라 우라노스로부터 지배권을 빼앗아 막내아들인 크로노스를 지배자로 삼았다. 올림포스의 주신(主神) 제우스는 크로노스의 아들이다.

⑭ 시빌(Sibyl 혹은 Sibylle)은 그리스 전설과 문학에 나오는 신화적인 여자 예언자로 전해 내려온다. 기원전 5~4세기 초까지는 주로 소아시아에서 단수의 고유명사로 취급되었으나, 4세기 말부터는 복수형태로 하나의 '칭호'로 사용되었다. 유대인 시빌의 예언은 〈유대인 시빌서〉로 후대에 전해지는데, 이것과 구약 외경 〈시빌의 신탁서〉(*Sibylline Oracles*)를 구분해야 한다. 이 신탁집은 기원전 150~기원후 180년경에 주로 바빌로니아의 어떤 '시빌'이 쓴 것으로 여겨진다.

⑮ 이 용어는 기원전 300년경에 활동했던 그리스 신화작가 유헤메로스(Euhemeros)의 신화이론에서 유래한다. 그는 자신의 주요 작품 《성스러운 역사》에서 신들이란 원래 백성들에게 숭배받을 만했던 영웅들이나 정복자들이었다는—아마도 페니키아에서 사용되었을—민중신화의 해석방법을 체계화했다. 이 유헤메로스설(說)은 원시 신화를 해석하는 데 자주 사용되었으며, 특히 초기기독교가 고대신화를 기독교적 교리와 차별화하기 위해 선호한 신화이론이다.

⑯ 유대력으로 1월.

부록

1. 축약용어 목록
2. 알렉산드로스 대왕과 그 후계자들의 제국
3. 헬레니즘·하스모니아 시대의 팔레스타인
4. 예루살렘 평면도
5. 헬레니즘 통치하의 팔레스타인 연대표
6. 하스몬 왕조 가계도
7. 제논 파피루스에 따른
   팔레스타인과 페니키아 지역의 발굴소
8. 팔레스타인에서 출토된 초기 헬레니즘시대의 동전

1. 축약용어 목록

AAB Abhandlungen der königlich Preußischen (seit 1945/46 Deutschen) Akademie der Wissenschaften zu Berlin (Philos. histor. Klasse)

AAH Abhandlungen der Heidelberger Akademie der Wissenschaften

AAL Abhandlungen der Sächsischen Akademie der Wissenschaften in Leipzig

AAM Abhandlungen der Bayerischen Akademie der Wissenschaften, München

AAMz Abhandlungen der Akademie der Wissenschaften …, Mainz

(A) ASOR *(Annual of the) American Schools of Oriental Research*

'Ab. Pirqe Abot, Talmudtraktat

Abb. Abbildung

Abel/Starcky Les Livres des Maccabees … 문헌목록 III을 보라.

'AbRN Abot de Rabbi Natan, außerkanonischer Talmudtraktat

ADAJ *Annual of the Department of Antiquities of Jordan*

Aeg *Aegyptus, Rivista ltaliana di Egittologia e di Papirologia*

AfO *Archiv für Orientforschung*

AGG Abhandlungen der Gesellschaft der Wissenschaften, Göttingen

AGSU Arbeiten zur Geschichte des Spätjudentums und Urchristentums

AJA *American Journal of Archaeology*

AJPh *American Journal of Philology*

AIPHOS *Annuaire de l'Institut de Philologie et d'Histoire Orientales et Slaves*

AJSL *American Journal of Semitic Languages and Literatures*

AJT *American Journal of Theology*

ALUOS *Annual of the Leeds University Oriental Society*

AmHistRev *American Historical Revue*

ANET^{2} *Ancient Near Eastern Texts* …. ed. J. B. Prltchard

Ant. Josephus, *Antiquitates Judaicae* (= 유대고대사)

Anth. Gr. *Anthologia Graeca*
AO Der Alte Orient, Gemeinverstand
AOB2 *H. Greßmann, Altoriental. Bilder*
AOT2 *H. Greßmann, Altoriental. Texte, s. Lit. Verz. S. 590*
APF *Archiv für Papyrusforschung*
ARW *Archiv für Religionswissenschaft*
Asc. Jes. *Ascensio Jesajae*
Ass. Mos. *Assumptio Mosis*
ASTI *Annual of the Swedish Theological Institute in Jerusalem*
ATD Das Alte Testament Deutsch
Athen. Athenaios
ATR *Anglican Theological Review*
AZ Aboda Zara, talmudtraktat

BA *The Biblical Archaeologist*
BAL Berichte über die Verhandlungen der Sächsichen Akademie… zu Leipzig
Bar. Baraita
BASOR *Bulletin of the American Schools of Oriental Research*
BB Baba Batra, Talmudtraktat
BBB Bonner Biblische Beiträge
Bd. Band
Bell. Josephus, *De bello Judaico*(= 유대전쟁사)
Ber. Berakhot, Talmudtraktat
BFCT Beiträge zur Förderung Christlicher Theologie
BGU Ägyptische Urkunden aus den königlichen Museen zu Berlin: Griechisch. Urkunden I VIII(1895~1933)
Bh Beiheft
BhAO Beiheft zu Der Alte Orient, Gemeinverständliche Darstellungen
BHHWB Reicke Rost, *Biblisch Hist. Handwörterbuch*
BHT Beiträge zur historischen Theologie
Bibl Biblica
BIES *Bulletin of the Israel Exploration Society*
Bill. *Strack Billerbeck, Kommentar z. NT.*

BJPES *Bulletin of the Jewish Palestine Exploration Society*
BJRL *Bulletin of the John Rylands Library*
BKAT Biblischer Kommentar, Altes Testament
BMB *Bulletin du Musee de Beyrouth*
BQ Baba Qamma, Talmudtraktat
BRL *K. Galling, Bib. Reallexikon*
BSt *Biblische Studien*
BWA(N)T Beiträge zur Wissenschaft vom Alten (und Neuen) Testament
BZ *Biblische Zeitschrift*
BZAW Beihefte zur Zeitschrift für die Alttestamentliche Wissenschaft
BZNW Beihefte zur Zeitschrift für die Neutestamentliche Wissenschaft

CAF Comicorum Atticorum Fragmenta ed Kock
CAH *The Cambridge Ancient History*
Cant. R. Canticum Rabba
c. Ap. Josephus, *Contra Apionem* (= 아피온 반박)
CBQ *Catholic Biblical Quarterly*
CCAG Catalogus codicum Astrologorum Graecorum
CD *Damskusschrift*, E. Loshe.
CH Corpus Hermeticum ed. Nock/Festugiere
CharlesApoc. R. H. Charles, *Apocrypha and Pseudupigrapha*
ChrEg *Chronique d'Egypte*
ChrW *Christliche Welt*
CIJ Corpus Inscriptionum Judaicarum
CIS Corpus Inscriptionum Semiticarum
ClassPhil *Classical Philology*
ClassQ *Classical Quarterly*
Col. Columne
CPJ V. A. Tcherikover u. A. FUKS, Corpus Pap. Jud.
CRAI *Comptes Rendus de l'Academie des Inscriptions et Belles-Lettres*
CSEL Corpus Scriptorum Ecclescasticorum Latinorum

DAW	Denkschriften der Kaiserlichen Akademie der Wissenschaften in Wien
DJD (J)	Discoveries in the Judaean Desert (of Jordan)
DP	C. Watzinger, *Denkmäler Palästinas*
EJ	*Encyclopaedia Judaica*
ET	English translation
ETL	*Ephemerides Theologicae Leuamenses*
EvT	*Evangelische Theologie*
Exp. T.	*Expository Times*
FF	*Forschungen und Fortschritte*
FGrHist	Fragmente der Griechischen Historiker, ed. F. Jacoby
FHG	Fragmenta Historicorum Graecorum, ed. C. Müller
FRLANT	Forschungen zur Religion und Literatur des Alten und Neuen Testaments
G.	Greek text
GCS	Die Griechischen Christlichen Schriftsteller der ersten 3 Jahrhunderte
GG^3	H. Bengtson, *Griechische Geschichte*
GGL^6	W. Schmid / O. Stählin, *Geschichte der Griechischen Literatur*
GGM	Geographi Graeci Minores, ed. C. Müller
GGMS	*B. Niese, Geschichte der griechischen und makedonischen Staaten*
GGR^2	M. P. Nilsson, *Geschichte der Griechischen Religion*
GI^3	A. Schlatter, *Geschichte Israels*
GM	E. Bickermann, *Der Gott der Makkabäer*
HAT	Handbuch zum Alten Testament
HAW	Handbuch der Altertumswissenschaft
HC	V. Tcherikover, *Hellenistic Civilization and the Jews*
HCu	M. Hadas, *Hellenistic Culture*
HNT	Handbuch zum Neuen Testament
HP	F. M. Abel, *Histoire de la Palestine*
HTR	*Harvard Theological Review*

HUCA *Hebrew Union College Annual*
HW M. Rostovtzeff, *The Social and Economic History of the Hellenistic World*
HZ *Historische Zeitschrift*

IEJ *Israel Exploration Journal*
IG Inscriptiones Graecae
IGLS Inscriptions Grecques et Latines de la Syrie, ed. L. Jalabert and E. Mouterde
Inst. E. Bickerman(n), *Institutions des Seleucides*

JAOS *Journal of the American Oriental Society*
JBL *Journal of Biblical Literature*
JbPhil Jahrbücher für classische Philologie
JCS *Journal of Guneiform Studies*
JE *The Jewish Encyclopedia*
JEA *Journal of Egyptian Archaeology*
JewSocSt *Jewish Social Studies*
JHS *Journal of Hellenic Studies*
JJS *Journal of Jewish Studies*
JJurPap *Journal of Juristic Papyrology*
JPOS *Journal of the Palestine Oriental Society*
JQR *Jewish Quarterly Review*
JR *Journal of Religion*
JSS *Journal of Semitic Studies*
JTS *Journal of Theological Studies*

KAI H. Donner and W. Röllig, Kanaanitische und aramäische Inschriften
KAT Kommentar zum Alten Testament
KEKNT Kritisch exegetischer Kommentar über das Neue Testament
KP *Der Kleine Pauly*

LCL Loeb Classical Library

LuA Lunds Universitets Arsskrift

M. Hebrew text
MBPAR Münchener Beiträge zur Papyrusforschung und antiken Rechtsgeschichte
MGWJ *Monatsschrift für Geschichte und Wissenschaft des Judentums*
MUB = MUSJ *Melanges de (la Faculte Orientale de) l'Universite Saint Joseph, Beyrouth*
MusHelv *Museum Helveticum*
MVÄG Mitteilungen der Vorderasiatisch (Ägyptisch) en Gesellschaft

NBGAW Neue Beiträge zur Geschichte der Alten Welt
NClio *La Nouvelle Clio*
NF (NS) Neue Folge (new series)
NGG Nachrichten von der Gesellschaft der Wissenschaften zu Göttingen
NJWJ *Neue Jahrbücher für Wissenschaft und Jugendbildung*
NoctRom *Noctes Romanae*
NovTest *Novum Testamentum*
NTS *New Testament Studies*

OA *Oriens Antiquus*
OGIS W. Dittenberger, Orientis Graeci Inscriptiones Seleetae
OLZ *Orientalische Literaturzeitung*
OTL Old Testament Library
OTS *Oudtestamentische Studien*

P (CZ; Corn; Ox; See bibliography on papyrus collections Si; etc.)
PAAJR *Proceedings of the American Academy for Jewish Research*
ParPass *La Parola del Passato*
PEFA *Palestine Exploration Fund Annual*
PEQ *Palestine Exploration Quarterly*
PG J. P. Migne, Patrologia, *Series Graeca*

PGM	Papyri Graecae Magicae
PhGr	E. Zeller, *Philosophie der Griechen*
Phil	Philologus
PJB	*Palästinajahrbuch*
PL	Migne, Patrologia, *Series Latina*
PW	*Paulys Realencyclopädie der classischen Altertumswissenschaft*
PW, 2R	Second row, beginning with letter R
PW Suppl	Supplementary volumes
QDAP	*Quarterly of the Department of Antiquities in Palestine*
QFAGG	Quellen und Forschungen zur Alten Geschichte und Geographie
RAC	*Reallexikon für Antike und Christentum*
RAO	*Revue d'Assyriologie et d'Archeologie Orientale*
RB	*Revue Biblique*
RBPH	*Revue Belge de Philologie et d'Histoire*
RE	*Realencyklopädie für protestantische Theologie und Kirche*
REG	*Revue des Etudes Grecques*
REJ	*Revue des Etudes Juives*
RES	Repertoire d'epigraphie semitique
RevArch	*Revue Archeologique*
RevPhil	*Revue Philologique*
*RGG*³	*Die Religion in Geschichte und Gegenwart*
RGVV	Religionsgeschichtliche Versuche und Vorarbeiten
RheinMus	*Rheinisches Museum für Philologie*
RHPR	*Revue d'Historie et de Philosophie Religieuses*
RHR	*Revue de l'Histoire des Religions*
RIDA	*Revue Internationale des Droits de l'Antiquite*
RivBibl	*Rivista Biblica*
RQ	*Revue de Qumran*
RSR	*Recherehes de Science Religieuse*
SAB	Sitzungsberichte der Deutschen(Preußischen) Akademie der Wissenschaften zu Berlin

SAH Sitzungsberichte der Heidelberger Akademie der Wissenschaften

SAW Sitzungsberichte der Österreichischer Akademie der Wissenschaften in Wien

SB Sammelbuch griechischer Urkunden aus Ägypten, ed. F. Preisigke, F. Bilabel and E. Kiessling

SBT Studies in Biblical Theology

SC Sources Chretiennes

ScrHieros *Scripta Hierosolymitana*

SEG Supplementum epigraphicum Graecum

StT Studia Theologica cura ordinum theologorum Scandinavicorum edita

SUNT Studien zur Umwelt des Neuen Testaments

SVF Stoicorum veterum fragmenta

SVT Supplements to Vetus Testarnentum

Syr. Syriac text

T Tosephta, ed. M. S. Zuckermandel

TAPA *Transactions and Proceedings of the American Philological Association*

TWNT *Theologisches Wörterbuch zum Neun Testament*

TLZ *Theologische Literaturzeitung*

TR *Theologische Rundschau*

TStKr *Theologische Studien und Kritiken*

TU Texte und Untersuchungen zur Geschichte der altchristlichen Literatur

TZ *Theologische Zeitschrift*

UAC E. Meyer, Ursprung und Anfänge des Christentums

UUA Uppsala Universitets Arsskrift

UU *J. Leipoldt and W. Grundmann, Umwelt des Urchristentums*

UPZ *U. Wilcken, Urkunden der Ptolemäerzeit Vetus Testamenzum*

VT *Vetus Testamentum*

WM *Wörterbuch der Mythologie*, ed. H. W. Haussig
WMANT Wissenschaftliche Monographien zum Alten und Neuen Testament
WUNT Wissenschaftliche Untersuchungen zum Neuen Testament
WZKM *Wiener Zeitschrift für die Kunde des Morgenlandes*

YCS Yale Classical Studies

ZAW *Zeitschrift für die Alttestamentliche Wissenschaft*
ZÄS *Zeitschrift für Ägyptische Sprache und Altertumskunde*
ZDMG *Zeitschrift der Deutschen Morgenländischen Gesellschaft*
ZDPV *Zeitschrift des Deutschen Palästina Vereins*
ZNW *Zeitschrift für die Neutestamentliche Wissenschaft*
ZPapEp *Zeitschrift für Papyrologie und Epigraphik*
ZRGG *Zeitschrift für Religions und Geistesgeschichte*
ZTK *Zeitschrift für Theologie und Kirch*

2. 알렉산드로스 대왕과 그 후계자들의 제국

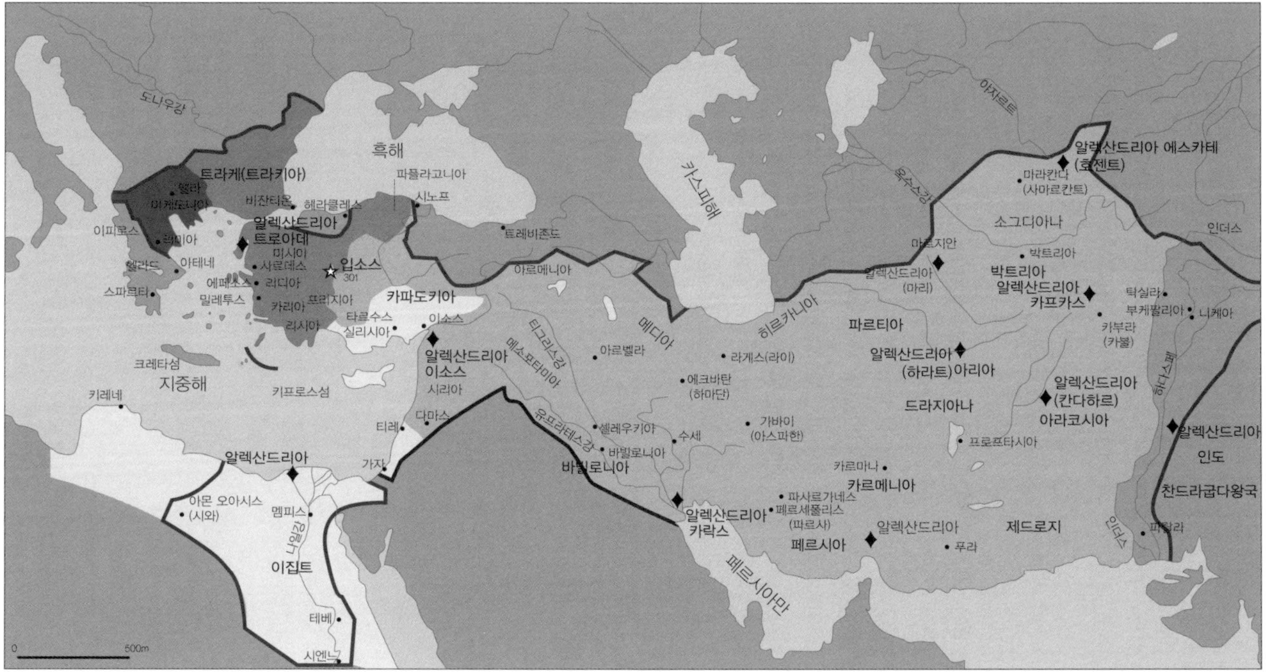

알렉산드로스 제국 경계

♦ 알렉산드로스가 건설한 도시

입소스 전투 후 알렉산드로스 제국의 분열(BC 301)

셀레우코스 / 카산드로스 / 리시아코스 / 프톨레마이오스

3. 헬레니즘 · 하스모니아 시대의 팔레스타인

출처: George W. E. Nickelsbug, *Jewish Literature between the Bible and the Mischana* (Minneapolis: Fortress Press, 2005).

4. 예루살렘 평면도

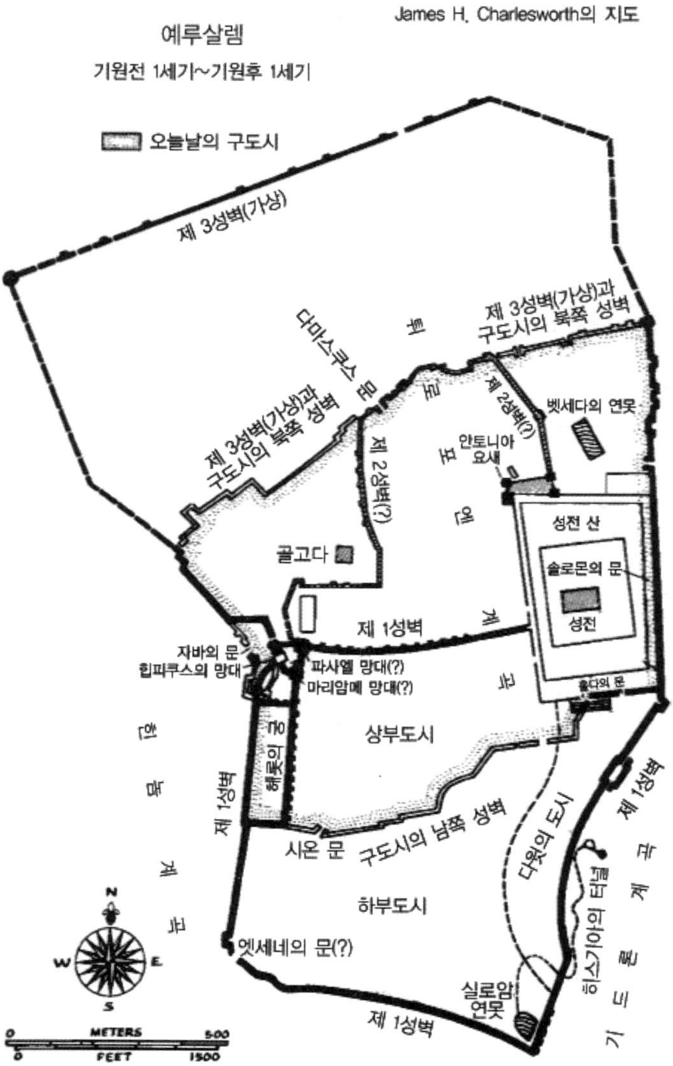

출처: James H. Charlesworth (ed.), *Jesus and the Aecheology* (Grand Rapids/ Cambridge: Eerdmans, 2006).

5. 헬레니즘 통치하의 팔레스타인 연대표

알렉산드로스 대왕(336~323)과 '디아도코이'(계승자들)의 투쟁(323~)		
프톨레마이오스 왕조	셀레우코스 왕조	오니아스 가문
약 301~200(팔레스타인 지배)		
305~283/2 프톨레마이오스 1세 소테르 283~246 프톨레마이오스 2세 필라델포스 274~271 제1차 시리아전쟁 260~253 제2차 시리아전쟁 259~258 제논의 여행 246~221 프톨레마이오스 3세 에우에르게테스 246~241 제3차 시리아전쟁 221~204 프톨레마이오스 4세 필로파토르 221~217 제4차 시리아전쟁 217 라피아전투 204~180 프톨레마이스 5세 에피파네스 201~200 제5차 시리아전쟁 200 파네이온전투	223~187 안티오코스 3세	4세기 말 오니아스 1세 3세기 전반 시몬 1세 3세기 후반 오니아스 2세 (약 240~218 총징세감독관 토아이스 가문 요셉) 약 200 시몬 2세 2세기 전반 오니아스 3세
	약 200~64(팔레스타인 지배)	
		그리스어사용 유대인
180~145 프톨레마이오스 6세 필로메토르 170 제6차 시리아전쟁	197 마케도니아 왕 필립 5세에 대한 로마의 승리 190 마그네시아 전투 188 아파메아 조약 187~175 셀레우코스 4세 필로파토르 175~164 안티오코스 4세 에피파네스 168 제2차 이집트원정 (원로원의 최후통첩)	약 175~172 야손 약 172~163 메넬라오스 169 예루살렘 약탈 (168 토비아스 가문 히르카노스 사망) 167 예루살렘 점령(12.6) "제우스 올림피오스"에 봉헌

5. 헬레니즘 통치하의 팔레스타인 연대표(계속)

셀레우코스 왕조	그리스어사용 유대인	마카베오/하스모니아 왕조
164 부(副)섭정관 리시아스 163~162 안티오코스 5세 에우파토르 162~150 데메트리오스 1세 소테르 150~145 알렉산드로스 발라스 145~140 데메트리오스 2세 138~129 안티오코스 7세 시데테스 129~126 안티오코스 8세 그리포스 111~95 안티오코스 9세 키치케노스 95~87 데메트리오스 3세 에우카이로스	163~160 알키모스 약 163 오니아스 4세 이집트 망명	167 마카베오 봉기발발 166~161 유다 165 리시아스 격파 164(12. 14) 성전 재봉헌 약 161 로마와 화친조약 161 니카노르 격파 161 박키데스 패배 153 요나난 대제사장 즉위 142~135/34 요한 히르카노스 1세 104~103 아리스토불로스 1세 103~76 알렉산드로스 얀나이오스 76~67 알렉산드라 살로메 67~63 아리스토불로스 2세
로마	**헤롯 가문**	
64 폼페이우스의 점령과 셀레우코스 왕조종식 49 이탈리아에서 내전발발 47 시리아의 카이사르 44 시리아의 카시우스 42~ 안토니우스 對 옥타비아누스 40 파르티아의 침입 31 악티움 전투 31~14 아우구스투스	이두매아: 안티파트로스 유대아: 파사엘 갈릴래아: 헤롯 40~4 헤롯 대왕 치세 37 예루살렘 점령 30 옥타비아누스의 헤롯 왕위재가	63 로마의 예루살렘 점령 63~40 히르카노스 2세 가비니우스의 재기 카아시르 포고 40~37 맛타티아스 안티고노스 36 아리스토불로스의 시해 31 히르카노스 시해 20 마리암메 처형 28 알렉산드라 처형 7 알렉산드로스, 아리스토불로스 처형 4 안티파트로스 처형

주: 연대는 모두 기원전.

출처: Peter Schaefer, *The History of the Jews in the Graeco-Roman World*, London/New York, 2003(rev, ed.), 232ff(Chronological Table).

6. 하스몬 왕조 가계도

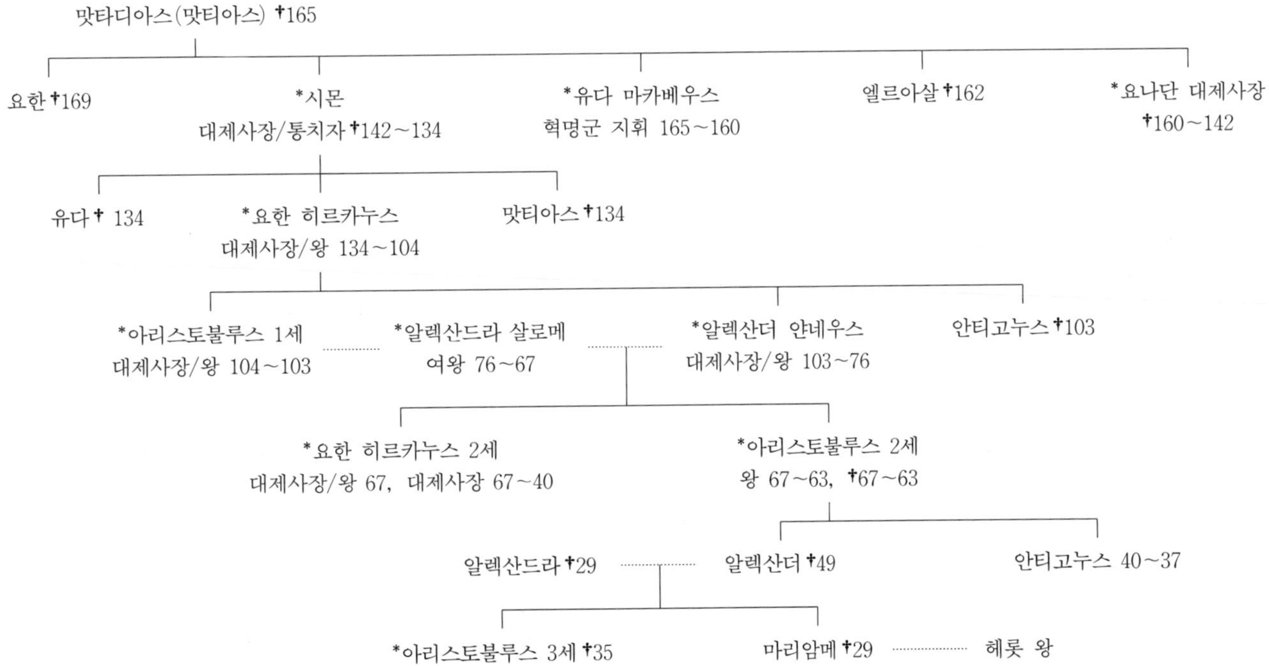

주: 연도는 기원전; *주요 인물; †사망; …결혼.

7. 제논 파피루스에 따른 팔레스타인과 페니키아 지역의 발굴소 (J. Herz, PJB 24, 1928, 98ff.를 보라)

	PCZ	PSI	PColZen 기타
가자(Gaza)/5	(59001 Gazaios)	322-616	
	59009/93		
	59537		
Gazaiōn limēn/4	59006/59813	863g	2
(스트라보 759)		(602)	
스케나이(Skēnai)/2			2, 6 PLond 1930, 34
아스켈론(Askalon)/2	59012(?)		
	59010		
욥바(Iopē)/3	59011/93	406	
페가이(Pēgai)/I			406
Stratonos Pyrgos/I	59004		
프톨레마이스/12	59004/8	366/403	PLond inv.
	59689(?)	406/495	2358b, 2
	11, 25행	612/616	PLond 1931
티레/3	59011/59093		
	59558		
	59666 Hendylos		
	티레人 Dion의 子		
시돈/7	59010/59093		2 PZenMich 3
	59672/59281		(PRyl, 554
			Abdemoun Sidōnios)
트리폴리스/1		495	
헤라클레아(페니키아)	59088		
	L. H. Vincent, RB 29, 1920, 178을 보라		
마시아스 평야/1	59093		
이두매아/1	59015		
마리사/3	59006/15		
	59537		
아도레오스/1(Adora)	59006		
히에로솔리마/2	59004/5		

7. 제논 파피루스에 따른 팔레스타인과 페니키아 지역의 발굴소(계속)

	PCZ	PSI	PCol Zen 기타
에리코(Ericho)/1	59004		
갈릴라(Galila)/1			2
Bait(i)anata/4	59004/11	594(554)	PLond 1948
키디소소(Kydisos)/1	59004		
〔나바태아(Nabataioi)〕		406	
〔모압(Moabitēs)〕	59009는 4권 p. 285		
암몬(Ammanitis)/1	59003		
라바트암몬(Rabbat-ammana)/2		406(?): ἐξ Ἀμμώνων 616	
비르타/2(토비아스)	59003		
아벨라/2(Abila)	59004		PLond 1930, 171
수라비트/2(Surabitt)	59004		PLond 1930, 175f.
라카사(Lakasa)	59004		
Noē	59004		
에이투이(Eitoui)	59004		
하우란(Hauran)	59008	406	
다마스쿠스	59006 디오니시오스(D.)		
시리아	59672	648 노예 324/5 곡물	PZenMich 2 PCorn I PCol Zen 66, 2. 11

8. 팔레스타인에서 출토된 초기 헬레니즘시대의 동전(제1부 각주 341을 보라)

	1	2	3	4	5	6	7	8	9	10	
	사마리아 1908/10	사마리아 1931/33	벳-추르 1931/57	스키토폴리스 1921/23	세겜	텔 에드 두웨이르	텔 엔 나스베	엔게디	라마트 라헬	텔엘-풀	총합
알렉산드로스 이전	1		}10		1	5	1				}24
알렉산드로스 대왕	1				1	4					
합	2		10		2	9	1				24
프톨레마이오스 1세 305~285(3)	17	4	6	1	12	1					41
2세 285(3)~246	31	48	35	20	30	6	4	2	1	3	180
3세 246~221	3	}6	5		1						}22
4세 221~204	1		1		3	2					
5세 204~200(181)	1		2		11						14
6세 181~145											
확정불가(거의 프. 2세)	12	22	10			7					51
합	65	80	59	21	57	14	4	2	1		308
셀레우코스(200년 이전)	1(안. 1세 금화)					1/1(셀./안. 1세)					3
안티오코스 3세(221/0~187)	20	18	10		7	6	1	1	2		65
셀레우코스 4세(187~175)	1		2								3
안티오코스 4세(175~164)	46	34	110		3	3	1				197
안티오코스 3 혹은 4세			14								14
합	68	52	136		10	11	2	1	2		282
기타	1(208년 아라도스)					1(300년 시데테스)			2(소파이네 소아르메니아)		4
합	1					1			2		4

지은이 · 옮긴이 약력

지은이 | 마르틴 헹엘 (Martin Hengel, 1926~2009)

1926년 독일의 로이틀링겐(Reutlingen)에서 섬유직물업을 하는 가정에서 태어났다. 신약성서와 고대유대교, 헬레니즘 연구에 커다란 영향력을 남겼던 저명한 역사학자요 신학자이다. 루터파 경건주의적 전통에서 자라난 그는 군인으로서 제 2차 세계대전을 경험한 후, 신학연구에 삶을 헌신하였다. 1947년부터 하이델베르크와 튀빙엔에서 프로테스탄트 신학을 시작했다. 어려운 환경에서도 가업에 종사하며 일이 끝나면 늦은 저녁까지 연구에 몰두해 튀빙엔대학 신학부에서 1961년에 박사학위논문으로 *Die Zeloten*을, 그리고 1969년에는 자신을 세계적인 석학의 자리로 인도한 이 책 *Judentum und Hellenismus*을 발표하게 된다. 그후 1968년부터는 에어랑엔대학에서, 1972년부터는 튀빙엔대학에서 교수생활을 하였고, 2009년 사망하기까지 튀빙엔대학 명예교수로서 수많은 고대유대교와 초기기독교에 대한 저서를 연구 발표하였다. 특히 오랫동안 그가 편집을 맡았던 WUNT(*Wissenschaftliche Untersuchungen zum Neuen Testament*, Tübingen: Mohr Siebeck) 시리즈는 지금까지 신약성서와 고대유대교, 헬레니즘 연구의 밑거름이 되고 있다.

옮긴이 | 박정수

서울대에서 건축학을 공부하던 중 기독교와 역사의 문제를 고민하며 신학을 접하게 되었다. 그후 불트만(R. Bultmann)으로 대변되는 20세기 실존주의적 신학을 나름대로 극복하고자, 성서학연구를 통해서 예수와 초기기독교 역사연구에 매진하게 되었다. 서울신학대 신학대학원을 졸업한 후(M. Div.) 독일로 유학하여 하이델베르크대학에서 사회학적 성서연구방법론을 개척한 게르트 타이센(Gerd Theißen) 교수에게서 박사학위를 마쳤다(Dr. theol.). 현재 성결대 교수(신약학)로 재직하고 있다.
주요 저술로는 《기독교신학의 뿌리》(대한기독교서회, 2008), 《성서로 본 통일신학》(성서학연구소, 2010), 역서로는 《유대전쟁사 1, 2권》(나남, 2008)(공역), 《마태공동체의 예수이야기》(대한기독교서회, 2002) 등이 있다.